Derek Freeman
Liebe ohne Aggression

Derek Freeman

Liebe ohne Aggression

Margaret Meads Legende von der
Friedfertigkeit der Naturvölker

Mit einem Vorwort von
Prof. Dr. Irenäus Eibl-Eibesfeldt

verlegt bei Kindler

Die amerikanische Ausgabe dieses Buches ist unter dem Titel
»Margaret Mead and Samoa. The Making and Unmaking of an Anthropological Myth«
bei Harvard University Press, Cambridge, erschienen.

Die Übersetzung besorgte Hartmut Zahn.

© 1983 by Derek Freeman
© 1983 by Kindler Verlag GmbH, München
Alle Rechte vorbehalten, auch die des teilweisen Abdrucks,
des öffentlichen Vortrags und der Übertragung
durch Rundfunk und Fernsehen.
Fotomechanische Wiedergabe nur mit Genehmigung des Verlages.
Umschlaggestaltung: Klaus Dempel
Satzherstellung: Satz-Rechen-Zentrum, Berlin
Druck- und Bindearbeiten: Spiegel-Buch, Ulm
Printed in Germany
8–1–5–9–3
ISBN 3-463-00866-1

Für Karl R. Popper

Inhalt

Vorwort zu Derek Freeman: Liebe ohne Aggression

von Irenäus Eibl-Eibesfeldt, Seewiesen

Derek Freemans Buch fand bereits kurz nach seinem Erscheinen weltweite Aufmerksamkeit. Was erregt die Gemüter? Ist es bloß der Angriff auf die Glaubwürdigkeit der Äußerungen einer überaus populären amerikanischen Völkerkundlerin? Wohl kaum. Es geht um Grundsätzliches! Margaret Meads Wort galt in der amerikanischen Öffentlichkeit. Ihre Aussage, die menschliche Natur sei das »Roheste von allen Rohmaterialien«, das erst durch die Kultur seine Form erhalte, wurde wohl ebensooft zitiert wie die Behauptung, daß jene Persönlichkeitsmerkmale, die wir als typisch männlich und weiblich ansehen, mit dem Geschlecht nur so lose verbunden seien wie die Kleidung oder Kopfbedeckung, die jemand in einer bestimmten Kultur trage. Mit anderen Worten, Margaret Mead vertrat die Meinung, des Menschen Verhalten würde so gut wie ausschließlich von seiner Kultur geformt, biologisches Erbe spiele, wenn überhaupt, in diesem Bereich bestenfalls eine untergeordnete Rolle. Dieser kulturelle Determinismus entsprach der in den Vereinigten Staaten von Amerika bis vor kurzem noch herrschenden Doktrin des Behaviorismus.
Die Schriften, in denen Mead verschiedene Völker in ihrer erziehungsbedingten Unterschiedlichkeit vorstellte, lasen sich gut und fanden einen weiten Leserkreis.
An Hand einiger lebendig geschilderter Kulturen schien sie belegen zu können, wie subjektiv doch alle unsere Wertvorstellungen sind. Eine ihrer Modellkulturen war die der Samoaner: Sexuelle Liberalität in wechselnden Liebesbeziehungen ohne feste Bindungen, kollektive Aufzucht des Kindes bei Fehlen einer ausgezeichneten Mutter-Kind-Beziehung, Mangel kriegerischer Tugenden und hierarchischer Rangstrukturen prägten das Bild einer tropischen Inselidylle.

Im November 1967 durfte ich zehn Tage als Gast Derek Freemans in dem kleinen Dorf Sa'anapu verbringen. Ich bewohnte einen Sektor seines Rundhauses, einer typisch samoanischen Konstruktion. Es gab keine Seitenwände, sondern nur die das Dach tragenden Pfosten mit breiten Zwischenräumen, die man nach Bedarf durch Matten verdeckte. Das Ganze stand auf einem Sockel aus Lavagestein. Wir waren den Blicken der Nachbarn ausgesetzt, hatten unsererseits Einblick in die benachbarten Hütten und nahmen so am Dorfleben teil.

Bereits am ersten Morgen meines Aufenthaltes hatte ich ein Erlebnis, das sich mir stark in mein Gedächtnis einprägte. Wir saßen beim Frühstück, da griff Derek nach einer Veröffentlichung von Mead und las mir vor:» In Samoa the child owes no emotional allegiance to its mother and father«; dann sagte er:»Nun warte und paß auf!« (»Now wait and see!«) Eine Mutter schritt hastig zum Strand, um mit dem Boot auf Fischfang zu gehen. Zwei Kinder hielten den Kleinsten zurück, der ihr heulend nachlaufen wollte. In der Folge konnte ich das fast jeden Morgen beobachten.

Offensichtlich hatte ein Kind auch hier eine ausgezeichnete Beziehung zu seiner Mutter, und ebenso offensichtlich stimmte das, was Mead dazu geschrieben hatte, nicht mit der Wirklichkeit überein!

In den folgenden Tagen machte mich Freeman noch auf eine Reihe weiterer Widersprüche zwischen Meads Schilderungen samoanischen Lebens und samoanischer Wertvorstellungen einerseits und der samoanischen Wirklichkeit andererseits aufmerksam. Da hieß es unter anderem, daß Krieger in der samoanischen Gesellschaft nie einen bedeutenden Platz innegehabt hätten und daß man Mut nie als eine wichtige Sache erachtet habe. Dabei stand auf jeder Münze »Malietoa« (tapferer Krieger), und »Malietoa« war auch der höchste Häuptlingstitel. Der Sage zufolge entstand er, als die Samoaner gegen die Tonganer Krieg führten. Diese hatten vor etwa 700 Jahren Savai'i, Upolu und Tutuila zum großen Teil besetzt. Als die Samoaner die Besatzer schließlich vertrieben, soll der Führer der ziehenden Tonganer, den Mut und die kriegerische Tüchtigkeit seiner Gegner anerkennend, folgende Worte gesagt haben:

Malie toa, malietau	Tapfere Krieger, tapfer gefochten!
'Ou te le toe sau	Ich komme nicht wieder
I Samoa i se aliulutau	Nach Samoa, um Krieg zu führen,

10

'A ô le 'ou sau   Sondern ich komme nur,
I aliulafalau   Um eine Reise zu machen [d. h.: in friedlicher
                            Absicht].

(Aus A. Krämer, Die Samoa Inseln Band I, S. 259, Stuttgart 1902)

Als ähnlich irrig erwiesen sich Meads Vorstellungen über das Liebesleben der Samoaner. Im Gegensatz zu ihren Schilderungen verhalten sich die Samoaner auf diesem Gebiet ähnlich zurückhaltend wie wir. Man könnte sie sogar als die Puritaner der Südsee bezeichnen. Aber weshalb so viel Aufregung um die Richtigstellung einiger Ansichten über ein doch weit von uns entfernt lebendes Volk? Ginge es nur um eine Richtigstellung einiger völkerkundlicher Daten, dann würde sich wohl kaum einer darüber erregen. Aber Meads lebendige Ausführungen stützten die Thesen jener, die für freie Sexualität, Auflösung der Familie und repressionsfreie Erziehung eintraten. Ihre Beobachtungen schienen auch die Thesen von der Gleichheit der Geschlechter ebenso wie jene von der Erziehungsbedingtheit der Aggression zu stützen.

Nicht, daß es nunmehr heißen müßte, alles reife unabhängig von der Erziehung heran. Kein Biologe würde je etwas derartig Unsinniges behaupten – und sicher am wenigsten der Völkerkundler Derek Freeman. Aber die These von der beliebigen Wandelbarkeit menschlichen Verhaltens kann durch den Hinweis auf Meads Beobachtungen nicht mehr gestützt werden. Derek Freeman hat mit seinem Buch nicht nur eine wichtige Korrektur an einer ideologisch geprägten Darstellung eines Volkes vorgenommen, sondern darüber hinaus dem kulturellen Relativismus ein wichtiges Argument entzogen. Eine parallele Entwicklung vollzog sich in den siebziger Jahren, als man gewisse idealisierende Darstellungen über das Leben der auf der Stufe der Jäger und Sammler lebenden Völker anzuzweifeln begann.

Ende der sechziger Jahre wurde die These verbreitet, der Mensch und seine nächsten Verwandten, die Menschenaffen, seien ihrer Natur nach friedlich und würden keine Territorien abgrenzen.

Das geschah in einer Art Renaissance der Rousseauschen Vorstellung vom »edlen Wilden«, derzufolge erst der Ackerbauer durch Zäune, Besitzgier, Streit um Land- und Rangordnung den Unfrieden, das »Böse«, in die Welt gebracht habe. Man verwies auf die Buschleute der Kalahari, die heute noch als Jäger und Sammler wie ihre altsteinzeitlichen Vorfahren leben. Flüchtige erste Eindrücke einer Gruppe junger Forscher schilderten sie als nichtterritorial, in offenen Kleingruppen lebend und friedlich. Und sie meinten, das sei wohl allgemein das Muster der auf der Stufe der Jäger und Sammler lebenden Völker. Man sprach von einer »Blumenkinderhaltung«. Die im Schrifttum reichlich vorhandenen Beobachtungen, die ein anderes Bild ergeben, die ignorierte man. Auf die Unhaltbarkeit dieser Thesen habe ich unter anderem in meinem Buch »Krieg und Frieden aus der Sicht der Verhaltensforschung« (1975) hingewiesen. Weder die Buschleute noch die Jäger und Sammler im allgemeinen leben so ungebunden, sondern vielmehr in Gruppen, die ein Gruppenterritorium ihr eigen nennen. Das lehren die Beobachtungen an den Buschleuten der Kalahari. Aber auch das Studium anderer Jäger- und Sammlervölker ergibt das gleiche Bild.

Und das sind keineswegs neue Entdeckungen; schon die frühe völkerkundliche Literatur berichtet darüber, was man aber nicht wahrnehmen wollte. Und was die angebliche Friedfertigkeit der Schimpansen, unserer nächsten Verwandten, betrifft, so beschrieb Jane Goodall kürzlich den Zerfall einer Gruppe in zwei einander bekriegende Sektionen. Im Verlauf der Auseinandersetzung tötete die überlegene Gruppe die meisten Mitglieder der anderen. Trupps von Männchen patrouillierten entlang der Gebietsgrenzen und griffen Angehörige der anderen Gruppe an, wann immer sie ihnen begegneten. Es dauert eine Weile, bis solche Ergebnisse wahrgenommen werden – aber die Wahrheit siegt, und das ist doch recht beruhigend.

Die Auseinandersetzung Freeman–Mead wirft einige grundsätzliche Fragen zur Glaubwürdigkeit völkerkundlicher Berichte auf. Wir müssen den Experten, die uns über fremde Völker berichten, vertrauen können. Oft liegt nur eine einzige Beschreibung eines ausgestorbenen Volkes vor. Daraus ergibt sich eine hohe Anforderung an das Ethos des Wissenschaftlers. Zu Recht werden jene, die bewußt Falsches berichten, aus der Gemeinschaft der Wissenschaftler ausgeschlossen. Hat Margaret Mead bewußt falsch berichtet?

Freeman glaubt das nicht, und ich teile seine Ansicht. Margaret Mead brachte ein Vorurteil mit, das ihre Wahrnehmung verzerrte. Des weiteren tragen die unkritischen Claqueure ihrer Zeit Schuld an dieser Entwicklung. Margaret Meads Ausführungen paßten in die herrschende Ideologie. Das ermutigte die junge, begabte Wissenschaftlerin und trübte ihren kritischen Sinn. In den letzten Jahren wurde sie von der Öffentlichkeit zum Guru für alle brennenden Lebensfragen hochstilisiert. Vor einigen Jahren las ich in der *Times* ihre Äußerungen zu Drogenfragen. Sie trat auch hier für Freizügigkeit ein, obgleich sie auf diesem Gebiet nie Forschungsarbeiten geleistet hatte! Aber ihr Publikum hatte sie zur Autorität für alles erhoben.

Für die kulturellen Relativisten ist Freemans Buch ein schwerer Schlag. Wieder bricht eine ihrer wertvollsten Stützen unter dem Gewicht der Fakten. Deshalb werden wohl auch viele bemüht sein, seine Aussagen zu relativieren. In Leserbriefen kann man schon lesen, es habe sich doch wohl viel geändert seit Margaret Meads Forschungsaufenthalt in Samoa. Nun, darauf ist Freeman im einzelnen eingegangen. Unter anderem liegen aus dieser frühen Zeit genügend Berichte vor. Auch zu Meads Zeiten waren die Samoaner keine »heidnischen Wilden«. Uns liegen Zeitungsberichte von Selbstmorden, Eifersuchtstaten und dergleichen vor. Die kann man auswerten. Derek Freeman hat das getan.

Er kannte zum Unterschied von Margaret Mead auch die Landessprache und lebte in angesehener Stellung viele Jahre unter Samoanern. Es ist ferner zu erwarten, daß man Freeman unterschiebt, eine extreme Gegenposition zu Mead zu beziehen und somit ähnlich vorurteilsbehaftet zu berichten, wie Mead es tat, nur eben von einer anderen Position aus. Es ist deshalb nützlich zu hören, was die Samoaner selbst zu Freemans Buch sagen.

In einem bemerkenswerten Artikel in der Zeitschrift *Pacific Islands Monthly* vom April 1983 bezeichnet der samoanische Dichter und Novellist Albert Wendt den Beitrag Derek Freemans als »die bedeutendste Studie, die in diesem Jahrhundert über uns von einem Nicht-Samoaner veröffentlicht wurde« (»the most important study of us made this century by a non-Samoan«).

Und zum Ende seines Berichts meint Wendt, daß an Margaret Meads Buch nur wenig zu verteidigen sei, daß Meads Verbündete dies aber dennoch versuchen würden. (»There is little worth defending in Mead's Coming of Age in Samoa, but Mead's supporters will defend it.«) Damit muß man sicher rechnen. Um so mehr Bedeutung erhält die Stellungnahme des Samoaners, die wir gegen Ende der Besprechung finden: »... er [Freeman] gibt uns jene anderen Dimensionen wahrhaften Menschseins wieder, Dimensionen, die Mead uns absprach.« (»... he is restoring to us those other dimensions of being truly human, dimensions denied to us by Mead.«)

13

Vorwort

Das bei weitem bekannteste von Margaret Meads zahlreichen Büchern ist *Coming of Age in Samoa* (dt.: *Kindheit und Jugend in Samoa*). Es basiert auf Feldforschungen, die die Anthropologie-Studentin auf Anregung von Franz Boas, ihrem Professor an der Columbia University, im Jahre 1925 begann. Margaret Mead war damals 23 Jahre alt. Boas schickte sie mit dem Auftrag nach Samoa, dort Probleme der Adoleszenz zu untersuchen. Mit einer aufsehenerregenden These kehrte sie zurück. Bislang galt die Adoleszenz in Amerika und Europa als eine Zeit unvermeidlicher emotioneller Konflikte und Belastungen. Würden diese Probleme durch biologische Reifungsprozesse entstehen, argumentierte Margaret Mead, so wären sie notwendigerweise in allen Gesellschaftsformen anzutreffen. Doch in Samoa, wo das Leben leicht und unbeschwert sei, scheine die Zeit des Heranwachsens der sorgloseste und angenehmste Lebensabschnitt zu sein. Nach anthropologischen Begriffen sei Samoa also ein Negativbeispiel (»negative instance«). Allein die Existenz dieses einen Gegenbeispiels belege, so Margaret Mead, daß die in den USA und in anderen Ländern mit der Adoleszenz verbundenen Störungen auf kulturellen, nicht jedoch auf biologischen Ursachen beruhen. In der Kontroverse zwischen Anhängern des biologischen bzw. kulturellen Determinismus – sie erreichte in den zwanziger Jahren ihren Höhepunkt – wurde Margaret Meads »negative instance« von den Verfechtern der Vorrangigkeit kultureller Faktoren als triumphale Erkenntnis gefeiert.

Als *Coming of Age in Samoa* 1928 veröffentlicht wurde, erregte das Buch ungeheures Aufsehen. Die darin enthaltenen, scheinbar so zwingenden Schlußfolgerungen gingen flugs als Juwelen in die Schatztruhe der Anthropologie ein. Seither sind Margaret Meads Forschungsergebnisse immer wieder in unzählige Sach- und Lehrbücher aufgenommen worden. *Coming of Age in Samoa* wurde das meistverkaufte anthropologische Werk überhaupt und hat das Denken von Millionen Menschen in aller Welt beeinflußt. Daher soll es Hauptaufgabe meiner Untersuchung sein, Margaret Meads weithin akzeptierte Forschungsergebnisse kritisch zu durchleuchten.

Wissenschaftliche Erkenntnis wird, wie Karl Popper festgestellt hat, durch die bewußte Anwendung einer kritischen Methode zur Eliminierung von Irrtümern vorangetrieben. Anders ausgedrückt: Im Bereich der Wissenschaft können alle Theorien und Denkansätze systematisch getestet werden, indem der Versuch gemacht wird, sie zu widerlegen. Sie bleiben nur so lange akzeptabel, wie sie den Widerlegungsversuchen standhalten. Sofern nun in einer Aussage von Realität die Rede ist, kann sie sich zwangsläufig irgendwann als falsch erweisen, meint Popper. Rationale Kritik bedeutet ja auch, jede einzelne Aussage durch Gegenüberstellung mit den Fakten zu prüfen. Wenn also Margaret Mead damals Samoa als »negative instance« einstufte, so wäre es nun von entscheidender Bedeutung, festzustellen, ob ihre Darstellung der samoanischen Kultur zutreffend war. Da ihre These durchaus wissenschaftlichen Charakter hat, ist es zulässig, sie anhand von relevantem empirischen Material zu überprüfen.[1]

Eine solche systematische Überprüfung wissenschaftlicher Ergebnisse und Schlußfolgerungen ist ganz allgemein wünschenswert. Als unumgänglich erweist sie sich dann, wenn ernsthafte Zweifel an der Gültigkeit eines Befundes laut werden. Seit langem schon haben Wissenschaftler, die sich für die samoanische Kultur interessieren, Zweifel an Margaret Meads Forschungsergebnissen aus dem Jahre 1928 geäußert. Im vorliegenden Buch habe ich detailliertes empirisches Beweismaterial zusammengestellt, aus dem hervorgeht, daß Margaret Meads Schilderung von Kultur und Charakter der Samoaner auf einem fundamentalen Irrtum beruht. Zugleich möchte ich aber betonen, daß es nicht meine Absicht ist, eine alternative Ethnographie Samoas zu begründen. Meine hier vorgelegten Materialien bezwecken vielmehr, die Behauptung zu widerlegen, Samoa sei eine »negative instance«. Es soll primär der Nachweis erbracht werden, daß Margaret Meads Thesen auf Behauptungen basierten, die sich inzwischen jeweils als mehr oder weniger falsch erwiesen haben. Dieser Versuch einer Widerlegung wird sich auf jene ihrer Schriften beschränken, die mit ihren Forschungen auf den Samoainseln zu tun haben. Dabei möchte ich betonen, daß ich nicht nur Hochachtung vor vielen persönlichen Leistungen Margaret Meads

15

empfinde, sondern auch vor ihrem Lehrer Franz Boas und all jenen, deren Thesen und Erkenntnisse ich auf den folgenden Seiten – zumindest teilweise – anzuzweifeln gezwungen bin.

Laut Margaret Mead war ihre Studie über die Adoleszenz in Samoa ein geschichtlicher »Zufall«. Dasselbe kann ich von den Umständen sagen, die mich dazu bewogen, das vorliegende Buch zu schreiben. Ende der dreißiger Jahre hatte ich das Glück, am Victoria University College in Wellington/Neuseeland bei Ernest Beaglehole zu studieren, der seinerseits in Yale bei Edward Sapir, einem ehemaligen Schüler von Franz Boas, Anthropologie studiert hatte. Beagleholes anthropologische Lehrmeinungen, die letztlich auf Franz Boas zurückgingen, waren denen von Margaret Mead sehr ähnlich. Ich machte sie mir weitgehend zu eigen, als ich mich, von Beaglehole ermutigt, zu ethnographischen Forschungen in Samoa entschloß. Bei meiner Ankunft in West-Samoa im April 1940 war ich ein überzeugter Anhänger des Kulturdeterminismus. Das Buch *Kindheit und Jugend in Samoa* war mir von Beaglehole uneingeschränkt empfohlen worden. Damals war ich noch völlig überzeugt davon, daß Margaret Meads Thesen richtig seien.

Nach zweijährigen Untersuchungen, in deren Verlauf ich alle Inseln von West-Samoa kennengelernt habe, waren meine Kenntnisse der samoanischen Sprache gut genug, um mich – wenn auch unter strikter Wahrung der Etikette – mit Häuptlingen verschiedener Stämme unterhalten zu können. Es war an der Zeit, daß ich mir eine für intensive Nachforschungen geeignete Dorfgemeinschaft aussuchte. Meine Wahl fiel auf Sa'anapu, eine Siedlung von damals rund vierhundert Einwohnern an der Südküste der Insel Upolu. Schon bei meinem ersten Besuch in Sa'anapu hatte ich mich mit Lauvi Vainu'u angefreundet, einem alten Häuptling. Als ich mich nun wiederum zu Forschungszwecken dorthin begab, erfuhr ich, daß Lauvis jüngster Sohn Fa'imoto, der ihm viel bedeutet hatte, gestorben war. Offenbar war meine Rückkehr für Lauvi eine Art Entschädigung für den Verlust seines Sohnes. Er eröffnete mir nämlich, daß er mich an Sohnes Statt anzunehmen gedächte. Seitdem wurde ich bei jedem meiner Aufenthalte in Sa'anapu wie ein Mitglied der Familie behandelt.

Als bedingungsloser Anhänger von Margaret Meads Schriften hatte ich bei meiner bisherigen Arbeit stets all jene Dinge von der Hand gewiesen, die ihren Forschungsergebnissen zuwiderliefen. Gegen Ende 1942 konnte ich jedoch nicht mehr darüber hinwegsehen, daß vieles, was sie über die Bewohner von Manu'a in Ost-Samoa, geschrieben hatte, nicht auf die Menschen von West-Samoa zutraf. Da mir von Samoanern, die selbst in Manu'a gelebt hatten, versichert wurde, das Leben sei dort im wesentlichen wie das auf den westlichen Inseln, erkannte ich, daß eine der Zielsetzungen meiner Forschungsarbeit eine systematische Überprüfung des Bildes sein mußte, das Margaret Mead von der samoanischen Kultur entworfen hatte.

Schon bald nach meiner Rückkehr nach Sa'anapu versammelten sich die Häuptlinge eines Morgens vor Lauvis Haus, um mir den Titel eines Häuptlings ihrer Dorfgemeinschaft zu verleihen. Nun war es mir also gestattet, an jeder *fono* (Häuptlingsversammlung) teilzunehmen. Die Einwohner des Dorfes akzeptierten mich nach einiger Zeit als einen der Ihren. Ich befand mich also in einer außerordentlich günstigen Position, um die Lebensweise der Samoaner zu erforschen. Als ich Samoa im November 1943 verließ, wußte ich schon, daß ich eines Tages nicht um den Versuch herumkommen würde, Margaret Meads Buch über Samoa zu widerlegen. Doch zuvor wollte ich mich eingehend mit der Geschichte Samoas befassen. Ich begann damit 1945 in der Mitchell Library in Sydney. Später setzte ich meine Arbeit in England fort, wo ich die Samoa-Archive der *London Missionary Society* gründlich durchforschte.

Von 1946 bis 1948 studierte ich Anthropologie an der Londoner Universität und verfaßte eine Dissertation über die Gesellschaftsordnung auf Samoa. Eigentlich wollte ich danach wieder nach Polynesien fahren, aber dann ergab sich für mich die Gelegenheit, einige Jahre bei den Iban auf Borneo zu verbringen. Über diesen Umweg kam ich später an die Cambridge University, wo ich die Vorarbeiten zu meinem Doktorat abschloß und anthropologisch in eine andere Richtung gelenkt wurde. Deshalb konnte ich meine Forschungen über Samoa erst sehr viel später weiterführen.

Gegen Ende 1965 kehrte ich schließlich in Begleitung meiner Frau und meiner Töchter nach West-Samoa zurück. Sa'anapu war inzwischen mit der Hauptstadt Apia durch eine Straße verbunden. Die Häuptlinge des Dorfes erkannten meinen Häuptlingstitel, der mir 1943 verliehen worden war, immer noch an. Deshalb durfte ich auch jetzt wieder als aktives Mitglied an ihren Versammlungen teilnehmen. Ich blieb mit meiner Familie etwas länger als zwei Jahre in Samoa. Zahlreiche Ausflüge führten mich in die nähere Umgebung von Sa'anapu, aber auch in andere Gegenden des Archipels, von Saua im Osten bis Falealupo im Westen.

Viele gebildete Samoaner, vor allem jene, die in Neuseeland ein College besucht hatten, waren inzwischen mit Margaret Meads Schriften über die samoanische Kultur in Berührung gekommen. Ich wurde von ihnen gedrängt, Margaret Meads irriges Bild über die samoanischen Sitten und Gebräuche zu korrigieren. So kam es, daß ich mich Anfang 1966 daranmachte, Meads Schriften über Samoa in ihrer gesamten Reichweite einer systematischen Prüfung zu unterziehen. Es war mein Ziel, die Richtigkeit ihrer Thesen zu testen, indem ich all diejenigen Sitten und Gebräuche der Samoaner bis ins einzelne erforschte, auf die sie sich in ihrem Werk bezogen hatte. Mit Genehmigung des Premierministers von West-Samoa wertete ich auch vertraulich zu behandelnde Akten der Gerichte und der Polizei aus – eine sehr wertvolle Quelle von Daten über grundlegende Aspekte des aggressiven und sexuellen Verhaltens der Samoaner, einschließlich der Heranwachsenden.

Sa'anapu, so wollte es der Zufall, wurde in alter Zeit von Menschen gegründet, die von der Insel Ta'ū zugewandert waren. Margaret Mead hatte in den Jahren 1925 und 1926 hauptsächlich auf dieser Insel wissenschaftlich gearbeitet. Diese Tatsache machte ich mir zunutze, als wir 1967 einen offiziellen Besuch in Ta'ū machten. Wir wurden wie lange vermißte Anverwandte empfangen. Im Beisein der Häuptlinge von Ta'ū und Sa'anapu war es mir möglich, Margaret Meads damals noch allgemein akzeptiertes Bild von Samoa mit all seinen Facetten kritisch zu durchleuchten. In Ta'ū zeichnete ich auch die Aussagen von Männern und Frauen auf, die zu der Zeit von Margaret Meads Aufenthalt in Samoa schon gelebt hatten. Die Erinnerungen dieser Eingeborenen waren oftmals farbig und reich an Einzelheiten, und die Ereignisse Mitte der zwanziger Jahre lebten, wie einer meiner Informanten es ausdrückte, noch immer frisch in ihrem Gedächtnis.

Im Verlauf meiner Untersuchungen wurde mir immer klarer, daß sich die kritische Überprüfung von Margaret Meads Schlußfolgerungen auch auf jenes anthropologische Paradigma würde erstrecken müssen, welches auch und gerade in *Kindheit und Jugend in Samoa* enthalten war. Um die Umstände zu verstehen, die Franz Boas bewogen hatten, Margaret Mead nach Samoa zu schicken, mußte ich mich nicht nur in die Geschichte der Anthropologie, sondern auch der Biologie vertiefen, mit dem Schwerpunkt auf der Interaktion zwischen biologischen und anthropologischen Vorstellungen seit der Veröffentlichung von Darwins *Die Entstehung der Arten durch natürliche Zuchtwahl*.

Da es unumgänglich war, die sachlich relevanten und primären Quellen zu konsultieren, beschäftigte mich diese wissenschaftliche Arbeit – von kurzen Unterbrechungen abgesehen – länger als ein Jahrzehnt.

Meine Darstellung der vielfältig miteinander verknüpften Geschichte biologischer und anthropologischer Ideen in den Kapiteln 1 bis 4 dieses Buches liefert jenen Hintergrund, der wesentlich ist, will man verstehen, welche Reaktion die Lehrmeinungen und Forschungsprojekte eines Francis Galton und der Anhänger seiner Eugenik-Bewegung bei Anthropologen und anderen Wissenschaftlern hervorrief, eine Reaktion, die in der hitzigen Anlage-Umwelt-Kontroverse (*nature-nurture*) in der Mitte der zwanziger Jahre dieses Jahrhunderts kulminierte. Eine Kenntnis dieser ideologischen Strömungen gegen Ende des 19. und zu Beginn des 20. Jahrhunderts ist zudem unerläßlich, wenn aufgezeigt werden soll, welche zentrale Bedeutung Margaret Meads Forschungen über Samoa für die amerikanische Schul-Anthropologie hatten, die von Wissenschaftlern wie Franz Boas und Alfred Kroeber vertreten wurde. Diese verschrieben sich seit 1917 ganz der Doktrin eines extremen Kulturdeterminismus. So ist denn dieses Buch zwar in erster Linie als Widerlegungsversuch jener generellen Schlußfolgerung gedacht, die Margaret Mead aus ihren Forschungen in Samoa zog. Zugleich sollen jedoch naheliegende Aspekte eines viel umfassenderen Mythos, nämlich eines radikalen Kulturdeterminismus, examiniert werden. Ich plädiere dafür, daß diese inzwischen antiquierte Doktrin endlich zugunsten eines mehr wissenschaftlichen anthropologischen Paradigmas aufgegeben wird.

Erst 1981 konnte ich meine Nachforschungen endgültig abschließen, als mir endlich Zugang zu den Archiven des *High Court of American Samoan* für das Studium der zwanziger Jahre gewährt wurde. So erklärt sich, daß dieses Buch erst einige Jahre nach Margaret Meads Tod erscheinen kann. Im November 1964, als sie die Australian National University besuchte, informierte ich sie jedoch im Verlauf eines langen Gespräches unter vier Augen ausführlich darüber, welche empirischen Grundlagen dazu geführt hatten, daß ich mit ihrer Schilderung Samoas nicht einverstanden sein konnte. Seither standen wir miteinander in Briefwechsel. Im August 1978 erbot ich mich brieflich, ihr eine erste Fassung dieses Buches zu senden. Ich erhielt keine Antwort. Im November desselben Jahres starb Margaret Mead.

Ich kehrte im September 1981 nach West-Samoa mit dem Vorsatz zurück, jenen ersten Entwurf zu diesem Buch einigen samoanischen Wissenschaftlern zur kritischen Überprüfung vorzulegen. Die Kapitel 5 bis 19 wurden gründlichst von Le Tagaloa Leota Pita, Dozent an der Universität von Samoa, durchgesehen.

Von West-Samoa reiste ich nach Tutuila und Manu'a zu Diskussionen mit anderen gebildeten Samoanern. Ihre Kommentare sind von mir in vollem Ausmaß berücksichtigt worden. Der Versuch, Margaret Meads irrige Darstellung der samoanischen Kultur zu widerlegen, zu dem ich von vielen Samoanern ermutigt wurde, hatte mir zwangsläufig in sehr realistischer Weise auch die dunkleren Seiten der dortigen Daseinsform vor Augen geführt. Bei meinem Besuch im Jahre 1981 konnte ich feststellen, daß viele Samoaner einerseits bereit waren, sich dieser Kehrseite ihres Daseins zu stellen, andererseits jedoch mit ungebrochenem Stolz auf die Vorzüge und Tugenden ihres Volkes und seiner Lebensweise verwiesen.

Die folgenden Kapitel sind also das Resultat von Forschungen, die im Verlauf von rund vierzig Jahren immer weiter ausgedehnt wurden. Sechs dieser vierzig Jahre habe ich auf den Samoainseln gelebt, aber noch mehr Zeit habe ich in wissenschaftlichen Bibliotheken Australiens, Neuseelands, Englands und der Vereinigten Staaten verbracht. Meine Arbeit in Samoa während der Jahre 1965 bis 1968 und 1981 entstand im Auftrag der *Research School of Pacific Studies* des *Institute of Advanced Studies* der *Australian National University.* Diese Institution verschaffte mir die außerordentliche Möglichkeit, die Geschichte der Anthropologie und der Biologie zu erforschen und die vorliegende Untersuchung über einen der großen Mythen des zwanzigsten Jahrhunderts niederzuschreiben. In der vorliegenden Studie geht es um Probleme, die für die Anthropologie von größter Bedeutung sind. Ich hoffe, zu ihrer Bewältigung einen konstruktiven Beitrag geleistet zu haben.

Teil I
Die Entstehung des
Kulturdeterminismus

1. Galton, Eugenik und biologischer Determinismus

Margaret Mead begann ihre Arbeit an dem Buch *Kindheit und Jugend in Samoa*, das ihr bekanntestes Werk werden sollte, im Herbst des Jahres 1926. Erst kurz zuvor war sie zum »assistant curator« für Ethnologie am Amerikanischen Museum für Naturgeschichte in New York ernannt worden. Sie war gerade aus der Südsee zurückgekehrt, wohin sie 1925 auf Geheiß von Franz Boas, dem berühmten Professor für Anthropologie an der Columbia University, gereist war. Bei den Samoanern in West-Polynesien hatte sie versucht, zu erforschen, bis zu welchem Grad das menschliche Verhalten während der Adoleszenz von physiologischen bzw. kulturellen Faktoren bestimmt ist.[1]

Mitte der zwanziger Jahre war die Anlage-Umwelt-Problematik, die sich ab 1910 zu einer ernsthaften Kontroverse entwickelt hatte, noch längst nicht beigelegt. »Kein Gegenstand soziologischer Fragestellung hat sich in den vergangenen Jahren als umstrittener herausgestellt als der Versuch, die relative Bedeutung biologischer und rein gesellschaftlicher Faktoren für die Entwicklung der menschlichen Gesellschaft zu bestimmen«, schrieb Stuart Rice 1924. Auf der einen Seite behaupteten Biologen wie H. M. Parshley, ein Kind bestehe aus einem »starren Komplex ererbter Veranlagungen«, während auf der anderen Seite Männer wie J. B. Watson und dessen Gefolgschaft mit großem Nachdruck erklärten, »die Umwelt, nicht die Veranlagung« sei verantwortlich für »das, was aus einem Kind wird«. So sah das unübersichtliche und hektische Schlachtfeld aus, auf das sich die junge Margaret Mead wagte.[2]

Die Frage, die die Köpfe der Wissenschaftler damals am meisten beschäftigte, war, wie Margaret Mead sich erinnert: »Was ist die Natur des Menschen?« Diese und ähnliche Fragen zu beantworten, nahm sich

---

* Sämtliche Zitate aus Margaret Meads Werken wurden aus Gründen sinnvoller Kontext-Erstellung vom Übersetzer neu übertragen. (Anm. d. Red.)

M. Mead vor, als sie *Kindheit und Jugend in Samoa**schrieb. Gewappnet mit den Resultaten eines von Franz Boas ersonnenen speziellen Forschungsprojektes und gestützt auf Beweismaterial, das sie während ihrer Feldforschungen in einer vom Amerika der zwanziger Jahre grundverschiedenen Gesellschaftsordnung im fernen Polynesien gesammelt hatte, verkündete sie – zum Verdruß der biologischen Deterministen und zur Freude von deren Gegnern – ihre Schlußfolgerung: die absolute Dominanz der Umwelt über die Anlage.

Die mit der Adoleszenz in den Vereinigten Staaten und anderen Ländern verbundenen Probleme und Störungen waren lange Zeit als Begleiterscheinungen eines natürlichen Vorganges gedeutet worden. Laut Margaret Mead traten bei den Samoanern solche Störungen jedoch nicht auf. Sie folgerte daraus, das Verhalten von Jugendlichen müsse durch rein kulturelle Begriffe erklärt werden.[3]

Kindheit und Jugend in Samoa erschien 1928 mit einem Vorwort von Franz Boas, in dem er die Studie begeistert würdigt. Noch im selben Jahr machte Boas in seinem Werk *Anthropology and Modern Life* auf Margaret Meads bedeutsame Entdeckung aufmerksam, wonach es »in Samoa keine Krise der Adoleszenz« gebe. Es ist verständlich, daß Franz Boas diesen Befund und auch Margaret Meads vorgetragene Ansicht, gesellschaftlicher Druck sei »eine absolute Determinante bei der Entwicklung von Individuen innerhalb ihrer vorgegebenen Grenzen«, so bereitwillig übernahm. Denn derartige Schlußfolgerungen bestätigten auf verblüffende Weise jene seiner Überzeugungen, die ihm lieb und teuer waren. Schon 1916 hatte er die »ehrgeizige Theorie« angegriffen, die seit einigen Jahren von »Aposteln der Eugenik gepredigt wurde«. Boas glaubte im scharfen Gegensatz zu den Eugenikern, daß der »gesellschaftliche Stimulus unendlich stärker ist als der biologische Mechanismus«. Genau diese Ansicht hatte seine Studentin Margaret Mead in Samoa untermauert.[4]

Boas hatte sich 1916 vor allem darüber beschwert, der Schlachtruf der Eugeniker – »Anlage, nicht Umwelt!« – sei zu einem Dogma erhoben worden, und daß folglich »die Umweltfaktoren, die den Menschen körperlich und geistig beeinflussen«, allzusehr in den Hintergrund gedrängt worden seien. Mit dieser Klage hatte Boas allzu recht. 1915 hatte beispielsweise Paul Popenoe, Herausgeber des *Journal of Heredity,* die, wie er behauptete, auf unwiderlegbaren Tatsachen beruhende Überzeugung geäußert, vererbte Anlagen seien nicht nur ungleich stärker als irgendein Umwelteinfluß bei der Ausprägung wichtiger menschlicher Unterschiede, sondern sogar stärker als »die Summe aller denkbaren Umweltfaktoren«. Im selben Jahr hatte ein Galton-Anhänger namens Karl Pearson, Professor für Eugenik an der Londoner Universität, erklärt, die Behauptung, »Veranlagung [sei] fünf- bis zehnmal so einflußreich wie Umwelt«, sei durchaus nicht übertrieben, sondern bilde eine solide Grundlage für Basiskorrekturen auf dem Weg zu »beschleunigtem rassischem Fortschritt«. Zu dem Zeitpunkt, als Boas seine Breitseite gegen die Eugenik abfeuerte, waren solche Äußerungen fast schon Gemeinplätze. Außerdem standen sie in direkter Beziehung zu rassistischen Ansichten, wie sie beispielsweise das Buch *The Passing of the Great Race*[5] von Madison Grant enthielt.

In einer am 7. Dezember 1907 an der Columbia University gehaltenen Vorlesung machte Boas seinen Standpunkt klar, daß eine Trennung der anthropologischen Methodik von jener der Biologie und Psychologie unmöglich sei. Des weiteren drückte er die Hoffnung aus, daß die »bewährten Methoden biologischer und psychologischer Anthropometrie und Anthropologie« helfen würden, die Probleme der »Rassenvermischung« und Eugenik aus der hitzigen politischen Diskussion herauszunehmen und sie zum Thema besonnener wissenschaftlicher Forschungsarbeit zu machen. Im Jahre 1916 hatte sich seine Haltung jedoch entscheidend gewandelt. In der Zwischenzeit war die Eugenik-Bewegung zu einem pseudowissenschaftlichen Kult ausgeufert. Franz Boas war zu der Ansicht gelangt, daß sowohl die Eugenik wie die Geschichtsdeutung nach rassischen Gesichtspunkten Unheil bringen müßten. Die extremen Lehrmeinungen der Verfechter der Vererbungstheorie hätten, so meinte Boas, Anthropologen und Biologen so sehr entzweit, daß sich ihre Wege von nun an trennen müßten.[6]

Solche Worte waren nicht zu überhören. Schon nach wenigen Monaten veröffentlichten zwei der fähigsten und aktivsten von Franz Boas' ehemaligen Studenten, Alfred Kroeber und Robert Lowie, Manifeste, in denen die Kulturanthropologie begrifflich von der Biologie abgetrennt wurde. Das war nur möglich durch die Verkündung einer Lehre vom absoluten Kulturdeterminismus, der biologisch-genetische Variablen völlig ausschloß. Diese Wende in der Geschichte der Anthropologie des 20. Jahrhunderts war zugleich der Gipfelpunkt von Entwicklungen besonders innerhalb der Biologie, die schon in der zweiten Hälfte des 19. Jahrhunderts eingesetzt hatten.

25

Ich will mich im ersten Kapitel dieses Buches mit diesen richtungwei-
senden Ereignissen befassen und im Jahr 1859 beginnen, als Charles
Darwins *Die Entstehung der Arten durch natürliche Zuchtwahl* erschien.
Das Kapitel endet 1911 mit dem Tod von Francis Galton, dem Vater der
Eugenik. Wie kein anderer war er verantwortlich für die extremen Ver-
erbungstheorien, gegen die sich Boas, Kroeber und Lowie so kategorisch
wandten.[7]
In seiner Einleitung zu Grants *The Passing of the Great Race*, die er im
Juli 1916 schrieb, verknüpfte Henry Farfield Osborn ausdrücklich so-
wohl die Eugenik als auch die Geschichtsdeutung nach rassischen Ge-
sichtspunkten mit der »großen biologischen Bewegung«, die auf die
Lehren von Francis Galton und August Weismann im letzten Drittel des
19. Jahrhunderts zurückgingen. Besagte Lehren befaßten sich in erster
Linie mit dem Phänomen der natürlichen Auslese und verrieten den
Einfluß der Theorien von Darwins *Die Entstehung der Arten*. Mit diesem
Buch hatte – so Weismann – »eine neue Ära der Biologie« begonnen.
Seit Darwin im September 1838 die Wirkungsweise der natürlichen
Zuchtwahl bei Tierpopulationen entdeckt hatte, war er überzeugt, daß
»der Mensch unter dasselbe Gesetz fällt«. Doch in *Die Entstehung der
Arten* rang er sich nur zu den ziemlich vagen Worten durch: »Dereinst
wird ein Licht geworfen werden auf den Ursprung des Menschen und
seine Geschichte.« Von Anfang an war jedoch die Tragweite von Darwins Theorie für die Gattung Mensch der Gegenstand hitziger Debatten,
beispielsweise in der Konfrontation zwischen T. H. Huxley und Samuel
Wilberforce im Juni 1860 anläßlich der Tagung der *Britischen Gesellschaft für die Förderung der Wissenschaft* in Oxford. Einer, der dieser berühmten Debatte beiwohnte, war Francis Galton, Cousin zweiten Grades von Charles Darwin.[8]
Damals, im Jahre 1860, war Francis Galton 38 Jahre alt. Er war Mitglied
der *Royal Society* und ein wirtschaftlich unabhängiger Gentleman.
Nachdem er das *Trinity College* in Cambridge absolviert hatte, reiste er
nach Ägypten und in den Sudan. Im Anschluß daran unternahm er eine
Forschungsreise nach Südwestafrika. Nach seiner Rückkehr im Jahre
1857 wurde er zum Honorar-Generalsekretär der *Royal Geographical
Society* ernannt. Schon gegen 1859 hatte er begonnen, sich für die
»menschliche Seite der Geographie« zu interessieren, und da er deshalb
ausreichend vorbereitet war, Darwins Theorie zu »würdigen«, machte er
sie sich »fast augenblicklich« zu eigen. Es war eine Erfahrung, die er mit

der Taufe verglich. Bald dachte er über Darwin, »wie ein bekehrter Barbar an den Lehrer denkt, *der ihn von der unsäglichen Bürde des Aberglaubens befreit* hat«. Nachdem er *Die Entstehung der Arten* gründlich studiert hatte, war Galton fest davon überzeugt, daß »der Mensch nun eine große Macht in Händen [hält], mit deren Hilfe er seine Natur und sein Geschick zu verändern« vermag. Ganz im Bann seiner flammenden Begeisterung für diese Idee richtete er sein starkes Interesse auf die Anwendungsmöglichkeiten der natürlichen Zuchtwahl auf den Menschen. Schon 1865 faßte er die extremen Vererbungstheorien, an denen er bis zum Ende seiner Tage verbissen festhalten sollte, in einer grundsätzlichen Darstellung zusammen.[9]

Nachdem Darwins Theorie von der Evolution durch natürliche Auslese veröffentlicht worden war, wurden die verschiedenen Ausprägungen menschlicher Kultur nicht mehr als gesellschaftlich tradierte Informationssysteme begriffen. Es wurde vielmehr allgemein angenommen, daß die Unterschiede zwischen den verschiedenen Gesellschaftsformen im Laufe ihrer getrennten geschichtlichen Entwicklung durch die Vererbung erworbener Eigenschaften entstanden waren. Der Glaube an die Vererbung von »funktionsbedingten Veränderungen«, um Herbert Spencers Ausdruck zu verwenden, war zu Darwins Lebzeiten anscheinend durch nichts zu erschüttern, denn erst 1883 brachte Weismann als erster überzeugende Argumente gegen die Lamarcksche Lehre vor. So sahen also die Dinge aus, als Galton zu Beginn der sechziger Jahre des 18. Jahrhunderts seine eigenen weitreichenden Vorstellungen über die Macht erblicher Einflüsse im menschlichen Dasein zu entwickeln begann.

Zwar wies Darwin in *Die Entstehung der Arten* ausdrücklich darauf hin, daß er Faktoren wie »Nutzen und Nicht-Nutzen« in ihrer Wirkung auf die Evolution für zweitrangig hielt, er vertrat aber andererseits die Meinung, daß »alle einigermaßen wichtigen Strukturveränderungen« durch natürliche Auslese bewirkt werden. Galton folgte dieser Auffassung weitgehend. Zu Beginn der Entwicklung seiner eigenen Theorien hatte er noch stärker als Darwin an der Vererbung umweltbedingter Eigenschaften gezweifelt. Im Jahre 1865 brachte er diese Meinung mit den Worten zum Ausdruck: »Falls die Sitten und Gebräuche eines Individuums auf seine Nachkommenschaft übertragen werden, so geschieht dies, wie Darwin sagt, nur in sehr geringem Maße und ist, wenn überhaupt, kaum nachweisbar.« Indem er so seine eigene Auffassung formulierte, räumte Galton der natürlichen Auslese den absoluten Vorrang ein. Die Lamarckschen »Mechanismen« tat er als unerheblich ab, und auch die Existenz kultureller Prozesse wurde von ihm nicht gebührend anerkannt.[10]

Galtons Theorien basierten auf der grundlegenden Annahme, daß die natürliche Auslese als die im weitesten Sinne bestimmende Kraft auch für das Wesen des Menschen und seine Geschichte Gültigkeit habe. 1865 proklamierte er »die enorme Macht erblicher Einflüsse«. Laut Karl Pearson lieferte er schon damals einen so klaren Entwurf der gesamten Lehre von der Eugenik, daß »es fast wie eine Zusammenfassung seiner Arbeiten nach deren Vollendung« klang.

Galton verkündete rundheraus, daß Darwins Gesetz der natürlichen Auslese, welches in Hinsicht auf körperliche Qualitäten mit »leidenschaftsloser, unnachsichtiger Strenge« wirke, auch das sittliche Wesen, das religiöse Empfinden und dergleichen bestimme; und daß geistige Eigenschaften ebenso wie Körpermerkmale unmittelbare Erzeugnisse natürlicher Auslese seien. Pearson zufolge wurde diese extreme Schlußfolgerung der Grundstein zu Galtons Lebenswerk und unverrückbares Prinzip seiner Lehren.[11]

Eine Anzahl verwandter Lehren gingen aus diesem festen Prinzip von Francis Galton hervor, das die Vererbbarkeit geistiger und körperlicher Eigenschaften postulierte, also auch den Charakter und die Geschichte des Menschen betraf. All diese Lehrmeinungen prägten in nachhaltiger Weise die noch junge Wissenschaft der Anthropologie. In erster Linie war Galtons Prinzip ausschlaggebend für seine Ansicht von der bisherigen Evolution des Menschen und für seine Einschätzung des »vergleichsweisen Wertes der verschiedenen Rassen«. Im Jahre 1869 schrieb er: »Jede schon seit langem bestehende Rasse hat notwendigerweise eine ihr eigentümliche Tauglichkeit für die jeweiligen Daseinsbedingungen entwickelt. Das liegt an der unfehlbaren Wirkung von Darwins Gesetz der natürlichen Auslese.«[12]

Indem er der natürlichen Auslese eine solch total determinierende Macht einräumte und zugleich die Bedeutung kultureller Werte und Prozesse verkannte, ließ sich Galton bald zu ziemlich verstiegenen Schlußfolgerungen hinreißen. Viele von ihnen sind im Licht heutiger Erkenntnisse ausgesprochen rassistisch. Die weiße Bevölkerung von Nordamerika, behauptet er beispielsweise 1865, sei wegen ihrer Abstammung von dem ruhelosesten und kämpferischsten Menschenschlag

Europas unter dem Einfluß natürlicher Auslese »unternehmungslustig, trotzig, empfindlich und ungeduldig gegen die Obrigkeit« geworden; als Politiker seien diese Menschen voller Jähzorn und duldeten Gewalt und Betrug. Sie besäßen zwar viel hohe und edle Gesinnung und sogar manch echtes religiöses Gefühl, doch seien sie zugleich auch stark der Scheinheiligkeit verfallen. Was die Schwarzen anbelange, so habe »das unfehlbare Wirken von Darwins Gesetz der natürlichen Auslese« dazu geführt, daß die Anzahl jener, die »wir als Wesen von minderem Verstand bezeichnen sollten«, ziemlich beträchtlich sei. »Jedes amerikanische Buch, in dem schwarze Dienstboten beschrieben werden, ist voll von Beispielen dafür«, meinte Galton. Auch auf seinen Reisen durch Afrika war ihm diese Eigenschaft der Neger aufgefallen. Die Fehler, die sie begingen, bezeichnete er als »so kindisch, stupide und tölpelhaft«, daß er sich häufig seiner eigenen menschlichen Spezies geschämt habe. Da Galton der erste Evolutionist war, der das Prinzip natürlicher Auslese auf naive und vergröbernde Weise auf menschliche Rassen und Kulturen anwandte, können wir uns Osborn anschließen, der die rassistische Deutung der Menschheitsgeschichte bis zu ihm zurückverfolgt. Ungefähr ab 1916 war diese Geschichtsauffassung, gegen die sich Franz Boas und andere Anthropologen so entschieden auflehnten, bei Eugenikern und anderen sehr populär.[13]

Zum Glauben an größere angeborene Unterschiede zwischen den Rassen in Geist und Charakter gesellt sich eine andere verwandte Anschauung, nämlich die, daß sich Anlage immer gegen Umwelt durchsetzt. In seinen frühen Schriften stellte Galton »Rasse« gegen »Umwelt«. So schrieb er 1873 beispielsweise, die Rasse sei viel wichtiger als die Umwelt. Doch ab 1874 übernahm er die »antithetischen Begriffe Shakespeareschen Ursprungs« *Anlage* (nature) und *Umwelt* (nurture). »Dieses Begriffspaar ist eine brauchbare Wortprägung, denn es trennt nach zwei verschiedenen Kategorien die unzähligen Komponenten, aus denen sich die menschliche Persönlichkeit zusammensetzt. *Anlage* ist all das, was der Mensch mitbringt, wenn er auf die Welt kommt. *Umwelt* – das sind alle Einflüsse, die nach seiner Geburt auf ihn wirken.«[14]

Schon 1873 war Galton fest davon überzeugt, daß, »wenn Anlage und Umwelt unter gleichen Bedingungen um den Vorrang wetteifern«, die Anlage sich stets als stärker erweist. Nachdem er 1883 eine Untersuchung über die Lebensgeschichte von Zwillingen abgeschlossen hatte, erweiterte er seine These noch beträchtlich, indem er behauptete, er habe nun »die überwältigende Vorherrschaft der Anlage über die Umwelt« erfolgreich nachgewiesen. Diese summarische Schlußfolgerung wurde in Lowies Worten der »Eckpfeiler von Galtons biologischer Philosophie« und das Fundament der Eugenik-Bewegung, die er zu Beginn des 20. Jahrhunderts ins Leben rief.[15]

Die Überzeugung, daß die Anlage den Charakter und die Zivilisation des Menschen entscheidend präge, brachte Galton zwangsläufig dazu, detaillierte Pläne für die »Verbesserung des Erbguts« zu ersinnen. »Welch außerordentlicher Effekt ergäbe sich für unsere Rasse«, schrieb er 1865, wenn es üblich wäre, »jene durch Eheschließung zu vereinen, die geistig, sittlich und körperlich von feinster und bester Natur sind!« Auf diese Weise, führt er weiter aus, würde »für ein Zwanzigstel der Kosten und Mühen«, die auf die Verbesserung von Pferde- und Viehzucht verwandt werden, eine »Galaxie der Genialität« geschaffen. 1873 faßte er gar eine Zukunft ins Auge, in der »sich bei den gebildeten Schichten eine grenzenlose Begeisterung für die Veredelung der Rasse entwickelt«. Dann würden jene Menschen »es als ihre vornehmste Pflicht erachten, dem langsamen und störrischen Voranschreiten der natürlichen Auslese zuvorzukommen, indem schwache Konstitutionen sowie kleinliche und unedle Instinkte *ab*gezüchtet, kräftige, noble und der Gesellschaft zuträgliche jedoch *an*gezüchtet werden«. Für Francis Galton war eine solche »Veredelung der Rasse«, der er 1883 den Namen *Eugenik* gab, die grandioseste aller Zielsetzungen. Ab 1901, also während der letzten zehn Jahre seines langen Lebens, gelang es ihm tatsächlich, in zahlreichen anderen Menschen so etwas wie eine »grenzenlose Begeisterung« für seine utopischen Vorstellungen zu erwecken.[16]

Obwohl Darwin von Galtons Werk beeindruckt war (als 1869 *Hereditary Genius* erschien, bemerkte er anerkennend: »Ich glaube nicht, daß ich jemals in meinem Leben etwas Interessanteres und Originelleres gelesen habe«), wurde er nie ein Befürworter der Verbesserung des Erbgutes, wie sein Cousin sie sich ausmalte. In seiner Gesamtschau der menschlichen Evolution unterschied sich Darwin, wie Karl Pearson erkannt hat, wesentlich von Galton. Denn obgleich er stets die fundamentale Bedeutung natürlicher Auslese unterstrich und auch davon überzeugt war, daß sie bis zu einem gewissen Grad in gesellschaftliche Bereiche hineinwirkte, gestand Darwin kulturellen Prozessen bei der Evolution der Gattung Mensch dennoch entschieden mehr Bedeutung zu als Galton. Seine grundsätzliche Position faßte er in *The Descent of Man* (dt.: *Die Ab-*

stammung des Menschen, 1871) zusammen:»Mag der Kampf ums Dasein wichtig gewesen sein und noch immer sein, so gibt es zumindest für den höchsten Bereich der menschlichen Natur andere, noch wichtigere Kräfte. Denn die sittlichen Qualitäten werden entweder direkt oder indirekt weit mehr durch die Wirkungen vón Brauchtum, Verstand, Bildung und Religion gefördert als durch natürliche Auslese. Letzterer dürfen jedoch zu Recht jene sozialen Instinkte zugeschrieben werden, welche die Grundlage für die Entwicklung sittlichen Empfindens lieferten.«[17]

Diese Formulierung eröffnet einen Weg zur Anerkennung der Koexistenz biologischer und kultureller Faktoren und deren komplexer Interaktion im Zuge der Evolution. Die evolutionistische Denkweise brachte jedoch auch einige weniger vernünftige Trends hervor. Unglücklicherweise für die noch kaum flügge gewordene Anthropologie kamen zu Beginn des 20. Jahrhunderts die Lehren der Verfechter uneingeschränkter Vererbungstheorien vom Schlage eines Galton im Bereich der Humanbiologie immer mehr in Mode.

Mit dem Erscheinen von E. B. Tylors *Primitive Culture* (dt.: *Die Anfänge der Kultur*, Leipzig 1873) im Jahre 1871 wurde die evolutionistische Richtung in der Anthropologie dominierend. Ihr Hauptmerkmal war, wie Boas 1911 bemerkte, die»Anwendung der biologischen Evolutionstheorie auf geistige Phänomene«. Damals waren alle Evolutionisten, bis zu einem gewissen Grad sogar Darwin, nicht nur davon überzeugt, daß natürliche Auslese die treibende Kraft der Evolution sei, sondern sie glaubten auch an relativ schnelle evolutionäre Veränderungen durch Vererbung erworbener Eigenschaften. Tatsächlich waren sogar nicht wenige Evolutionisten, allen voran Herbert Spencer, der Überzeugung, daß die Vererbung von»funktionsbedingten Veränderungen« die Hauptursache für den evolutionären Wandel menschlicher Gesellschaftsformen sei. Dieser Irrglaube an Lamarcksche Prinzipien hielt sich, ohne jemals ernstlich angefochten zu werden, bis 1883, als August Weismann anläßlich einer Vorlesung an der Universität von Freiburg die Hypothese von der Vererbung erworbener Eigenschaften zurückwies und an ihrer Statt die Theorie von der»Kontinuität der Substanz von Keimzellen oder Keimplasma« propagierte.[18]

Mitte der achtziger Jahre des vergangenen Jahrhunderts stießen Weismanns Ansichten bei den Biologen auf reges Interesse. Als er 1887 an der 57. Tagung der *Britischen Gesellschaft für die Förderung der Wissenschaft* in Manchester teilnahm und einen Vortrag über seine Vererbungstheorie hielt, wurde der Frage »Sind erworbene Eigenschaften erblich?« ein spezielles Symposium gewidmet. Diese Veranstaltung und die Verbreitung von Weismanns Ansichten machten die Theorie der Nicht-Vererbbarkeit erworbener Eigenschaften zu der wichtigsten Frage, die in der Biologie »seit der Verkündung von Darwins großer Doktrin« (George John Romanes) aufgeworfen worden war. 1889 stufte Romanes die durch Weismann und andere eingeleitete allgemeine Abkehr von den Lamarckschen Prinzipien als eine »außerordentliche Revolution biologischen Denkens« und als »Wendepunkt in der Wissenschaft« ein.[19] Weismann hatte also gegen 1889 mit Hilfe anderer Experimentalbiologen im Bereich der Evolutionstheorie gleichsam einen »Gezeitenwechsel« eingeleitet. Die führenden Evolutionisten jener Zeit machten sich sogleich daran, die theoretischen Konsequenzen dieser grundlegenden Neuorientierung zu untersuchen. Es dauerte nicht lange, bis zwei gegensätzliche Richtungen zutage traten. Die erste legte, ganz besonders in den Schriften der »Sozial-Darwinisten«, das Schwergewicht auf die Bedeutung der natürlichen Auslese für die jeweilige Gesellschaftsform, ohne jedoch in gleichem Maße die kulturellen Prozesse anzuerkennen. In der zweiten Richtung kam die Erkenntnis zum Durchbruch, daß kulturelle Prozesse sich wesensmäßig von denen der Evolution durch natürliche Auslese unterscheiden.[20]

Mit seinem Nachweis, daß erworbene Eigenschaften nicht vererbbar sind, hatte Weismann Darwins ursprüngliche Hypothese auf einen scheinbar ehernen Sockel gestellt. In den Augen von Benjamin Kidd und anderen Sozial-Darwinisten der neunziger Jahre des vergangenen Jahrhunderts wurde die natürliche Auslese als »unveränderliches Gesetz des Fortschritts« sowohl in der menschlichen Gesellschaft als auch für andere Formen des Lebens im Kosmos bestätigt. »Nicht nur der kosmische Prozeß triumphiert allenthalben«, verkündete Kidd, »sondern unser ethischer und moralischer Fortschritt ist ohne ihn bedeutungslos. Denn er ist nur eine Phase jenes Prozesses, die sich wie jede andere Phase von Anbeginn nach den strengsten und unverrrückbarsten Bedingungen der natürlichen Auslese entwickelt hat.« Bald nach dem Zusammenbruch der Theorie von der Erblichkeit erworbener Eigenschaften äußerte A. R. Wallace seine Überzeugung, daß nun nur noch irgendeine Form der Selektion »als einzig mögliches Mittel zur Veredelung der Rasse« übrigblieb.[21]

32

Dieser Verlauf der Dinge schuf eine günstige Atmosphäre für Galtons Lehre von der Übermacht der Anlage über die Umwelt und für seine Pläne zur »Verbesserung des Erbgutes«. Ein weiteres Ereignis von gewisser Tragweite war die Wiederentdeckung der Mendelschen Vererbungsgesetze.

Ein Jahr später, 1890, rief Galton, als er vor dem Anthropologischen Institut von Großbritannien und Irland seine Huxley-Vorlesung hielt, zu einem »Kreuzzug zur Veredelung der Rasse« auf. Und ein solcher wurde es dann in den nächsten zehn Jahren tatsächlich sehr rasch. Die Eugenik als Bewegung war nicht mehr aufzuhalten.[22]

Daß Galton zu jenem Kreuzzug ausgerechnet in einer Vorlesung über Huxley aufrief, entbehrte nicht der Ironie, denn in seinem 1894 veröffentlichten Buch *Evolution and Ethics and other Essays* hatte T. H. Huxley unter anderem geäußert, Eugenik falle kaum »in den Bereich praktischer Politik«. Das Werk enthielt auch Huxleys bemerkenswerten Romanes-Vortrag von 1893, in dem er ein anthropologisches Paradigma entwarf, das ausdrücklich sowohl kulturelle als auch biologische Prozesse berücksichtigte. »Die Geschichte der Zivilisation«, so erklärte er, sei die Geschichte einzelner Schritte, mittels derer es den Menschen gelungen sei, »eine künstliche Welt innerhalb des Kosmos aufzubauen«. Seiner Meinung nach sei »der fortschreitende Wandel, den man *Evolution der Gesellschaft* nennt«, in der Tat »ein dem Wesen nach anderer Prozeß als jener, der die Entwicklung der Arten in ihrer Naturhaftigkeit hervorgebracht hat«.[23]

Einige Jahre später wurde dieser fundamentale Gesichtspunkt von E. Ray Lankester, einem angesehenen Darwinisten, wiederaufgenommen. In einer Abhandlung von historischer Bedeutung wies Lankaster, damals Direktor des *Britischen Museums für Naturgeschichte*, ganz besonders auf die Erziehbarkeit des Menschen im Vergleich zum Affen hin. »Die Eigenschaft, die wir mit dem Begriff ›Erziehbarkeit‹ beschreiben«, führte Lankaster aus, »kann vererbt werden, denn sie ist angeboren. Aber die *Resultate* der Erziehung können *nicht* vererbt werden. Jede Generation muß sie neu erwerben.« In späteren Schriften über dasselbe Thema stellte Lankaster klar, daß er 1899 den Ausdruck »Resultate der Erziehung« verwendet hatte, um auf die »enorme Anhäufung von Erfahrung, Wissen, Überlieferung, Gesetzen und Gebräuchen« hinzuweisen, die »eine Generation, die äußerlich gesehen nur ein Gewimmel von menschlichen Individuen ist, durchdringen und zugleich umfangen«.

Dies sei eine Besonderheit des Menschen, die seine Manifestierung bestimmter Eigenschaften»in einer Weise präge, wie sie bei jedem anderen Lebewesen unbekannt« sei. Der von Lankaster auf die Resultate von Erziehung angewandte allgemeine Begriff war »Tradition«. Aus seinen eigenen Äußerungen geht hervor, daß er unter »Tradition« das verstand, was Franz Boas und andere Forscher »Kultur« nannten.[24]

Zu Beginn des 20. Jahrhunderts gab es also innerhalb der Biologie zwei scharf konstrastierende Ansichten über die Stellung des Menschen in der Natur. Auf der einen Seite standen Denker wie Huxley und Lankaster, die daran glaubten, daß die Entwicklung des Menschen durch zwei relativ autonome, durch Interaktion jedoch eng miteinander verknüpfte evolutionäre Systeme bestimmt sei – das eine genetisch, das andere exogenetisch. Auf der anderen Seite gab es Wissenschaftler wie Galton, die den erblichen Faktoren für die Natur des Menschen eine überragende Bedeutung einräumten. Diese Auffassung setzte sich zu Beginn des 20. Jahrhunderts immer mehr durch und rief schließlich im zweiten und dritten Jahrzehnt die im Ansatz falsche Kontroverse *Anlage* gegen *Umwelt* hervor. Die vernünftigen Ansichten von Huxley und Lankaster wurden zu dieser Zeit fast gänzlich ignoriert.

In seinem Bericht über Galtons Anstrengungen, die Eugenik einem allgemeinen Publikum nahezubringen, schreibt Karl Pearson, der Galtons treuergebener Mitarbeiter war, jener habe nach »Proselyten« seines »Glaubens« Ausschau gehalten. Galton lehrte – laut Pearson – eine neue Sittlichkeit. Er habe einen genauen Plan gehabt, wie die Eugenik zu propagieren sei, und sein Ruf »Erwache, mein Volk!« habe geklungen wie der »Aufruf eines Propheten aus alter Zeit«. Worte wie diese mögen bei einem so streng wissenschaftlich vorgehenden Methodologen wie Karl Pearson seltsam anmuten, doch sie sind verständlich, wenn man bedenkt, daß Galton selbst betont hatte, Eugenik sei für ihn ein Ausdruck der »religiösen Bedeutung der Evolutionslehre«. In seiner Huxley-Vorlesung von 1901 sprach er von »einer Begeisterung für die Verbesserung der Rasse«. Dies sei ein so edles Ziel, daß daraus das Gefühl einer religiösen Pflicht erwachsen könne, eine großangelegte menschliche Gesellschaft zu gründen, die in ihrem Kreuzzug für die Veredelung der Rasse »gleichsam eine missionarische Gesellschaft aus lauter Missionaren« wäre.[25]

Als er 1905 ein Forschungsstipendium der Universität von London erhielt, gelang es Galton, der Eugenik dort Anerkennung zu verschaffen.

1907 wurde die *Eugenics Education Society* mit dem Ziel gegründet, die Ergebnisse und Methoden der Eugenik populär zu machen. Zu diesem Zeitpunkt war, laut Galton, das einst schwache Flämmchen der Eugenik längst »ein munteres Feuer, das ganz von selbst weiterbrennt«.[26] Während die Eugenik in England allmählich eine populäre Bewegung wurde, erlahmte der Feuereifer ihrer Anführer nicht. 1907 pries Pearson die Eugenik als mannhaftes »Bekenntnis zur Aktion«. Nur sie allein könne aus der »Staatskunst eine Realität« werden lassen. Pearson sprach auch voller Lob von Ländern, wo die »Veredelung der Rasse« schon »die Form eines religiösen Kultes angenommen« habe. Im gleichen Jahr sah Galton in seiner Vorlesung über Spencer eine Zeit kommen, wo es dank der ersehnten Informationsfülle möglich sein würde, »einen *heiligen Krieg* gegen all jene Gebräuche und Vorurteile zu führen, die die körperlichen und sittlichen Qualitäten unserer Rasse beeinträchtigen«.

Wie diese und andere Äußerungen von ähnlich feierlichem Ernst belegen, war die Eugenik-Bewegung, um C. W. Saleeby zu zitieren, »zugleich Wissenschaft und Religion«. In diesem Sinne sollte auch ihre Volkstümlichkeit und ihr nachhaltiger Einfluß verstanden werden.[27]

Ein durchaus vergleichbarer Eifer kennzeichnete auch die Eugenik-Bewegung in den Vereinigten Staaten. Galtons Huxley-Vorlesung wurde im Jahresbericht der *Smithsonian Institution* von 1901 veröffentlicht und erregte – wie Pearson bemerkte – in Amerika »mehr Aufmerksamkeit und trug reichere Früchte« als in England. 1906 setzte die *American Breeders Association* ein Komitee für Eugenik ein. Vorsitzender wurde David S. Jordan, ein prominenter Biologe und Kanzler der New Yorker Stanford University. Die Aufgabe des Komitees bestand darin, »Fragen der Vererbung innerhalb der menschlichen Rasse zu erforschen und darüber zu berichten« und »den Wert überlegenen Blutes sowie die Bedrohung der menschlichen Gesellschaft durch minderwertiges Blut herauszustellen«. Damals wurde ausgiebig im Bereich der Genetik geforscht. Ein hoher Prozentsatz der Genetiker wurde – vor allem in Amerika – zu Verfechtern von Galtons Theorien.[28]

Der größte Eiferer war Charles B. Davenport, ein Genetiker, der irgendwann zum Sekretär des Komitees für Eugenik der *American Breeders Association* ernannt wurde. Wie Galton war auch Davenport von der umumgänglichen Notwendigkeit einer Veredelung der Rasse überzeugt. 1910 setzte er sich dafür in seinem Buch *Eugenics: The Science of*

Human Improvement by Better Breeding ein. Davenport stand in seinem Eifer Galton in nichts nach. Die Eugenik war für ihn das Allheilmittel, das die Biologie für die Übel der menschlichen Gesellschaft bereithielt. Es sei dringend notwendig, so erklärte Davenport, »den Weg zur Sicherung einer gesunden Nachkommenschaft« zu bereiten und »die gräßliche Schlange hoffnungslos verdorbenen Protoplasmas zu vernichten«. Zehn Millionen Dollar, meinte er, die für die Eugenik ausgegeben würden, wären ungemein wirksamer als eine Spende in gleicher Höhe für karitative Zwecke. Ein Spender, der dadurch »die Menschheit von Laster, Schwachsinn und Leid zu erlösen versuche«, sei der weiseste Menschenfreund der Welt. Auf diesen Appell hin trat tatsächlich ein Wohltäter auf den Plan, der ausreichende Geldmittel bereitstellte, damit gegen Ende des Jahres 1910 das sogenannte *Eugenics Record Office*, mit Davenport als Direktor, eingerichtet werden konnte. Im Dienste der »Förderung von Theorie und Praxis der Eugenik« durch Erforschung »der Vererbungsgesetze in bezug auf Merkmale von menschlichen Wesen« und durch »Erteilung von Ratschlägen hinsichtlich der möglichen Konsequenzen von Eheschließungen« wurde dieses Büro in Long Island/New York schnell zum Mittelpunkt der Eugenik-Bewegung in Amerika.[29]

Gegen Ende des ersten Jahrzehnts des 20. Jahrhunderts stand die Eugenik also sowohl in England als auch in den Vereinigten Staaten in voller Blüte, ja sie war sogar zu einer bedeutenden gesellschaftlichen Bewegung geworden, für die viele der damals im Bereich der Biologie Forschenden mit wissenschaftlichem und philanthropischem Eifer eintraten. Andererseits war dieses erste Jahrzehnt unseres Jahrhunderts aber auch eine Zeit wachsender Konfusion innerhalb der Biologie-Forschung, soweit sich diese mit der Evolution befaßte. Vor allem durch Hugo de Vries' Mutationstheorie wurden immer stärkere Zweifel an der uneingeschränkten Wirksamkeit der natürlichen Auslese laut. In der Tat erklärte Emanuel Rádl schon 1909, Darwin sei »tot«. Während dieser Jahre wurden jedoch auf dem Gebiet der Genetik (die erst ab 1905 so benannt wurde) grundlegende Fortschritte erzielt. Wie Raymond Pearl später bemerkte, erbrachten sie ein umfassenderes Verständnis des Phänomens der Vererbung und tiefere Einsichten als alle vorherigen Forschungen und Spekulationen über dieses Grundproblem. Im Jahre 1909 konnte J. A. Thomson deshalb behaupten, daß die Genetiker, nachdem sie ein Bild dessen gezeichnet hätten, was in der *verborgenen Welt der*

Keimzellen vor sich geht, »nun daran sind, eine *Kontrolle über das Leben* zu gewinnen«.[30]

Diese Entwicklungen erhöhten die Anziehungskraft der Eugenik ungemein, zumal in Amerika; denn nun mußte es vielen Menschen scheinen, daß das biologische Wissen einen Stand erreicht hatte, der, wie Pearl sich ausdrückte, eine »bewußte und absichtliche Kontrolle bzw. Lenkung der körperlichen, geistigen und sittlichen Evolution des Menschen« möglich erscheinen ließ. Inzwischen wissen wir, daß diese Hoffnungen illusorisch waren. Huxley hatte recht, als er Galtons Verbesserung der Rasse für nicht praktikabel erklärte. Bereits in den dreißiger Jahren lag, wie M. H. Haller dokumentiert hat, der »Kreuzzug« der Eugenik in den letzten Zügen. Um das Jahr 1910 jedoch erfaßte der Enthusiasmus für Eugenik schnell immer weitere Kreise.[31]

Nach Karl Pearsons Urteil war es Galtons Überzeugung, daß die Veranlagung unendlich stärker sei als die Umwelt, die ihn auf seine »eugenetische Lösung der sozialen Frage« gebracht und damit die Eugenik-Bewegung ausgelöst hat. Wie es sich für einen Statistiker gehörte, unternahm Pearson 1910 in einer Veröffentlichung des *Galton Laboratory for National Eugenics*, mit dem Titel *Anlage und Umwelt: Das Problem der Zukunft*, den Versuch, Galtons Überzeugung zu quantifizieren. Laut Pearson gab es überhaupt keinen echten Vergleich zwischen Anlage und Umwelt, und er hielt die Behauptung für durchaus gerechtfertigt, der Einfluß der Anlage sei fünfmal, möglicherweise sogar zehnmal größer als jener der Umwelt. Mit dieser Erklärung, die an Eindeutigkeit nichts zu wünschen übrig ließ, trat die Anlage-Umwelt-Kontroverse in eine neue, noch hitzigere Phase ein.[32]

In seinem Buch *The Mind of Primitive Man*, welches 1911 erschien, wies Franz Boas darauf hin, daß kein Thema – sowohl bei den Wissenschaftlern als auch in weiteren Kreisen der Öffentlichkeit – größere Beachtung finde als das Phänomen der Vererbung. Unter dem Einfluß von Francis Galton und dessen Anhängern, so führte Boas aus, sei die Bedeutung der Vererbung in der Formel *Anlage, nicht Umwelt* (»Nature not nurture«) ausgedrückt worden. Galton war inzwischen gestorben, aber die von ihm begründete Bewegung gedieh wie nie zuvor. Sein Gefolgsmann Pearson war Professor für Eugenik an der Universität von London geworden. Wie der Verfasser eines Beitrages in der *Eugenics Review* es ausdrückte, war das Feuer, das Galton in der Seele seiner Anhänger entfacht hatte, weit davon entfernt, zu erlöschen. Es brannte vielmehr mit jedem Tag heller. Während der nächsten Jahre sollten die glühenden Anhänger von Galtons Theorien die Formel *Anlage, nicht Umwelt* mit noch mehr Eifer propagieren, bis schließlich Franz Boas, dessen Hauptsorge es während der vergangenen zwanzig Jahre gewesen war, den Begriff der Kultur von den Hypothesen der Vererbungslehre zu befreien, aufstand und dem Treiben Einhalt gebot.[33]

2. Franz Boas und die Unterscheidung zwischen Kultur und Vererbung

Wie stark Franz Boas die amerikanische Kulturanthropologie in deren Anfängen beeinflußt hat, darüber haben die führenden Köpfe aus dem Kreis seiner Schüler beredtes Zeugnis abgelegt. Für Alfred Kroeber war Franz Boas ein prometheischer Genius von scharfer und umfassender Intelligenz, der »ungeachtet des Generationsunterschiedes der *facile princeps* seines Berufsstandes« wurde, und der in Theorie und Methode von »überragender Bedeutung« war. In Robert Lowies Sicht gilt Boas als Begründer der amerikanischen anthropologischen Schule, der zudem die Methodologie jedes einzelnen Zweiges dieser umfangreichen Wissenschaft vervollkommnete. Boas wurde für Lowie die herausragende Gestalt der anthropologischen Wissenschaft seiner Zeit, ein Mensch, der »von heiligem Durst zu immer neuen pierischen Quellen getrieben«, seine Einsichten in die Natur des Menschen stetig vertiefte. Alexander Goldenweiser meinte, Boas entstamme geistig dem Deutschland des 19. Jahrhunderts. Er sei gewissermaßen ein Kulturheros, der gekommen war, der amerikanischen Anthropologie Klarheit und wissenschaftliche Substanz zu verleihen.[1]

Diese Klarheit kennzeichnete schon *The Mind of Primitive Man*, also jenes von Franz Boas' Werken, welches den nachhaltigsten Einfluß ausübte und, wie der Titel der deutschen Fassung *Kultur und Rasse* erkennen ließ, sich vor allem mit der Beziehung zwischen Kultur und Biologie befaßte. Diese Problematik sollte zum Angelpunkt von Boas' gesamter Laufbahn als Anthropologe werden. In seiner Antrittsrede als Vorsitzender der *American Folk-Lore Society* im Dezember 1900 unterstrich er die Notwendigkeit einer klaren Unterscheidung zwischen kulturellen und rassischen Einflüssen. Ein Jahrzehnt später legte er in *The Mind of Primitive Man* den Grundstein für das damals sich bereits abzeichnende Paradigma der amerikanischen Kulturanthropologie, indem er in direktem Widerspruch zur Lehre von Francis Galton »die Unabhängigkeit der Kulturstufe von der Rasse« proklamierte. Zu dieser Schlußfolgerung war Franz Boas aufgrund einer geistigen Herkunft gelangt, die sich sehr von derjenigen des Francis Galton unterschied.[2]

In der Zeit nach dem Erscheinen von Darwins *Die Entstehung der Arten* (1859) war, wie wir schon gesehen haben, das Prinzip der natürlichen Auslese von Galton und anderen unmittelbar auf den ganzen Bereich der menschlichen Natur und Geschichte angewandt worden. Im September 1882, also wenige Monate nach Darwins Tod, erklärte Ernst Haeckel unter Hinweis auf die unbestreitbare Tatsache des beispiellosen Erfolges von Darwins Wissenschaftsreform, daß noch nie in der Geschichte menschlichen Denkens eine neue Theorie so tief die Grundlagen eines ganzen Wissensbereiches durchdrungen und die liebgewonnenen persönlichen Überzeugungen vieler Lehrenden und Lernenden erschüttert habe. Nach Haeckels Meinung hatte Darwins Werk (in Verbindung mit Lamarck) eine »monistische Erklärung des Ganzen« möglich gemacht, bei der jedes Phänomen als Ausfluß eines und desselben allumfassenden Naturgesetzes erscheine. Wie andere Evolutionisten zögerte Haeckel nicht, dieses Naturgesetz auf die ganze Geschichte der Menschheit anzuwenden. Er tat dies mit dem Argument, die Evolutionstheorie sei im Verbund mit der auf ihr basierenden monistischen Philosophie das »beste Kriterium für den Grad der geistigen Entwicklung des Menschen«. Ähnlich behauptete Pitt-Rivers 1875, daß »Geschichte nur ein anderer Name für Evolution« sei, nachdem durch die Prinzipien der Variation und der natürlichen Selektion ein unverbrüchliches Band zwischen »den Naturwissenschaften und den Geisteswissenschaften« geknüpft worden sei.[3]

Diese naturalistische Theorie legte, wie Boas es ausdrückte, »die Vorstellung einer allgemeinen, gleichförmigen Evolution der Kultur« nahe, »an der alle Teile der Menschheit teilhatten«. Der prominenteste Wissenschaftler, der sich diese Auffassung zu eigen machte, war E. B. Tylor. In seinem 1871 erschienenen Werk *Primitive Culture* vertrat Tylor die Ansicht, die Geschichte der Menschheit sei Teilstück und Bestandteil der Naturgeschichte. »Unsere Gedanken, unser Wille und unsere Handlungen« stünden im Einklang mit »Gesetzen, die so endgültig [sind] wie jene, die die Bewegung der Wellen, die Verbindung von Säuren und Basen und das Wachstum von Pflanzen und Tieren bestimmen«. Die Phänomene der Kultur, davon war Tylor überzeugt, waren den Gesetzen der Evolution unterworfen. Das Wirken dieser Naturgesetze, dem Zugriff menschlichen Handelns entzogen, bestimme den Verlauf der Kultur und erzeuge »eine Bewegung, die gradlinig Stufe um Stufe von der Wildheit über die Barbarei zur Zivilisation« verlaufe. Evolutionslehre und monistische Theorie beantworteten also die uralte Frage nach der Beziehung zwischen Kultur und Natur mit der Behauptung, Kultur sei ein gänzlich natürlicher Prozeß, wie etwa das Wachstum von Pflanzen und Tieren. Sie könne nicht von anderen natürlichen Phänomen getrennt werden. Gegen eben diese vorschnelle Anwendung der Prinzipien biologischer Evolution auf die hochkomplexen Phänomene der Kulturgeschichte durch Männer wie Galton, Tylor und andere wandte sich Boas vom Anbeginn seiner Laufbahn als Anthropologe.[4]

Während Francis Galton ein politisch rechts orientiertes Mitglied der konservativen und wohlhabenden oberen Mittelklasse des viktorianischen Englands war und so etwas wie einen »natürlichen Adel« züchten wollte, wuchs Franz Boas in einem Milieu auf, wo, wie er selbst sagte, »die Ideale der Revolution von 1848 noch lebendig« waren. Einer seiner Onkel, Abraham Jacobi, von Beruf Arzt, wurde wegen seiner Teilnahme an der Revolution von 1848 ins Gefängnis geworfen, bevor es ihm gelang, zu entkommen und in die USA zu fliehen. Für diesen Abraham Jacobi und viele andere symbolisierte die Erhebung von 1848, wie Wittke es ausdrückte, »einen Triumph des Rationalismus der Aufklärung und die Verwirklichung der Träume von Poeten und Intellektuellen, die für weltbürgerliche Humanität eintraten, auf der Grundlage des Naturrechts und der unveräußerlichen Menschenrechte, die alle Landesgrenzen und Rassenschranken sprengen.«[5]

Diesen revolutionären Idealen verschrieb sich der junge Boas. Überzeugt, daß »die größte Leistung des Einzelnen für die Menschheit« darin bestehe, »die Wahrheit zu fördern«, sehnte er sich nach einem Leben im Dienste »gleicher Rechte für alle und gleicher Möglichkeiten für arm und reich zu lernen und zu arbeiten«. Diese Wertvorstellungen waren unter anderem auch durch sein Studium führender Denker der deutschen Aufklärung wie Johann Gottfried Herder geprägt worden, der daran glaubte, daß wir in einer Welt leben, die wir uns selbst schaffen, und Schiller, der erkannt hatte, wie sehr die Macht der Konvention die Menschen entzweit. Eine weitere prägende Kraft war Immanuel Kant, mit dessen Philosophie sich Franz Boas während seiner Studienzeit an der Universität Kiel eifrig beschäftigte. Dort besuchte er die Vorlesungen von Benno Erdmann, einem der besten Kenner der Kantischen Philosophie. Als Boas 1883 eine Forschungsreise in die Arktis unternahm, tröstete er sich an den langen Abenden, wenn die Temperatur außerhalb seines Iglus auf –40° Celsius sank und er manchmal grimmigen Hunger litt, mit Kants Schriften.[6]

Natur ist nach Kant »das Dasein der Dinge, sofern es nach allgemeinen Gesetzen bestimmt ist«. Der Mensch, als Geschöpf der Natur, ist diesen Gesetzen gänzlich unterworfen. Doch aufgrund der historischen Tatsache, daß es Zivilisationen mit sittlichen Ordnungen gibt, ist der Mensch, so postulierte Kant, auch ein Wesen, das befähigt ist, Entscheidungen zu treffen, und in dessen Leben Vernunft und Wertvorstellungen einen bestimmenden Einfluß ausüben. Da dies so sei, könnten Menschen in einem beträchtlichen Ausmaß ihr eigenes Wesen und das ihrer Gesellschaftsordnungen selbst bestimmen. Diese Fähigkeit unterscheide den Menschen von der übrigen belebten und unbelebten Natur. So gab Kant der Aufklärung die zündende Parole: »*Sapere aude!* – Habe Mut, dich deines eigenen Verstandes zu bedienen!«[7]

Als Franz Boas Anfang der achtziger Jahre des vergangenen Jahrhunderts sein Philosophiestudium bei Benno Erdmann begann, stand die neukantianische Bewegung in voller Blüte. Ihr bemerkenswertester Vertreter war Wilhelm Dilthey, der sich selbst als Kant-Schüler bezeichnete. Ein Großteil seines Lebens stand im Zeichen des Versuches, die Geisteswissenschaften von der Herrschaft der Naturwissenschaften zu befreien, indem er nachzuweisen trachtete, daß jene Wissenschaften, in deren Mittelpunkt der Mensch stand, nicht einfach eine »Fortsetzung der Hierarchie der Naturwissenschaften« sein konnten, weil sie »auf anderen Grundlagen beruhten«. Auf Dilthey geht die philosophische Analyse des Begriffs »Weltanschauung« und dessen heutige allgemeine Verwendung zurück. Er unterschied grundsätzlich zwischen dem Naturalismus, der eine mechanistische Weltsicht beinhalte, und dem, was er als Idealismus der Freiheit bezeichnete, ausgehend von Kants Postulat, der Mensch sei ein Wesen, in dessen Dasein die Vernunft einen bestimmenden Einfluß ausüben könne.[8]

Obwohl sich Boas an der Universität hauptsächlich dem Studium der Naturwissenschaften und ganz besonders der Physik widmete (seine Doktorarbeit war eine Analyse der Farbe des Meerwassers unter Verwendung photometrischer Methoden), waren seine philosophischen Studien und seine Befassung mit neukantianischem Gedankengut für seine geistige Entwicklung von zentraler Bedeutung. Im April 1882 schrieb er in einem Brief an seinen Onkel Abraham Jacobi, die »materialistische Weltanschauung«, der er als Physiker angehangen habe, sei für ihn nicht länger haltbar.

In Boas vollzog sich also ein Gesinnungswandel von einer materialistischen Weltanschauung zu einer Geisteshaltung, die vieles mit Diltheys Idealismus der Freiheit gemein hatte. In späteren Jahren erinnerte sich Boas, daß seine früheren Interessen damals dank der Lektüre philosophischer Schriften »von dem Wunsch verdrängt wurden, die Beziehung zwischen der objektiven und der subjektiven Welt zu verstehen«. Im Jahr 1882 war dieser Wunsch so stark geworden, daß sich Boas an die eigentliche Aufgabe seines Lebens, nämlich an die Erforschung der Frage machte: »Inwieweit dürfen wir die Phänomene des organischen Lebens, besonders jedoch jene des psychischen, unter einem mechanistischen Gesichtspunkt betrachten, und welche Schlußfolgerung kann aus einer solchen Betrachtung gezogen werden?«[9]

Ungefähr um dieselbe Zeit begann Boas sich intensiv für die Beziehung zwischen traditionsbedingtem und individuellem Verhalten zu interessieren. Als junger Mann war er schockiert gewesen, als einer seiner Kommilitonen »seinen festen Glauben an die Autorität der Überlieferung bekundet und die Überzeugung geäußert [hatte], die Menschen hätten kein Recht, am Vermächtnis der Vergangenheit zu zweifeln«. Ein solch unbedingter Glaube an die Autorität des Überlieferten war einem Menschen wie Franz Boas damals noch fremd. 1888 betonte er bei einer Diskussion über die Ziele der Ethnologie, wie wichtig es sei, das Augenmerk auf »den Kampf einzelner Menschen gegen Stammesgebräuche zu richten« und festzustellen, »bis zu welchem Grad das starke Individuum sich von den Handfesseln der Konvention zu befreien vermag«. Ähnlich wie William Blake wußte Franz Boas um die »vom Geiste geschmiedeten Handfesseln«. In seinem anthropologischen Credo, das in seinem achtzigsten Lebensjahr veröffentlicht wurde, stellte er fest, daß er in seinem eigenen Dasein durch gesellschaftliche Zustände, die seinen Idealen zuwiderliefen, zum Handeln angespornt worden sei. Er bekannte, daß sein gesamter Ausblick auf das gesellschaftliche Leben von der Frage bestimmt worden sei: »Wie können wir die uns von der Überlieferung auferlegten Fesseln erkennen?« Und er fügte hinzu, daß wir uns erst dann aus jenen Fesseln zu lösen vermögen, wenn wir sie erkannt haben.[10]

Als sich nach dieser Neuorientierung seiner wissenschaftlichen Interessen im Jahre 1882 für ihn in Deutschland keine Gelegenheit ergab, psychologische Forschungen anzustellen, entschloß sich Boas zu einer Reise in die Arktis. Es war sein Ziel, seine Kenntnis unbekannter Gegenden zu erweitern und sein Verständnis der Reaktion des menschlichen Geistes auf die jeweilige natürliche Umgebung zu vertiefen. Von August 1883 bis August 1884 erkundete er nicht nur Hunderte von Meilen der dem Cumberland-Sund zugekehrten Küste von Baffin Island, sondern er lebte auch mit den Eskimos »als einer der Ihren«. Da er ihre Sprache erlernt hatte, konnte er, wie er 1884 berichtete, die alten Gesänge und Erzählungen verstehen, die seit undenklichen Zeiten von einer Generation auf die andere überliefert worden waren. Er begriff schnell, daß es für seine Forschungen von vorrangiger Bedeutung war, die Gebräuche und Überlieferungen der Eskimos zu studieren. In seinem wissenschaftlichen Tagebuch für den Monat Dezember 1883 ließ er sich beispielsweise voller Sympathie über die »schönen Bräuche« und »den Aberglauben« der Eskimos aus, mit denen er lebte. Er betonte, daß bei den Eskimos – wie bei der übrigen Menschheit – die an Furcht grenzende Achtung vor Überlieferungen und alten Gebräuchen tief verwurzelt sei, und bemerkte dazu bezeichnenderweise, es sei »für jeden einzelnen und für jedes Volk ein schwieriges Unterfangen, die Tradition aufzugeben und dem Pfad der Wahrheit zu folgen«.[11]

In seiner Erörterung der Tradition und in der Schilderung von Gerätschaft, Behausung, Kleidung, Gesetz, Religion und dergleichen – wie in seiner Schrift *The Central Eskimo* nachzulesen ist – befaßt sich Boas mit »dem komplexen Ganzen ..., welches der Mensch als Mitglied der Gesellschaft erworben hat« und das Tylor unter dem Begriff »Kultur« zusammengefaßt hatte. Letzterer betrachtete die Kultur wie so manch anderer Anhänger der Evolutionstheorie als Ergebnis des Wirkens von unveränderlichen Gesetzen, die der Reichweite des menschlichen Handelns entzogen sind. Im Gegensatz dazu vertrat Franz Boas, dessen Denken von der deutschen Aufklärung geprägt war und der erst vor kurzem eine entscheidende geistige Neuorientierung erlebt hatte, in seinen anthropologischen Arbeiten von Anfang an die Meinung, Tradition sei etwas, das ein Individuum oder ein Volk »aufgeben« könne. Anders ausgedrückt, Kultur war für ihn – im Unterschied zu jenen Naturphänomenen, die ganz und gar unabhängig von menschlicher Einwirkung existierten – tatsächlich vom Menschen geschaffen bzw. *außergenetisch*, also auch durch menschliches Handeln veränderbar.[12]

Vor seiner Abreise in die Arktis hatte Franz Boas mit Rudolf Virchow, dem unangefochtenen Haupt der deutschen Anthropologie, und mit Adolf Bastian, Virchows engem Mitarbeiter, Kontakt aufgenommen. Nach seiner Rückkehr nach Deutschland im Jahre 1885 wurde Boas Bastians Assistent am Museum für Völkerkunde in Berlin. Er trat auch wieder mit Virchow in Verbindung, der inzwischen auf dem Gebiet der Zellpathologie ungeheuren wissenschaftlichen Ruhm erworben hatte, besonders durch Entdeckung der allgemeinen biologischen Gesetzmäßigkeit, daß alle Zellen ohne Ausnahme von anderen, schon existierenden Zellen abstammen. Das war Mitte der fünfziger Jahre des 19. Jahrhunderts. Anfänglich hatte Virchow zu Darwins Theorie der natürlichen Auslese geneigt, doch als die Prinzipien der Evolution auch auf die Gattung Mensch ausgedehnt wurden (besonders durch Darwins ehemaligen Schüler Ernst Haeckel, der sich zum Anführer der evolutionistischen Bewegung in Deutschland aufschwang), änderte sich Virchows Haltung. 1877, also in dem Jahr, als Boas seine Universitätsstudien begann, sah sich Virchow zu einer hitzigen Attacke gegen Haeckel im besonderen und gegen die Evolutionstheorie im allgemeinen genötigt.

Seine Denunzierung der Evolutionstheorie begann Virchow mit der ernsthaften Warnung, daß diese Lehre, sofern sie von den Sozialisten bis in die letzten, äußerst gefährlichen Konsequenzen angewendet würde, für Deutschland all die schrecklichen Folgen bringen könnte, die »ähnliche Theorien für Frankreich« gebracht hätten. Damit spielte er auf die mörderischen Exzesse der Pariser Kommune von 1871 an. Virchow erklärte sich in keiner Weise mit Haeckels evolutionärem Monismus einverstanden, verwies auf das Fehlen von Fossilen einer »niedrigeren menschlichen Entwicklungsstufe« und wandte sich mit allem Nachdruck – auf der Grundlage seiner eigenen Forschungen im Bereich der prähistorischen Anthropologie – gegen die Schlußfolgerung der Evolutionisten, der Mensch sei stammesgeschichtlich mit der übrigen Tierwelt verwandt.

Virchows Meinungen hatten großes Gewicht. Er wurde in weiten Kreisen als uneigennütziger Held gefeiert, der der gefährlichen Flut des Darwinismus Einhalt geboten hatte. In der *Zeitschrift für Ethnologie* schrieb Bastian triumphierend, Virchow habe die Wissenschaft von einem Alptraum befreit, indem er den »Incubus namens Abstammung« verbannte. Seit Ende der siebziger Jahre des vergangenen Jahrhunderts stand also ein wichtiger Teil der deutschen Anthropologen in unversöhnlicher

Gegnerschaft zu Darwins Theorien. Besonders in Berlin herrschte, wie Haeckel anmerkte, eine »souveräne Verachtung« für evolutionistisches Gedankengut.[13] Boas empfand für Virchow als eine Koryphäe der Wissenschaft große Bewunderung. Nach dem Urteil von Kroeber beeinflußte Virchow Boas wahrscheinlich mehr als irgendein anderer Wissenschaftler. Boas nannte Virchow einen bedächtigen Meister, mit einer »besonnenen Begeisterung für die Wahrheit«, der zu Recht die weitreichenden Schlußfolgerungen von Haeckel und anderen Evolutionisten zurückgewiesen habe. Offensichtlich übernahm Boas von Virchow ein gut Teil von dessen Geringschätzung für evolutionistisches Denken. Denn, wie Paul Radin (einer von Boas' Schülern) angemerkt hat, nahm Boas »stets eine überwiegend antagonistische Stellung« gegenüber der Evolutionstheorie ein. Aber dieser Antagonismus war zweifellos Boas' großes Manko als Anthropologe, denn er wurde durch ihn zwar angespornt, sich der willkürlichen Anwendung biologischer Prinzipien auf Kulturphänomene zu widersetzen, doch andererseits ließ er sich auch verleiten, die Wichtigkeit der Biologie für das menschliche Dasein zu unterschätzen und das Heraufkommen eines wissenschaftlich vertretbaren anthropologischen Paradigmas zu behindern, welches in angemessener Weise die durchgängige Interaktion biologischer und kultureller Prozesse in Betracht zog.[14]

Starken Einfluß übte auch das Denken des berühmten Professors Theodor Waitz auf Boas aus. Der Verfasser der sechsteiligen *Anthropologie der Naturvölker* lehrte von 1848 bis zu seinem frühen Tod im Alter von 43 Jahren (1864) an der Universität Marburg. Der erste Band von Waitz' Opus erschien 1859 unter dem Titel *Über die Einheit des Menschengeschlechtes und den Naturzustand des Menschen,* im selben Jahr wie Darwins *Die Entstehung der Arten.* Die Anlage-Umwelt-Kontroverse zu Beginn des 20. Jahrhunderts bezog ihren Zündstoff weitgehend aus diesen beiden Büchern. Während Galton und seine Gefolgschaft ihre extremen Ansichten darauf gründeten, daß sie Darwins Prinzip der Zuchtwahl auf den Menschen anwandten, berief sich Franz Boas, ein ähnlich extremer Verfechter der *Umwelt*einflüsse, auf Theodor Waitz. 1934, als Margaret Mead schon längst ihre Forschungsergebnisse über Samoa veröffentlicht hatte, erklärte Boas beispielsweise, genetische Elemente seien »gänzlich irrelevant« im Vergleich zu dem »gewaltigen Einfluß des kulturellen Milieus«, und er wies darauf hin, daß diese Erkenntnis schon 1859 von

Waitz geäußert worden sei. Sie sei die »Grundlage jeder ernsthaften Beschäftigung mit der Kultur«. In Boas Augen war Waitz einer der »großen Geister«, die »den Grundstein für die moderne Anthropologie gelegt« hatten.[15]

Die anthropologischen Theorien von Waitz entsprangen seinen Studien der menschlichen Entwicklung und der Pädagogik. Er war in dieser Hinsicht stark beeinflußt von dem Kantianer J. F. Herbart, einem Philosophen und Erziehungstheoretiker, der 1809 Kants Nachfolger auf dessen Lehrstuhl in Königsberg wurde. Indem er die Anthropologie als die »Lehre vom Wesen des Menschen« definierte, argumentierte Waitz 1869, daß die einzelnen Kulturen sich im Lauf der Geschichte zwar differenziert hätten, die Menschheit als Ganzes dessenungeachtet jedoch im Grunde eine »psychische Einheit« darstelle. Alle Menschen, so glaubte er, seien demselben allgemeinen Verlauf der psychischen Entwicklung gefolgt, und das jeweilige Stadium einer bestimmten ethnischen Gruppe sei bestimmt durch die Kulturstufe, die besagte Gruppe im Lauf ihrer Geschichte erreicht hat. Als Waitz diese Lehrmeinungen formulierte, war Darwins Entdeckung der natürlichen Auslese noch nicht veröffentlicht. Wie andere Denker der fünfziger Jahre des 19. Jahrhunderts – z. B. Herbert Spencer – war Waitz ein hundertprozentiger Anhänger von Lamarck. Schon im ersten Band der *Anthropologie der Naturvölker* findet sich die – wenn auch unbewiesene – Behauptung von der Vererbbarkeit erworbener psychischer und physischer Eigenschaften beim Menschen wie bei den Tieren. Auch werden dort allen Ernstes zahlreiche Beispiele angeführt, die heutzutage höchst drollig klingen, wie beispielsweise die angebliche Vererbbarkeit von vernarbten Kriegsverletzungen.[16]

Eine verbesserte »Kultur des geistigen Lebens«, davon war Waitz überzeugt, sei der Vererbung förderlich, mit dem Resultat, daß die Nachkommenschaft »bessere Veranlagungen erbt als jene, die ihre Erzeuger besaßen«. Und diese besseren Veranlagungen erzeugten dann angeblich, und zwar insbesondere bei gleichzeitiger Unterstützung durch gute Lernmethoden, eine weitere Verbesserung der »geistigen Kultur«. Dank der Vererbung erworbener Eigenschaften gebe es eine stetige Höherentwicklung mit dem Ziel einer stufenweisen Vervollkommnung der Kultur. In diesem unendlichen Fortschritt liege die Bestimmung des Menschen. Waitz glaubte auch an eine Metamorphose des körperlichen Typus durch veränderte Bedingungen der Zivilisation und behauptete, die

Schädelform des Menschen sei überall im wesentlichen von der geistigen Kultur abhängig und wandle sich mit ihr. Schließlich bezog Waitz auch in der Anlage-Umwelt-Problematik entschieden Stellung, indem er es für erwiesen erklärte, daß die unterschiedlichen Kulturstufen bei verschiedenen Völkern in viel höherem Maße von den »äußeren Lebensverhältnissen und der Naturumgebung« abhingen als von der »ursprünglichen geistigen Begabung«. Vor allem aber wünschte Waitz »keinen naturwissenschaftlichen Determinismus, der die menschliche Freiheit bei der Schaffung einer besseren Welt einschränkte«, wie Ernest Becker festgestellt hat.[17]

Diese Ansichten von Theodor Waitz hinterließen Spuren in der Anthropologie von Franz Boas. Wie schon andere aufgezeigt haben, bewahrte sich Boas zwar während seiner gesamten Laufbahn eine ziemliche Skepsis gegenüber dem Prinzip der natürlichen Auslese und Mißtrauen gegen die Mendelschen Vererbungsgesetze, doch solange er lebte, war er andererseits davon überzeugt, daß man mit »Lamarck noch immer rechnen« müsse. Nicht wenige seiner eigenen Theorien waren von Lamarck geprägt. Beispielsweise ging er von der Annahme aus, der Mensch sei ein domestiziertes Wesen. Er glaubte, daß im Zuge der Domestizierung die durch »äußere Umstände ausgelösten Veränderungen zweifellos erblich« seien. Ebenso wie Waitz legte Boas großes Gewicht auf die »Plastizität der Menschentypen«. Er war der Meinung, daß »kein Ereignis im Leben eines Volkes ohne Wirkung auf spätere Generationen« stattfinden könne, und er äußerte die Überzeugung, die Umwelt übe eine große Wirkung auf die anatomische Beschaffenheit und die physiologischen Funktionen des Menschen aus. Als Erklärung für offensichtliche Veränderungen der Körperbeschaffenheit – einschließlich des Gehirnvolumens gewisser amerikanischer Einwanderer – neigte Boas, wie er selbst schrieb, zu der Annahme, daß diese Veränderungen unter anderem unmittelbar durch »die Angst vor Geldnot« bewirkt worden seien.[18]

Abgesehen von diesen Überzeugungen stand Franz Boas, der Waitz' Schlußfolgerung, die »geistigen Wesensmerkmale des Menschen seien überall in der Welt dieselben«, für richtig hielt, ganz besonders unter dem Einfluß von Waitz' Theorie von der kulturellen Evolution. Als Boas 1894 seinen ersten größeren Beitrag zur Erörterung der Beziehung zwischen Rasse und Kultur leistete, berief er sich ausdrücklich auf Waitz, indem er darauf hinwies, daß jener glücklicherweise schon längst den

»richtigen Gesichtspunkt« gefunden habe. Die geistigen Fähigkeiten des Menschen seien nach Waitz lediglich ein Hinweis darauf, was er im Hinblick auf die nächste Zukunft zu leisten vermöge, und sie seien im übrigen abhängig von den kulturellen Stadien, die er bis zum gegenwärtigen Stadium durchlaufen habe.[19]

Im ursprünglichen Kontext des ersten Bandes der *Anthropologie der Naturvölker* gehörten solche Anschauungen zu jenem Teil von Theodor Waitz' Theorie der menschlichen Entwicklung, der eindeutig von Lamarck beeinflußt war. Als Boas sich jedoch 1894 auf sie berief, wurden ihre Lamarckschen Implikationen nicht bemerkt und gingen unbesehen in die Theorie eines sich explizit gegen den biologischen Determinismus wendenden Kulturdeterminismus ein. Für Boas waren jene Thesen die Quintessenz des Waitzschen Standpunktes, den er als Grundlage für jegliche ernsthafte Beschäftigung mit der Kultur ansah. Er zitierte sie bei zwei aufeinanderfolgenden Anlässen während seiner langen Kampagne gegen die Anhänger der Vererbungslehre: 1911 in *The Mind of Primitive Man* und 1924 in einem Beitrag für die Zeitschrift *American Mercury*, verfaßt auf dem Höhepunkt der Anlage-Umwelt-Debatte – und kurz vor der Planung von Margaret Meads Forschungsauftrag in Samoa.[20]

Wie wir bereits gesehen haben, wurde Boas erstmalig auf das Wesen der Kultur aufmerksam, als er 1883 auf Baffin Island eng mit den in höchstem Maße durch Traditionen bestimmten Eskimos zusammenlebte. Mit geschärftem Blick war er 1886 nach Nordamerika zurückgekehrt und hatte sich darangemacht, das Leben von Indianerstämmen an der Küste von Britisch-Kolumbien zu untersuchen. In einem vorläufigen Bericht vom März 1887 merkte er an, die gemeinsame Kultur dieser Stämme verdiene eine gründliche Untersuchung. In einer Vorlesung des Jahres 1888 setzte er sich dafür ein, daß die »allmähliche Entwicklung der kulturellen Manifestationen der gesamten Menschheit, von ihren Anfängen bis zur Gegenwart, erforscht« würde. Ein solches Unterfangen, das unterstrich er danach wiederholt bei verschiedenen Anlässen, müsse »nach strikt historischen Methoden« betrieben werden. Zu jenem Zeitpunkt hatte sich Boas' Sicht des Phänomens Kultur zugleich vertieft und geschärft. 1889 veröffentlichte er in der erst kurz zuvor gegründeten Zeitschrift *American Anthropologist* einen kurzen Artikel mit dem Titel *On Alternating Sounds*. Wie Stocking bemerkt, betrachtete Boas in diesem Beitrag »die kulturellen Phänomene im Sinne einer Überlagerung des Erfahrungsstromes durch allgemein verbindliche Bedeutungsinhalte«, also als »geschichtlich bedingt und durch einen Lernprozeß tradiert«. Nach Stockings Urteil »kann die Bedeutung dieses Artikels für die Geschichte des anthropologischen Denkens gar nicht überschätzt werden«. Erstmalig in der Geschichte der Anthropologie nach Darwin wurde hier das außergenetische Wesen der Kultur in vollem Umfang anerkannt.[21]

Ungefähr zur gleichen Zeit begann Franz Boas seine grundlegende Kritik der evolutionistischen Anthropologie zu formulieren. 1896 rief er seine Kollegen auf, »auf das eitle Vorhaben zu verzichten, eine einheitliche systematische Geschichte der kulturellen Evolution konstruieren zu wollen«. Er argumentierte, der Wandel in den verschiedenen Ausprägungen menschlicher Kultur vollziehe sich nicht geradlinig, sondern im Rahmen einer Vielfalt konvergierender und divergierender Trends.

1899 wurde Franz Boas an der Columbia University zum Professor der Anthropologie ernannt. Im darauffolgenden Jahr entwickelte er in einem längeren Vortrag mit dem Titel *The Mind of Primitive Man* seine Vorstellungen von Kulturanthropologie weiter. Kultur, so sagte er unter anderem, ist »ein Ausdruck der Errungenschaften des Geistes. Sie zeigt die kumulative Wirkung der geistigen Tätigkeit vieler Menschen«. Kultur entstehe aus menschlicher Aktivität. Der ganze Bereich von Kunst und Sittlichkeit beruhe auf »der Fähigkeit des Geistes, zwischen Wahrnehmungen und Handlungen gemäß deren Wert eine Wahl treffen zu können«. Ähnlich wie in *On Alternating Sounds* propagierte Boas hier einen Kulturbegriff im Sinne von Phänomenen, für welche die Gesetzmäßigkeiten der Biologie keine Gültigkeit haben.[22]

Er nahm diesen Vortrag auch zum Anlaß, um die Frage abzuhandeln »Gibt es Unterschiede in der Beschaffenheit des menschlichen Geistes?«. Und er forderte in diesem Zusammenhang, daß »wir klar unterscheiden müssen zwischen Einflüssen der Zivilisation und der Rasse«. Wie schon erwähnt, setzte sich etwa zur gleichen Zeit der Evolutionstheoretiker und Biologe E. R. Lankester in ähnlicher Weise für eine solche Unterscheidung ein. Diese Dichotomie zwischen Natur und Kultur ist uralt. Sie datiert wohl aus dem 5. Jahrhundert vor Christus, als der Sophist Protagoras die Kategorien der *physis* (der Natur) und des *nomos* (der traditionsbedingten Konvention) in das griechische Denken einführte. Derlei auf Überlieferung beruhende Konventionen sind nun aber das Resultat der menschlichen Fähigkeit, Alternativen zu entwerfen und zu befolgen. Sie sind demnach vom Menschen selbst gemacht und müssen – laut Protagoras – folglich von natürlichen Phänomenen unterschieden werden, die der Einwirkung des Menschen gänzlich entzogen sind.

Seither haben viele andere anthropologische Denker die Bedeutsamkeit dieser Dichotomie unterstrichen. Jean Jacques Rousseau begründete – so Lévi-Strauss – die moderne Anthropologie, als er in seinem Werk *Discours sur l'origine de l'inégalité parmi les hommes* (1755) die Frage nach der Beziehung zwischen Natur und Kultur aufwarf.[23] In der Sturm-und-Drang-Zeit des Evolutionismus, ganz besonders aber während jener Jahrzehnte, als die von Lamarck geprägten Hypothesen eines Herbert Spencer tonangebend waren, wurde diese Unterscheidung zwischen Natur und Kultur weitgehend ignoriert, denn es wurde allgemein angenommen, daß die Geschichte der Menschheit in all ihren Aspekten das Ergebnis des Wirkens biologischer Gesetzmäßigkeiten sei. In den neunziger Jahren des vergangenen Jahrhunderts, als die Lamarcksche Lehre in sich zusammenbrach, dämmerte es jedoch einigen Denkern, daß die kulturellen Phänomene in ihrer außerordentlichen Vielfalt möglicherweise doch nicht ausschließlich mit Hilfe der natürlichen Auslese erklärt werden konnten. Eine ganze Reihe anderer Faktoren waren im Spiel – das begriffen Männer wie Huxley, Lankester, Boas und andere. So geschah es, daß zu Beginn des 20. Jahrhunderts das Wesen der Beziehung zwischen Kultur und Biologie, oder, um es in Galtons Begriffen auszudrücken, zwischen Anlage und Umwelt zu einer wissenschaftlichen und intellektuellen Problematik ersten Ranges wurde.

Von nun an war es Boas' Hauptanliegen, die Untersuchung kultureller Phänomene zu fördern. Unglücklicherweise bedeutete dieses Vorhaben im ersten Viertel des 20. Jahrhunderts eine sich stetig verschärfende Konfrontation mit den Anhängern der Vererbungslehre, denen daran lag, die Gültigkeit ihrer Hypothesen für kulturelle Phänomene nachzuweisen. Noch im Jahre 1907, also dem Jahr, als Galton daran dachte, einen »Heiligen Krieg« gegen jene Konventionen und Vorurteile auszurufen, die den »rassisch« bedingten »körperlichen und sittlichen Qualitäten« abträglich waren, noch in jenem Jahr also hoffte Boas, daß die Thesen der Eugeniker zum Thema einer sachlichen wissenschaftlichen Erörterung gemacht werden könnten. Doch die Behauptungen der radikaleren unter den Eugenikern waren schon bald so überzogen, daß daraus nichts wurde. Um das Jahr 1910 erregte die Frage, was beim menschlichen Wesen erblich ist und was nicht, mehr Aufmerksamkeit als jedes andere Thema, wie Franz Boas damals schrieb.

Als unmittelbare Antwort auf diese Lage der Dinge schrieb Boas *The Mind of Primitive Man*, ähnlich wie Waitz in den späten fünfziger Jahren des vergangenen Jahrhunderts seine *Anthropologie der Naturvölker* als Erwiderung auf die Rassenlehre eines Grafen von Gobineau und seines *Essai sur l'inégalité des races humaines* (dt.: *Über die Ungleichheit der Menschenrassen*) verfaßt hatte. Wie Lowie bemerkt hat, weist *The Mind of Primitive Man* deutliche Parallelen zum ersten Band der *Anthropologie der Naturvölker* auf. Und wie in jenem Werk war auch hier die Zielsetzung, »die Unabhängigkeit der Kulturleistung von der Rasse« zu beweisen. Nachdem Boas in der Einleitung zu seinem Buch darauf hingewiesen hatte, daß noch »allgemein davon ausgegangen wird, daß Abstammung und Rasse das kulturelle Leben bestimmen«, ließ er seine eigene Definition der Kultur als etwas Außergenetischem folgen und stellte die Behauptung auf, daß die »psychologische Grundlage kultureller Merkmale bei allen Rassen identisch« ist. An seinen Befund aus dem Jahre 1894 anknüpfend, unterstrich Boas nun nochmals, daß Kultur nicht »der Ausdruck angeborener geistiger Eigenschaften« sei, sondern »das Ergebnis vielfältiger äußerer Umstände, die auf die allgemein menschlichen Wesensmerkmale einwirken«. Er wies ausdrücklich darauf hin, daß dies auch die Ansicht von Herder und Waitz gewesen sei, auf deren zentralen Lehrsatz von der kulturellen Konditionierung menschlichen Verhaltens er sich erneut berief.[24]

Boas untersuchte sodann die Hypothese, Herkunft und Rasse seien für das kulturelle Leben entscheidend. Er kam zu dem Schluß, daß bislang kein einziger erfolgreicher Versuch gemacht worden sei, »Gründe und Ursachen für menschliches Verhalten nachzuweisen, die nicht gesellschaftlich oder geschichtlich bedingt« seien. Eine unvoreingenommene Überprüfung der Tatsachen zeige vielmehr, daß »der Glaube an vererbbare, rassisch bedingte Eigenschaften und die übereifrige Sorge um die Reinheit der Rasse auf einer Hypothese beruhen, die jeglicher Grundlage entbehrt«.

Für die damaligen Anhänger der Eugenik, die sich durch die kontinuierlich an Boden gewinnende Genetik in der Faktizität ihrer Theorien bestätigt sahen, waren diese trotzigen Worte von Franz Boas eine Herausforderung. Genauso waren sie auch gemeint, denn, wie Stocking angemerkt hat, ab 1894, besonders jedoch in dem Buch *The Mind of Primitive Man*, war die gesamte Stoßkraft von Boas' Denken darauf gerichtet, »die Begriffe von Rasse und Kultur zu unterscheiden, biologische und kulturelle Vererbung zu trennen, die Aufmerksamkeit auf kulturelle Vorgänge zu lenken und den Begriff der Kultur vom ererbten Ballast evolutionistischer und rassistischer Hypothesen zu befreien, damit er künftig... vollständig unabhängig von biologischem Determinismus werden könne«.[25]

Als *The Mind of Primitive Man* veröffentlicht wurde, hatten die Anhänger der Vererbungslehre noch regen Zulauf. Im Jahr 1911 veröffentlichte Charles Davenport, der bekannteste Verfechter der Eugenik in den Vereinigten Staaten, seine Abhandlung *Heredity in Relation to Eugenics* und andere Schriften. Er wies darin selbstsicher und voller Eifer auf »die grundlegende Tatsache« hin, »daß alle Menschen von Anfang an an ihre ›protoplasmatische‹ Beschaffenheit *gebunden* und in Fähigkeiten und Verantwortungen *ungleich*« seien. Des weiteren erklärte er »Vererbbarkeit [sei] eine der großen Hoffnungen des Menschengeschlechtes und die Rettung vor Schwachsinn, Armut, Krankheit und Sittenlosigkeit«.[26]

So gab es also im Jahr 1911 zwei intellektuelle und wissenschaftliche Schulen, die sich wie These und Antithese zueinander verhielten – die von Boas und Davenport –, und keiner der beiden schien daran gelegen zu sein, die Koexistenz und Interaktion von genetischen und außergenetischen Prozessen in einer konstruktiven Weise zu erforschen. Wie Davenport es ausdrückte, standen sie einander gegenüber und »beäugten sich gegenseitig unfreundlich«. Der Schauplatz war bereitet für den erbitterten Kampf zweier Doktrinen, die beide nach wissenschaftlichen Kriterien unzureichend waren. Sie waren aus den theoretischen Wirren des späten 19. Jahrhunderts hervorgegangen. Die eine dieser beiden Lehren überschätzte die Biologie, die andere bewertete die Kultur allzu hoch.[27]

3. Die Entstehung des Kulturdeterminismus

Als Francis Galton 1911 starb, stand die von ihm begründete Eugenik-Bewegung in voller Blüte. Das galt besonders für die Vereinigten Staaten, wo die Eugenik, wie Raymond Pearl bemerkte, im Todesjahr von Galton eine »gewiß sehr respektable« Stellung einnahm und auch im folgenden Jahr »bei Radikalen und Konservativen in einem erstaunlichen Maß« einschlug. Pearl hielt die Eugenik für so vielversprechend, daß er glaubte, sie könnte eines Tages – unter der Führung der Genetik – zur Krönung aller biologischen Wissenschaften werden. Ähnlich überschwenglich verkündete Karl Pearson, der auf ausdrücklichen Wunsch von Francis Galton als erster Professor der Eugenik an die Universität London berufen worden war, »die Wissenschaft von der Eugenik« sei der »Schlüssel zur Wissenschaft vom Leben« und bilde den Grundstein für den künftigen Fortschritt der Nation. In dieser Atmosphäre der Selbstgewißheit und der Begeisterung fand der Erste Internationale Kongreß für Eugenik im Juli 1912 in London statt.[1]

Einer jener Wissenschaftler, die sich unter direktem Einfluß von Galton und Pearson mit den Ideen der Vererbungstheoretiker angefreundet hatten, war Cyril Burt, damals Dozent für experimentelle Psychologie an der Universität Liverpool. 1912 veröffentlichte er eine Abhandlung, in der er eine Auffassung vertrat, für die er sich sein ganzes Leben lang mit hemmungslosem polemischem Eifer einsetzen sollte, nämlich daß »die geistigen Erbanlagen... das Wesen der Menschen prägen und über das Schicksal der Völker entscheiden«. Gegen eben diese Lehrmeinung hatte Boas seit 1894 gekämpft, und ab 1928 »feuerte« Margaret Mead, beginnend mit der Veröffentlichung von *Kindheit und Jugend in Samoa*, dagegen ihre »Breitseiten«. So trat also die Anlage-Umwelt-Kontroverse, die keine der mit solchem Feuereifer vertretenen Halbwahrheiten für sich hatte entscheiden können, im zweiten Jahrzehnt des 20. Jahrhunderts in ihre heißeste Phase.[2]

Tonangebend innerhalb der amerikanischen Delegation beim Eugenik-Kongreß war Charles Davenport, damals schon Mitglied der *National Academy of Sciences* und anerkannt führender Wissenschaftler der Eugenik-Bewegung in den Vereinigten Staaten. Absolut überzeugt davon, daß die einzige Hoffnung für »eine echte Veredelung der menschlichen Rasse« in »besserer Paarung« liege, weitete Davenport nach seiner Rückkehr die Aktivitäten des *Eugenics Record Office* in Long Island – mit finanzieller Unterstützung seitens John D. Rockefellers und anderer – dahingehend aus, daß er nun auch ausdrücklich auf die Sicherung und Erhaltung des »hochwertigsten Menschengeblüts in Amerika« und auf die Minderung »mangelhaften und verdorbenen Blutes« hinarbeitete. Als glühender Anhänger der Mendelschen Lehre stützte Davenport sein Denken auf die Annahme, daß die menschliche Natur gänzlich aus Merkmalen im Sinne von »einzelnen vererbten Eigenschaften« bestehe, die ihrerseits durch »Paare von verschiedenen unveränderlichen Faktoren« bestimmt seien, wobei immer einer gegenüber dem anderen dominant sei. Unter Davenports Leitung widmete sich das *Eugenics Record Office* mit Vorrang der Erforschung solch erblicher Eigenschaften. Ab 1912 wurden auf diesem Gebiet große Anstrengungen gemacht. Davenport befaßte sich vor allem mit jenen Eigenschaften, die er – in Anlehnung an Galton – für Determinanten des sozialen Verhaltens hielt. Unter Verwendung von Familienchroniken, die das *Eugenics Record Office* zusammengetragen hatte, stellte Davenport mit großem wissenschaftlichen Ernst und voller Zuversicht Listen von Verhaltensmerkmalen auf, die nach seinem Dafürhalten genetisch bedingt waren. In einer 1914 vorgelegten Abhandlung stufte er beispielsweise die Neigung zu Jähzorn oder erotischen Ausschweifungen als dominante Eigenschaften, Depressionen mit Selbstmordgedanken als rezessiv, Trunksucht und Landstreicherei als geschlechtlich bedingt ein. Bei Marineoffizieren verstieg er sich in seiner Analyse erblicher Faktoren dazu, eine angeblich angeborene Liebe zur See als eine Eigenschaft hinzustellen, die mit ziemlicher Sicherheit auf einem geschlechtlich bedingten rezessiven Faktor beruhe – es seien ja Männer und nicht Frauen, die sich zum Seemannsleben hingezogen fühlten. In einer weiteren Studie bezeichnete Davenport Eigenschaften wie Unwahrhaftigkeit, Angriffslust, Menschenscheu und Unaufrichtigkeit als negative Merkmale im Sinne von vererbten Eigenschaften.[3]
In den Augen der eifrigsten Eugeniker jener Zeit untermauerte Daven-

port mit solchen Schlußfolgerungen in höchst präziser und wissenschaftlicher Weise Galtons Grundannahme, »geistige Eigenschaften [würden] in der gleichen Weise vererbt wie körperliche«. Davenports Forschungsergebnisse bestärkten auch all diejenigen, die davon überzeugt waren, daß die Veranlagung wichtiger ist als die Umwelt, und diese Überzeugung war, wie Karl Pearson 1915 noch einmal unterstrich, das Fundament von Galtons Lebenswerk. Tatsächlich ging Davenports Anwendung Mendelscher Prinzipien auf alle Aspekte der menschlichen Natur über Galtons extreme Auffassung von der »Überlegenheit der Anlage über die Umwelt« hinaus und führte zur Doktrin eines absoluten biologischen Determinismus. Wie Charles Rosenberg nachgewiesen hat, ermangelten Verbrecher, Prostituierte, Landstreicher und andere »minderwertige« Individuen nach Davenports Meinung des Gens oder der Gene, »nach deren durch Mutation in des Menschen ferner Vergangenheit bewirktem Auftreten der Mensch seine mehr primitiven und asozialen Instinkte zu beherrschen gelernt und die Zivilisation aufzubauen vermocht« habe. Der Verbrecher war also ein Verbrecher und die Hure eine Hure, weil sie – aufgrund ihrer genetischen Struktur – nicht mit den neurologischen oder physiologischen Mitteln ausgestattet waren, um sich ihrer animalischen Triebe erwehren zu können. Entsprechend resultierte Schwachsinn angeblich aus dem Fortbestehen »primitiver« Gene und war laut Davenport nicht atavistisch, sondern direkt ererbt, eine »ununterbrochene Übertragung seit unseren tierischen Vorfahren«. Für Davenport waren »soziale und physische Evolution ein und dasselbe«, und »kultureller Wandel spiegelte nur die ihm zugrundeliegenden physischen Entwicklungen wider«.[4]

Während jener Jahre wurde die Eugenik rasch in weiten Kreisen populär, nicht zuletzt wohl wegen Davenports Aktivitäten. Zugleich gewann das rassistische Denken und Fühlen stark an Boden, da es, wie Henry Fairfield Osborn meinte, stark im Einklang mit dem wahren Geist der Eugenik-Bewegung stand. Es ging das Wort vom »Jahrtausend der Eugenik« um. Helen Baker, deren Werk *Race Improvement or Eugenics* 1912 erschien, versicherte ihren Lesern, daß die amerikanischen Eugeniker nicht ruhen würden, bis die amerikanische Rasse die »tüchtigste der Welt« wäre. In solchen populären Schriften herrschte, wie ein Beobachter es 1914 ausdrückte, »die Glut moralischer Begeisterung«. Die Eugenik-Bewegung in den Vereinigten Staaten ähnelte schließlich dem Kreuzzug für die Veredelung der Rasse, von dem Galton rund ein Jahrzehnt zuvor geträumt hatte. Um das Jahr 1914 konnten an 44 Colleges der USA, einschließlich Harvard und Cornell, sowie an den Universitäten von Kalifornien und Chicago, aber auch am Massachusetts Institute of Technology Vorlesungen oder Kurse in Eugenik belegt werden. G. H. Parker, Hochschullehrer an der Harvard-Universität, äußerte sich 1915 in der einflußreichen Zeitschrift *Science* dahingehend, »die Eliminierung aller augenscheinlich minderwertigen Mitglieder der Gesellschaft« sei eine »vernünftige und humane Möglichkeit«. In seinem Artikel setzte er sich unter anderem auch für Zwangssterilisierung ein. Seine Anregungen wurden in einer Reihe von Ländern befolgt. 1915 erschien in New York die amerikanische Übersetzung von *Über die Ungleichheit der Menschenrassen* des Grafen von Gobineau. Ein Jahr später veröffentlichte Grant *The Passing of the Great Race*, wo, wie M. H. Haller aufzeigte, sich »Eugenik und Rassismus zur Doktrin einer Elite verbanden, welche wenig später durch die Inkompetenz jener zu Fall gebracht wurde, die aufgrund ihres ererbten Wesens zu den Feinden der Zivilisation gehörten«. Grant war der Meinung, Demokratie sei »der Erhaltung überlegenen Erbgutes nicht förderlich«. Die einzige Lösung sei »ein durchgreifender Feldzug für die Eugenik«. In Hallen und großen Zelten verkündeten überall in Amerika Vortragsreisende lautstark, die Natur des Menschen könne nicht verändert werden, und predigten ihren Glauben an die Veredelung der Rasse durch die Wissenschaft von der Eugenik. Wie Davenport schon einige Zeit zuvor in einem Vortrag gesagt hatte, könnten die Menschen nur so vor dem »Verderben« bewahrt werden.[5]

Um das Jahr 1916 war die Lage all derer, die sich einem solchen Fanatismus widersetzten, schier unerträglich geworden. Da meldeten sich Franz Boas und sein ehemaliger Schüler Robert Lowie zu Wort und richteten heftige Angriffe gegen die Eugenik-Bewegung. In einem für die Zeitschrift *The New Republic* verfaßten Beitrag über Alfred Russel Wallace, der zusammen mit Darwin das Prinzip der natürlichen Auslese entdeckt hatte, stellte sich Lowie voll hinter dessen Mißtrauen gegenüber der Eugenik und teilte die ausgesprochene Abneigung gegen »die aufdringliche Einmischung einer arroganten wissenschaftlichen Priesterschaft« in die menschlichen Angelegenheiten. Die Haltung von Wallace ist durchaus verständlich, denn schon im Jahre 1864, als Galton jene extremen Vererbungstheorien formulierte, die später die Eugenik-Bewegung ins Leben riefen, hatte er sich gefragt, bis zu welchem Ausmaß das Gesetz der natürlichen Auslese in höherentwickelten Stadien der menschlichen Evolution noch gültig sei. Wallace hatte darauf hingewiesen, daß der Mensch schon seit langem in der Lage sei, sein Dasein zu verändern, indem er sich seine Lebensbedingungen bis zu einem gewissen Grad selber schuf, statt es der Natur zu überlassen, diese Lebensbedingungen für ihn auszuwählen. Damit war Wallace der erste Biologe einer im Jahre 1859 beginnenden Epoche, der auf die grundlegende Bedeutung außergenetischer Prozesse für die Evolution des Menschen hinwies. Robert Lowie berief sich 1916 auf Wallace und beschloß seinen Artikel mit dem bissigen Kommentar, die »halbgaren Biologen«, die sich an sozialen Reformen versuchten, und »ihre noch unleidlicheren kleinen Brüder, die praktizierenden Eugeniker mit ihren pfuscherischen Gesetzen«, sollten sich vor der Gesellschaftslehre und dem noblen Geist des großen Evolutionstheoretikers und Biologen A. R. Wallace in acht nehmen.[6]

Boas' Verurteilung der Eugenik im Novemberheft des *Scientific Monthly* im Jahr 1916 war gezielter und hatte auch mehr Gewicht. Die Lehren der Eugenik-Apostel, beklagte sich Boas, hätten einen derartigen Anklang bei der Öffentlichkeit gefunden, daß gewisse eugenische Maßnahmen schon in die Gesetzbücher mancher Länder Eingang gefunden hätten. Häufig würden Eheschließungen mißbilligt, weil angeblich die Gefahr einer ungesunden Nachkommenschaft bestünde. Eigentlich, so meinte Boas, sollte es die erste Pflicht der Eugenik sein, empirisch und unvoreingenommen erbliche und nichterbliche Faktoren zu bestimmen, aber eben dies sei offenkundig unterlassen worden. Statt dessen sei der Schlachtruf *Anlage, nicht Umwelt!* in den Rang eines Dogmas erhoben worden, während jedwede Umwelteinflüsse ignoriert worden seien. Die erklärte Absicht der Eugeniker, die »Untüchtigen« auszumerzen, und die gezielte Auslese des wertvolleren Erbguts beruhten auf einer Überbewertung konventioneller Maßstäbe und seien folglich untragbar. Mit beachtlichem Weitblick sprach Franz Boas die Warnung aus, die Eugenik sei kein Allheilmittel für menschliche Gebrechen, sondern ein gefährliches Schwert, das sich einst gegen all jene richten könnte, die sich auf seine Schärfe verlassen. In der Tat hat ja dann später im nationalsozialistischen Deutschland der Plan, »lebensunwertes Leben« auszumerzen, zu schaurigen Exzessen geführt, die mit Hitlers eugenischen Sterilisierungsgesetzen des Jahres 1933 ihren Anfang nahmen.

Boas erklärte, der Anthropologe sei – im Gegensatz zum Eugeniker –

davon überzeugt, daß eine Vielzahl unterschiedlicher anatomischer Merkmale für die gleichen sozialen Funktionen geeignet seien. Da beobachtet worden sei, daß sich die verschiedensten Menschentypen allen jeweiligen Daseinsformen anpassen könnten, müsse, solange nicht das Gegenteil bewiesen sei, außerdem davon ausgegangen werden, daß »alle komplexen Handlungsweisen gesellschaftlich determiniert« seien. Boas behauptete sogar: »Bei einem überwiegenden Teil einer gesunden Bevölkerung ist der gesellschaftliche Stimulus unendlich kraftvoller als der biologische Mechanismus.« Diese anthropologische Doktrin war die genaue Antithese zur Lehre von Davenport und anderen radikalen Eugenikern. Wenn Boas sagte, Anthropologen und Biologen seien »uneins«, so war dies eine Untertreibung. Die beiden Lager standen sich vielmehr unversöhnlich gegenüber, und es gab keine Aussicht auf Versöhnung ihrer stark divergierenden anthropologischen Denkweisen.[7]

Boas' heftige Abneigung gegen die »Eugenik-Apostel« wurde von Alfred Kroeber, einem seiner Schüler, geteilt. Eugenik, so schrieb Kroeber 1917 im *American Anthropologist*, sei eine Scharlatanerie wie der Stein der Weisen und ihre Apostel seien gefährliche Rattenfänger. Kroeber gab zwar zu, daß Galton einer der phantasiebegabtesten Köpfe gewesen sei, die England je hervorgebracht habe, und auch Galtons enger Mitarbeiter Pearson habe einen scharfen Verstand besessen wie kaum jemand seiner Generation. Doch ebenso wie die Schar ihrer Anhänger seien sie einem simplen Trugschluß erlegen, über den nur das komplizierte Drumherum hinwegtäusche, dem das Ganze seine Faszination verdanke. Wenn soziale Phänomene nur »organisch« wären, argumentierte Kroeber, dann hätte die Eugenik recht. Doch wenn das Soziale mehr als nur organisch sei, dann stelle die Eugenik einen ausgesprochenen Irrtum dar und werde von künftigen Generationen sicherlich nur belächelt.[8]

Kroeber hat irgendwann bekannt, ihm sei, als er »fast noch ein Knabe« war, aufgegangen, daß »alle Suche nach *Ursprüngen* eitel« sei. Diese Überzeugung trug er in sich, als er 1896 bei Franz Boas sein Studium begann, und sie tritt in seiner ersten größeren anthropologischen Abhandlung klar zutage. 1901 stellte Kroeber die Behauptung auf, daß in der Anthropologie die Suche nach Ursprüngen zu »nichts anderem als zu falschen Ergebnissen« führen könne, weil die von Anthropologen untersuchten Phänomene keinen Ursprung hätten. Alle Künste und Institu-

tionen seien so alt wie der Mensch selbst, jedes Wort sei so alt wie die Sprache, und die Kultur sei »anfanglos«.[9]
Diese seltsam anmutende instinktive Einsicht aus seiner Kindheit blieb für Kroebers gesamtes späteres Denken als Anthropologe bestimmend. 1910 ließ er sich über die Unterschiede zwischen dem Menschen und den höchstentwickelten Tieren aus. Er behauptete – irrigerweise, wie wir inzwischen wissen –, daß es im Tierreich »nicht die geringste Entsprechung zu irgendeiner Form von Kultur und Zivilisation« gebe und daß die Gattung Mensch »offensichtlich vom Wirken der Gesetzmäßigkeiten biologischer Evolution ausgenommen« sei. Folglich fiel es Kroeber nicht schwer, Boas' Theorie der »Unabhängigkeit kultureller Errungenschaften von der rassischen Zugehörigkeit« zu übernehmen. Ab 1900 hatte Boas immer wieder auf die Notwendigkeit einer Unterscheidung zwischen Kultur und Biologie hingewiesen, und 1911 hatte er durch seine Behauptung, Kultur sei »nicht der Ausdruck angeborener geistiger Eigenschaften«, sondern »das Ergebnis verschiedener äußerer Umstände, die auf die allgemein menschlichen Wesensmerkmale« einwirken, die Umrisse jener zentralen These vorgezeichnet, die während der nächsten zehn Jahre zum beherrschenden Dogma der amerikanischen Anthropologie werden sollte. Als – ab 1916 – der Kampf gegen die vererbungstheoretischen Ideologien an Härte zunahm, gaben Boas' Schüler Kroeber und Lowie besagter These ihre endgültige Form, indem sie Boas' Grundsatz von der Unabhängigkeit der Kultur bis an seine logischen Grenzen weiterentwickelten.[10]
Ab 1914 machte sich Kroeber geschickt die Uneinigkeit im Lager der Biologen zunutze. Während der ersten zwanzig Jahre unseres Jahrhunderts herrschte auf dem Gebiet der Evolutionsforschung und -theorie Chaos und Verwirrung. Der Forschungsbereich der Genetik war bis 1915, als T. H. Morgan und seine Mitarbeiter die Theorie von den Chromosomen entwarfen, ein Opfer des erbitterten Zwistes zwischen Mendelianern und Biometrikern. Es ging sogar die Rede, wie A. R. Wallace voller Bedauern bemerkte, der Darwinismus habe ausgespielt. Zu guter Letzt verhärteten sich auch noch die unterschiedlichen Anschauungen in bezug auf die Vererbbarkeit erworbener Eigenschaften. 1914 wurden Vorträge von Hugo De Vries (in Brüssel) und William Bateson (in Melbourne und Sydney), die Mendel priesen und Darwin heftig kritisierten, in der Zeitschrift *Science* veröffentlicht. In seiner Abhandlung *Inheritance by Magic,* an der er arbeitete, als August Weismann im No-

vember 1914 starb, bemerkte Kroeber verdrossen, einige Anhänger Mendels seien anscheinend davon überzeugt, daß die größte Leistung ihrer Wissenschaft »die Überwindung von Darwin« gewesen sei. Des weiteren führte er aus, daß Weismann zwar in den achtziger Jahren des 19. Jahrhunderts die Lamarcksche Lehre als »absolut hohl« entlarvt habe, die Biologen jedoch trotzdem noch immer sehr geteilter Meinung über die Vererbbarkeit erworbener Eigenschaften seien. Dies kam nach Kroebers Meinung daher, daß die Mehrzahl der Biologen nicht begreifen wollte, daß zusätzlich zur Evolution organischen Lebens beim Menschen ganz eindeutig ein »nichtorganischer Evolutionsprozeß« festzustellen sei, bei dem es nicht um die Vererbung erworbener Eigenschaften, sondern um die gesellschaftsbedingte Weitergabe und Anhäufung von Wissen gehe. Wenn die Biologen diese wesentliche Unterscheidung nicht anerkennen und an der irrigen Behauptung festhalten würden, alles Soziale sei organisch, dann würden die »Gesellschaftswissenschaftler« am Ende – wie Kroeber prophezeite – »heftig revoltieren« und »gewaltsam ihre Eigenständigkeit« erzwingen.[11]

Solch gefühlsbetonte Worte lassen erahnen, wie drückend Kroeber – wie auch andere Sozialwissenschaftler jener Zeit – die Herrschaft des biologischen Determinismus sowohl Galtonscher als auch Lamarckscher Prägung empfand. Schon 1915 veröffentlichte er eine Art anthropologisches Glaubensbekenntnis, wie Lowie es genannt hat. Es bestand aus achtzehn Grundsatzerklärungen und proklamierte die Autonomie der Kultur. »Mit eindringlichen Worten stellte Kroeber das Studium der Kultur ohne Berücksichtigung organischer Phänomene als einziges Ziel der Ethnologie dar«, merkte Lowie später an. Biologie, behauptete Kroeber, habe nicht das Geringste mit der Geschichte des Menschen zu tun, denn zum Wesen der Geschichte gehöre »die absolute Bedingtheit historischer Ereignisse durch andere kulturelle Ereignisse«. Laut Kroeber gab es also eine säuberliche Trennung zwischen Geschichte und Biologie, und seine achtzehn Grundsatzerklärungen waren in erster Linie dazu bestimmt, jede Art von Kontinuität oder Interaktion zwischen biologischen und kulturellen Prozessen auszuschließen. Die dingliche Umwelt, so postulierte er, sei kein die Kultur prägender oder sie erklärender Faktor, und auch die biologische Natur des Menschen sei in keiner Weise relevant.[12]

Im Anschluß an diese achtzehn Grundsatzerklärungen verbrachte Kroeber im Jahre 1915 einen Studienurlaub in Europa. Anfang 1916 kehrte er in die Vereinigten Staaten zurück. Während seiner Abwesenheit wurde ihm von H. K. Haeberlin im *American Anthropologist* vorgeworfen, er habe sich des »Kardinalfehlers willkürlicher Unterlassung« schuldig gemacht. Andere Wissenschaftler zeigten sich jedoch von Kroebers kühn anmutenden Gedanken beeindruckt. Lowie, der damals weniger entschieden Stellung bezog als Kroeber, berichtete, daß bedeutende Soziologen und Ethnologen dazu neigten, soziologische Sachverhalte *sui generis* zu akzeptieren. Kroeber selbst wurde jedoch im Jahre 1916 von starken Zweifeln geplagt. Er befürchtete nach wie vor, die Vererbbarkeit umweltbedingter Wesensmerkmale könne sich doch noch als richtig erweisen. Kroeber begriff, daß der Angelpunkt des Problems darin bestand, die Lamarcksche Lehre sowohl vom biologischen als auch vom anthropologischen Standpunkt her zu widerlegen und das nichtorganische Wesen kultureller Prozesse nachzuweisen.[13]

Ungefähr um diese Zeit ersetzte Kroeber den Begriff des »Nichtorganischen«, also des Gesellschaftlichen, durch den Begriff des »Überorganischen«. Die Problematik der ganzen Angelegenheit, so erklärte er im April 1916, läge in der Frage, ob es überhaupt irgend etwas »Überorganisches« gebe oder nicht. Mochte die Existenz dieses Überorganischen auch von vielen bestritten werden, so gab es immerhin einige Forscher, die sie ausdrücklich bestätigten. Daß sich nicht alle Anthropologen dieser Sicht anschlössen, hielt Kroeber für »einen Makel und einen Schatten« der sogenannten Aufgeklärtheit dieser Zeit. Wirkliche Aufklärung bedeutete für Kroeber im Jahre 1916, daß die Anthropologie sich daranmachte, »das Ausmaß und die Natur des Überorganischen« zu untersuchen. »Wenn es jenseits des Organischen nichts gibt«, beschwor er seine Kollegen, »dann wollen wir unser irriges und eitles Unternehmen aufgeben und Biologen werden... Aber sollte es einen überorganischen Bereich geben, dann geziemt es sich für uns, nicht träge auf dem Stand unseres Wissens zu beharren, sondern uns für diese große Wahrheit auf der ganzen Linie einzusetzen.«[14]

In einem Artikel, an dem Kroeber im November 1914 gearbeitet hatte, drängte er die Biologen, die seiner Meinung nach längst überlebte Lamarcksche Vererbungslehre zu begraben und endlich die nichtorganische Natur kultureller Prozesse anzuerkennen. Erst dann sei es möglich, daß Biologie und Anthropologie sich über die trennende Kluft hinweg die Hände reichten. Kroeber hatte in aller Klarheit erkannt, daß die Überwindung der Lamarckschen Lehre eine wesentliche Vorbedingung für die wissenschaftliche Betrachtung der Kultur war. Doch unter den Biologen gab es weiterhin viele, die sich in der Frage der Vererbung umweltbedingter Wesensmerkmale nicht entscheiden konnten. Für diese Leute war die Lamarcksche Lehre noch längst nicht tot, weshalb Kroebers Aufruf, einen Pakt zwischen Anthropologie und Biologie zu schließen, auf unfruchtbaren Boden fiel. Tatsächlich war die Meinung, die Lamarcksche Lehre sei »ein möglicher, wenngleich unbewiesener Faktor innerhalb der Evolution«, nach Ansicht von G. H. Parker, Professor der Zoologie an der Harvard-Universität, auch zehn Jahre danach, also um 1925, »die Meinung der meisten modernen Biologen«.[15] 1914 und während der unmittelbar darauffolgenden Jahre waren die Biologen allzusehr mit Entwicklungen innerhalb ihres eigenen Faches beschäftigt, um diesem für Kroeber offensichtlich so wichtigen Problem Beachtung zu schenken. Die Attacken auf den Darwinismus erreichten 1914 – durch die Vorträge von Bateson und De Vries – ihren Höhepunkt. Ein Jahr danach machten die Anhänger der Mendelschen Lehre eine sogleich als epochal anerkannte Entdeckung, wonach gewisse erbliche Wesensmerkmale »von einer Generation zur nächsten in Verbindung mit kleinen, Chromosomen genannten und in den Keimzellen enthaltenen Körpern übertragen werden«. Im Verlauf des Jahres 1915 veröffentlichten Thomas H. Morgan und seine Kollegen *The Mechanism of Mendelian Heredity*. Sie legten in dieser Studie ihre Chromosomentheorie in allen Einzelheiten dar. Morgan hielt es für gerechtfertigt, das Problem der Vererbung für gelöst zu erklären. 1916 wurde die Zeitschrift *Genetics* gegründet. Zu ihren festen Mitarbeitern gehörten auch Morgan und neun weitere Genetiker von Rang, darunter William Castle, Davenport und Pearl, allesamt mehr oder weniger begeisterte Anhänger der Eugenik-Bewegung, die als Folge der geschilderten Ereignisse einen ziemlichen Aufschwung erlebte.[16] Wie E. G. Conklin 1916 schrieb, wurde – durch diese Entwicklung – die Vererbung zum zentralen Problem der Biologie, einer Wissenschaft, die wie nie zuvor wuchs und gedieh. Die Biologen hatten besonders in den Vereinigten Staaten uneingeschränktes Vertrauen zu ihrer Wissenschaft und fühlten sich deshalb keineswegs geneigt, auf die von Kroeber vorgeschlagene Abgrenzung der Forschungsbereiche einzugehen. Von einem Bündnis zwischen Biologie und Anthropologie konnte nicht die Rede sein. Ganz im Gegenteil: Ende 1916 fühlten sich die führenden Köpfe der amerikanischen Anthropologen derartig durch die spektakulären

Fortschritte der mit ihnen zerstrittenen Anhänger der Vererbungslehre in den Schatten gestellt, daß ihr einziger Ausweg darin zu bestehen schien, sich der Bürde des biologischen Determinismus durch die Proklamation einer völlig unabhängigen Kulturanthropologie zu entziehen.[17]

Kroeber und Lowie, die sich in jener Zeit schon als die intellektuellen Anführer einer »respektlos skeptischen« jüngeren Generation von Kulturanthropologen profiliert hatten, kam eine solche Unabhängigkeitserklärung sehr gelegen. Sie fühlten sich nämlich von fremden, bedrohlichen Mächten umstellt. Kroeber schrieb 1917, sie hätten gegen eine sich stets aufs neue erhebende Drachenbrut von Aberglauben angekämpft. Lowie gebrauchte im gleichen Zusammenhang das Gleichnis von einem monistischen Monstrum, das nach immer neuen Opfern Ausschau hielt.

Für die Souveränität der Kulturanthropologie war es ein Kampf auf Leben und Tod. Denn, wie Kroeber es später ausdrückte, konnte jene langersehnte Souveränität nur durch eine »Erklärung der Unabhängigkeit von der vorherrschend biologischen Erklärung soziokultureller Phänomene« gewährleistet werden. Das Ziel war nun nicht mehr – wie noch ein Jahr zuvor – eine Einigung mit der Biologie, sondern die Erstellung eines theoretischen Überbaus für die völlige und endgültige Trennung von Biologie und Kulturanthropologie.[18]

Kroeber setzte für diese sehnlichst erwünschte Trennung seinen 1915 im Rahmen der achtzehn Grundsatzerklärungen entwickelten Begriff des Überorganischen als Vorwand ein. Mit Hilfe dieses bislang unbelasteten Konzeptes ging er daran, kulturelle Phänomene aus jeder nur erdenklichen Verbindung mit der Biologie zu lösen. Ererbtes enthalte keinerlei Anzeichen von Zivilisation, erklärte er. Zwischen Organischem und Überorganischem, den Ergebnissen zweier durch nichts verbundener Evolutionen, bestünde eine völlige Divergenz, eine absolute Differenz.[19]

Jene Divergenz war, wie Kroeber behauptete, durch eine tiefgreifende Veränderung im Verlauf der menschlichen Evolution entstanden: Kultur sei nicht »ein Glied in irgendeiner Kette, ein Schritt auf irgendeinem Weg, sondern ein Sprung auf eine andere Ebene«. Diese Vorstellung hatte Kroeber von der Theorie des holländischen Botanikers De Vries abgeleitet, wonach die einzelnen Gattungen durch plötzliche Verschiebungen oder vielmehr Sprünge entstanden seien. Für Kroeber, dessen Hauptanliegen ja die völlige Trennung der Anthropologie von der Biologie war, mußte die Vorstellung, alles Überorganische sei – wie Pallas

Athene aus dem Haupt des Zeus – sprunghaft und schon in seiner endgültigen Gestalt aus dem Organischen hervorgegangen, eine besondere Anziehungskraft haben. Unbeeindruckt vom Fehlen empirischen Beweismaterials begründete Kroeber seine These gänzlich auf jener Hypothese, die ihm so sehr zustatten kam. Das Überorganische, so verkündete er, sei von Anbeginn des Organischen ohne Antezedenz gewesen, ja es sei vom Organischen gänzlich getrennt und transzendiere es in jeder Hinsicht. Auf der Grundlage einer völlig unbewiesenen Hypothese, getragen von der Überzeugung, er stünde »auf der Schwelle zur Erkenntnis der großen, verschwommenen Kräfte der Vorherbestimmung«, provozierte Kroeber ein intellektuelles Schisma, als er erklärte, zwischen Kulturanthropologie und Biologie klaffe ein Abgrund, eine »ewige Kluft«, die niemals überbrückt werden könne.[20]

Kroebers Bild von jener unüberbrückbaren Kluft wurde sofort von Lowie übernommen. In seinem Buch *Culture and Ethnology*, das 1917 erschien, schlug sich Lowie völlig auf Kroebers Seite. Er erklärte, die Kultur sei »ein Ding *sui generis*«, und setzte die orakelhafte Formel *omnis cultura ex cultura* [jede Kultur entsteht aus der Kultur] in Umlauf. Wie in dem *New International Yearbook* in der Ausgabe von 1917 nachzulesen war, vertraten sowohl Kroeber als auch Lowie die strittige These, die Domäne der Kultur bilde einen gesonderten Forschungsbereich. Notwendigerweise mußte sich aus einer solchen These die völlige Autonomie der Kulturanthropologie ergeben. Wie sie schon 1916 angedroht hatten, setzten Kroeber und Lowie durch dieses drastische Manöver »ihre eigene Sonderstellung mit Gewalt« durch. Ihr triumphaler Erfolg im »Kampf auf Leben und Tod« mit »dem universalistischen Monstrum« der deterministischen Biologie wurde von Lowie in einem Artikel gefeiert, der im November 1917 in der Zeitschrift *The New Republic* erschien. Die Ethnologie, schrieb er hocherfreut, habe, einem frühreifen Gargantua gleich, kräftige Hiebe verteilt und auf diese Weise einen Sieg über ein nesträuberisches Ungeheuer errungen. Schon bald werde sie nun ihren rechtmäßigen Platz an der Sonne einnehmen können.[21]

Lowies Metaphern zeigen, daß der Kampf, in den er und Kroeber verwickelt waren, im wesentlichen politischer und ideologischer Natur war. Es war ihre Mission gewesen, um jeden Preis die niederdrückende intellektuelle Herrschaft der extremen Vererbungsdoktrinen abzuwerfen, die seit dem Heraufkommen der Eugenik immer stärker auf die noch so junge Wissenschaft der Anthropologie eingewirkt hatten. Daß jene

Lehrmeinungen tatsächlich extrem waren und, wie wir im Fall von Davenport gesehen haben, in einen absoluten biologischen Determinismus auszuufern drohten, daran kann kein Zweifel bestehen. In dieser heiklen Lage sahen sich Kroeber und Lowie gezwungen, eine für die Anthropologie folgenschwere Doktrin zu entwerfen, die ebenso extrem war wie jene ihrer Widersacher, der Verfechter besagter Vererbungstheorien. Die Formel *omnis cultura ex cultura* beinhaltete ja, daß kulturelle Phänomene nur in bezug auf andere kulturelle Phänomene verstanden werden konnten. Sie war nur haltbar, wenn es zwischen Biologie und Kulturanthropologie tatsächlich eine unüberbrückbare Kluft gab. Folglich entstand dadurch unweigerlich ein absoluter Kulturdeterminismus. Dies wurde auch prompt von Kroeber selbst bestätigt. Das Leben des einzelnen in der Gesellschaft sei zwar von Kultur durchdrungen, erklärte er, aber die einzelnen Mitglieder der menschlichen Gesellschaft könnten keinerlei Kontrolle über sie ausüben, denn sie habe eine gänzlich eigene Kausalität.[22]

Wenn aber Kroeber so entschieden behauptete, Kulturelles sei »seinem ganzen Wesen nach *unindividuell*«, so argumentierte er wie schon Durkheim 1894 in seinem Werk *Les règles de la méthode sociologique*. Darin vertrat jener die Auffassung, die Gesellschaft sei »eine Sache an sich«. Das war – unter dem Einfluß von A. R. Radcliffe-Brown und anderen – später die maßgebliche Lehrmeinung der englischen Sozialanthropologie geworden. Indem er diese extreme Position einnahm, ging Kroeber weit über die Auffassungen Boas' und einiger seiner Schüler hinaus. Edward Sapir äußerte im Juni 1917, Kroeber habe sich durch seinen Wunsch, hier einen scharf umrissenen Standort einzunehmen, zu dogmatischem Verhalten, wackeliger Metaphysik und zu einer Sehweise verleiten lassen, die »praktisch auf einen Fetischismus des Abstrakten« hinauslief. Man müsse, so Sapir, einen »ans Religiöse grenzenden Sozialdeterminismus« voraussetzen, »um dem Individuum jegliche lenkende Kraft und alle kulturprägende Einflußnahme abzusprechen«. Trotz dieser Einwände sympathisierte Sapir damals mit dem, was Lowie als das »Überorganische« bezeichnet hatte, und er ließ dies Lowie auch wissen. Andere Anhänger von Franz Boas reagierten ähnlich. Sie wußten wohl, daß Kroeber und Lowie über die Grenzen des eher gemäßigten Kulturdeterminismus hinausgeschossen waren, den Franz Boas, sich hier auf Waitz beziehend, seit 1894 vertreten hatte. Doch Kroebers Postulat von der absoluten Differenz zwischen dem

Überorganischen und dem Organischen wich nur geringfügig von einer Erklärung Franz Boas' vom November 1916 ab, wonach »der gesellschaftliche Stimulus unendlich kraftvoller [sei] als der biologische Mechanismus«.

So hatten also die Anhänger von Boas – trotz einiger Meinungsverschiedenheiten – Ende 1917 durch den totalen Ausschluß der Biologie aus dem Feld der Kulturanthropologie ihre vollständige Unabhängigkeit durchgesetzt. Der Bruch mit der Biologie war endgültig – zumindest in der Theorie.[23]

Einige Historiker, die die Entwicklung anthropologischer Ideen beschrieben haben, wendeten den Begriff »Paradigma« auf die allgemeine Lehre vom Kulturdeterminismus an, wie sie sich 1917 herauskristallisierte. Kroeber war selbst der Meinung, daß ein Begriff der Kultur als eines »gänzlich unorganischen« Phänomens »fast eine ebenso grundlegende Verschiebung der geistigen und gefühlsmäßigen Sehweise« mit sich brachte wie einst die »Infragestellung des ptolemäischen Weltbildes durch die kopernikanische Lehre«. Mag diese Meinung auch übertrieben erscheinen, so ist es doch evident, daß sich ein fundamentaler Wandel vollzog. Und wenn der Begriff Paradigma im Sinne von T. S. Kuhn als »Grundmuster einer wissenschaftlichen Disziplin« verstanden wird, erscheint seine Anwendung durchaus gerechtfertigt. Anzumerken wäre jedoch, daß der beharrliche Hinweis auf die Existenz einer unüberbrückbaren Kluft zwischen Biologie und Kulturanthropologie als Paradigma auch sehr viel von einer Ideologie hatte. Im wesentlichen handelte es sich um ein System von Glaubenssätzen. Die Behauptung, dieses System entspreche nachweislich der Wahrheit, führte zwangsläufig zur Unterdrückung all dessen, was sich mit dem zentralen Dogma nicht in Einklang bringen ließ. Wie wir sehen werden, richtete sich die prinzipielle Schlußfolgerung von Margaret Meads samoanischen Forschungen gegen eine solche »Unterdrückung«.[24]

Gewiß, Kroeber und Lowie hatten etwas vorschnell die Spaltung von Anthropologie und Biologie vorangetrieben und damit einer unqualifizierten Auffassung von Kulturdeterminismus den Weg bereitet, aber eigentlich – das muß hier angemerkt werden – stammte diese Lehre unmittelbar von jenen Fragestellungen ab, mit denen sich Franz Boas von Anbeginn seiner anthropologischen Laufbahn auseinandergesetzt hatte. In seinem im Jahre 1900 gehaltenen Vortrag mit dem Titel *The Mind of Primitive Man* plädierte Boas ausdrücklich für eine Auffassung von Kultur als einem Konstrukt, für das die Gesetze der Biologie keine Gültigkeit haben. Von jenem Zeitpunkt an bestimmte sein überragender Genius den Kurs, der schließlich zu dem folgenschweren Schisma von 1917 führte. In ihrem Kampf für die Unabhängigkeit der Kulturanthropologie, in dem Boas die Führerrolle übernahm, lautstark die Theorien von Galtons Eugenik denunzierte und von getrennten Wegen sprach, agierten Kroeber und Lowie als loyale, wenngleich etwas übereifrige Statthalter ihres hochverehrten Lehrers. Ruth Bunzel, eine seiner Schülerinnen, meinte einmal, die ersten beiden Jahrzehnte des 20. Jahrhunderts sollten als die »Ära Boas« bezeichnet werden, so vollständig habe dieser »Gigant« das Feld beherrscht; und Alexander Lesser hat Boas als den »Erbauer und Architekten der modernen Anthropologie« beschrieben.

Wenn es darum geht, menschliches Verhalten in rein kulturellen Begriffen zu erklären, werde ich deshalb im folgenden den Ausdruck *Boas-Paradigma* verwenden. In den zwanziger und dreißiger Jahren eroberte sich dieses Paradigma in der amerikanischen Anthropologie rasch eine vorrangige Stellung. Seither hat sich die Anthropologie in den Vereinigten Staaten und auch anderswo in verschiedene Richtungen aufgegliedert. Schon immer hat es einzelne Forscher gegeben, deren Sehweise sich radikal von Boas und dessen Anhängern unterschied, doch die Auffassung, menschliches Verhalten könne durch rein kulturelle Begriffe erklärt werden, hat noch längst nicht all ihren Einfluß eingebüßt.[25]

Das neue Paradigma sicherte der Kulturanthropologie rasch ihre Unabhängigkeit, aber in intellektueller Hinsicht mußte dafür ein hoher Preis bezahlt werden, denn diese Unabhängigkeit war nicht einer vernünftigen Lösung der uralten Anlage-Umwelt-Problematik zu verdanken, sondern vielmehr einem unverhohlenen Willkürakt, der die *Natur* aus allen wie auch immer gearteten Überlegungen und Erörterungen ausschloß.

Als Folge dieses eigenwilligen Schachzuges erlitt das »universalistische Monstrum« der deterministischen Biologie allerdings durchaus keine plötzliche Schwächung oder gar einen Verlust des eigenen Willens. Anfang 1918 schloß sich vielmehr eine Anzahl biologisch orientierter »Aktivisten«, von denen viele von Anbeginn für die Sache der Eugenik Partei ergriffen hatten, in den Vereinigten Staaten zusammen, um »das Studium der rassischen Anthropologie, des Ursprungs und der Verbreitung körperlicher und geistiger Merkmale, der Kreuzung und der Evolution lebender und ausgestorbener menschlicher Rassen« zu fördern. Diese Organisation, deren Gründung von Madison Grant und C. B. Davenport betrieben worden war, wurde bezeichnenderweise *Galton Society* getauft. Davenport wurde ihr Vorsitzender. Indem die Mitglieder dieser neuen anthropologischen Gesellschaft das Prinzip der Evolution durch natürliche Auslese und Galtons Grundsatz von der »Vererbung sowohl geistiger als auch körperlicher Eigenschaften« akzeptierten, bezogen sie in unmißverständlicher Weise Stellung gegen die Auffassung, menschliches Verhalten könne ausschließlich durch kulturelle Begriffe erklärt werden.[26]

Seit 1911 hatten Boas und Davenport zwei Schulen des Denkens angeführt, die in den Jahren von 1914 bis 1918 miteinander zerstritten waren wie nie zuvor. Die grundlegende Kontroverse über die vergleichsweise Bedeutung von Anlage und Umwelt sollte sich ungeachtet von Kroebers »ewiger Kluft« mit stets wachsender Intensität bis in die dritte Dekade des zwanzigsten Jahrhunderts fortsetzen. Franz Boas wurde nicht zuletzt durch diese Kontroverse dazu bewogen, Margaret Mead mit einem Forschungsauftrag nach Samoa zu entsenden.

4. Boas wirft ein vertracktes Problem auf

Um das Jahr 1920 hatte das »Boas-Paradigma« seine endgültige Gestalt angenommen. Eine trotzig auf ihre eigene Unabhängigkeit pochende anthropologische Schule, die, wie Sapir bemerkte, »von dem sympathischen, jedoch zugleich scharfen, kritischen Geist« von Professor Franz Boas beherrscht wurde, war in den Vereinigten Staaten entstanden. Um diese Zeit hatten ehemalige Schüler von Boas schon an der Mehrzahl der größeren amerikanischen Universitäten eine Stellung gefunden, und wie Regna Darnell meinte, »verstanden sich diese Leute – trotz innerer Meinungsverschiedenheiten und persönlicher Anfeindungen – als Gruppe, die zusammenarbeiten mußte, um ihre Version von Anthropologie, über die sie sich in den Grundzügen einig waren, durchzusetzen«.[1]

Diese Version von Anthropologie bestand in der Auffassung von Kultur als einer Sache *sui generis* und in der Formel *omnis cultura ex cultura*. Lowie machte mit seinem im Jahre 1920 erschienenen Buch *Primitive Society* den Bruch mit der evolutionistischen Tradition endgültig. Für die Anhänger von Boas war sie ohnehin schon eine »Pseudowissenschaft, ähnlich wie die mittelalterliche Alchimie«, geworden. In einer seiner insgesamt drei Rezensionen über *Primitive Society* schrieb Sapir, ein enger Freund Lowies und selbst ein prominenter Boas-Anhänger, voller Überschwang, »die neue Schule amerikanischer Anthropologen« sei davon überzeugt, daß die Kultur »eine historische Gegebenheit, eine Sache der Zeit, des Ortes, der Kontiguität und das Ergebnis des göttlichen Zufalls der Verquickung tausender, schon vorher existierender Faktoren ist, die ihrerseits durch Zeit, Ort und Kontiguität bestimmt« seien. Die »psychologischen Bedürfnisse des Menschen« ließen »unendlich vielgestaltige Lösungen« zu.

Anfang der zwanziger Jahre hatten die Anhänger von Franz Boas also ihre Unabhängigkeit erkämpft und vertraten eine Reihe spezifischer Glaubenssätze. Doch der Kern ihres Paradigmas, das von Boas formulierte Postulat, der »soziale Stimulus« sei »unendlich viel kraftvoller als der biologische Mechanismus«, war noch keinerlei empirischem Test unterzogen worden. Die schon seit langem andauernde Kontroverse zwischen den Verfechtern der Boasschen Theorien und deren Widersachern, den Anhängern der Vererbungslehre, war nach wie vor weit davon entfernt, beigelegt zu werden.[2]

Die Eugenik-Bewegung stand noch immer in voller Blüte. 1919 verkündete H. L. Laughlin vom *Eugenics Record Office*, die erst so junge Wissenschaft von der Eugenik habe im vergangenen Jahrzehnt so große Fortschritte gemacht, daß ihre Zukunft als gesichert gelten könne. Der Internationale Kongreß für Eugenik in New York (1921) und die Hundertjahrfeier zu Ehren von Galton (1922) wurden vorbereitet. Anfang der zwanziger Jahre war die Eugenik in den Vereinigten Staaten tatsächlich sehr in Mode, doch seit 1915 war der internationale Eugenik-Kongreß wegen des Krieges immer wieder verschoben worden. Nun jedoch, im Jahre 1921, sollten die Eugeniker und Genetiker aus aller Welt im Amerikanischen Museum für Naturgeschichte zusammentreffen und »die Resultate ihrer Forschungsarbeit sowie deren Anwendungsmöglichkeiten auf die Veredelung der Rasse« diskutieren. Unter den Hauptorganisatoren dieses Kongresses befanden sich auch Davenport, Grant und Osborn, der 1918 die Galton-Gesellschaft gegründet hatte. Alle drei waren nach wie vor völlig von der Richtigkeit der Vererbungstheorien überzeugt.[3]

Mit dem Erscheinen von Madison Grants *The Passing of the Great Race* (1916) und wenig später von Lothrop Stoddards *The Rising Tide of Color* (1920) hatte zudem die Theorie, geistige Merkmale seien durch Rassenzugehörigkeit bestimmt, viel Auftrieb erhalten. Boas hatte diese Theorie auf den Grafen von Gobineau zurückgeführt. Als nun Grants erstes Buch erschien, hielt Boas es für so gefährlich, daß er es sich nicht nehmen ließ, gleich zwei Rezensionen zu schreiben, um die in dem Werk enthaltenen »Trugschlüsse« aufzudecken. Grant blieb davon völlig unbeeindruckt. Er proklamierte weiterhin die eindeutige Überlegenheit der nordischen Rasse und machte jene lächerlich, die »sklavisch und schmeichlerisch vor dem großen Gott Demos« in die Knie gingen. Mit dieser und anderen Bemerkungen machte sich Grant auch über Boas und seine Anhänger lustig. Seine sardonische Erwähnung eines »anthropologischen Experten«, der vor dem Kongreßausschuß für Einwanderungsfragen »allen Ernstes erklärt hatte«, er habe »unter dem

Einfluß veränderter Umweltbedingungen« zustande gekommene anatomische Veränderungen bei gewissen Einwanderern festgestellt, zielte unmißverständlich auf Franz Boas selbst. Grant hielt den Glauben an derlei Umwelteinflüsse für »albern«. H. F. Osborn erklärte anläßlich seiner Eröffnungsrede als Vorsitzender des Zweiten Internationalen Eugenik-Kongresses (1921), er und seine Kollegen aus den Vereinigten Staaten seien sich zutiefst bewußt darüber, daß »Erziehung und Umgebung die Rassenmerkmale nicht fundamental verändern«. Davenport vertrat ebenfalls nachdrücklich die Behauptung, Geisteszustände beruhten auf »erblichen Grundlagen«.[4]

Nach dem Sieg der Alliierten 1918 fand der Glaube, »Francis Galtons konstruktiver Geist« könne »die in Unordnung geratene und erschütterte Gesellschaft« wiederherstellen, allenthalben begeisterte Zustimmung. George Adami, Vizekanzler der Universität von Liverpool, hatte schon auf dem Eugenik-Kongreß von 1921 gesagt: »Das Studium der Vererbungslehre macht einen Menschen unweigerlich zum Eugeniker.« Nun verstieg er sich sogar zu der Behauptung, die Idee der Aristokratie sei sowohl stimmig als auch natürlich. Er setzte sich für die Registrierung der »A 1-Jahrgänge junger Männer und Frauen« ein. Das A bedeutete die oberste Stufe körperlicher Tüchtigkeit und die 1 den höchsten Intelligenzgrad. Solch ein Verzeichnis, meinte Adami, könnte eine Art »Zucht-Stammbuch der Menschheit« werden und »zur Entstehung einer wirklichen Aristokratie..., persönlich und erblich«, führen.[5]

Die Anhängerschaft von Franz Boas, die sich erst kurz zuvor ihre eigene Position erkämpft hatte, reagierte auf diese Entwicklung mit gesteigertem Unmut. Boas selbst tat 1920 die Ansichten von Grant und Stoddard als »verruchte Propaganda« ab. Die beiden seien nur bemüht, ihre »unwissenschaftlichen Theorien amateurhaft aufzupolieren, indem sie sich auf falsch verstandene Entdeckungen im Bereich der Vererbungslehre« beriefen. Im gleichen Jahr deklarierte Lowie, den die Aussicht auf den bevorstehenden Internationalen Eugenik-Kongreß bedrückte, es sei nun an der Zeit, endgültig Stellung zu beziehen. Keine der besonders in der jüngeren Vergangenheit gemachten Erfahrungen lasse es geraten erscheinen, »einer Gruppe von Gelehrten allein die Macht zu überlassen, ein für allemal die Zukunft der Menschheit zu steuern«. Es sei vielmehr erforderlich, meinte Lowie, daß alle Menschen mit liberalen Anschauungen »nicht bloß das Halbwissen gleichgültiger oder zumindest unbewußter Voreingenommenheit« bekämpfen, sondern »auch die vorsätzliche Bösartigkeit der Reaktionäre, die ihren Eigennutz mit hochgestochenem wissenschaftlichem Vokabular bemänteln«. Die Polemik verschärfte sich noch, als 1921 die vierte überarbeitete Ausgabe von *The Passing of the Great Race* erschien. Grant sang darin erneut eine Hymne auf die Überlegenheit der nordischen Rasse und verspottete »das Dogma von der Brüderlichkeit der Menschen«, das von den »oberflächlichen Denkern der Französischen Revolution und deren amerikanischen Nachäffern« in die Welt gesetzt worden sei. Auf der Gegenseite zog Lowie mißbilligend über diejenigen her, die in ihrer Vergötzung alles Nordischen »monoman« geworden seien. Er bezeichnete Grant als ein *enfant terrible*, das dem humanitären Idealismus die Zunge herausstrecke und liberalistische Grundsätze mit Dreck bewerfe.[6]

Die Boas-Anhänger und die Vererbungstheoretiker lagen sich also in den Haaren wie nie zuvor. In *The Rising Tide of Color*, zu dem Grant die Einleitung geschrieben hatte, wiederholte Stoddard die vererbungstheoretische Lehrmeinung, die Zivilisation sei das Ergebnis »des schöpferischen Dranges von höherwertigem Keimplasma«. Diese Überzeugung war – wie die Lehren von Galton, Davenport und anderen – während der vergangenen Jahre die genaue Antithese zu der von Franz Boas und seinen Anhängern vertretenen anthropologischen Denkweise. Dies machte Lowie im Juli 1920 unmißverständlich klar, als er Galtons geringe Beachtung des »Einflusses der sozialen Umwelt« erörterte und zugleich erneut auf Boas' Ansicht hinwies, daß »kulturelle Unterschiede keinen Maßstab für rassische Unterschiede« bilden. Gleichzeitig erklärte Lowie nachdrücklich, »schwerwiegende kulturelle Unterschiede« könnten »sich ohne eine grundlegende Veränderung der organischen Konstitution« ergeben.[7]

1911 war Boas dem biologischen Determinismus von Galton und Davenport buchstäblich allein gegenübergestanden, aber schon ein Jahrzehnt später hatte sich die Lage entscheidend geändert, denn 1921 hatte sich eine anthropologische Schule etabliert, die Boas als ihr geistiges Oberhaupt anerkannte. Innerhalb der verbündeten Disziplin der Psychologie hatte sich eine ziemlich wichtige neue Bewegung namens *Behaviorismus* in den Kampf widerstreitender Theorien eingeschaltet. Dieser Behaviorismus war in den USA ungefähr um die gleiche Zeit entstanden wie das Boas-Paradigma. Sein Gründungsmanifest war der 1913 erschienene Artikel *Psychology as the Behaviorist Views it* von J. B. Watson. Dessen Buch *Behavior: An Introduction to Comparative Psycho-*

logy, erstmals veröffentlicht im Jahr 1914, war eine detaillierte Ausarbeitung jenes Manifestes. Nach Meinung eines Rezensenten war es »durchaus eine Unabhängigkeitserklärung«. Dieses Buch bewirkte, daß sich schon bald eine neue Schule in der Psychologie etablierte. Die behavioristische Lehre befaßte sich ausschließlich mit der Psychologie des Verhaltens (engl.: *behavior*). Das wiederum führte zur Ablehnung der deterministischen Theorien der Genetik und zur Entstehung der »Anti-Instinkt-Bewegung« um das Jahr 1920. Eine Anzahl von verhaltensorientierten Sozialpsychologen wurden aktive Anhänger dieser Bewegung.[8]

Ab 1920, genauer gesagt nach der Veröffentlichung von Watsons *Psychology from the Standpoint of a Behaviorist* im Jahr 1919 wurde der Behaviorismus rasch populär. Diese Popularität hielt bis ans Ende der zwanziger Jahre an, nicht zuletzt, weil Watson die Bewegung geschickt ins rechte Licht zu setzen verstand. Er schrieb von 1922 an zahlreiche und vielgelesene Artikel, in denen er den Behaviorismus in den höchsten Tönen lobte. 1924 hielt er mehrere Vorträge, wobei er nach den Worten von Robert Woodworth »fast wie ein Wilder gegen die Vorstellung, es gebe menschliche Instinkte, anging«. Damit erreichte die Bewegung gegen die Instinkttheorie, die ungefähr um 1920 entstanden war, ihren Kulminationspunkt. Damals hatte J. R. Kantor zwar zähneknirschend die Existenz einiger menschlicher Instinkte anerkannt, zugleich jedoch deren »äußerste Modifizierbarkeit« unterstrichen. Schon wenige Jahre später, als Z. Y. Kuo menschliches Verhalten auf »Reaktionssysteme« reduziert hatte, gab Kantor den Begriff des Instinktiven völlig auf und behauptete 1924 in seinen *Principles of Psychology* rundheraus, daß »wir in keinerlei Hinsicht sagen können, das reaktive Verhalten des Menschen ist erblich«. Dieselbe extreme Position nahm auch Watson in seinen Vorlesungen des Jahres 1924 und in seinem Buch *Behaviorism* ein.

Mit solchen Aussagen, die die Vererbung als Möglichkeit völlig ausschlossen, reagierten Watson und Kantor auf die, wie Kuo sie 1924 genannt hatte, »tyrannische Herrschaft der Biologie über die Psychologie«. Eine weitere unverblümte Abfuhr wurde der dominierenden Biologie von L. L. Bernard 1924 in *Instinct: A Study in Social Psychology* erteilt. »Ein Kind, welches das Alter vernünftigen Denkens erreicht hat«, erklärte Bernard in direktem Widerspruch zu Karl Pearson, »reagiert mit neun Zehnteln oder sogar mit 99 Prozent seines Wesens direkt auf die Umwelt und nur mit einem winzigen Bruchteil seiner Natur unmittelbar instinktiv«. 1922 war der Philosoph John Dewey den Verfechtern der Umwelttheorie zu Hilfe gekommen, als er in seinem Werk *Human Nature and Conduct* das Wesen des Menschen als »formlose Ansammlung von Impulsen« bezeichnet und des weiteren behauptet hatte, »jeder Impuls« könne »entsprechend seiner Wechselwirkung mit der Umwelt in nahezu jeder Veranlagung« ausgebaut werden.[10]

Nachdem nun die Behavioristen, die Sozialpsychologen, die Soziologen, die Philosophen und die Kulturanthropologen Galtons Lehre von der unanfechtbaren Übermacht der Anlage über die Umwelt abgelehnt hatten, wurde die Anlage-Umwelt-Kontroverse erbitterter ausgetragen denn je zuvor. Um das Jahr 1924 gab es in den Vereinigten Staaten keine umstritteneren intellektuellen Forschungen als die der vergleichsweisen Bedeutung biologischer und kultureller Faktoren für das menschliche Verhalten. Das dringliche Problem bestand, wie der Zoologe H. M. Parshley es 1924 ausdrückte, in der Frage: Wieviel von dem, was ein Mensch darstellt, beruht auf angeborenen Eigenschaften und wieviel auf Erziehung und Umwelt? Wegen dieser grundlegenden Meinungsverschiedenheit, die sich bis auf Galtons 1865 veröffentlichte Abhandlung zurückverfolgen ließ, waren die Anhänger der Vererbungs- und der Umwelttheorie auch nach Jahren erbitterter Auseinandersetzungen immer noch unheilbar zerstritten.[11]

1924 sah sich also Boas, geistiger Führer der amerikanischen Kulturanthropologie, wieder einmal mit einem Problem konfrontiert, das ihm während seiner gesamten bisherigen Laufbahn hart zugesetzt hatte: Es ging um die »grundlegende Bedeutung« dessen, »was erblich ist und was nicht«, wie er es 1916 selbst ausgedrückt hatte. »Unser fundamentales Problem besteht darin«, erklärte er im Oktober 1924, »zwischen dem zu differenzieren, was der körperlichen Beschaffenheit inhärent, und dem, was im jeweiligen kulturellen Milieu eines Individuums erworben worden ist; oder, um es in biologischen Begriffen auszudrücken, was durch Vererbung oder durch Umwelteinflüsse, also endogen oder exogen, bestimmt worden ist«. Es bestehe ein »grundlegendes Bedürfnis nach einer wissenschaftlich detaillierten Erforschung erblicher und umweltbedingter Faktoren«, führte er weiter aus. Wenige Monate später hatte Franz Boas den Plan zu einem solchen Forschungsvorhaben erarbeitet. In der damals 23jährigen Margaret Mead fand er den Menschen, den er mit der Ausführung des Plans betrauen konnte.[12]

Margaret Mead hatte damals gerade ihr Studium bei Boas abgeschlossen und war erst vor kurzem an die Columbia University gegangen, um ihren Dr. phil. in Anthropologie zu machen. Schon am Barnard College, als sie sich im Abschlußjahr dem Studium der Psychologie widmete, hatte sie Boas' Einführungsvorlesung in allgemeiner Anthropologie belegt. Franz Boas war damals 64 Jahre alt. Er wurde weltweit als Gelehrter gefeiert und war der unangefochtene Nestor der amerikanischen Anthropologie. Er lehrte gern am Barnard College, wo – laut Kroeber – seine jungen Studentinnen »den Genius, der seinen oft schwer verdaulichen Ausführungen innewohnte«, spürten und dementsprechend beflügelten. Für die damals 21jährige Margaret Mead war Boas der größte Gelehrte, dem sie bislang begegnet war. Als Lehrer hatte er für sie eine beispiellose Autorität. So ließ sie sich keine seiner Lehrveranstaltungen entgehen. Zu Boas' außerordentlichem Einfluß auf Margaret Mead gesellte sich der seiner ebenfalls am Barnard College lehrenden Assistentin Ruth Benedict. Auch sie war eine ehemalige Boas-Schülerin. Wie Margaret Mead später schrieb, bewirkten Ruth Benedicts intensives Interesse an der Anthropologie gemeinsam mit der »großartigen Klarheit von Boas' Lehre«, daß sie im Herbst 1922 die Anthropologie als »eine Art Offenbarung« erlebte.[13]

Ruth Benedict hatte 1919 ihr Studium der Anthropologie an der *New School of Social Research* in New York begonnen, zu einer Zeit also, als die von Kroeber und Lowie geprägte Formel *omnis cultura ex cultura* noch regen Zuspruch fand. Alexander Goldenweiser, einer ihrer Lehrer an der New School, hatte 1910 bei Boas promoviert. Trotz einiger geringer Meinungsverschiedenheiten befand er sich in »unmißverständlichem Einklang« mit Kroebers Kritik am biologischen Determinismus und der sich daraus ergebenden Auffassung, Kultur sei »ein geschlossenes System«. Ruth Benedict hatte u. a. auch eine von Lowies Vorlesungen belegt. In ihrer Doktorarbeit, die sie unter Boas' Anleitung verfaßte, legte sie ein so großes Gewicht auf »soziale Strukturen«, daß Sapir nach der Lektüre dieser Dissertation von ihr wissen wollte, ob sie nun jenen »extremen Standpunkt« eingenommen habe, der die Kultur als »bloße Umgebung für die individuelle Psyche« darstellt.[14] Wie stark sich Ruth Benedict zu Beginn ihrer Laufbahn dem Kulturdeterminismus verschrieben hatte, kann anhand ihrer Schriften zu Beginn der zwanziger Jahre ermessen werden. Kroebers 1923 erschienene *Anthropology* hieß sie als das erste Buch willkommen, das die Sehweise der modernen amerikanischen Anthropologie aufzeigte. »Die fundamentale Frage, auf die nach Mr. Kroebers Auffassung alle Bemühungen der Anthropologie gerichtet sind, besteht darin, inwiefern die in der Zivilisation wirkenden Kräfte kulturbedingt und inwiefern sie organisch oder erblich bedingt sind, was also der Kultur und was der Natur zuzuschreiben ist«. Für Ruth Benedict, deren Denken durch das erst kurz zuvor formulierte Boas-Paradigma geprägt war, war die Antwort auf diese Frage klar. Der Mensch war, so glaubte sie, vor allem ein Wesen, dessen Reaktionen »vom Augenblick der Geburt an durch die Art der Kultur bestimmt werden, in die er hineingeboren wird«. Daraus folgerte sie, daß ein Anthropologe »zu allererst in der Lage sein muß, jene Elemente zu erkennen, die wir durch Überlieferung empfangen haben und die wir uns angeeignet haben, weil wir in einer bestimmten Gruppe groß geworden sind«. Menschliches Verhalten, davon war sie überzeugt, konnte nur durch das Studium »kultureller Strukturen« verstanden werden. In Übereinstimmung mit Kroeber und anderen Boas-Anhängern glaubte sie daran, daß die Erklärung dieser »Ursachen einer anderen Ordnung« der Anthropologie ihren »Platz an der Sonne« verschaffen würde.[15]

Wie Margaret Mead berichtet, war sie schon im ersten Semester ihres Anthropologiestudiums von Ruth Benedict fasziniert. Sie wurde eingeladen, an einem Seminar teilzunehmen, in dem Ruth Benedict John Deweys erst vor kurzem veröffentlichtes Werk *Human Nature and Conduct* erörterte. Benedict schenkte ihr auch den Vorabdruck einer Abhandlung über ihre grundsätzlichen Auffassungen vom Wesen der Anthropologie. Über diese Schrift führten sie in der Folge zahlreiche leidenschaftliche Diskussionen. Margaret Mead geriet in den Sog dieser klar umrissenen und zugleich extremen Form der Kulturanthropologie, der sie sich bald enthusiastisch verschrieb. Schon nach wenigen Monaten hatten die eifrige junge Studentin und die scheue dozierende Assistentin mit dem brennenden Interesse an den *Urformen der Kultur* und ihren Strukturen eine innige Freundschaft geschlossen und eine enge geistige Zusammenarbeit begonnen, die für die künftige Entwicklung der Kulturanthropologie weitreichende Folgen haben sollte.[16]

Es ergab sich, daß Margaret Meads von Ruth Benedict und Franz Boas übernommene Grundhaltung gegenüber der Anthropologie buchstäblich identisch war mit jener, die ein anderer ihrer Lehrer am Barnard College einnahm. Er hieß William Fielding Ogburn. Im Abschlußjahr belegte Margaret Mead seine Vorlesung über die psychologischen Aspekte der Kultur. Ogburns Buch *Social Change with Respect to Culture and Original Nature*, welches 1922 erschien, war ein bedeutender Beitrag zur Debatte über Anlage und Umwelt. Ogburn selbst war zutiefst beeinflußt von den Lehrmeinungen, die Kroeber und Lowie 1917 formuliert hatten. Sein Buch war in vielerlei Hinsicht eine Weiterentwicklung dieser Ideen. Laut Ogburn sind das gesellschaftsbedingte Erbe und die erbliche Natur des Menschen zwei verschiedene und getrennte Dinge – das eine organisch und das andere überorganisch. Aus dieser Überzeugung leitet Ogburn das Grundprinzip seiner Lehre ab: »Gute Methodologie«, postulierte er, mache die »Erwägung des kulturellen Faktors« erforderlich, bevor irgendeine Zuflucht zu »biologischen Ursachen« genommen werde. Margaret Mead war, wie sie später selbst schrieb, von Anbeginn ihrer anthropologischen Studien – ebenso wie ihr Mentor Ruth Benedict – von Ogburns Verfahrensregel überzeugt, daß »wir niemals nach psychologischen Erklärungen sozialer Phänomene suchen sollten, solange die Erklärungsversuche im Sinne der Kultur noch nicht ausgeschöpft sind«. Der Rahmen für ihr damals freilich noch nicht einmal geplantes Forschungsvorhaben in Samoa war geschaffen.[17]

Anfang März 1923 begann Ruth Benedict, Margaret Mead die Möglichkeit nahezulegen, Anthropologin statt, wie sie damals noch beabsichtigte, Psychologin zu werden. Einsam und ihrer eigenen Zukunft nicht gewiß, wie Ruth Benedict am 13. März 1923 in ihrem Tagebuch schrieb, empfand sie ein Bedürfnis nach einer »Waffengefährtin« und hegte die Hoffnung, die begabte junge Studentin, der sie sich so nah und geistesverwandt fühlte, möge sich für die Anthropologie entscheiden. Tatsächlich brauchte Margaret Mead zu jener Zeit niemanden, der sie überredete. Seit sie Franz Boas' Vorlesungen gehört hatte, stand sie ganz im Banne der Verheißung, eine vergleichende Untersuchung menschlicher Kulturen könnte zu »einem besseren Verständnis des Menschen« führen. Den Ausschlag gab Ruth Benedicts Versicherung, in der Anthropologie sei noch viel Arbeit zu leisten, auf die es wirklich ankommt.

Am 20. März unterrichtete Margaret Mead Franz Boas, daß sie ihren Dr. phil. in Anthropologie zu machen wünsche. Boas »goß zuerst kaltes Wasser« auf diese Idee, doch seine Studentin hielt an ihrem Entschluß fest. Nachdem sie am Barnard College ihren *bachelor of arts* gemacht hatte, wurde sie Assistentin von Ogburn, heiratete Luther Cressman, einen Theologiestudenten, mit dem sie seit ihrem 17. Lebensjahr verlobt war, und machte sich im Herbst 1923 an ihre Abschlußarbeit in Anthropologie. Zu jener Zeit befaßte sich Franz Boas in den Seminaren mit höheren Semestern vorrangig mit vergleichenden Untersuchungen kultureller Merkmale. Das Sachgebiet, das er Margaret Mead zuteilte, war die auf ethnographische Literatur gestützte Untersuchung von Kanu- und Hausbau sowie von Tätowierungsbräuchen im polynesischen Kulturbereich. Im August 1924 war sie mit ihrer Lektüre schon weit genug vorangekommen, um der anthropologischen Abteilung der in Toronto tagenden Britischen Gesellschaft für die Förderung der Wissenschaft eine Abhandlung über die »soziale Rangordnung in Polynesien« vorzulegen. Diese Studie bei den Samoanern, den Hawaiianern und den Maori auf Neuseeland habe, so führte sie aus, »in den jeweiligen Kulturen... unterschiedliche Gewichtungen« sichtbar gemacht. Die lehrreichste Erfahrung auf dieser Tagung internationaler Anthropologen war für sie jedoch die Entdeckung, daß jeder, der etwas darstellte, sein eigenes »Volk« hatte, auf das er sich in seinen Erörterungen bezog. Das wollte Margaret Mead auch für sich erreichen, sobald sie ihre Dissertation an der Columbia University abgeschlossen hatte. Es dauerte nicht lange, bis in ihr der Plan gereift war, die in der Bibliothek durchgeführten Studien kultureller Stabilität in Polynesien durch eine Feldforschung über den kulturellen Wandel auf den zum fernen Ostpolynesien gehörenden romantischen Tuamotu-Inseln zu ergänzen.[18]

An diesem entscheidenden Wendepunkt entwarf Boas, der im Oktober 1924 im *American Mercury* das grundlegende Bedürfnis nach »einer wissenschaftlichen, bis ins Detail gehenden Erforschung erblicher und umweltbedingter Sachverhalte« unterstrichen hatte, ein ganz anderes, Margaret Mead zugedachtes Forschungsprojekt. Wie Margaret Mead selbst bekannte, »bastelte Boas immer an irgendeinem besonderen Forschungsvorhaben herum, bis es seiner Meinung nach den Anforderungen der theoretischen Prioritäten entsprach«. Wie wir schon gesehen haben, führte Boas seit Jahren den Kampf gegen die Vererbungstheorie und die angebliche Übermacht der Anlage über die Umwelt an und stützte sich dabei auf jegliches Beweismaterial, dessen er nur habhaft werden konnte. Gegen Ende 1924 hatte er den Einfall, die Theorien seiner Gegner auf die Probe zu stellen, und zwar durch die Untersuchung der Adoleszenz in einem Kulturkreis, der sich von den europäischen und amerikanischen wesentlich unterschied. Boas kannte sich übrigens gut aus in G. Stanley Halls umfangreicher Untersuchung über die Adoleszenz aus dem Jahre 1904.

Anfang der zwanziger Jahre machte man sich in weiten Kreisen Sorgen über die »respektlose und rebellische Jugend« und deren, wie H. L. Mencken es ausdrückte, »umfassende Erörterung der sexuellen Frage«. Das für sie bestimmte Forschungsprojekt beschrieb Margaret Mead als eine spezielle Untersuchung über die »relative Stärke biologischer Pubertät und kultureller Struktur«. Im Jahre 1924, zehn Jahre vor dem Erscheinen von Karl Poppers *Logik der Forschung*, war es noch nicht Brauch, die eigenen Theorien einer strengen Prüfung zu unterziehen. Im Gegenteil, man versuchte sie um jeden Preis zu beweisen. Deshalb lag Boas so sehr an Beweismaterial, das die wichtigsten seiner eigenen Überzeugungen untermauerte. Seit langer Zeit glaubte er daran, daß der gesellschaftliche Stimulus unendlich viel stärker sei als der biologische Mechanismus. Falls dies überzeugend nachgewiesen werden konnte, würde dies für gewisse Fragestellungen weitreichende Bedeutung haben. Und für das Vorhaben, mit dem er sich im Geiste trug, schien sich Margaret Mead, diese begabte junge Kulturdeterministin, ideal zu eignen.[19]

Ursprünglich hatte Boas einen amerikanischen Indianerstamm im Sinn gehabt, als er nach einem geeigneten Forschungsobjekt suchte. Doch Margaret Mead weigerte sich beharrlich. Sie sehnte sich nach einer Feldforschung auf irgendeiner »abgelegenen und unberührten Insel in der Südsee«. Deshalb ließ sie durchblicken, sie würde auf die Thematik des kulturellen Wandels verzichten und statt dessen die relative Stärke biologischer Pubertät und kultureller Struktur untersuchen, sofern sie auf den Tuamotu-Inseln oder in einer ähnlich abgelegenen Gegend Polynesiens arbeiten dürfe. Doch das war wiederum nicht im Sinne von Franz Boas. Feldforschung auf dem Tuamotu-Archipel sei zu riskant, meinte er. Wenn man Margaret Mead Glauben schenken darf, dann wollte Boas in Wirklichkeit nicht, daß sie irgendwo in den »ungesunden Tropen« Polynesiens arbeitete. Doch diesmal war Boas, der sonst so »genau wußte, was er wollte«, zu einem Kompromiß bereit. Das Forschungsprojekt sollte ruhig in Polynesien durchgeführt werden, allerdings auf einer Insel, die »regelmäßig, zumindest jedoch alle drei Wochen von einem Schiff angelaufen« wurde. So kam es, wie Margaret Mead später berichtete, daß Boas ihre Entscheidung für Polynesien akzeptierte, während sie ihrerseits seinem speziellen Projekt einer vergleichenden Studie über weibliche Adoleszenz zustimmte. Die Wahl fiel schließlich auf Amerikanisch-Samoa, und zwar auf die Insel Tutuila, jedoch nicht aus irgendwelchen theoretischen oder persönlichen Gründen, sondern weil im dortigen Tiefseehafen Pago Pago ungefähr alle drei

Wochen die Linienschiffe der Matson-Reederei festmachten. Jahre später schrieb Margaret Mead, wie »verrückt« es ihr vorgekommen sei, daß sie auf diese Weise auf eine »Kultur stieß«, bei deren Darstellung sie die Lehre von Franz Boas so vollständig bestätigt sah.[20]

Ende April 1925 – Margaret Mead hatte gerade den Entwurf zu ihrer Doktorarbeit über kulturelle Stabilität in Polynesien abgeschlossen – erreichte sie die Nachricht, der *National Research Council* (Nationaler Forschungsrat) habe ihr ein Forschungsstipendium gewährt. Nun stand der Weg fest. Nachdem sie zwei Jahre lang, bis zum Abschluß ihres Studiums, Anthropologie gehört hatte, würde sie schon bald nach Samoa reisen, um Boas' spezielle Problemstellung an den dortigen jungen Mädchen zu erforschen. Die nächsten Monate verbrachte Margaret Mead damit, »in hektischer Eile die Forschungsausrüstung zusammenzutragen – eine Reservebrille, Baumwollkleider, einen Fotoapparat, Bleistifte und Notizbücher«. Schließlich war es soweit. Mitte 1925 brach sie auf in die Südsee.[21]

Am 31. August 1925 – sie fühlte sich an »Stevensons Rhapsodien« erinnert – war Margaret Mead schon früh am Morgen auf, denn ihr Schiff sollte an jenem Tag eine der »fernen, romantischen Inseln« von Samoa erreichen. Aber ach, das »ganze Bild« wurde durch die Präsenz zahlreicher Kriegsschiffe der amerikanischen Pazifikflotte gründlich verdorben. Flugzeuge dröhnten über die Köpfe der Ankömmlinge hinweg, und eine Matrosenkapelle spielte Ragtime. Margaret Mead erhielt ein Zimmer in einem baufälligen Hotel am Rande des Hafens von Pago Pago, den Somerset Maugham nur wenige Jahre zuvor in seiner seltsam bizarren Erzählung vom Untergang eines prüden Missionars beschrieben hatte.

Margaret Meads Forschungen in Samoa, die eine so tiefgreifende Wirkung auf die Anthropologie des 20. Jahrhunderts ausüben sollten, konnten beginnen.[22]

Teil II
Margaret Meads Forschungsarbeit in Samoa

5. Margaret Mead liefert Franz Boas eine absolute Antwort auf seine Fragestellung

Die 23jährige Margaret Mead kam im August 1925 auf Tutuila (Amerikanisch-Samoa) an. Wie sie selbst zugegeben hat, verstand sie damals »nicht allzuviel von Feldforschung«. Vor ihrer eiligen Abreise aus New York hatte sie auch keinerlei Gelegenheit gehabt, sich mit der samoanischen Sprache zu befassen. Aber sie hatte ein Empfehlungsschreiben vom Admiralarzt der US-Marine, der ihren Schwiegervater während des Medizinstudiums kennengelernt hatte. Als sie dieses Schreiben dem obersten Sanitätsoffizier des Marinestützpunktes in Pago Pago vorlegte, wurde ihr nach wenigen Tagen eine junge samoanische Krankenschwester zugeteilt, die in den Vereinigten Staaten gewesen war und ausgezeichnet Englisch sprach. Mit ihr sollte Margaret Mead täglich eine Stunde Samoanisch lernen. Das tat sie dann auch ungefähr sechs Wochen lang – trotz des drückend heißen Klimas und der »ganz allgemein wenig förderlichen Atmosphäre« ihres Hotels.[1]

Ende September, als sie sich nach einem Ort umzusehen begann, wo sie ihre Forschungen über Probleme der Adoleszenz betreiben könnte, besuchte sie eine Internatsschule für Mädchen der *London Missionary Society* im Westen der Insel Tutuila. Als sie am 11. Oktober Franz Boas einen Bericht über die ersten sechs Wochen in Samoa schickte, hatte sie schon fast alle Dörfer der Insel Tutuila, zu denen von Pago Pago aus eine Straße führte, zumindest flüchtig inspiziert. Diese Dörfer stünden entweder unter dem Einfluß amerikanischer Produkte und Besucher, berichtete sie Boas, oder sie seien so klein und so schwer zu erreichen, daß sie als Standort für wissenschaftliche Arbeit nicht in Frage kämen. Angesichts dieses Dilemmas habe sie sich entschlossen, nach Ta'ū, einem der kleinen Inselchen des Manu'a-Archipels, zu gehen. Dort, ungefähr siebzig Meilen östlich von Tutuila, gebe es einen Vorposten der amerikanischen Regierung, der im Abstand von ungefähr drei Wochen von einem Schiff der Marine angelaufen würde.[2]

Ihr sei besonders an einem Ratschlag gelegen, schrieb sie weiterhin an Boas, ob sie nach ihrer Ankunft in Manu'a bei einer samoanischen Familie leben oder ob sie sich besser bei den einzigen Weißen auf Ta'ū einquartieren solle. Bei letzteren handele es sich um die Familie von Edward R. Holt, dem Zweiten Apotheker der Marine-Sanitätsstation. Gegen die erstgenannte Alternative hegte Margaret Mead eine ausgesprochene Abneigung, seit sie das Leben der Samoaner auf Tutuila kennengelernt hatte. »Wenn ich in einem samoanischen Haus mit einer samoanischen Familie zusammenleben müßte«, schrieb sie an Boas, »dann könnte es wohl geschehen, daß ich mit der jeweiligen Familie in engere Berührung käme. Doch glaube ich, daß ein solcher eventueller Vorteil mehr als zunichte gemacht würde durch meinen Leistungsabfall, der durch die Ernährungsweise und die nervtötenden Lebensumstände verursacht würde. Ich müßte mit einem halben Dutzend Menschen einen Raum in einer Hütte ohne richtige Wände teilen, auf dem Fußboden sitzen und ständig darauf gefaßt sein, nachts von einem Schwein oder einem Huhn aus dem Schlaf gerissen zu werden. Es ist nicht leicht, in diesem Klima zu arbeiten. Ich sehe meine Leistungsfähigkeit um die Hälfte vermindert, aber sie könnte nochmals halbiert werden, wenn ich wochenlang ununterbrochen in einem samoanischen Haus leben müßte.«[3]

Am 11. Oktober, als Margaret Mead diese Worte an Boas schrieb, hatte sie schon Mrs. Holt kennengelernt, die in Pago Pago der Geburt ihres zweiten Kindes entgegensah. Margaret Meads Entschluß, bei den Holts zu wohnen, stand in Wirklichkeit längst fest, wie aus einem weiteren, zwei Tage später geschriebenen Brief hervorgeht. Die Nahrung der Eingeborenen, führte sie in jenem Schreiben vom 13. Oktober 1925 aus, sei so stärkehaltig, daß sie sie unmöglich fünf bis sechs Monate lang verkraften könne. Bei den Holts hingegen habe sie nicht nur ein richtiges Bett, sondern auch das Essen sei viel besser, weil die Angehörigen der Marine eine bevorzugte Verpflegung erhielten.[4]

Nachdem sie die ersten sieben Wochen meist in der Umgebung des Marinestützpunktes von Pago Pago verbracht hatte, teilte Margaret Mead Boas mit, daß ihre samoanischen Sprachkenntnisse inzwischen langsamere Fortschritte machten als zu Beginn. Sie habe die Absicht, die nächsten fünf oder sechs Wochen, das heißt bis zu dem Tag, an dem Mrs. Holt und ihr Baby nach Ta'ū zurückkehren würden, teilweise in der schon erwähnten Internatsschule zu verbringen – wo übrigens kein

Englisch gesprochen werde –, zum anderen Teil bei einer Halbblutfamilie in Leone, wo sie ebenfalls überwiegend das gesprochene Samoanisch zu hören bekommen würde. Doch daraus wurden nur zehn Tage bei der Familie von Ufiti. Margaret Mead wurde an ihn durch die Mutter einiger Mischlingskinder weitervermittelt, die sie in Honolulu kennengelernt hatte. Ufiti war der Häuptling des Bezirkes Tualautu und wohnte im Dorf Vaitogi an der wilden, zerklüfteten Küste westlich von Pago Pago. Der Sachbearbeiter für Eingeborenenfragen der Marinebehörde hatte ihr ein Empfehlungsschreiben an Ufiti mitgegeben.

Bei ihrer Ankunft auf Samoa, Ende August 1925, war Margaret Mead nach Vorlage ihres Empfehlungsschreibens des Marineadmiralarztes vom Admiral der amerikanischen Pazifikflotte zu einem Dinner an Bord des Flaggschiffes eingeladen worden. Diese Ehrung hatte, wie sie berichtete, die »äußerst rangorientierten Samoaner« stark beeindruckt. Dementsprechend wurde sie im Dorf Vaitogi empfangen. Ufitis ältester Sohn bereitete sich auf das Priesteramt vor, während seine Tochter Fa'amotu eine *taupou*, das heißt eine »Zeremonialjungfrau«, war. Diese Fa'amotu sprach nur sehr wenig Englisch. Sie wurde mit der Verantwortung betraut, Margaret Mead als ständige Begleiterin zu dienen und nachts sogar unter demselben Moskitonetz an ihrer Seite zu schlafen.[5] Da sie nicht wußte, »welche Konsequenzen sich aus der zu erwartenden Rollenverteilung ergeben könnten«, verschwieg Margaret Mead ihren samoanischen Gastgebern, daß sie bereits verheiratet war. In Unkenntnis dieser Tatsache verlieh ihr Ufiti den Titel einer Zeremonialjungfrau, was in den Augen der Samoaner eine hohe Ehre darstellte. Während des kurzen Aufenthaltes in Vaitogi wurde Margaret Mead auch einige Tage lang in den Grundregeln samoanischer Etikette und respektvoller Redeweise durch zwei gerade zu Besuch weilende Häuptlingssprecher unterwiesen.[6]

Zwar habe sie nie »glücklichere, friedlichere und angenehmere« zehn Tage als bei Ufiti und seiner Familie in Vaitogi verbracht, behauptete Margaret Mead, doch an ihrem Entschluß, bei den Holts zu wohnen, änderte sich deshalb nichts. Am 9. November 1925 fuhr sie auf einem Minensucher der US-Marine von Tutuila nach Ta'ū und quartierte sich bei den dortigen Angehörigen der Marinebehörde in der relativ komfortablen Sanitätsstation ein.[7]

Die Insel Ta'ū hat eine Fläche von ungefähr 36 Quadratkilometern. Wie ein riesenhafter Kegel steigt sie bis zu einer Höhe von fast eintausend

Metern aus dem Meer. Vor rund achtzig Jahren waren die dort ansässigen Manuaner zum Protestantismus bekehrt worden. Seit nunmehr 21 Jahren unterstanden sie der Regierungsgewalt der Vereinigten Staaten. Als die Inseln Tutuila und Aunu'u am 17. April 1900 gemäß dem ein Jahr zuvor von den Vereinigten Staaten, Großbritannien und Deutschland unterzeichneten Abkommen an die USA abgetreten wurden, widersetzte sich der Tui Manu'a, der oberste Häuptling des wichtigsten Herrschaftsbereiches in ganz Samoa dieser Regelung, obwohl starker Druck auf ihn ausgeübt wurde. Am 16. Juli 1904 erhielt Manu'a schließlich dennoch den Status eines Territoriums oder Distriktes der USA. Alle Manuaner von Rang, die die Abtretungsurkunde unterzeichnet hatten, erhielten von Theodore Roosevelt, dem damaligen Präsidenten der Vereinigten Staaten, eine Ernennungsurkunde, »eine Silbermedaille nebst Schatulle« und »eine silberne Uhr samt Kette und Etui«. Fortan gerieten die Menschen in Manu'a immer stärker unter den Einfluß amerikanischer Institutionen, Sitten und Gebräuche.[8]

Am 30. Juni 1908 wurde auf Ta'ū eine staatliche Schule (»mit erfreulich regem Zulauf«) eröffnet. Sieben Jahre später, am 10. Januar 1915, wurde diese Schule, ebenso wie die meisten anderen Gebäude in Manu'a, durch einen schrecklichen Hurrikan zerstört. Zwei Drittel der Bevölkerung wurden von den amerikanischen Kriegsschiffen *Fortune* und *Princeton* für eine Zeitlang nach Tutuila evakuiert, wo sie sich mit den Wundern der Hafenstadt Pago Pago vertraut machen konnten. Im April 1915 wurde das Gebäude der *Manu'a Co-operative Society*, das bei dem Hurrikan schwer beschädigt worden war, von der Verwaltungsbehörde der Marine übernommen und in eine Sanitätsstation mit eigener Funkstation umgewandelt. Die staatliche Schule wurde 1920 neu eröffnet. Ihr Leiter wurde Lieutenant A. J. Link von der US-Marine. Ein Sanitäter und ein Funker wurden seine Gehilfen. Als Margaret Mead mit ihren Forschungen begann, hatte die staatliche Schule 202 Schüler und einen Lehrkörper, der aus einem samoanischen »Direktor« und drei ebenfalls samoanischen Hilfslehrern bestand. Auf Ta'ū gab es zu jener Zeit sechs Lagerschuppen für Kopra und ein Handelskontor der *South Seas Pacific Co.* Ungefähr alle drei Wochen wurden Passagiere und Fracht von einem Schiff der Marine zwischen Pago Pago und Ta'ū gratis hin- und herbefördert. Die Funkstation hatte regelmäßigen Kontakt mit dem Marinesender auf Tutuila, so daß Margaret Mead notfalls immer mit Franz Boas, Ruth Benedict und anderen Leuten in den Vereinigten

Staaten Verbindung aufnehmen konnte. Tufele Fa'atoia, der von 1925 bis 1926 Bezirksgouverneur von Manu'a war, sprach ausgezeichnet Englisch, denn er war auf Kosten der amerikanischen Regierung auf Hawaii ausgebildet worden. In einem Brief vom 7. März 1926 machte Margaret Mead eine Bemerkung über das geradezu europäisch anmutende Wesen der Häuptlinge des westlichen Teils von Ta'ū, der nächsten Umgebung ihres eigenen wissenschaftlichen »Hauptquartiers«. Albert F. Judd, Vorsitzender des Kuratoriums des Bernice-P.-Bishop-Museums, besuchte Manu'a Anfang 1920, als Margaret Mead dort ihre Feldforschungen durchführte. Nach seiner Beurteilung waren die Bewohner von Manu'a der tonangebende Bevölkerungsteil von Amerikanisch-Samoa, sowohl in ihrer »Denkweise« als auch in ihrer »Fortschrittlichkeit«.[9]

Margaret Mead wurde von den Holts auf Ta'ū von Anfang an wie ein Familienmitglied behandelt. Sie erhielt ein kleines Zimmer an der hinteren Veranda eines großen eingeschossigen Gebäudes, in dem die Sanitäts- und die Funkstation untergebracht waren. Dieser Raum in der Hauptdienststelle der amerikanischen Marineverwaltung in Manu'a, dessen eine Wand sie mit einem Foto von Franz Boas verziert hatte, wurde Margaret Meads Stützpunkt für ihre Forschungen. Bevor sie New York verlassen hatte, hatte Boas sie eindringlich davor gewarnt, sich auf eine allgemeine ethnologische Studie über Samoa einzulassen. Sobald sie sich einigermaßen eingerichtet hatte, machte sie sich deshalb trotz ihrer mangelnden samoanischen Sprachkenntnisse[10] sogleich an die Durchführung ihres speziellen Vorhabens. Aus den 68 Mädchen zwischen acht und zwanzig Jahren, die im westlichen Teil von Ta'ū in den drei Dörfern Lumā, Si'ufaga und Faleasao wohnten, wählte Margaret Mead für ihre Zwecke fünfzig aus. Elf waren »Kinder, deren Brüste noch keinerlei Anzeichen der Pubertät« zeigten, 14 waren »Kinder, die wahrscheinlich im Verlauf der nächsten zwölf bis achtzehn Monate geschlechtsreif« würden, und 25 waren schon »über die Pubertät« hinaus oder zumindest über die Menarche.[11] Einige dieser 25 Mädchen im Alter von 14 bis 20 Jahren, die allesamt von ihrer Dorfgemeinschaft noch nicht als erwachsen angesehen wurden, wurden in der Folge zu Margaret Meads Hauptinformanten.[12]

Zwischen der Sanitätsstation und dem Ozean stand ein kleines samoanisches Haus, das Margaret Mead für ihre Arbeit mit erwachsenen Samoanern benutzen konnte. In der zweiten Dezemberhälfte begannen die

Schulferien. Nun stand ihr das Schulgebäude für Intelligenztests, Einzelinterviews mit den Mädchen und ähnliches zur Verfügung. Da sie selbst von kleiner, schlanker Statur war, bewegte sich die Mead zwanglos im Kreise der vierzehnjährigen Mädchen, mit denen sie von morgens bis abends zu tun hatte. Nach einiger Zeit hatte sie sich ein Bild von der Bevölkerungsstruktur des Dorfes gemacht und den sozialen Hintergrund jedes einzelnen Mädchens erkundet. Die Ferien zu Weihnachten und zum Jahresbeginn an der staatlichen Schule von Ta'ū dauerten insgesamt acht Wochen. Sie begannen am 3. Montag im Dezember, und schon bald nachdem der Schulbetrieb Ende Februar 1926 wieder aufgenommen worden war, waren die von Margaret Mead Mitte November 1925 begonnenen Forschungen über weibliche Adoleszenz »fast abgeschlossen«, wie sie in einem Brief vom 7. März 1926 bekundete. Die Arbeit hatte also nur wenig mehr als drei Monate in Anspruch genommen und war zudem am Neujahrstag 1926 durch einen schlimmen Hurrikan »schrecklich behindert« worden. Noch wochenlang danach hatte man alle Hände voll zu tun, die Schäden zu beheben. Damals waren Interviewpartner »nicht für Geld und gute Worte zu haben«.[13]

Am 18. Februar 1926 traf eine Abordnung des Bernice-P.-Bishop-Museums in Manu'a ein. Während ihres sechzehntägigen Aufenthaltes sollten Muscheln und ethnologische Informationen gesammelt werden. Auf Einladung des Bezirksgouverneurs wurde dem Dorf Fitiuta am Ostende der Insel Ta'ū ein kurzer Besuch abgestattet, an dem auch Margaret Mead teilnahm. Nach diesem Ausflug notierte sie sich, es sei »praktisch unmöglich« geworden, junge Mädchen als Gesprächspartner aufzutreiben.

Am 8. März 1926 besuchte sie die Inseln Ofu und Olosega. Danach widmete sie einen Großteil ihrer Zeit allgemeinen ethnologischen Untersuchungen über Manu'a.[14]

Während ihres Aufenthaltes in Manu'a nahm Margaret Mead in keiner Weise »am politischen Leben des Dorfes teil«, denn Ende der zwanziger Jahre war es einer Frau in Manu'a noch streng verboten, an irgendwelchen Häuptlingsversammlungen teilzunehmen[15], bei denen über wirtschaftliche, politische, zeremonielle und religiöse Fragen entschieden wurde. Anläßlich solcher Versammlungen wurden gelegentlich auch jene angeprangert und bestraft, die in schwerwiegender Weise gegen samoanische Bräuche verstoßen hatten. Im übrigen hatte Margaret Mead während der letzten fünf Monate ihres Aufenthaltes, als infolge des Hurrikans vom 1. Januar 1926 »die Erwachsenen fast ihre gesamte Kraft auf den Hausbau« verwendeten, sehr wenig Gelegenheit, um »gesellschaftliche Zeremonien irgendwelcher Art als Augenzeugin zu erleben«.[16] Angesichts dieser schwerwiegenden Hindernisse war Margaret Mead gezwungen, sich bei der Darstellung vieler grundlegender Aspekte des Lebens in Samoa »gänzlich auf Informanten« zu verlassen. Sie mußte versuchen, so gut es ging, mit der Beengtheit ihrer Arbeitsbedingungen im näheren Umkreis der Sanitätsstation und mit den schlimmen Folgen des Hurrikans fertig zu werden, der die Insel Ta'ū schon sieben Wochen nach ihrer Ankunft heimgesucht hatte. Es galt, ein Bild von Samoa zu erstellen, welches die ihr von Boas aufgetragene Problematik beantwortete.

Als Margaret Mead im Mai 1926 Manu'a verließ und nach Pago Pago zurückkehrte, um sich zu einer sechswöchigen Seereise nach Europa – via Australien – einzuschiffen, verspürte sie »ein brennendes Verlangen« nach Menschen, die für ihre Arbeit Verständnis hatten und ihr einen Hinweis geben konnten, ob sie wirklich das erreicht hatte, wozu sie »ausgesandt« worden war.[17]

Während ihres neunmonatigen Aufenthaltes auf Samoa hatte Margaret Mead in ständigem Briefwechsel mit Ruth Benedict gestanden. Letztere war zu ihrem anthropologischen *alter ego* geworden. Kurz vor der Abreise der Mead nach Samoa waren die beiden Frauen im Sommer 1925 zusammen zum Grand Canyon gefahren. Dort hatten sich ihre Wege getrennt, denn Margaret Mead reiste nach San Francisco weiter, während Ruth Benedict nach Zuni in Neu-Mexiko zurückkehrte. Aus Zuni, Santa Fé und Penablanca schrieb sie Margaret Mead im August 1925 insgesamt sieben Briefe. In einem von ihnen sagte sie, sie wolle die Zeit der Trennung nach dem dreiwöchigen Turnus berechnen, in dem der Dampfer Margarets Post beförderte, ähnlich wie die Zuni-Indianer das Jahr durch Aufstellen von Gebetsstöcken unterteilten.[18]

Wie wir schon gesehen haben, hatten sich Ruth Benedict und Margaret Mead schon ab Mitte 1924 bei ihren enthusiastischen Diskussionen ganz dem Ziel verschrieben, menschliches Verhalten durch die Untersuchung kultureller Strukturen (engl.: patterns) verständlich zu machen. Margaret Mead hatte alle von Ruth Benedict vorbereiteten Fragen hinsichtlich eventueller Normabweichungen mit nach Samoa genommen, aber auch eine von der Freundin zusammengestellte Anthologie, die unter anderem Amy Lowells Gedicht *Patterns* enthielt, das mit dem Stoßseufzer endet: »Christ! What are patterns for?« (Mein Gott! Wozu sind Strukturen da?)[19]

Im September 1925 hatte Ruth Benedict aus Cochiti Margaret Mead in einem Brief von ihrer tiefen Sehnsucht berichtet, »ein wirklich unentdecktes Land zu finden«. Das sollte ihr im Sommer 1927, also neun Monate nach Margaret Meads Rückkehr in die Vereinigten Staaten, tatsächlich vergönnt sein – und zwar bei den Pima. Diese Entdeckungsreise wurde im September 1926 auch dadurch beschleunigt, daß Mead und Benedict auf ihrer Rückreise vom Internationalen Kongreß der Amerikanisten in Rom »ein ganzes Bündel von Problemen« zu erörtern begannen, das Margaret Mead aus Samoa mitgebracht hatte. Bei all diesen Problemen ging es um strukturelle Aspekte der Kultur.[20]

In New York trat Margaret Mead sofort ihre neue Stellung als stellvertretende Kuratorin für Ethnologie am Amerikanischen Museum für Naturgeschichte an. Dieser Posten war ihr telegrafisch angeboten worden, als sie sich noch in Manu'a befand. Sie gönnte sich kaum eine Pause, sondern machte sich Hals über Kopf daran, ihre in Samoa gesammelten Materialien über Fragen der Adoleszenz zu Papier zu bringen. Im Frühjahr 1927 hatte sie mit Ausnahme von Kapitel 2, welches später dazukam, die ersten zwölf Kapitel des Buches fertiggestellt, das später unter dem Titel *Coming of Age in Samoa* (Kindheit und Jugend in Samoa) erscheinen sollte. Während dieses Zeitraumes fungierte sie auch als Ruth Benedicts Assistentin im Rahmen von deren Vorlesungsreihe über Anthropologie am Barnard College. Die Diskussionen der beiden Wissenschaftlerinnen, besonders über die von Margaret Mead im elften Kapitel ihres Manuskriptes beschriebenen Normabweichungen bei heranwachsenden Samoanern, gingen bis zum Sommer 1927 unvermindert weiter – und zwar bis Ruth Benedict ihre Forschungsreise zu den Pima unternahm. Margaret Mead fuhr zur gleichen Zeit nach Europa, um in deutschen Museen Materialien über Ozeanien zu sichten.[21]

Schon im Frühjahr 1927 hatte sie den ersten Entwurf ihres Berichtes über »Kindheit und Jugend in Samoa« an den Verlag Harper Brothers geschickt, doch das Manuskript war abgelehnt worden. Auf Betreiben des Anthropologen und Schriftstellers George Dorsey wandte sie sich schließlich an William Morrow, der gerade seine verlegerische Laufbahn begann. Morrow legte der Mead nahe, ihr Buch durch einen Exkurs über die Bedeutsamkeit ihrer Forschungsergebnisse für die heutigen Amerikaner abzurunden. Sie ging bereitwillig darauf ein, denn es entsprach durchaus ihrer Sehweise, daß, »wenn eine Gesellschaft ihre Kinder schmerzlos über die Zeit des Heranwachsens hinwegbringen konnte«, wie es in Samoa der Fall war, »auch in anderen Gesellschaftsformen die Möglichkeit dazu besteht«. Übrigens hatte Margaret Mead nach ihrer Rückkehr aus Samoa schon vor unterschiedlichem Publikum in und um New York über eben dieses Thema Vorträge gehalten.[22]

So sah die Lage aus, als Ruth Benedict im Sommer 1927 von ihrem Hauptquartier im Südwesten der Vereinigten Staaten aus an Boas schrieb und ihm den Unterschied zwischen den Zuni und den Pima als »unglaublich« schilderte. Er sei, so schrieb sie später, »der abrupteste kulturelle Bruch« in Amerika. Ruth Benedict hatte laut Margaret Mead »wie in einer Offenbarung« den Unterschied zwischen »den amerikanischen Indianerkulturen« begriffen, bei denen »die Ekstase [sie verwandte dafür Nietzsches Begriff des »Dionysischen«] das Wichtigste ist, und jenen anderen, bei denen Mäßigung und Ausgewogenheit [Nietzsches Begriff des »Apollinischen«] an erster Stelle kommen«. Diese zumindest für Margaret Mead »brillante Erkenntnis« verarbeitete Ruth Benedict zu einer wissenschaftlichen Arbeit, aus der 1934 ihr Buch *Patterns of Culture* (dt.: *Urformen der Kultur*) hervorgehen sollte. 1928 hatte sie diese Arbeit auf dem Internationalen Kongreß der Amerikanisten in New York mit dem Titel *Psychological Types in the Cultures of the Southwest* vorgestellt. In »Die Geburt der Tragödie« habe Nietzsche, so führte Ruth Benedict aus, zwei diametral entgegengesetzte »Tendenzen« in »Kultur, Kunst und Moral« beschrieben: das Dionysische und das Apollinische. Vergleichbare Wertsysteme könnten in den Südwestregionen der USA gefunden werden, beispielsweise bei den Zuni und anderen Indianerstämmen, behauptete sie. Dort habe »eine fundamentale psychologische Konstellation eine komplizierte kulturelle Struktur« hervorgebracht, »um die eigenen Präferenzen zum Ausdruck zu bringen«.[23]

Ruth Benedict und Margaret Mead waren im Herbst 1927 mehr denn je davon überzeugt, daß in allen menschlichen Kulturen die traditionellen Verhaltensmuster den Rahmen bilden, innerhalb dessen sich das Wesen der Menschen entfaltet. Margaret Mead arbeitete an einer Monographie über die Gesellschaftsordnung in Manu'a. Eifrig ergriff sie die Gelegenheit, Ruth Benedicts neue Theorie einer Kultur der »deutlich erkennbaren Persönlichkeit« auf ihre in Samoa zusammengetragenen Materialien anzuwenden. Die beiden diskutierten stundenlang, wie »eine bestimmte temperamentbedingte Lebensweise eine Kultur derartig zu dominieren vermochte, daß alle, die in sie hineingeboren wurden, diese Sicht der Welt erbten, ob sie nun wollten oder nicht«. Als Beispiel dafür mußten die Samoaner herhalten, über die Margaret Mead damals gerade schrieb. Bald sickerte durch, daß Ruth Benedicts neue Theorie erstmals in Margaret Meads Bericht *Social Organization of Manu'a* nachzulesen war, wo es um die »dominierenden kulturellen Verhaltensweisen« der Samoaner ging. Danach hatten Benedict und Mead »den Wortlaut bis ins Detail durchgekaut und eingehend den Typus von Persönlichkeit erörtert, der in der samoanischen Kultur institutionalisiert worden war«.[24]

Wenn Ruth Benedicts neue Theorie stimmte, dann gab es bei den Zuni eine »apollinische Freude an Förmlichkeit« und an »den Verästelungen und Verfeinerungen der Organisation«. Margaret Mead vermied nun zwar in ihrem Bericht den wörtlichen Gebrauch von Nietzsches Begriffen, die sich die Benedict einfach ausgeborgt hatte, aber sie schilderte die Samoaner dennoch als unmißverständlich »apollinisch«. Unter anderem schrieb sie: »Das gesamte Interesse eines Samoaners richtet sich auf seine Beziehung zu den Mitmenschen innerhalb einer fein gegliederten und sehr geschätzten sozialen Ordnung.« Im übrigen impliziere diese soziale Ordnung insbesondere »eine Betonung gesellschaftlichen Glücks im Rahmen einer reich gegliederten überpersönlichen Struktur«, denn »das formale gesellschaftliche Wesen« des Samoaners sei das »eines Gläubigen, der alle verordneten Annehmlichkeiten sorgsam wahrnimmt«. Eine solche Beschreibung hätte die Benedict auch von den Zuni liefern können. Tatsächlich notierte sich Margaret Mead bei einem späteren Anlaß ausdrücklich, daß sowohl bei den Zuni als auch bei den Samoanern diejenigen als »schlecht angepaßt« gälten, denen »die Fähigkeit, stark zu fühlen, gegeben ist«.[25]

Damit ist eindeutig nachgewiesen, daß Margaret Mead sich Ruth Benedicts vom Sommer 1927 datierende Anschauung von Kultur, in der »Persönlichkeit großgeschrieben« wird, zu eigen machte und ihr in Samoa gesammeltes Material in diesem Sinne ordnete. Zweifellos wurde sie von Ruth Benedicts neuer Theorie auch stark beim Schreiben jener drei Kapitel beeinflußt, die sie Anfang 1928 ihrem Buch *Kindheit und Jugend in Samoa* hinzufügte. Übrigens wurde das zweite Kapitel, die idyllische Schilderung mit dem Titel »Ein Tag in Samoa«, zuerst verfaßt. Noch stärker wirkten Ruth Benedicts neue Anschauungen von kulturellen Konfigurationen auf die beiden abschließenden Kapitel von *Kindheit und Jugend in Samoa*, die Margaret Mead auf Anregung ihres Verlegers William Morrow schrieb. Benedict und Mead waren, um aus einem von Ruth Benedict am 5. März 1926 an Margaret Mead geschriebenen Brief zu zitieren, beide mit »Papa Franz' Milch« großgezogen worden. Nachdem sie nun zusammen so intensiv an dem »Phänomen gesellschaftlichen Drucks und dessen absoluter Bestimmung im Sinne eines Rahmens für die Entwicklung der einzelnen Menschen« gearbeitet hatten, war Margaret Mead bereit, die samoanische Kultur mit jenen apollinischen Wesensmerkmalen auszustatten, die sie schon beschrieben hatte, als sie Ruth Benedicts »brillante Erkenntnis« auf die eigenen, in Samoa zusammengetragenen wissenschaftlichen Materialien übertrug. Damit bekannte sie sich zu einem absoluten Kulturdeterminismus.[26]

Wie wir schon gesehen haben, hatte Franz Boas den Plan zu Margaret Meads Forschungen der Jahre 1925 bis 1926 gefaßt, nachdem er 1924 »die grundlegende Notwendigkeit einer detaillierten wissenschaftlichen Erforschung ererbter und umweltbedingter Verhältnisse« erkannt hatte. Wie Margaret Mead selbst zugab, hatte Boas sie aus einem bestimmten Grund nach Samoa geschickt. Sie sollte untersuchen, »was am Verhalten Jugendlicher durch physiologische und was durch kulturelle Faktoren bedingt ist«. Eine solche Untersuchung, so hoffte Boas, würde sich nachhaltig auf die Anlage-Umwelt-Problematik auswirken, die bis dato den Lösungsversuchen vieler führender Köpfe jener Zeit, einschließlich Franz Boas, getrotzt hatte.

Das war natürlich ein so schwieriges Problem, daß seine Lösung eigentlich der wenig erfahrenen Margaret Mead, so kurz nach ihrem Studienabschluß, kaum zuzumuten war. Zum einen mangelte es ihr – obwohl sie drei Jahre lang bei Boas und dessen Gesinnungsgefährten Anthropologie studiert hatte – an einer systematischen Ausbildung in Biologie, so daß sie auf keinen Fall das wissenschaftliche Rüstzeug hatte, um das Verhalten der Samoaner auf die sowohl subtile als auch komplexe Interaktion biologischer und kultureller Variablen hin zu untersuchen. Während der ersten zwei Monate in Samoa muß sich Margaret Mead bei ihrer Arbeit auf Tutuila so manches Mal eingestanden haben: »Ich schaffe es nicht, ich schaffe es einfach nicht.« Immerhin gelang es ihr dann in Manu'a trotz zahlreicher Schwierigkeiten, Informationen über 25 heranwachsende Mädchen zu sammeln. Allerdings mußte ein solches Resultat weit entfernt sein von einer »detaillierten wissenschaftlichen Erforschung ererbter und umweltbedingter Verhältnisse«. Eine kritische Lektüre von Margaret Meads Schriften über Samoa ergibt vielmehr, daß sie zu keinem Zeitpunkt – weder auf Tutuila noch in Manu'a – einen systematischen Vergleich zwischen ererbten und umweltbedingten Faktoren anstellte. Deshalb war sie nach ihrer Rückkehr in die Vereinigten Staaten auch nicht imstande, die Interaktion genetischer und außergenetischer Variablen im Verhalten junger Samoaner zu analysieren. In ihrer Not verfiel sie auf den Kunstgriff, Samoa als das hinzustellen, was später als »Negativbeispiel« in die Anthropologie eingehen sollte.[27]

Als Franz Boas den Plan zu Margaret Meads samoanischen Forschungen faßte, ging er davon aus, daß die Adoleszenz in Europa und in den USA ein schwieriges Lebensalter darstellt. In einem Brief, den er an Margaret Mead kurz vor deren Abreise nach Samoa schrieb, führte er unter anderem aus, daß man »bei unseren Jugendlichen während der Adoleszenz häufig einen stark rebellischen Geist antrifft, der sich in Übellaunigkeit oder plötzlichen Ausbrüchen äußert«. Daß dies auf die Jugend in den USA zutraf, davon war auch Margaret Mead überzeugt. Doch im Sinne des »Determinismus der Kultur«, an den zu glauben man sie gelehrt hatte, konnte es doch sein, daß die Dinge sich in irgendeinem abgelegenen Teil der Welt – beispielsweise in Samoa – gänzlich anders verhielten. Das war ihre Überlegung, und daraus bezog sie die Hypothese, daß, »wenn eine Gesellschaftsordnung gefunden werden konnte, wo die heranwachsenden Jungen und Mädchen von diesem Sturm und Drang verschont wurden, ein Anthropologe daraus folgern könnte, daß dieser Sturm und Drang nicht unvermeidlich ist«.[28]

Dies war Margaret Meads erste, schlichte Annäherung an die ihr von Franz Boas aufgetragene Untersuchung eines so unendlich komplexen Problems. Da sie es versäumt hatte, mit wissenschaftlichen Mitteln die tatsächliche Interaktion biologischer und kultureller Variablen im Verhalten der Samoaner zu erforschen, machte sie sich stattdessen daran, eine bereits bestehende allgemeine Theorie durch ein »Negativbeispiel« zu entkräften. Daß sie diese Methodik tatsächlich anwandte, bestätigte Margaret Mead 1970 in einem Interview mit T. George Harris und J. Diener, in dem es auch um ihre samoanischen Forschungen ging:

Harris: Sie hatten sich eine schöne Technik zurechtgelegt. Da gab es all diese Theorien, die in vielen Jahrhunderten von Philosophen zusammengetragen und von den Psychologen noch erweitert worden waren,

Theorien, die angeblich für alle Menschen gültig waren. Doch Sie sahen sich lieber nach einer Ausnahme um.

Diener: Ein negatives Beispiel ist natürlich ebensoviel wert wie tausend positive. Es macht die Theorie ungültig.

Mead: Wissen Sie, es war das erste Stadium der Anthropologie. Bis 1939 behandelten wir primitive Kulturen – glücklicherweise einfacher als unsere eigene Kultur –, um Hypothesen auf die Probe zu stellen...

Ein paar Jahre später sagte Margaret Mead in einem anderen Interview: »In der Anthropologie braucht man nur einmal nachzuweisen, daß eine bestimmte Kultur bewirken kann, einen gemeinhin als beschwerlich empfundenen Lebensabschnitt leicht zu machen. Schon hat man es geschafft.« Auch hier spielte Margaret Mead auf ihre Forschungen in Samoa an, insbesondere auf ihre Schlußfolgerung, die Adoleszenz sei bei den Samoanern ein Lebensabschnitt höchsten Wohlbefindens, denn sie lebten in einer Gesellschaft, in der es für alle Konflikte »einfache Lösungen« gebe.[30] Diese exemplarische Gesellschaftsordnung, in der es so »leicht« schien, erwachsen zu werden – ganz im Gegensatz zu den Vereinigten Staaten –, wurde ihr »Negativbeispiel«. Indem sie sich an es wie an einen Talisman klammerte, traute sich Margaret Mead zu, jene allgemeine Frage, die sie in der Einleitung zu *Kindheit und Jugend in Samoa* aufgeworfen hatte, in Bausch und Bogen zu beantworten: *Sind die Störungen, die unsere Jugendlichen quälen, auf die Natur der Adoleszenz selbst oder auf die Zivilisation zurückzuführen?* Überzeugt von der absoluten Wahrheit des Kulturdeterminismus, formulierte Margaret Mead nun, nachdem sie den angeblich ungetrübten Verlauf der Adoleszenz in Samoa der Zwanglosigkeit samoanischer Kultur zugeschrieben hatte, ihre wichtigste theoretische Schlußfolgerung: »Wenn bewiesen ist, daß die Adoleszenz nicht unbedingt eine besonders schwierige Periode im Leben des Mädchens sein muß – und bewiesen ist es, wenn wir irgendeine Gesellschaft finden, in der das der Fall ist –, was ist dann an den Nöten der amerikanischen Jugend schuld? Man kann ganz einfach sagen, daß irgend etwas in den beiden Kulturen anders sein muß, das den Unterschied begründet. Wenn der gleiche Prozeß in zwei verschiedenen Gesellschaftsordnungen eine verschiedene Form annimmt, so kann nicht der Prozeß daran schuld sein, sondern die Verhältnisse sind jeweils andere; in ihnen also müssen wir die Erklärung suchen.«[31]

Mit anderen Worten wurde jede biologische Erklärung des Sturm und Drang amerikanischer Jugendlicher gänzlich ausgeschlossen. Margaret Mead wurde also durch ihre Auffassung von Samoa als eines »Negativbeispiels« zu einer extremen Schlußfolgerung verleitet. Statt die relative Stärke biologischer und kultureller Faktoren gegeneinander abzuwägen, wie Boas es wohl von ihr erwartet hatte, tat Margaret Mead die Biologie, das heißt die Natur, als unerheblich für die Erklärung der Sturm-und-Drang-Jahre auch amerikanischer Jugendlicher ab. Sie verabsolutierte den Kulturdeterminismus, das heißt die Umwelt.

Boas hatte, so Margaret Mead, erwartet, ihre Forschungen in Samoa würden einen Hinweis dafür erbringen, daß die Kultur »sehr wichtig« sei. Wie reagierte er nun auf die Überraschung, die Margaret Mead und Ruth Benedict in ihrer Begeisterung für kulturelle Strukturen für ihn parat hielten? Einige Zeit nachdem ihm *Kindheit und Jugend in Samoa* zur kritischen Lektüre vorgelegt worden war, wandte er sich während einer Fakultätssitzung beiläufig an Margaret Mead: »Ach ja, Ihr Manuskript... Kommen Sie doch nächsten Dienstag zum Mittagessen.« Dann bat er Ruth Benedict: »Am besten kommen Sie auch.« Margaret Mead war »niedergeschmettert« vom Tonfall seiner Stimme. An jenem »schicksalhaften Dienstagmorgen« ging sie nervös in ihrem Büro im Amerikanischen Museum für Naturgeschichte auf und ab und sagte sich immer wieder: »Ich habe ihn im Stich gelassen, genau wie alle anderen.« Aber ihre Sorgen waren grundlos. Wie sie später berichtete, hatte Boas an *Kindheit und Jugend in Samoa* nur eine Nebensächlichkeit auszusetzen: sie habe »den Unterschied zwischen erotischem Verlangen und romantischer Liebe« nicht genug herausgearbeitet.[32]

Boas war damals fast siebzig Jahre alt, ein Veteran des unermüdlichen Kampfes gegen die Verfechter extremer Vererbungstheorien wie Davenport, Osborne, Grant und Stoddard. Für Jacob Epstein, der 1927 anläßlich eines Besuches in New York eine Skulptur von Boas anfertigte, schien jener »ein Mann von großer geistiger wie körperlicher Veranlagung« zu sein, »so unverzagt wie ein Kampfhahn«. Nachdem er viele Jahre lang gegen den Schlachtruf »Anlage, nicht Umwelt!« angegangen war, hoffte Boas 1928 noch immer durch ein einzigartiges anthropologisches Exempel die Partie gegen die Eugeniker und deren Anhänger gewinnen zu können. Ein solches Exempel mußte den Nachweis für die Richtigkeit seiner 1916 aufgestellten Behauptung erbringen, daß

»der gesellschaftliche Stimulus unendlich viel stärker ist als der biologische Mechanismus«. Margaret Mead hatte, sofern ihr Bericht glaubwürdig war, für Franz Boas ein solches Exempel parat, und es deckte sich so sehr mit seinen eigenen liebgewordenen Überzeugungen, daß er nicht ein Wort der Kritik über Margaret Meads Schlußfolgerung verlor, wonach die Kultur, also die Umwelt, die absolute Determinante für die Geschehnisse während der Adoleszenz bilde.[33]

Das war genau die Reaktion, die sich Margaret Mead erhofft hatte. Im Oktober 1928 hatte sie A. R. Radcliffe-Brown in Sydney/Australien voller Stolz berichtet, Boas habe ihre Arbeit in Samoa geplant. Auch in ihrem Buch *Jugend und Kindheit in Samoa* erkannte sie dankbar an, daß Professor Franz Boas sie bei der Bewältigung der wissenschaftlichen Problematik inspiriert und geleitet habe. Sie verdanke ihm die Ausbildung, die sie zu ihrer Forschungsarbeit in Samoa befähigt habe, und die kritische Wertung der dabei erarbeiteten Resultate. Von George Dorsey ermutigt, für den Boas der zweifellos bedeutendste Anthropologe der Welt war, fragte Margaret Mead ihren Papa Franz, ob er nicht die Einleitung zu ihrer »psychologischen Studie primitiver Jugend« schreiben wolle. Boas sagte zu. So kam es, daß *Coming of Age in Samoa* (dieser Titel war von Dorsey angeregt worden) mit einem Vorwort voller Lob und Anerkennung des intellektuellen Führers der amerikanischen Anthropologie Ende 1928 in New York erschien.[34]

Die Anthropologen, erklärte Boas, hegten mittlerweile Zweifel daran, ob die Adoleszenz eine unvermeidliche Zeit der Anpassung darstellen müsse, die jeder Mensch durchzumachen habe. Er sei Margaret Mead dankbar, daß sie es unternommen habe, »sich so vollständig mit der samoanischen Jugend zu identifizieren. Die Resultate ihrer peinlich genauen Nachforschungen« hätten »einen von den Anthropologen seit langem gehegten Verdacht« bestätigt, daß »vieles von dem, was wir der menschlichen Natur zuschreiben, eher eine Reaktion auf die Zwänge darstellt, die uns von unserer Zivilisation auferlegt werden«. In seinem Buch *Anthropology and Modern Life*, das kurze Zeit nach *Kindheit und Jugend in Samoa* erschien, präzisierte Boas diese allgemeine Schlußfolgerung, indem er erklärte, »die Studien von Dr. Margaret Mead über Jugendliche in Samoa« hätten ergeben, daß »bei sexueller Freiheit, dem Fehlen einer Reihe sich widersprechender Ideale und bei gleichzeitiger Betonung von Bräuchen, die für uns irrelevant sind, die Krise der Adoleszenz nicht eintritt«.[35]

Als ihr Buch Ende August 1928 erschien, hatte sich Margaret Mead schon zu ihrer zweiten Expedition in die Südsee aufgemacht. In der Nacht des 26. Oktober 1928, als sie ihre Reise zu den Admiralitäts-Inseln in Sydney unterbrach, träumte sie, *Kindheit und Jugend in Samoa* sei ein solcher Mißerfolg, daß der Verlag das Buch nicht veröffentlichen wollte. Diese Furcht war jedoch unbegründet, denn da das Werk hinsichtlich seiner Thematik und seiner Schlußfolgerung auf wundersame Weise im Einklang mit der vorherrschenden geistigen Strömung der späten zwanziger Jahre stand, wurde es sofort zu einem spektakulären Erfolg. Schon im Dezember 1928 erschien die zweite Auflage. *Kindheit und Jugend in Samoa* war von Anfang an ein Bestseller und außerdem ein Buch von »ungewöhnlich hohem wissenschaftlichem Rang«.[36]

Während Margaret Mead an *Kindheit und Jugend in Samoa* arbeitete, entwickelte sich der Behaviorismus weiter. J. B. Watson hatte in einem nie versiegenden Strom von Zeitungsartikeln, die 1928 unter dem Titel *The Ways of Behaviorism* in Buchform erschienen, immer wieder deutlich zum Ausdruck gebracht, daß die Umwelt, nicht die Anlage für das Verhalten des Menschen verantwortlich sei.[37] Hinsichtlich Watsons Lehre behauptete 1927 V. F. Calverton, der Herausgeber des *Modern Quarterly*, die Wissenschaft von den Umwelteinflüssen sei die bedeutendste geistige Strömung dieser Epoche. Für Calverton war der Behaviorismus der Ausdruck eines grandiosen Glaubens an die Umwelt und die Möglichkeiten von Wandel und Fortschritt. Die Anhänger der Umwelttheorie sahen sich Ende der zwanziger Jahre, so meinte er, absolut zu Unrecht von den Eugenikern, jenen »Erbfanatikern«, in die Opposition gedrängt.[38]

Der Kampf gegen die Vererbungstheorien, den Boas und seine Anhänger seit 1916 mit aller Entschiedenheit geführt hatten, ging also noch 1927 unvermindert weiter, als Margaret Mead – mit Ruth Benedicts tatkräftiger Hilfe – ihre allgemeinen Schlußfolgerungen aus den in Samoa angestellten Forschungen zog. Noch immer war die Anlage-Umwelt-Problematik in bezug auf das menschliche Verhalten ungelöst, obwohl sich nicht zuletzt wegen der heftigen Meinungsmache von Watson und anderen die Waagschale zugunsten der Anhänger der Umwelttheorie zu neigen begann. Damals herrschte eine Stimmung, die, wie R. L. Finney 1927 anmerkte, auf eine wie auch immer beschaffene Entscheidung drängte.[39]

Margaret Mead glaubte, diese langersehnte Entscheidung herbeiführen zu können. Tatsächlich wurde ihr Buch *Kindheit und Jugend in Samoa* von den Intellektuellen jener Zeit als Beitrag zur endgültigen Beilegung der Dauerdebatte über Anlage und Umwelt willkommen geheißen. In einer der ersten Rezensionen, die am 4. November 1928 in der *New York Times* erschien, stand zu lesen, bei der ganzen Problematik gehe es darum, ob »die Schwierigkeiten des Übergangs von der Kindheit zum Dasein der Erwachsenen aus der Adoleszenz selbst herrühren, deshalb allgemein menschlich und unvermeidlich sind, oder ob sie das Ergebnis des Zusammenpralls von Entwicklungsstadien der Jugend und einer zugleich einschränkenden und alles komplizierenden Zivilisation darstellen«. Dieses Problem – das Boas einmal mit den Worten umrissen hatte, es komme darauf an festzustellen, »was erblich ist und was nicht«, war nun nach Meinung des Rezensenten »auf außergewöhnliche Art und Weise« von einer Anthropologin gelöst worden. Die Tatsache, daß Margaret Mead eine endgültige Antwort auf eine Frage gefunden hatte, auf die – laut Ruth Benedict – alle Bemühungen der Anthropologie gerichtet waren, stellte für Boas und seine Gefolgschaft einen nicht zu überbietenden Triumph dar. In seinem Vorwort hatte Boas ausdrücklich auf die peinliche Sorgfalt von Margaret Meads Forschungsarbeit in Samoa hingewiesen. Ruth Benedict, die die Arbeit von Margaret Mead aus noch größerer Nähe als Boas mitverfolgt hatte, schloß sich dieser Behauptung an und meinte, es sei »eine ausgezeichnete Entscheidung gewesen, die Adoleszenz zum Testfall zu machen, weil ihr in den Vereinigten Staaten soviel Beachtung geschenkt wird und weil sie – per definitionem – mit einem biologischen Sachverhalt der menschlichen Entwicklung verknüpft« sei. Dr. Mead habe, als sie diese Problematik untersuchte, »innige Bekanntschaft mit den Mädchen aus drei Dörfern geschlossen, sich mit ihnen in ihrer Sprache unterhalten und sich mit den Alltäglichkeiten ihrer Kultur vertraut gemacht«. Anhand äußerst genauer Nachforschungen habe Dr. Mead herausgefunden, daß für ein samoanisches Mädchen gerade während der Zeit des Heranwachsens die emotionelle Belastung am geringsten ist. Wie für die meisten Anhänger von Franz Boas war *Kindheit und Jugend in Samoa* auch für Ruth Benedict vor allem ein bedeutsames Exempel für die »enorm variablen Determinanten, die unsere flexible menschliche Veranlagung prägen«, und außerdem der Nachweis, daß der Mensch ein »unglaublich formbares Lebewesen« sei. Damit sei ein nicht zu widerlegender Beweis für die Gültigkeit des Kulturdeterminismus erbracht.[40]

6. Margaret Meads Darstellung der Samoaner

Während der letzten Monate ihrer wissenschaftlichen Arbeit in Manu'a wandte sich Margaret Mead, wie wir schon gesehen haben, einer allgemeinen Untersuchung der samoanischen Gesellschaftsordnung zu. Das während dieser Zeit gesammelte Material verarbeitete sie zusammen mit den Kenntnissen, die sie sich bei der Lektüre schon vorhandener Arbeiten über Samoa erworben hatte, zu der Abhandlung *Social Organization of Manu'a*, die sie Ruth Benedict widmete. Auch für *Kindheit und Jugend in Samoa* war jenes allgemeine Studium der samoanischen Gesellschaft und Kultur inhaltlich von entscheidender Bedeutung. Bekanntlich versuchte sich Margaret Mead nicht etwa an einer direkten Untersuchung der Wechselwirkung von kulturellen und biologischen Variablen, sondern sie zog es vor, die samoanische Gesellschaft als ein »Negativbeispiel« darzustellen, das heißt als eine Gesellschaftsordnung mit besonderen Merkmalen, die gewisse, in allen anderen menschlichen Populationen anzutreffende Störungen während der Adoleszenz ausschlössen. Um jene besonderen Merkmale zu beschreiben, sah sie sich, wie sie in der Einleitung zu *Kindheit und Jugend in Samoa* ausführt, zu einer »Darstellung des gesamten gesellschaftlichen Lebens in Samoa« genötigt. Im Jahre 1925 war Margaret Mead durchaus der Ansicht, ein gut ausgebildeter Student könne »die grundlegende Struktur einer primitiven Gesellschaftsordnung in wenigen Monaten analysieren«. Und da sie von der Annahme ausging, die Samoaner hätten eine »sehr simple Gesellschaftsordnung«, hatte sie trotz der Oberflächlichkeit ihrer Nachforschungen keine Bedenken, ein eigenes Bild vom Charakter und von der Kultur der Samoaner zu entwerfen.[1]

In der Folge werde ich mich vor allem mit der Gültigkeit von Margaret Meads Darstellung der samoanischen Gesellschaftsordnung befassen, denn Samoa hört in dem Moment auf, ein »Negativbeispiel« zu sein, wenn sich dieses Bild als lücken- oder fehlerhaft erweist. Auch Margaret

Meads Hauptthese, wonach die Kultur, also die Umwelt, einzig und allein wichtig und bestimmend ist für das menschliche Verhalten – auch während der Adoleszenz –, würde sich in der gleichen Weise als unbegründet und ungültig erweisen.

Im dreizehnten Kapitel von *Kindheit und Jugend in Samoa* hatte Margaret Mead zuerst ihre Schlußfolgerung verkündet, daß »wir hinsichtlich des Verhaltens Jugendlicher keine Erklärungen für den Vorgang als solchen geben können«, sondern statt dessen auf der Suche nach einer Antwort den Blick gänzlich auf »die soziale Umgebung« richten müßten. Dann war sie gleich dazu übergegangen, jene Aspekte des Lebens in Samoa zu skizzieren, die sich »unweigerlich« auf das Leben der samoanischen Mädchen »auswirken«. Sie schrieb unter anderem: »Die Grundlage des Lebens in Samoa, die das Aufwachsen so leicht, so einfach gestaltet, ist die allgemeine Gleichgültigkeit der ganzen Gesellschaft. Denn in Samoa spielt niemand mit hohem Einsatz, niemand zahlt einen hohen Preis, niemand leidet für seine Überzeugungen oder kämpft bis zum letzten für ein besonderes Ziel. Unstimmigkeiten zwischen Eltern und Kindern werden dadurch beseitigt, daß das Kind auszieht; Unstimmigkeiten zwischen einem Mann und seinem Dorf durch den Wegzug des Mannes in das nächste Dorf, zwischen einem Ehemann und dem Verführer seiner Frau durch ein paar feine Matten. Die Menschen sind weder von Armut noch von großen Unglücksfällen bedroht; sie haben also keine Ursache, um ihr Leben zu zittern oder um ihre Existenz besorgt zu sein. Kein unversöhnlicher Gott, der schnell erzürnt ist und streng bestraft, stört den gleichförmigen Ablauf ihrer Tage. Kriege und Kannibalismus gehören vergangenen Epochen an, und der größte Kummer, abgesehen vom Tod, ist die Reise eines Angehörigen auf eine andere Insel. Niemand wird im Leben vorwärts getrieben oder wegen langsamer Entwicklung bestraft. Im Gegenteil, Begabte, früh Entwickelte werden zurückgehalten, bis die Langsameren sie eingeholt haben. In den persönlichen Beziehungen ist die Zuneigung nur oberflächlich. Liebe und Haß, Eifersucht und Rache, Trauer und Verlust – all das dauert nur Wochen. Schon in den ersten Monaten des Lebens lernt das Kind, das aus den Händen einer Frau einfach in die einer anderen weitergegeben wird, sich nicht zu sehr an eine Person zu klammern und keine zu großen Hoffnungen auf eine einzige Verwandte zu setzen.«[2]

Auch an anderer Stelle beschreibt Margaret Mead eingehend diesen sozialen Hintergrund, der »das Erwachsenwerden für die Samoaner so zwanglos« gestaltet. Überhaupt ist Zwanglosigkeit (engl.: ease) das Leitmotiv ihrer Darstellung. Das Leben in Samoa, behauptet sie, sei vor allem »durch Zwanglosigkeit charakterisiert«; in der samoanischen Gesellschaftsordnung gebe es »Lösungen für alle Konflikte zuhauf«. Auch läßt sie sich beispielsweise über die »Zwanglosigkeit« aus, »mit der persönliche Differenzen durch Wechsel des Wohnortes beigelegt werden können«, oder über die »zwanglose Übernahme von Neuerungen« und die vorherrschende »Zwanglosigkeit sexueller Beziehungen«. Adoleszenz sei »das Alter größter Zwanglosigkeit« und die Samoaner entwickelten sich zu »zwanglosen, ausgeglichenen Menschenwesen« in einer Gesellschaftsordnung, wo »die Betonung auf einem anmutigen, zwanglosen, diffusen Gefühlsleben und einem entspannten Zutrauen zu verläßlichen sozialen Formen liegt«.[3]

Dieses Bild einer zwanglosen Gesellschaftsordnung wurde besonders eindringlich in jenem Kapitel von *Kindheit und Jugend in Samoa* vermittelt, das unmittelbar auf die Einleitung folgt. Es war »Ein Tag in Samoa« betitelt und ursprünglich für den Teil von *Social Organization of Manu'a* gedacht, an dem Ruth Benedict mitgewirkt hatte. Dann wurde es jedoch als für diese Monographie »zu literarisch« empfunden und deshalb 1928 in *Kindheit und Jugend in Samoa* eingefügt. Dieser Text ist mehrfach abgedruckt worden. 1965 hob Margaret Mead in *Anthropologists and What They Do* besonders hervor, daß gerade dieses Kapitel eine Vorstellung von »dem ganzen sanften Lebensrhythmus« in Samoa vermittle. Die betörende Idylle beginnt im Morgengrauen, wenn sich Liebende nach zärtlichen Eskapaden unter schlanken Palmen am Rand des schimmernden Meeres verstohlen nach Hause schleichen, und sie endet lange nach Mitternacht mit dem entfernten Donnern der Brandung und dem Geflüster Verliebter, während sich das Dorf bis zum nächsten goldenen Tagesanbruch zur Ruhe begibt. Das einzig unangenehme Vorkommnis ist der Tod eines Verwandten in einem anderen Dorf. Es gibt nicht den geringsten Hinweis auf die brutale Härte der Realität, wie zum Beispiel die gewalttätigen Streitereien, die Bestrafungen, die Eifersüchteleien, die Beleidigungen und die emotionalen Störungen – die jedoch ebenso ein Bestandteil des Lebens in Samoa sind wie jene verlockenden Einzelheiten, aus denen Margaret Meads »Ein Tag in Samoa« so kunstfertig zusammengesetzt worden ist.[4]

Überhaupt ist die ganze Schilderung, die Margaret Mead vom Wesen der Samoaner liefert, unmittelbar geprägt durch die Betonung der angeblich durch und durch zwanglosen Lebensweise jener Menschen. Die Samoaner zeichnen sich, wie Margaret Mead es sieht, dadurch aus, daß ihnen »tiefe Gefühle abgehen« und sie »keine starken Leidenschaften« empfinden. Kinder haben schon im Alter von ungefähr sechs Jahren »gelernt, nie spontan zu handeln, nicht einmal im Zorn, sondern immer auf die Gemeinschaft Rücksicht zu nehmen«. Nachdem die Menschen in der samoanischen Gesellschaft auf diese Weise »ein entspanntes Zutrauen zu verläßlichen sozialen Formen« erworben hätten, erwarte sie – laut Margaret Mead – »eine friedliche, harmonische Entwicklung, die nur wenige Konfliktsituationen enthält«. Da das Denken und Fühlen der Heranwachsenden durch »keinerlei Konflikte in Verwirrung gebracht« werde, hätten die Samoaner »keinerlei psychische Anpassungsprobleme«. Tatsächlich behauptet Mead in bezug auf die Mädchen, mit denen sie sich eingehend befaßte, in fast allen Fällen habe das wohltuende soziale Klima während der Kindheit »eine vollkommene innere Ausgeglichenheit« bewirkt. Nach ihrem Urteil findet innerhalb der samoanischen Gesellschaft »niemals eine ausreichend große Repression statt, um beim Individuum eine nennenswerte Rebellion auszulösen«. Bei den Samoanern gebe es »praktisch keinen Selbstmord«, und Selbstmord aus gekränktem Stolz existiere nicht.[5]

Infolge ihrer »lockeren, gefälligen Lebensweise«, heißt es bei Mead weiter, seien die Samoaner »gut angepaßt« und »zufrieden«. Die »Persönlichkeit der erwachsenen Menschen« sei »von ausreichender Stabilität, um auch stärkstem Druck der Außenwelt standhalten und um ihre heitere Selbstsicherheit bewahren zu können«. Eine Kultur wie die samoanische garantiere, so Margaret Mead, wahrscheinlich »bei ihren Mitgliedern den höchsten Grad geistiger Gesundheit«. Als ihr 1963 die Frage gestellt wurde: »Gibt es irgendeine Ihnen bekannte Gesellschaftsordnung, in der die Menschen erheblich glücklicher zu sein scheinen als in anderen Gemeinschaften?«, antwortete sie, daß »eine glückliche Gesellschaft so wäre wie jene in Samoa.«[6]

Aus solchen Feststellungen, die Margaret Meads allgemeine Anschauung vom Wesen der Samoaner und deren sozialer Ordnung wiedergeben, läßt sich schon in aller Deutlichkeit die Hauptthese ablesen, auf die sie sich in ihrem Buch *Kindheit und Jugend in Samoa* stützte. Denn falls, wie sie behauptete, die Samoaner tatsächlich so gut an ihr soziales Milieu angepaßt waren und die Adoleszenz bei ihnen so absolut reibungslos verlief und wenn, wie sie vermutete, der Charakter des Einzelnen so absolut durch kulturelle Faktoren bestimmt war, dann mußte das gesellschaftliche Umfeld der Samoaner zwangsläufig frei von Konflikten und nennenswertem Streß sein. Genauso stellte Margaret Mead die samoanische Kultur denn auch dar und schuf sich auf diese Weise das »Negativbeispiel« einer Gesellschaft, die sich auf einzigartige Weise von anderen Formen des gesellschaftlichen Lebens, beispielsweise vom Amerika des 20. Jahrhunderts, unterschied, denn dort gab es, wie Franz Boas feststellte, »eine Krise der Adoleszenz«. Wenn man Margaret Meads Argumentation auf die einfachste Formel bringt, dann hatte sie angeblich den Nachweis erbracht, daß die »perfekte Anpassung«, die sie bei fast allen von ihr untersuchten Jugendlichen in Samoa festgestellt haben wollte, harmonischen Entwicklungsprozessen in einer buchstäblich perfekten Gesellschaftsordnung zu verdanken war. Um der Logik ihrer Hauptthese willen sah sie sich folglich gezwungen, das soziale Leben in Samoa insgesamt als frei von Vorkommnissen zu schildern, die Spannungen und Konflikte erzeugen.

Die für das Leben in Samoa so charakteristische Zwanglosigkeit wird laut Margaret Mead durch »das System der Kindererziehung« ermöglicht, besonders im Bereich sexueller Beziehungen. Sie schildert die samoanische Großfamilie als in ihrem inneren Gefüge undifferenziert, durch die Beiläufigkeit ihrer Beziehungen und ein Klima allgemeiner Zuneigung geprägt. In einer solchen Situation »entsteht im Kind kein Zugehörigkeitsgefühl zu einer kleinen, in sich geschlossenen Familie, deren Mitglieder biologisch miteinander verwandt sind«, schreibt sie. Die Eltern-Kind-Beziehung wird von klein auf in diffuser Weise zu vielen Erwachsenen hergestellt. Und da »Kinder mit zwangloser, unpartikularistischer Zuneigung« seitens einer großen Gruppe von Verwandten bedacht würden, »entwickeln sie keine starken affektiven Bindungen zu ihren Eltern«. So sei zu erklären, daß »Kinder nicht an die eigene Mutter denken, die sie immer in Schutz nimmt«, sondern vielmehr an »eine Gruppe von Erwachsenen, die alle in irgendeiner Form Interesse für sie bekunden, jedoch nicht so sehr mit dem ganzen Herzen dabei sind«. Das wiederum führt zu der Behauptung, in der samoanischen Familie käme die primäre Bindung zwischen Mutter und Kind nicht zustande. Tatsächlich läßt uns Margaret Mead über ihre eigene Position nicht im Zweifel, wenn sie verkündet, daß in Samoa »von einem Kind kein Zugehörigkeitsgefühl gegenüber Vater und Mutter verlangt wird«. Da dies so sei, argumentiert sie, fehle auch »der Rahmen für die Fixierung auf die

Eltern«. Die Beziehung zwischen samoanischen Eltern und ihren Kindern sei »allzu beiläufig, um solchen Haltungen Vorschub zu leisten«. Das bedeute, daß Kinder »nicht von einem einzelnen Menschen, sondern von einer ganzen Heerschar Erwachsener zu einem allgemein konformen Verhalten erzogen werden, auf das sich die Persönlichkeit der Eltern nur sehr gering auswirkt«. Daraus folgert Margaret Mead, daß »in einer solchen Konstellation kein Platz für Schuld« sei.[7]

Dieses Bild eines familiären Systems ohne Bindungen und Schuldgefühle zieht Margaret Mead schließlich heran, um die bemerkenswerte Zwanglosigkeit des Lebens in Samoa, speziell während der Adoleszenz, zu erklären. 1929 schrieb sie, daß sich allein schon daraus »ein Grund für Konflikte« ergeben könnte, daß ein samoanisches Mädchen »die Bedeutung einer starken Bindung an eine einzige Person« begreifen lernen würde. Aber eben dies geschehe nicht. Samoanische Kinder wüchsen vielmehr auf in »zwangloser, freundlicher Wärme und ohne die Vorstellung, ein bestimmter Mensch sei einzigartig oder ein geliebtes Wesen könne nicht durch ein anderes ersetzt werden«. Deshalb sei »die Adoleszenz kein Lebensabschnitt, in dessen Verlauf junge Menschen die heftigen Empfindungen der frühen Kindheit wiederentdecken, denn in der frühen Kindheit gab es keine solchen Empfindungen, die später wiederentdeckt werden könnten«.[8]

Eng verbunden mit Margaret Meads Schilderung der »zwanglosen, freundlichen Wärme« diffuser Beziehungen, die ein Kind innerhalb der samoanischen Familie umgibt, ist ihre Behauptung, daß ein Kind, welches unter der Herrschsucht eines Elternteils oder irgendeiner anderen Person leidet, jederzeit in einen andern, ihm genehmeren Familienverband überwechseln könne. Laut Margaret Mead dürfen samoanische Kinder »ihre Vorliebe für andere Verwandte als ihre leiblichen Eltern nicht nur zeigen, sondern auch ausleben«. Dies komme häufig vor. Es sei in Samoa Brauch, fährt Mead fort, daß die Kinder »sich ihr eigenes Zuhause aussuchen«, denn kleine Ausreißer seien »bei jedem Verwandten willkommen«. In ihrem Buch *Kindheit und Jugend in Samoa* schreibt Margaret Mead über Mädchen, die in Temperament und Verhalten von der Norm abwichen: »Jeder größere Ärger führt zum Auszug der verärgerten Person aus dem Haushalt« und jemand, der einer unangenehmen Situation entgehen will, »macht sich unauffällig zu den Leuten nebenan davon«.[9]

Die samoanische Gesellschaftsordnung sei weder streng noch strafend, meint Mead. Sie sei vielmehr ein System »diffuser, aber warmer menschlicher Beziehungen«, in dem »weder Jungen noch Mädchen zur Eile angehalten oder unter Druck gesetzt werden«. Die samoanische Kultur gebe jedem Kind »die Möglichkeit, seine Wünsche völlig zu befriedigen«. Beim Mädchen sei die Entwicklung vom Kind zur erwachsenen Frau »schmerzlos«, und es gebe »in Samoa wohl kaum einen Jungen, der sich allzu großem Druck durch Flucht entziehen muß«.[10]

Nirgends erwähnt Margaret Mead so etwas wie Strenge und schmerzhafte Bestrafung von Kindern. Bei samoanischen Kindern gebe es »bis zum fünften oder sechsten Lebensjahr keine richtige Disziplin«. Den von ihnen zu befolgenden Verboten werde »durch gelegentliche Rüffel, ärgerliches Geschimpfe und zumeist wirkungsloses Zureden« Nachdruck verschafft. Im späteren Verlauf der Kindheit komme es »zu heftigen Zornesausbrüchen und summarischen Bestrafungen, aber systematische, sich über einen längeren Zeitraum erstreckende Maßregelungen fehlen ganz«. Gelegentlich machten die Erwachsenen ihrer Verärgerung Luft, indem sie unerzogene Kinder herzhaft mit Palmblättern verprügelten oder sie mit einem Hagel kleiner Steine eindeckten, aber »selbst solche Wutanfälle sind zu neun Zehnteln nur harmlose Gesten«, und »niemand, der einen Stein wirft, will damit ein Kind tatsächlich treffen«. Wenn man Margaret Mead glauben will, waren solche Bestrafungen unerheblich und selten, und ihre charakterprägende Wirkung war verschwindend gering. Kurz, die soziale Ordnung in Samoa wird – nach dem Bild von Margaret Mead – im wesentlichen locker und freundlich gehandhabt und gestattet sowohl Kindern als auch Jugendlichen »eine allmähliche Entwicklung ihres Gefühlslebens, das frei ist von Zwängen, die es nachteilig beeinflussen«.[11]

So wie die samoanische Kultur starke Emotionen eliminiert habe, könne in ihr auch keinerlei Interesse an Wettbewerb aufkommen. Die gesellschaftliche Ordnung in Samoa, behauptet Margaret Mead, weist »jedem Einzelnen, jedem Haushalt, jedem Dorf, ja sogar jedem Distrikt (in West-Samoa) einen festen Platz innerhalb einer Hierarchie zu«. Der Einzelne leitet seine Würde aus seinem Verhältnis zum Ganzen ab, das heißt: »Jeder erfüllt Aufgaben, die zur Ehre und zum Wohlergehen des Ganzen beitragen.« Samoa hat also laut Margaret Mead im Grunde eine kooperative Gesellschaftsordnung, in der »Konkurrenzdenken verpönt und unter Kontrolle ist«. Sogar im alltäglichen Leben dürfe ein Knabe »seine Altersgenossen niemals mehr als höchstens um eine Kleinigkeit übertreffen«; denn schneller als die Altersgenossen voranzukommen sei »unverzeihlich«. Margaret Mead berichtet, daß Eltern, deren Kinder sich gegenüber anderen Kindern hervortun, vor Scham erröten und den Kopf hängen lassen. In einer solchen Umgebung müßten diejenigen, die im Vergleich zu anderen für gewisse gesellschaftlich relevante Fertigkeiten weniger begabt seien, während der Kindheit und der Adoleszenz nicht die schmerzliche Erfahrung des Versagens machen. Vielmehr werde »das Tempo immer vom Langsameren bestimmt. Auf ein solches Kind verweisen alle voller Stolz.«[12]

In ähnlicher Weise beleuchtet Margaret Mead auch die Bedeutung des Ranges innerhalb der samoanischen Gesellschaftsordnung. Letztere sei »so beschaffen, daß es Titel für all diejenigen gibt, die sich als geeignet erweisen«. Die Autorität, die in Samoa einen Häuptling umgebe, sei »für polynesische Verhältnisse minimal«, behauptet sie. Beispielsweise halte der *ali'i*, das heißt der nominelle Häuptling, »eine Rede in der Ratsversammlung nicht selbst«. Vielmehr spreche »sein Häuptlingssprecher für ihn« und fälle »auch die meisten Entscheidungen für ihn«.[13]

Traditionen seien »fast ausnahmslos fließend und variabel«, meint Margaret Mead. Das *kava*-Ritual, das immer dann zelebriert werde, wenn sich Häuptlinge zu einer *fono*, das heißt zu einer offiziellen Versammlung, zusammensetzen, sei ein »geschicktes und anmutiges Spiel mit sozialen Formen«. Und: »So flexibel ist die Sozialstruktur, so minuziös paßt sie sich den jeweiligen Gegebenheiten an, daß es möglich wäre, das Erscheinungsbild der *fono* innerhalb von zwanzig Jahren zu verändern.« Darüber hinaus würden Rivalitäten zwischen Titelträgern nie offen – im Sinne einer das Individuum betreffenden Auseinandersetzung – ausgetragen, sondern stets heimlich unter Berufung auf den jeweiligen Rangunterschied. Denn der einzelne sei nur wichtig durch die Position, die er einnimmt. Ohne sie habe er keinerlei Geltung.[14]

Öffentliche Konkurrenz und Rivalität innerhalb der Dorfgemeinschaften sei nicht nur verpönt, behauptet Margaret Mead, sondern »der Wettstreit zwischen einzelnen Dörfern artet gewöhnlich nicht zu nennenswerter Aggressivität aus«. Entsprechend sei »das Führen von Kriegen als Moment der Wechselbeziehungen zwischen Dörfern im Sinne einer zeremoniellen Rivalität mit gelegentlichen Opfern stilisiert worden«. Da es sich nur »um dörflichen Zwist und kleinere Rachegelüste« handele, bei denen meist nur »ein bis zwei Menschen umkommen«, seien »die kriegerischen Handlungen unbedeutend und unregelmäßig«. In Manu'a gebe es »keine Kriegsgötter« und »keine Priester des Krieges«. Kriege würden »für keinen anderen Gewinn als den von Prestige ausgefochten, und es gebe keine nennenswerten Auszeichnungen für die einzelnen Krieger«. In Manu'a sei »Tapferkeit im Krieg niemals eine besonders wichtige Sache gewesen«, und der Krieger habe in der dortigen Gesellschaft keine wichtige Stellung inne.[15]

In Margaret Meads Schilderung erweist sich also die samoanische Gesellschaftsordnung als ausgesprochen unaggressiv. Mead konstatiert, es sei bei den Samoanern »ein ungeschriebenes Gesetz, daß alle jungen Leute das Wesensmerkmal der Aggressionslosigkeit aufweisen müssen. Ein aggressives Kind wird mit Tadel und Mißbilligung bestraft.« Wegen ihres entspannten Verhältnisses zum Dasein gebe es bei den Samoanern eine Art »Konfliktvermeidung«. Feindschaft zwischen einzelnen Personen äußere sich »unter dem Deckmantel von Klatsch und politischen Machenschaften anstelle von offenen Zusammenstößen«. Dieser gesellschaftliche Rahmen, so argumentiert Margaret Mead, erzeuge keine »Persönlichkeiten mit ausgeprägter Gewalttätigkeit«. Die Samoaner würden »niemals so sehr hassen, um den Wunsch zu verspüren, einen anderen Menschen zu töten«. Sie seien vielmehr »eines der liebenswertesten, am wenigsten kämpferischen und friedfertigsten Völker der Welt«.

Wenn man Margaret Mead Glauben schenken mag, gibt es in einer solchen sozialen Ordnung während der Adoleszenz, ja überhaupt im ganzen Leben wenig oder überhaupt keine Möglichkeit, aggressive Handlungen zu vollziehen oder zu erleiden. Ihre Schilderung des »insgesamt sanften Lebensrhythmus in Samoa« gehört untrennbar zu dem angeblich so wohltuenden sozialen Hintergrund, der den samoanischen Kindern und Jugendlichen »das Heranwachsen so leicht macht«.[16]

Als Margaret Mead Ende 1925 ihre Forschungsarbeit in Samoa begann, waren die Manuaner schon Christen, und zwar seit den vierziger Jahren des vergangenen Jahrhunderts. Generationen hatten ihren Stolz darein gesetzt, die strikten Glaubensregeln der protestantischen *London Missionary Society* in strengem Gehorsam zu befolgen. Doch abgesehen von stimmungsvollen Anspielungen auf »die weichen Stimmen der Eingeborenen beim Absingen christlicher Kirchenlieder« und »die kurzen, anmutigen Abendgebete« gibt es in Margaret Meads *Kindheit und Jugend in Samoa* buchstäblich keinen Hinweis auf die fundamentale

110

Bedeutung der christlichen Kirche für das alltägliche Leben der Manuaner. Statt dessen wird die Stellung der christlichen Religion im Samoa der zwanziger Jahre dieses Jahrhunderts in den Anhang des Buches verbannt und dort in nur einem einzigen Absatz erörtert. Nach Margaret Meads Sicht der Dinge hatte bei den Ureinwohnern Samoas die Religion nur »eine sehr unerhebliche Rolle gespielt«. Religiosität habe in jener Gesellschaftsordnung nur einen geringen Stellenwert besessen, und alle Kontakte mit übernatürlichen Bereichen seien »zufällig, trivial und nicht institutionalisiert« gewesen. Götter seien als Wesen angesehen worden, die »ihre Heiligkeit an die Häuptlinge abgetreten hatten und sich um ihre eigenen Angelegenheiten kümmerten«. Sie »wachten so lange gnädig über die Belange der Menschen«, wie diese sich ruhig verhielten und die Regeln befolgten.[17]

Obwohl die Samoaner also schon seit fast einem Jahrhundert Christen waren, als Margaret Mead von 1925 bis 1926 bei ihnen weilte, hatten sie angeblich nur jene Bestandteile westlicher Kultur übernommen, die »ihr Leben komfortabler und ihre Kultur flexibler« gestalteten. Sie lebten »ohne die Lehre von der Erbsünde«, denn der Einfluß der Missionare habe nicht ausgereicht, den Samoanern irgendeine »Vorstellung von Sünde« zu vermitteln. Insbesondere wegen »der großen Anzahl eingeborener Pastoren mit ihren eigenwilligen Auslegungen der christlichen Lehre« sei es unmöglich gewesen, in Samoa »die Strenge des westlichen Protestantismus mit dessen untrennbarer Koppelung sexueller Verfehlungen und individuellen Schuldbewußtseins« durchzusetzen. Zwar fordere die Kirche von ihren Mitgliedern Keuschheit, aber laut Margaret Mead war es üblich, daß die Leute erst nach ihrer Eheschließung der Kirche beitraten, denn die Behörden täten nur wenig, um Ledige und Jugendliche zu diesem Schritt zu bewegen. Folglich würden »voreheliche Unregelmäßigkeiten sogar von der kirchlichen Autorität passiv hingenommen«. Heranwachsende sähen sich auf diese Weise von der Last eventueller Gewissenskonflikte befreit. Jegliches starke Interesse an der Religion hätte die Ausgeglichenheit der samoanischen Gesellschaft stören können und sei deshalb verpönt gewesen, meint Margaret Mead. Die Manuaner hätten zwar den strengen protestantischen Glauben übernommen, ihn jedoch so weit abgeschwächt, daß aus ihm »eine gefällige und zufriedenstellende gesellschaftliche Formalität« innerhalb der »feingefügten, allseits geschätzten« traditionsbedingten Struktur der samoanischen Gesellschaftsordnung geworden sei.[18]

Da die Samoaner laut Margaret Mead keinen Begriff von Sünde hatten, war körperliche Liebe für sie »der Zeitvertreib par excellence«. Aus dem Geschlechtlichen machten sie »eine virtuose Kunst« und hätten von allen Menschen, die sie, Margaret Mead, untersucht hatte, die »sonnigste und zwangloseste Einstellung zur Sexualität«. Die samoanische Gesellschaft, fährt Mead fort, »funktioniert sehr reibungslos, weil sie auf der allgemeinen Annahme beruht, daß Sex ein Spiel ist, zulässig in all seinen hetero- und homosexuellen Ausdrucksformen, mit jeder Variationsart als künstlerischem Zusatz«. »Die Liebe der Geschlechter ist wie ein leichter, gefälliger Tanz«, und »von der Persönlichkeit eines Menschen wird erwartet, daß sie Sex als eine köstliche Erfahrung wertet, der sie sich mit Kennerschaft widmet«. Doch andererseits darf das Geschlechtliche »nicht so ausufern, daß es die soziale Ordnung bedroht«. Folglich »befürworten die Samoaner leichtherzige Liebesaffären, verabscheuen jedoch Verbindungen voller Leidenschaft und haben in ihrer Mitte keinen Platz für Menschen, die trotz gegenteiliger gesellschaftlicher Erfahrungen ständig einem bestimmten Mann oder einer bestimmten Frau den Vorrang vor einem für die Gemeinschaft akzeptableren Gefährten geben«. Romantische Liebe gebe es nicht in Samoa, behauptet Mead, und »Eifersucht als ein ansonsten weitverbreitetes soziales Phänomen ist sehr selten«. In der samoanischen Kultur seien viele jener Haltungen ausgemerzt worden, die der restlichen Menschheit immer zu schaffen gemacht haben, wobei »die Eifersucht vielleicht die allerwichtigste ist«. »In der Ehe wird kein unbedingter Anspruch auf Treue erhoben«, und Ehebruch »wird nicht sonderlich ernst genommen«. Es gebe viele Fälle ehelicher Untreue, die für eine bestehende Beziehung »kaum eine Bedrohung darstellen«. Ein Mann, der die Frau seines Nachbarn verführt, muß die Sache mit eben diesem Nachbarn austragen, denn »die Gemeinschaft ist daran nicht interessiert«. Die Grundvoraussetzung, wonach Sex ein Spiel ist, schaffe eine kulturelle Atmosphäre, die »keine Frigidität oder seelisch bedingte Impotenz zuläßt und in der eine zufriedenstellende sexuelle Anpassung während der Ehe immer gewährleistet werden kann«. Überhaupt sei die sexuelle Anpassung der Samoaner »eine der reibungslosesten der Welt«.[19]

Bevor es zu einer solch außerordentlich reibungslosen sexuellen Anpassung zwischen erwachsenen Samoanern kommt, gibt es laut Margaret Mead für Heranwachsende eine Zeit, in der sich die unverheirateten jungen Männer und Frauen in freier Liebe und Promiskuität vergnügen können. Während dieses ungezwungenen Lebensabschnittes vor der Ehe sei Sex ein Spiel und eine Fertigkeit, in der es sich zu üben gelte. Die Betonung liege immer auf »virtuoser Beherrschung sexueller Techniken, nicht jedoch auf der Persönlichkeit eines Menschen«. Unverbindliches sexuelles Experimentieren werde von jungen Menschen geradezu »erwartet«, konstatiert Margaret Mead. Das freie, unbeschwerte Liebesleben junger Frauen beginne zwei bis drei Jahre nach der Menarche. Das gesamte Interesse eines solchen Mädchens sei »auf heimliche Sexabenteuer« gerichtet, und seine Gunst sei »auf so viele in den Liebeskünsten bewanderte junge Männer gerichtet, daß dabei selten eine tiefere Beziehung entsteht«. Die Promiskuität scheine die Mädchen »vor Schwangerschaft zu bewahren«, schreibt Mead weiter. Uneheliche Kinder seien selten und würden im übrigen begeistert willkommen geheißen. Da die samoanische Gesellschaftsordnung »ein zwangloses Ausleben der Sexualität« während der Adoleszenz ausdrücklich gutheiße, schöben junge Mädchen »ihre Heirat während mehrerer Jahre unbeschwerten Liebesgenusses vor sich her«, denn es sei eine ihrer »uniformen und zufriedenstellenden Ambitionen«, als Mädchen »so lange wie möglich viele Liebhaber« zu haben, bevor sie als Ehefrauen zur Ruhe kommen und viele Kinder zur Welt bringen.[20]

Bei den jungen Männern gelte jener als erfolgreicher Liebhaber, der in der Lage sei, eine Frau »sexuell zufriedenzustellen, und der dabei selbst Zufriedenheit erlangt«. Das Liebesspiel soll gemächlich vollzogen werden, solange »der Körper eines Mädchens bereit ist, sich eines Liebhabers zu erfreuen«. In Samoa werde Sexualität demnach »niemals als Aggressivität definiert, die unterbunden werden muß, sondern einfach als ein Vergnügen, dem man sich zum richtigen Zeitpunkt mit dem richtigen Partner hingeben darf«. Nach Margaret Meads Aussage ist »die Vorstellung erzwungenen Verkehrs oder irgendeines anderen Geschlechtsaktes, dem sich beide Beteiligten nicht aus freien Stücken überlassen, dem Fühlen und Denken der Samoaner völlig fremd«.[21]

Dieses Bild des »gesamten gesellschaftlichen Lebens von Samoa« wurde, wie wir schon gesehen haben, von Margaret Mead mit der ausdrücklichen Absicht konstruiert, ein »Negativbeispiel« zu schaffen, indem sie den Nachweis erbrachte, daß in der milden, sanften, anmutigen, zwanglosen, gefälligen und glücklichen samoanischen Gesellschaftsordnung »die Adoleszenz keine Zeit der Krisen und des Streß« ist. Diese schwerwiegende Behauptung wurde nur durch das Zugeständnis eingeschränkt, daß einige Mädchen hinsichtlich Temperament und Verhalten von der Durchschnittsnorm abwichen, also die bei der großen Mehrheit übliche perfekte Anpassung an das Milieu vermissen ließen. Margaret Mead ließ jedoch nicht zu, daß diese Abweichungen ihren allgemeinen Schlußfolgerungen in die Quere kamen. Sie behauptete vielmehr, daß in den meisten Fällen »eigentlich keine schmerzhaften Folgen« festzustellen gewesen seien, und weiter, daß »die Gründe für das Fehlen von Konflikten während der gleichmäßigen Entwicklung beim durchschnittlichen Mädchen« tatsächlich »durch turbulente Entwicklungen in den wenigen Fällen erhärtet wurden, in denen diese Gründe nicht wirksam wurden«. In fast allen Stellungnahmen nach dem Erscheinen von *Kindheit und Jugend in Samoa* ließ Mead jene abweichenden Fälle unerwähnt. Ihre Leser wurden definitiv damit abgespeist, daß es »in Samoa keine Konflikte gibt, weil das heranwachsende Mädchen weder mit Aufklärung noch mit Verboten oder schwierigen Entscheidungen konfrontiert wird und weil die Gemeinschaft von ihm erwartet, daß es langsam und ruhig aufwächst, gleich einer wohlbehüteten Blume«, wie es in Margaret Meads Artikel *Adolescence in Primitive and Modern Society* (1930) heißt.[22]

Die Adoleszenz ist also laut Margaret Mead in Samoa »auf eigenartige Weise frei von all jenen Merkmalen, die in komplexeren und oft auch in primitiveren Gesellschaftsordnungen von Erwachsenen gefürchtet werden und die für junge Menschen nicht gefahrlos sind«. Was in Amerika das schwierigste Lebensalter ist, stellt in Samoa angeblich den Lebensabschnitt größter Ungezwungenheit dar, »vielleicht die angenehmste Zeit, die ein samoanisches Mädchen jemals erlebt«. Mit »keinerlei Sorgen wegen der Religion«, »keinerlei Konflikten mit den Eltern«, und »keinerlei Verwirrung in bezug auf Sex« – alles Probleme, die die Seelen samoanischer Mädchen peinigen könnten – vollziehe sich deren Entwicklung »reibungslos, ungetrübt und ohne Streß«, so daß sie »schmerzlos..., fast ihrer selbst unbewußt« aufwachsen. Da dies so sei, habe sich für sie selbst »nur eine mögliche Schlußfolgerung« ergeben, konstatiert Mead, nämlich daß »das Leid und die Beschwerden« der amerikanischen Jugend nicht »zu Lasten der Adoleszenz« gingen, denn wie ihre Forschungen gezeigt hätten, bringe die Adoleszenz in Samoa »keine Beschwerden« mit sich. Mit anderen Worten: Krisen und Streß der Adoleszenz seien nicht durch Veranlagung, sondern durch die Umwelt bedingt.[23]

114

Es ist Margaret Meads Schriften zuzuschreiben, daß Samoa in intellektuellen Kreisen und in den Gesellschaftswissenschaften als endgültiger Beweis für den Kulturdeterminismus anerkannt wurde, der den Kern des Boas-Paradigmas bildete. Wie wir gesehen haben, verdankte dieses Paradigma viel den 1917 von Kroeber und Lowie formulierten Theorien. In der Folgezeit erhob sich die dringende Notwendigkeit, die Gültigkeit jener rein theoretischen Grundlage durch einen empirischen Nachweis zu bestätigen. Nun, fast genau ein Jahrzehnt später, mußte es den Anhängern der Boasschen Lehre scheinen, daß jener Nachweis durch die Veröffentlichung von Margaret Meads in Samoa durchgeführter, »peinlich genauer Forschungsarbeit« endgültig erbracht worden war. So enthusiastisch wurde ihre Darstellung Samoas begrüßt, daß die darin enthaltenen, von ihr selbst oder von anderen erarbeiteten Schlußfolgerungen die Entstehung eines Mythos auslösten, der wie kein anderer in der Anthropologie des 20. Jahrhunderts Verbreitung fand.

7. Ein Mythos nimmt Gestalt an

»Sollte uns ein Reisender bei seiner Rückkehr aus einem fernen Lande Kunde von Menschen bringen, die gänzlich verschieden sind von all jenen, mit denen wir irgendwann Bekanntschaft gemacht haben, Menschen, die ohne jede Habgier, Ehrgeiz oder Rachsucht sind und die keine anderen Vergnügen kennen als Freundschaft, Großzügigkeit und Gemeinsinn, so würden wir augenblicklich aufgrund dieser Umstände seinen Irrtum aufdecken und ihn der Lüge überführen, und zwar mit der gleichen Selbstgewißheit, als hätte er seine Erzählung gespickt mit Geschichten über Kentauren und Drachen, wundersame Zeichen und Taten.«[1]

Das schrieb David Hume 1748 in seinem Werk *An Inquiry Concerning Human Understanding* (dt.: *Untersuchung über den menschlichen Verstand*). Dennoch: Als Margaret Mead die Samoaner als Volk ohne Eifersucht schilderte, für das die freie Liebe der Zeitvertreib par excellence sei und das ein von keinerlei entstellenden Faktoren belastetes Gefühlsleben entwickelt habe – so daß dort niemand jemals stark genug hasse, um den Wunsch zu verspüren, einen anderen Menschen umzubringen –, wurden diese übertriebenen Behauptungen im überhitzten intellektuellen Klima der späten zwanziger Jahre von keinem Anthropologen oder sonst einem Kritiker ernsthaft in Frage gestellt.

Es war die Zeit, als die menschliche Natur sowohl von den Behavioristen als auch den Kulturanthropologen »neu begriffen wurde als biegsam und schmiegsam und formbar«. Damals verkündeten in den USA prominente Intellektuelle wie V. F. Calverton und Samuel D. Schmalhausen (beide akzeptierten bereitwillig Margaret Meads phantastische Schilderung Samoas) das Heraufkommen einer »neuen Aufklärung«. In der Tat: Die Jahre bis einschließlich 1920 waren in der Beurteilung von J. B. Watson eine Zeit »sozialer Renaissance, eine Vorbereitung auf einen Wandel im Bereich der Sitten«, die wahrscheinlich epochemachender sei als die wissenschaftliche Renaissance, die mit Francis Bacon begonnen hatte.[2]

Für viele Menschen war während dieser Zeit des Erwachens und des Wandels »das neue Rußland« ein Quell der Hoffnung dafür, daß die menschliche Natur tatsächlich in andere Strukturen umgeprägt werden könne, wie sie die westliche Welt bislang noch nicht gekannt hatte. Annoncen in *The Nation* forderten die amerikanischen Intellektuellen auf: Geht nach Sowjetrußland! Dort sei das gigantischste gesellschaftliche Experiment der Welt im Gang, hieß es. Nach der Rückkehr schrieb so manch einer, er sei »aufgerüttelt worden vom Geist der Kinder,... die unter dem sowjetischen Regime erzogen wurden«. Nie habe man ein fesselnderes Bild glücklicher Kindheit zu Gesicht bekommen. Es gab Berichte darüber, daß das Wesen der Menschen entscheidend geändert worden sei – beispielsweise was die Rolle der Eifersucht im Sowjetregime anbelangte. »Geistige Hygiene« präge die gesellschaftliche Ordnung des neuen Rußland. Vor allem aber habe Sowjetrußland einen »Vorsprung vor der restlichen Welt in seiner Einstellung zur Sexualität«. Der Sozialismus, wurde in weiten Kreisen behauptet, würde, wie im *Kommunistischen Manifest* vorausgesagt, die bürgerliche Familie zerstören und an ihre Stelle »die freie Vereinigung der Geschlechter« setzen.[3]

Über diese freie Vereinigung der Geschlechter wurde auch in den Vereinigten Staaten viel gesprochen. Wie es Calverton 1928 ausdrückte, war es das Zeitalter des Backfischs mit seinem »wilden Korybantentaumel« bei den »Verrenkungen des Charleston« und seinem unersättlichen Verlangen nach »sexueller Erregung und Ekstase«. In dieser Zeit herrschte in Amerika mehr als in irgendeinem anderen Land der Welt eine, wie es Mrs. Bertrand Russell formulierte, »immense Aufregung wegen der Beziehungen zwischen Männern und Frauen«, sowohl innerhalb als auch außerhalb der Ehe. Diese Aufregung war laut Schmalhausen die Folge einer sexuellen Revolution, die mit »alten, degradierenden Tabus« Schluß gemacht hatte. »Das Mündigwerden der Leidenschaft« hielt er für »die Morgenröte einer Neuorientierung im Leben der Geschlechter«. Schmalhausen meinte, daß dieses neue »Evangelium«, mit seinem »wilden Taumel sexueller Begierde« und den unverhüllten Aufforderungen zu spielerischer Erfahrung der Sinne, die Untreue künftig nicht mehr als Bruch des heiligen Gelübdes verdammen würde. Die Jungfräulichkeit sei dem Glück geopfert worden.[4]

Promiskuität war nach Ansicht Schmalhausens »eine Grundtatsache im

Leben der Natur«. Das einzig wichtige Problem für die Gebildeten der zwanziger Jahre sei die Entdeckung pädagogischer, sozialer, künstlerischer und der Erholung dienender Formen des Verhaltens, die der erotischen Natur beider Geschlechter des Menschen dabei behilflich sein könnten, sich selbst »zwanglos und mit würdevoller Natürlichkeit von der Wiege bis zum Grab« zum Ausdruck zu bringen. Die Kunde von irgendeiner primitiven Gemeinschaft, die sich angeblich einem »uneingeschränkten Sexualleben« hingab, schrieb Sapir im *American Mercury*, würde stets »mit Interesse aufgenommen«. All die Menschen, die an jenem »Erwachen« – mit seinen Phantasievorstellungen von sexueller Freiheit und spielerischer Erfahrung der Sinne – teilhatten, priesen Margaret Meads Portrait der samoanischen Gesellschaft als die bedeutsamste aller Offenbarungen.[5]

In *The Nation* begann Freda Kirchwey in dem Artikel *Sex in the South Seas* ihre Rezension von Margaret Meads »eindrucksvoller Studie« mit der Überlegung, daß »irgendwo in jedem von uns, verborgen zwischen dunklem Verlangen und dem Wunsch, alles hinter uns zu lassen, eine von Palmen gesäumte Südseeinsel ist..., ein Schmachten nach Freiheit und Verantwortungslosigkeit... Dorthin eilen wir auf der Suche nach Liebe, die frei, zwanglos und befriedigend ist«. In der Tat: dorthin fuhren die aufgeklärten Gesellschaftskritiker jener Zeit, in das sexuelle Paradies, das Margaret Mead so anheimelnd in ihrer anthropologischen Bestandsaufnahme von Samoa geschildert hatte. Überzeugt von Margaret Meads Beweismaterial über »das unschuldige, seltsam unpersönliche, naiv mechanistisch-behavioristische Sexualgebaren der unbeschwerten jungen Männer und Frauen im fernen Samoa«, meinte Schmalhausen, es gebe nur »zwei Wege zur Erfüllung des Herzens: Samoa oder Golgatha, glückliche Unbeschwertheit oder leidendes Gefordertsein«. In seinem 1929 erschienenen, vielgelesenen Buch *Our Changing Human Nature* entrang sich seinem Herzen der Ruf: »Zurück zu den Südseeinseln!« Und er meinte damit: Zurück zu »Natürlichkeit und Schlichtheit und sexueller Freude«.[6]

In ähnlicher Weise ließ sich der Philosoph Bertrand Russell, der in New York als Verfechter sexueller Freiheit bekannt geworden war, nach der Lektüre von Margaret Meads Forschungsbericht darüber aus, daß die Samoaner, »immer, wenn sie eine Reise antreten, von ihren Weibern nichts anderes erwarten, als daß sie sich mit anderen Männern über ihre Abwesenheit hinwegtrösten«. Und Havelock Ellis, der ehrwürdige Prophet sexueller Aufklärung, zollte Margaret Meads »höchst kompetenter« und »gescheiter« Untersuchung des Geschlechtslebens junger Menschen auf einer Pazifikinsel ungeteiltes Lob. Für Amerikaner sei es von hohem Nutzen, gründlich darüber nachzudenken, erklärte er. Miss Mead habe eine Gesellschaftsordnung von wohltuender Einfachheit entdeckt, in der die Freiheitlichkeit menschlicher Beziehungen praktisch unbeschränkt sei. Außerdem sei in Samoa ein Erziehungssystem entwickelt worden, durch das »ein ganzer Bereich neurotischer Möglichkeiten aus dem Dasein verbannt worden ist«, so daß Samoa zu einem Ort geworden sei, wo es »weder Neurose, noch Frigidität, noch Impotenz« gebe.[7]

Diese Worte, die an Deutlichkeit nichts zu wünschen übrigließen, schrieb Havelock Ellis in seinem Beitrag zu einem umfangreichen Werk, das das Ethos der Umwelt- und Milieutheoretiker gegen Ende der zwanziger Jahre deutlich widerspiegelte. Veröffentlicht im Jahr 1930 unter dem zuversichtlichen Titel *The New Generation* und herausgegeben von Calverton und Schmalhausen, enthielt es auch eine flammende Einleitung aus der Feder von Bertrand Russell, der sich über die veränderten Grundhaltungen seiner Zeit ausließ und es als erwiesen bezeichnete, daß »ein wissenschaftlich vorgehender Psychologe, sofern man ihm freie Hand mit Kindern« lasse, »die menschliche Natur so beliebig manipulieren könnte«, wie die Leute in Kalifornien die Wüste nach ihrem Willen verändern. Calverton und Schmalhausen vertraten leidenschaftlich die Vorstellung, Menschen könnten »Schönheit und hohen Nutzen« durch »eine beherzte Umwandlung des Gesellschaftssystems« erreichen. In ihrem Vorwort zu obengenanntem Werk versäumten sie es nicht, aus der Vielzahl illustrer Autoren, die einen Beitrag zu diesem Werk geleistet hatten, J. B. Watson und ganz besonders Margaret Mead, die begabte junge Anthropologin, hervorzuheben, denn letztere habe in ihrer »erhellenden Studie« über Samoa all jenen, die »an die Umwelt glaubten«, Beweismaterial von einzigartiger Wichtigkeit geliefert.[8]

Im Jahr 1924, als sich die Anlage-Umwelt-Kontroverse auf dem Höhepunkt befand, hatte J. B. Watson schlicht und einfach behauptet, es gebe »keine Vererbung von Leistungsfähigkeit, Talent, Temperament, geistiger Konstitution und sonstigen Wesensmerkmalen«. In den Jahren danach hatte er wiederholt von der »grenzenlosen Formbarkeit« der menschlichen Natur gesprochen. Die Anhänger der Vererbungstheorie konterten sofort, Watsons summarische Behauptungen entbehrten jeglichen experimentellen oder andersgearteten substantiellen Beweises. In dieser durchaus unentschiedenen Situation kam Margaret Meads Schilderung von Samoa eine grundlegende Bedeutung zu, und zwar nicht nur für die Verfechter des Kulturdeterminismus, sondern gleichermaßen für die breitere Bewegung der Umwelt- und Milieutheoretiker, die aus der Anlage-Umwelt-Kontroverse hervorgegangen war und bis in die dreißiger Jahre anhielt.[9]

In ihrem Vorwort zu *The New Generation* sprachen Calverton und Schmalhausen mit der allergrößten Hochachtung von Margaret Meads »bemerkenswerter Studie«. Sie habe darin – mit Samoa als ihrem Negativbeispiel – ihre eigene Schlußfolgerung bekräftigt, wonach die menschliche Natur, in eine »andere soziale Form« gebracht, sich radikal verändern würde. Abgesehen davon, daß sich schon Franz Boas und Ruth Benedict für die Richtigkeit dieser Schlußfolgerung verbürgt hatten, wurde Margaret Mead nun 1930 auch noch die ungeteilte Zustimmung weiterer prominenter Anthropologen zuteil. Lowie beispielsweise fand Margaret Meads »Darstellung der freien Liebe in Polynesien« überzeugend. In seiner im *American Anthropologist* erschienenen Buchbesprechung machte er sich die zentrale These zu eigen, daß der für die amerikanischen Jugendlichen so typische Druck und Streß während der Adoleszenz »nicht in der ursprünglichen Natur« verwurzelt, sondern auf »repressive Beeinflussungen« durch die Gesellschaft zurückzuführen sei. J. H. Driberg bezeichnete *Kindheit und Jugend in Samoa* in seiner Rezension sowohl in der Methode als auch in der Darstellungsweise als »ein derart kompetentes Stück Forschungsarbeit, wie man es sich nur wünschen kann«. Bronislaw Malinowski verkündete, seiner Meinung nach sei Miss Meads Buch »ein hervorragender Erfolg« und »ein absolut erstklassiges Beispiel deskriptiver Anthropologie«.[10]

Wie George Stocking nachgewiesen hat, kamen »die antibiologischen Tendenzen in der Verhaltensforschung und die Boassche Denkweise erst 1930 voll zur Geltung«. Für diese durchschlagende Wirkung war Margaret Meads These von der absoluten Vorherrschaft der Kultur, die sie aus den im Auftrag von Franz Boas in Samoa durchgeführten Forschungsarbeiten abgeleitet hatte, von zentraler Bedeutung. Die Ungewißheit darüber, was in den verschiedenen menschlichen Gesellschaftsordnungen durch Vererbung und was durch Umwelteinflüsse bedingt ist, hatte Franz Boas und seiner Gefolgschaft in den frühen zwanziger Jahren sehr zu schaffen gemacht, doch nun schien dieses Problem beseitigt. Margaret Meads samoanischen Forschungen wurde angesichts einer solchen Leistung eine einzigartige Bedeutung für die Entwicklung der Anthropologie, aber auch anderer Sozialwissenschaften zugesprochen.[11]

»Ein Mythos«, hat Erik Erikson einmal angemerkt, »verschmilzt historische Tatsachen und bedeutsame Dichtung in einer Weise, die einem Zeitalter oder einem Lande ›wahr‹ klingt, andächtiges Staunen und brennenden Ehrgeiz erweckt.« Als Margaret Meads Schilderung von der gefälligen Harmlosigkeit des samoanischen Charakters 1928 einer Geisteswelt präsentiert wurde, die sich noch immer mit der Anlage-Umwelt-Kontroverse herumschlug, war die Reaktion tatsächlich so etwas wie Staunen. George Dorsey, dessen immens erfolgreiches Werk *Why We Behave Like Human Beings* eine Art Vorläufer von *Kindheit und Jugend in Samoa* war, pries Margaret Meads Buch als eine außerordentliche Erleuchtung, während der große H. L. Mencken sich sogar zu der Bemerkung hinreißen ließ, das Bild der Samoaner erstehe in Miss Meads »präzisem, wissenschaftlichem Werk« noch lebendiger als in den so volkstümlichen romantischen Schriften über die Südsee. Entscheidend war jedoch, wie *wahr* Margaret Meads Schilderung in den Ohren der Kulturdeterministen und Milieutheoretiker jener Zeit klang. Für die Verfechter der Umweltthese war, wie Ruth Benedict in *The New Republic* bekannte, *Kindheit und Jugend in Samoa* ein Buch, auf das sie alle »gewartet hatten«. Das darin enthaltene konkrete Beweismaterial in Form einer »exzellenten ethnologischen Darstellung einer fremdartigen Kultur« sei, wie die Benedict in einer weiteren, im *Journal of Philosophy* abgedruckten Rezension ausführte, überzeugender als irgendein a priori-Argument hinsichtlich der Anpassungsfähigkeit der menschlichen Natur. Diese Anpassungsfähigkeit unter Beweis zu stellen war seit langem der brennende Ehrgeiz der Boas-Anhänger gewesen. Margaret Meads »peinlich genaue Forschungsarbeit« hatte zumindest dem Anschein nach dieses Ziel erreicht. Während die Verfechter von Franz Boas' Lehre weiterhin gegen den biologischen Determinismus zu Felde zogen, nahmen Margaret Meads Ergebnisse schon bald den Rang absoluter Wahrheiten ein.[12]

Wenn Samoa jedoch ein völlig überzeugendes Negativbeispiel sein sollte, das nicht einmal argwöhnischen Biologen einen Angriffspunkt bot, so mußten Margaret Meads Ergebnisse in solch absolut eindeutiger Weise formuliert werden, wie es dann im Verlauf von nur wenigen Jahren auch tatsächlich geschah. 1934 überging beispielsweise Ruth Benedict in ihrer vielgelesenen Arbeit *Patterns of Culture* einfach die zahlreichen Beispiele für Konfliktsituationen, die Margaret Mead selbst aufgezählt hatte. Statt dessen wagte sie die stark übertriebene, pauschale Behauptung, in Samoa sei die Adoleszenz »ganz ohne inneren Aufruhr« und eher ein »besonders unbelasteter und friedlicher Lebensabschnitt«, in dessen Verlauf bei den Heranwachsenden keinerlei Konfliktsituationen festzustellen seien. Für *Patterns of Culture* schrieb – ähnlich wie für *Kindheit und Jugend in Samoa* – Franz Boas ein begeistertes Vorwort. Er selbst stellte im selben Jahr die bedeutsame These auf, »das Studium von Kulturformen« (eine deutliche Anspielung auf Ruth Benedicts und Margaret Meads Arbeiten) habe gezeigt, daß die »genetischen Elemente«, die sich auf die Persönlichkeit bestimmend auswirken können, »allesamt irrelevant« seien im Vergleich zu dem starken Einfluß des kulturellen Milieus. Von nun an wurde die These, die Adoleszenz stelle in Samoa keinen Lebensabschnitt der Krise und des Stresses dar, als absolute Wahrheit hingestellt. Während der darauffolgenden Jahre gingen die Kulturdeterministen mit glühendem Eifer daran, die totale Übermacht der Kultur über die Biologie mittels einer derartigen Rhetorik glaubhaft zu machen.[13]

Diese Kampagne, mit dem Ziel, daß die Überlegenheit kultureller Faktoren allgemein anerkannt werde, bildete Margaret Meads Hauptbeschäftigung während der dreißiger Jahre. Zu Beginn jenes Jahrzehnts vertrat sie mit einer Radikalität, die derjenigen Watsons durchaus gleichkam, die auf ihre in Samoa und Neuguinea durchgeführten Forschungen gestützte Auffassung, die menschliche Natur sei nur »das roheste und undifferenzierteste aller Rohmaterialien«. »Das ganze Leben eines Menschen«, behauptete sie in einer Arbeit, deren Manuskript Boas 1931 las und guthieß, werde von seiner Kultur bestimmt, was in einem Prozeß geschehe (wie sie schon an anderer Stelle behauptet hatte), in dessen Verlauf das »fast unglaublich formbare« Rohmaterial der menschlichen Natur Gestalt annehme.[14] Rückblickend meinte sie, daß ab 1925 ihre Aufgabe darin bestanden habe, immer wieder die Tatsache zu belegen, daß »kulturelle Abläufe stärker und zwingender sind als physiologische, die sie überlagern und umgestalten«. 1939, als sich der inzwischen 81jährige Boas schon zurückgezogen hatte, verkündete Margaret Mead, seine Anhänger hätten den Kampf nun gewonnen. Zu jener Zeit war Samoa schon als exemplarischer Fall in das gesamte

Schrifttum der Gesellschaftswissenschaften eingegangen – so zum Beispiel in Otto Klinebergs *Social Psychology* (1940), wo Margaret Meads Ende der zwanziger Jahre verkündete Thesen als unanfechtbare Tatsachen akzeptiert wurden.[15]

Im späteren Verlauf der vierziger Jahre wurde Margaret Meads zentrale These über Samoa noch von anderen Geisteswissenschaften übernommen, beispielsweise von der Philosophie. In diesem Zusammenhang wäre auch L. J. Russells Beitrag zu einem Symposium der *Aristotelian Society* im Jahre 1946 zu nennen.

Die Anthropologen ihrerseits verließen sich nun auch auf weitere Ergebnisse der Forschungsarbeit Margaret Meads. 1949 führte Leslie White in *The Science of Culture* beispielsweise Meads Behauptung, daß die Samoaner »kein Verständnis für Eifersucht zwischen Liebenden haben«, als Beweis dafür an, daß Eifersucht beim Menschen keine naturbedingte Emotion sei.[16]

1950 erschien das Buch *Male and Female* (dt.: *Mann und Weib*). Diese Studie über das »Verhältnis der Geschlechter in einer sich wandelnden Welt« wurde nach *Kindheit und Jugend in Samoa* Margaret Meads Buch mit der nachhaltigsten Wirkung. Darin wurde besonderer Nachdruck auf das »harmonische und emotionslose« Wesen der Samoaner gelegt. Mehrere Schlußfolgerungen Margaret Meads aus früheren Jahren sind darin enthalten, allerdings in recht übertriebener Form. 1949 war *Kindheit und Jugend in Samoa* in der *New American Library* als »richtungweisender und origineller« wissenschaftlicher Klassiker vorgestellt worden. Bald wurde dieses Werk, wie Margaret Mead selbst anmerkte, weltweit Standardlektüre in den Gesellschaftswissenschaften.[17]

Um diese Zeit war Mead schon eine anerkannte Berühmtheit. Im Januar 1950 stellte der Londoner *Observer* sie seinen Lesern im Rahmen der Artikelreihe »Profile« vor. Unter anderem stand dort zu lesen, Margaret Mead habe den Nachweis erbracht, »daß die Kultur und nicht die Physiologie darüber bestimmt, ob die Adoleszenz ruhig oder explosiv verläuft«. Wenig später, und zwar im Winter 1950, bezeichnete E. E. Evans-Pritchard im fünften seiner vom Dritten Programm der BBC ausgestrahlten einflußreichen Vorträge über Sozialanthropologie *Kindheit und Jugend in Samoa* als ein gutes Beispiel für eine moderne anthropologische Studie, denn in ihr werde »nur ein Teil des Lebens in der Gemeinschaft für die Erforschung spezieller und begrenzter Probleme« herangezogen. Das Ziel von Margaret Meads Buch, erläuterte Evans-Pritchard seinen Zuhörern, habe darin bestanden, »nachzuweisen, daß die gemeinhin mit der Adoleszenz verbundenen Schwierigkeiten ... in Samoa nicht existieren und deshalb als Produkt eines besonderen Typus von sozialer Umgebung angesehen werden müssen«. Der Vortragende führte des weiteren aus, daß es in Samoa während der Zeit des Heranwachsens weder Krisen noch Streß gebe und daß halbwüchsige Mädchen in Samoa danach strebten, möglichst lange möglichst viele Liebhaber zu haben.

Ebenfalls im Jahre 1950 befaßte sich Melville J. Herskovits in seiner Arbeit *Man and His Works* ausgiebig mit Margaret Meads These, daß man in Samoa die in der euro-amerikanischen Gesellschaftsordnung übliche Krise während der Adoleszenz nicht kenne. Er meinte, die Anthropologen seien dadurch zu der Schlußfolgerung gezwungen worden, daß die emotionalen Reaktionen während der Adoleszenz »kulturell, nicht biologisch bedingt« seien.[18]

Margaret Meads Thesen konnten in den europäischen und amerikanischen Zentren der Wissenschaft nur deshalb so unkritisch akzeptiert werden, weil keiner der Anthropologen, die sich in ihren eigenen Arbeiten auf Margaret Meads Forschungsergebnisse bezogen, jemals deren 1925 bis 1926 in Samoa gemachte »Entdeckungen« angezweifelt hatte. 1934 nahm Felix M. Keesing *Kindheit und Jugend in Samoa* in die Bibliographie seines Werkes *Modern Samoa* mit der Bemerkung auf, das Buch liefere »ein exzellentes Bild vom Leben auf den abgelegenen Manu'a-Inseln«. Und W. E. H. Stanner, der West-Samoa von 1946 bis 1947 besuchte, schrieb in seiner Abhandlung *The South Seas in Transition*, Margaret Mead sei in ihren Schriften über Samoa »eine scharfsichtige Analyse« gelungen, und sie habe die Denkweise, das Verhalten und die Wertvorstellungen der Samoaner »glänzend erhellt«. Während der fünfziger Jahre wurden also Margaret Meads Forschungsergebnisse über die Adoleszenz in Samoa immer mehr als eine unumstößliche Tatsache betrachtet und als über jeden Zweifel erhabener Nachweis für die Vorrangigkeit kultureller Faktoren. Innerhalb der Anthropologie hatte sich damit das Boas-Paradigma ganz allgemein durchgesetzt. Die Intellektuellen neigten dazu, wie Lionel Trilling 1955 anmerkte, »die Kultur nahezu ausschließlich für das menschliche Schicksal verantwortlich zu machen«.[19]

Um die gleiche Zeit arbeitete Lowell D. Holmes an einer Doktorarbeit mit dem Titel *A Restudy of Manu'an Culture*, die er 1957 dem Institut für

Anthropologie an der Northwestern University vorlegte. Anfang 1954 war Holmes nach Samoa gereist, nachdem er sich zuvor bei Melville Herskovits, einem Boas-Anhänger, Freund von Margaret Mead und begeisterten Kulturdeterministen, vorbereitet hatte. Da Margaret Meads Schriften über Samoa eine so entscheidende Rolle für die Gültigkeit des Boas-Paradigmas spielten, war es vom wissenschaftlichen Standpunkt her gesehen mehr als gerechtfertigt, ihre Thesen durch weitere Feldforschungen zu überprüfen. Meads Schlußfolgerungen wurden jedoch von den Anthropologen nicht nur der Northwestern University gewissermaßen als für alle Zeiten gültig betrachtet, und so machte es sich auch Holmes nicht zur Aufgabe, sie systematisch zu prüfen. Statt dessen wandte er all seine Energie auf eine »Akkulturations-Studie«, die die Beschreibung der zeitgenössischen manuanischen Kultur und eine Dokumentierung jener Veränderungen zum Ziel hatte, die »im Verlauf der Geschichte durch Kontakt mit Europäern zustande gekommen waren«. Zu diesem Zweck verbrachte Holmes fünf Monate in Manu'a und danach vier Monate auf Tutuila.[20]

Sowohl in seiner Dissertation als auch in einem 1958 von der *Polynesian Society* veröffentlichten Bericht zählte Holmes zahlreiche Fakten auf, die weit von dem Bild abwichen, welches Margaret Mead eine Generation zuvor von den Samoanern gezeichnet hatte. Holmes berichtete beispielsweise, Rang und Prestige bildeten »den Brennpunkt der samoanischen Kultur«, und alle anderen Aspekte des Daseins seien im Vergleich dazu von sekundärer Bedeutung; die besondere Ausprägung der Rhetorik basiere ganz und gar darauf, daß »Häuptlingssprecher miteinander in Wettstreit treten, um sowohl für sich als auch für das Dorf oder die von ihnen repräsentierte Familie Prestige zu gewinnen«; das »kompetitive Verhalten und die Anstrengungen, Lob zu ernten, indem man die Altersgenossen übertrifft«, seien nach Auffassung der Samoaner »einer der traditionellen Aspekte ihrer Kultur«; die Bevölkerung von Manu'a sei »fast fanatisch in der Einhaltung der christlichen Gebote«; die Bestrafung von Kindern könne durchaus streng sein; größere Kinder würden kleinere oft ohne ersichtlichen Anlaß schlagen; eine Frau habe Selbstmord begangen, weil sie den begehrten Mann nicht heiraten durfte; männliche Interviewpartner hätten ausgesagt, daß Frigidität häufig der Grund familiärer Spannungen sei; der Hauptscheidungsgrund in Manu'a sei Ehebruch, und eine Frau, die in flagranti ertappt würde, müsse normalerweise mit Tätlichkeiten rechnen; einem regierungsamtlichen Bericht des Jahres 1953 zufolge habe Vergewaltigung an der fünften Stelle der häufigsten Verbrechen in Amerikanisch-Samoa gestanden.[21]

Dieser ethnographische Bericht lieferte ernsthafte Gründe, Margaret Meads Schilderung von Samoa auf ihre Richtigkeit zu überprüfen und herauszufinden, ob dort wirklich die Rivalität zwischen den Menschen unerheblich, das Ausstechen von Konkurrenten unverzeihlich, die christliche Religion lediglich eine vergnügliche und befriedigende gesellschaftliche Formalität, die Bestrafung milde und wirkungslos, Aggressionslosigkeit ein allgemein vorherrschender Charakterzug, Selbstmord aus verletztem Stolz und Frigidität gänzlich unbekannt, Ehebruch eine läßliche Sünde und »die Vorstellung erzwungenen Verkehrs... dem Denken der Samoaner völlig fremd« sei. Wenn Holmes' ethnographische Studie sachlich richtig war – und das war sie in der Tat –, dann konnte dies angesichts der allgemeinen Stabilität samoanischer Kultur während der ersten Hälfte des 20. Jahrhunderts, auf die ich im nächsten Kapitel näher eingehen werde, logischerweise nur bedeuten, daß in Margaret Meads Schilderung Samoas als eines Negativbeispiels zu einem beträchtlichen Teil auf ernsthaften Irrtümern beruhte und daß daher die von ihr in *Kindheit und Jugend in Samoa* vertretene Hauptthese über den Vorrang der Umwelt – nicht der Anlage – falsch war. Doch allein schon wegen des geistigen Klimas, das Mitte der fünfziger Jahre innerhalb seines Studienbereichs herrschte, konnte sich Holmes nicht zu einem solch logischen Schluß durchringen. Statt dessen äußerte er in seiner Doktorarbeit die Meinung, Margaret Meads Bericht über Samoa sei »erstaunlich zuverlässig«.[22]

Holmes' Arbeit wurde 1961 von Donald Campbell, Professor für Psychologie an der Northwestern University, diskutiert. Campbell bemerkte unter anderem, Holmes' Erkenntnisse stünden in vielerlei Hinsicht »in völligem Widerspruch« zu Margaret Meads Darstellung von Samoa, beispielsweise hinsichtlich des Fehlens von Konkurrenzdenken und Krisen in der Beziehung der Menschen zueinander. Diese Differenzen konnten nach Campbells Urteil nicht durch kulturelle Veränderungen erklärt werden, die zwischen 1926 und 1954 stattgefunden hatten, sondern mußten vielmehr als »Abweichungen in der Beschreibung von Aspekten derselben Kultur« gedeutet werden. Von einer solchen Beurteilung hätte man erwarten können, daß sie bis zu einem gewissen Grad Skepsis in bezug auf Margaret Meads Schriften über Samoa erzeugen würde. Jedoch thronte die berühmte Margaret Mead so turmhoch über Holmes, der ja im übrigen selbst die »hohe« Verläßlichkeit ihrer Arbeiten bezeugt hatte, daß sich die Begeisterung für Margaret Meads Thesen keineswegs abkühlte. Letztere wurden vielmehr durch Holmes' Arbeit scheinbar bestätigt, und so kam es, daß *Kindheit und Jugend in Samoa* mehr denn je als ein Klassiker der amerikanischen Kulturanthropologie angesehen wurde. Anfang der sechziger Jahre war das Buch zum meistgelesenen anthropologischen Werk überhaupt geworden.[23]

Margaret Mead hatte selbst kräftig mitgeholfen, ihrem Buch allgemeine Anerkennung zu verschaffen, indem sie bei jeder Neuauflage die Gültigkeit ihrer samoanischen Forschungen nachdrücklich unterstrich. Im Jahr 1949 behauptete sie beispielsweise, daß »in dem Maß, in dem ein Anthropologe die ganze Beschaffenheit einer Daseinsform aufzeichnet, diese Aufzeichnung nicht verblassen kann, weil sie selbst jene Daseinsform ist« und, »einmal niedergeschrieben, ... ein wertvoller und dauerhafter Besitz werden kann«. 1952, als man Margaret Mead bat, eines ihrer Werke zu benennen, das in die *Modern Library* aufgenommen werden sollte, wählte sie *Kindheit und Jugend in Samoa* mit der Bemerkung, ihr Buch habe allein schon wegen der Samoaner selbst und ihrer Kultur und Lebensweise, wie sie sie zum Zeitpunkt ihrer Forschungsarbeiten kennengelernt habe, »ein Recht weiterzubestehen«. Sie schrieb, es erscheine ihr als »ein außerordentliches Ereignis der Geschichte, daß einigen wenigen Kindern auf irgendeiner Südseeinsel, durch Fotos und bedrucktes Papier in einer Welt, die sie sich in ihrer Phantasie nie hätten ausmalen können, eine so dauerhafte Existenz verliehen werden soll«. 1961 ließ sie sich über die »Endgültigkeit von Monographien über primitive Gesellschaftsformen« aus. Sie seien wie »gut gemalte Portraits berühmter Persönlichkeiten ..., die für alle Zeiten zur Erbauung und Freude künftiger Generationen da sind, für alle Zeiten wahr, weil kein wahreres Bild des Vergangenen geschaffen werden kann«. *Kindheit und Jugend in Samoa*, deutete sie an, sei eine solche Monographie. »Eine Laune der Geschichte« habe »eine Handvoll junger Mädchen auf einer winzigen Insel ausersehen, wie die Liebenden auf Keats' griechischer Urne verewigt zu werden«.[24]

Während der sechziger Jahre – *Kindheit und Jugend in Samoa* diente gerade einer weiteren Generation zur Erbauung – wuchs der Ruhm dieses Werkes stetig weiter, wie auch der seiner Verfasserin. 1963 nannte John Honigmann in seiner Arbeit *Understanding Culture* Meads Buch eine klassische Studie über »institutionalisierte voreheliche Sexualität«, und Morris Carstairs berichtete 1962 in seinen viel beachteten *B.B.C. Reith Lectures*, überzeugt von der Richtigkeit von Margaret Meads Ethnographie und zur Freude des englischen Volkes, daß »ein junger Mensch in Samoa... schon vor der Ehe viele sexuelle Erfahrungen sammelt«. George Devereux verlieh Margaret Meads Studie über die Adoleszenz in Samoa in seinem tiefschürfenden Werk *From Anxiety to Method in the Behavioral Sciences* den Rang einer »brillanten und wirkungsvollen Deutung kultureller Unterschiede zwischen subjektiven und objektiven traditionsbedingten Haltungen bestimmter Altersgruppen«; das Buch sei »ausgesprochen frei von Verzerrungen durch zeitbedingte Sehweisen«. D. Price-Williams behauptete gar, Margaret Meads *Kindheit und Jugend in Samoa* sei eine »gewichtige und detaillierte Dokumentation«. 1967 verbreiteten sich E. L. Schusky und T. P. Culbert darüber, wie Mead im Rahmen eines in Samoa durchgeführten Experimentes, das »in der exakten Methodik dem eines Chemikers oder Physikers« gleichgekommen sei, herausgefunden habe, daß »die biologische Adoleszenz dort keinerlei Probleme mit sich bringt«. Und das *Time*-Magazin machte der Welt in aller Deutlichkeit klar, Margaret Mead, die ab 1969 auch als »Mutter für die Welt« bezeichnet wurde, habe damals, in den fernen zwanziger Jahren, »einen soliden Beweis« für ihre Theorien erbracht.[25]

Trotz dieser großen Worte hatten jedoch schon Ende 1960 andere Ethnographen Margaret Meads Darstellung von Samoa als ausgesprochen idiosynkratisch zu entlarven begonnen. Als Mead 1969 mit einem Katalog wohlfundierter Fakten über das samoanische Ethos konfrontiert wurde, der von Fa'afouina Pula und anderen zusammengetragen worden war, sah sich Margaret Mead im Anhang zur zweiten Ausgabe von *Social Organization of Manu'a* (in dem Kapitel *Reflections on Later Theoretical Work on the Samoans*) zu dem Eingeständnis gezwungen, es bestehe »ein ernsthaftes Problem«, den Widerspruch zwischen ihrer eigenen Darstellung von Samoa und anderen Aufzeichnungen über das Verhalten der einstigen und jetzigen Samoaner zu überbrücken.[26] Besagter Widerspruch wurde durch die Tatsache erhärtet, daß Margaret Mead nach ihrer Forschungsarbeit in Manu'a – 1926 – zwar in anderen Gegenden des südwestlichen Pazifik emsige Tätigkeit entfaltet hatte und zwischen 1925 und 1975 insgesamt sechsmal in Manu'a war, jedoch keine ergänzende Feldforschungen angestellt hatte – weder in Ost- noch in West-Samoa. Deshalb war sie außerstande, ihren so unerklärlich irrigen

Begriff des samoanischen Ethos durch zusätzliches Beweismaterial zu untermauern.[27] Auch hat sie im Verlauf der Jahre, als immer mehr Materialien veröffentlicht wurden, die mit ihrer Darstellung Samoas völlig unvereinbar waren[28], den Text der Ausgabe von *Kindheit und Jugend in Samoa* aus dem Jahr 1928 oder anderer Schriften über die Samoaner nie in irgendeiner Hinsicht revidiert.[29]

In den siebziger Jahren war Margaret Mead – so Morton Fried – zu »einem Symbol der gesamten Anthropologie« geworden. So groß war ihr ans Wunderbare grenzender Ruhm, daß trotz der von ihr 1969 eingestandenen Widersprüchlichkeiten *Kindheit und Jugend in Samoa* weiterhin von der großen Mehrheit der Anthropologen als exakte Schilderung des samoanischen Ethos der zwanziger Jahre angesehen wurde. Da erfährt der Leser beispielsweise in *Anthropology Today*, veröffentlicht 1971 unter der beratenden Mitwirkung von 34 Universitätsprofessoren aus allen Teilen der USA, Margaret Mead habe in Samoa herausgefunden, daß es die »innere Unruhe, die für heranwachsende Mädchen sonst so charakteristisch ist, einfach nicht gibt«. E. A. Hoebel erwähnte in seinem Lehrbuch *Anthropology: the Study of Man* »Margaret Meads berühmte Studie über die Adoleszenz« als ein klassisches Beispiel für die Nützlichkeit der Feldforschung als Äquivalent zu der experimentellen Arbeit im Labor. Sie habe nachgewiesen, daß »heranwachsende Samoaner kein Stadium psychischer Belastung durchmachen müssen – das für amerikanische Jugendliche so typisch ist –, weil die samoanische Kultur frei von gewissen streßerzeugenden Wesensmerkmalen ist«.[30]

Während fünfzehnmonatiger Feldforschungen in Amerikanisch-Samoa von 1972 bis 1973 beobachtete Eleanor Gerber, eine sehr scharfsichtige Anthropologin von der University of California, daß die Beziehungen der Geschlechter in Samoa bei weitem nicht so sorglos und abenteuerlich sind, wie Margaret Mead 1928 berichtet hatte. Kennzeichnend für die Samoaner sei vielmehr »voreheliche Keuschheit oder zumindest der Anschein derselben«, erklärte Eleanor Gerber. Alle ihre Interviewpartner seien sich darin einig gewesen, daß zu Zeiten ihrer Großmütter, das heißt also in den Jahren, als auch Margaret Mead in Samoa weilte, die Sitten und Gebräuche noch viel strenger gewesen seien. Damals seien die Eltern »äußerst streng und alle Töchter jungfräulich« gewesen. Im übrigen hätten alle gebildeten Samoaner, die *Kindheit und Jugend in Samoa* gelesen hatten, all das darin enthaltene »Zeug über Sex« rundweg abgelehnt und berichtet, sie hätten von ihren Eltern und Großeltern gehört, wie hart die Zeiten damals wirklich waren. »Margaret Meads Gewährsleute müssen geschwindelt und sich über sie lustig gemacht haben«, erklärten sie. Aus dieser ungeheuer wichtigen Information folgerte Eleanor Gerber jedoch, die sexuelle Moral der Samoaner müsse sich seit Margaret Meads Zeiten irgendwie verhärtet haben. Sie stellte die unzweideutigen Äußerungen ihrer samoanischen Gesprächspartner als »Umschreiben der Geschichte« dar und entschied sich somit für Margaret Meads phantasievolle Schilderung des samoanischen Sexualverhaltens, also gegen die direkten, eindeutigen Zeugenaussagen der Samoaner über eigene Wertvorstellungen und Geschichte. Konnte irgendein anderer Mythos, fragt man sich verwundert, in der zweiten Hälfte des 20. Jahrhunderts und innerhalb der Grenzen einer wissenschaftlichen Disziplin mehr Macht entfalten?[31]

Vera Rubin hat einmal gesagt, das Erscheinen von *Kindheit und Jugend in Samoa* im Jahr 1928 habe in mancherlei Hinsicht »das Mündigwerden der zeitgenössischen Anthropologie« angezeigt. Seit jener Zeit wird Margaret Meads Buch als wissenschaftlicher Klassiker angesehen. Die darin enthaltenen Lehrsätze werden nach wie vor von Anthropologen und anderen geglaubt, als wären sie ewige Wahrheiten. Robert LeVine hat beispielsweise erst kürzlich Margaret Meads wissenschaftliche Arbeit in Samoa als beispielhafte Forschungstätigkeit in einem einzelnen kulturellen Bereich gewürdigt. Sie zwinge zur »Revision allgemeiner Anschauungen über Adoleszenz«, und zwar für »die Gattung Mensch insgesamt«.

In den folgenden Kapiteln soll nun Beweismaterial vorgelegt werden, welches die Kernthesen von *Kindheit und Jugend in Samoa* als das zeigt, was sie wirklich sind, nämlich als Phantasiegebilde eines anthropologischen Mythos, der in krassem Widerspruch zu den Fakten samoanischer Ethnographie und Geschichte steht.[32]

Teil III
Eine Widerlegung
der Thesen Margaret Meads

8. Der historische Rahmen der Forschungsarbeit Margaret Meads

In den Vorworten, die Margaret Mead ab 1949 für die zahlreichen Neuauflagen ihres Buches *Kindheit und Jugend in Samoa* schrieb, hielt sie bekanntlich daran fest, ihre Schilderung Samoas aus dem Jahr 1928 sei »ein wertvoller und dauerhafter Besitz« der Menschheit, »für alle Zeiten wahr, denn ein wahreres Bild vom Vergangenen konnte nicht geschaffen werden«. Als Anfang der siebziger Jahre in den Vereinigten Staaten von samoanischen Studenten und anderen radikale Kritik an dieser Darstellung Samoas laut wurde, verbunden mit der Forderung, Margaret Mead solle ihr Buch entsprechend revidieren, blieb sie beharrlich der Ansicht, eine solche Überarbeitung sei unmöglich. Zugleich ermahnte sie ihre erzürnten samoanischen Kritiker mit den Worten: »Das Buch muß wie alle anthropologischen Werke genauso bleiben, wie es geschrieben wurde und das wiedergeben, was ich in Samoa sah und was ich davon aufzeichnen konnte, getreu dem Stand unseres Wissens, den wir Ende der zwanziger Jahre erreicht hatten, getreu auch unseren Hoffnungen und Befürchtungen hinsichtlich der Zukunft dieser Welt.«[1]
Dieser vorgeschobene Grund, anthropologische Werke könnten unmöglich revidiert werden, sondern müßten genauso bleiben, wie sie einst geschrieben wurden, entbehrt jeglicher wissenschaftlichen Rechtfertigung. Selbst wenn Margaret Mead der erste europäische Mensch gewesen wäre, der sich an eine Untersuchung der samoanischen Kultur gemacht hätte – und das war sie gewiß nicht –, dann hätte noch immer die Möglichkeit bestanden, ihre Schlußfolgerungen unter Berücksichtigung der Resultate späterer Forschungsarbeiten zu revidieren. Tatsächlich gibt es ja eine Menge detaillierter geschichtlicher Informationen über die Samoaner – und zwar seit dem Jahr 1722! Und in der Tat ist, wie Margaret Mead 1958 selbst schrieb, »die Literatur über Samoa so umfassend und vielfältig wie über keine andere Kultur«. Dies bedeutet, daß die in Margaret Meads Schriften vertretenen Thesen über das Wesen der sa-

moanischen Kultur wie die irgendeines anderen Autors, der sich mit Samoa befaßt hat, durchaus mittels einer auf Empirie gestützten Prüfung auf ihren Wahrheitsgehalt hin untersucht werden können.[2]

Zwar wurde der »Seefahrer-Archipel«, wie die Inselgruppe anfänglich genannt wurde, schon 1722 von Roggeveen entdeckt und in der Folge von de Bougainville (1768), La Pérouse (1787), Edwards (1791), Kotzebue (1824) und anderen Reisenden besucht, doch erst ab 1830, also nach der Ankunft der vom Pioniergeist beseelten Missionare John Williams und Charles Barff, wurde damit begonnen, umfassendes und zugleich detailliertes Material über die Samoaner zu sammeln. Auf seiner zweiten Reise nach Samoa, 1832, nahm Williams einen gewissen Mr. Stevens, seines Zeichens Wundarzt, an Bord seines Schoners. Dieser Stevens war mit Walfängern nach Samoa gelangt und hatte mehrere Monate bei den heidnischen Eingeborenen gelebt. John Williams entwarf – aufgrund der Berichte von Lehrern aus Ostpolynesien, die er 1830 auf *Savai'i* abgesetzt hatte, aus eigenen Beobachtungen und aus den Erinnerungen jenes Mr. Stevens, der ihn auf der Rückreise nach Rarotonga begleitete – ein Bild des damaligen Samoa.[3]

Dieser bemerkenswerte Bericht wurde später durch die Beobachtungen zahlreicher anderer Missionare ergänzt. Deren Briefe, Tagebücher und Publikationen bilden einen immens reichhaltigen Fundus über Kultur und Verhaltensweise der Samoaner. Besonders wertvoll sind die Schriften von George Pratt, George Turner und Thomas Powell, die jeweils mehrere Jahrzehnte bei den Samoanern verbrachten. Powell begann sich nach einem Besuch der Insel Ta'ū im Jahre 1853 besonders für die Tradition und Geschichte von Manu'a zu interessieren. Die von Williams, Barff und anderen Missionaren Anfang der dreißiger Jahre des vergangenen Jahrhunderts angestellten Beobachtungen wurden beträchtlich erweitert, als 1839 eine amerikanische Forschungsexpedition unter Charles Wilkes nach Samoa aufbrach, um dort umfassende Nachforschungen zu betreiben. Unter den Teilnehmern jener Expedition befand sich auch Horatio Hale, ein Wegbereiter der Ethnographie. Aus späteren Jahren wäre noch der Reisebericht von J. E. Erskine, dem Kapitän der H. M. S. *Havannah* zu erwähnen, sowie John Jacksons prosaische Beschreibung seines erzwungenen Aufenthalts auf dem Manu'a-Archipel im Jahre 1840. Es folgen die Schriften von Konsulatsbeamten wie W. T. Pritchard, T. Trood, A. P. Maudslay und W. B. Churchward, des unvergleichlichen Schriftstellers Robert Louis Stevenson, der von 1889 bis

1894 in West-Samoa lebte und schließlich die Schriften von deutschen Gelehrten, von denen besonders O. Stuebel, E. Schultz und Augustin Krämer zu erwähnen sind. Letzterer veröffentlichte 1902 den ersten Band seines monumentalen Werkes *Die Samoa-Inseln*. Ab 1900, als West-Samoa deutsches Protektorat und Ost-Samoa ein Territorium der USA wurde, gab es amtliche Berichte in Hülle und Fülle.[4]

Die Institutionen und Traditionen Samoas waren also ausgiebig dokumentiert worden, lange bevor Margaret Mead 1925 zum ersten Mal ihren Fuß auf Ta'ū setzte. Als John Browns *Melanesians and Polynesians* (diese wertvolle Schilderung Samoas stützte sich auf Browns eigene Beobachtungen aus den Jahren 1860 bis 1870) 1910 veröffentlicht wurde, schrieb ein Rezensent im *American Anthropologist*, dieses Werk enthalte wenig Neues. So oft war Samoa schon von Seefahrern, Missionaren und später von Forschern – wie beispielsweise Krämer – beschrieben worden! Deshalb müssen Margaret Meads Forschungsarbeiten von 1925 bis 1926 vor dem Hintergrund dieses überreichen Materials gesehen werden, ganz besonders ihre Vermutung, die sie 1969 angesichts der beharrlichen Kritik an ihren Befunden äußerte, nämlich daß Manu'a im Jahre 1925 »möglicherweise eine spezielle Variante des samoanischen Grundmusters darstellte, eine glückhafte Zeit der Entspannung«, im Gegensatz zu den Streitereien, Rivalitäten und der Überempfindlichkeit gegenüber Erniedrigungen und Beleidigungen, die andere Beobachter vor und nach Margaret Meads Aufenthalt als bezeichnend für die samoanische Gesellschaftsordnung geschildert hatten.[5]

Margaret Meads Arbeit beschränkte sich damals zwar auf die Inseln von Ost-Samoa, die sie jedoch durchaus als Teil der samoanischen Inselgruppe und dafür repräsentativ ansah. Dieser Archipel sei, bevor er mit Europa in Kontakt kam, eine »geschlossene Welt« für sich gewesen, dessen Bewohner sich selbst als »Samoaner und Mitglieder eines einzigen gesellschaftlichen Systems« empfunden hätten.

Die samoanische Inselgruppe besteht aus neun bewohnten Inseln: Savai'i, Upolu, Apolima und Manono bilden West-Samoa, das nacheinander unter deutscher und neuseeländischer Herrschaft stand, bis es 1962 eine unabhängige Nation wurde. Amerikanisch-Samoa, ein Territorium der USA, besteht aus Tutuila, Aunu'u, Ofu, Olosega und Ta'ū. Die drei zuletzt genannten Inseln bilden den Distrikt Manu'a. Übrigens heißt die größte Siedlung auf Ta'ū ebenfalls Ta'ū. Wie George Turner anmerkte, haben die Samoaner nur eine einzige Sprache. Seit alter Zeit

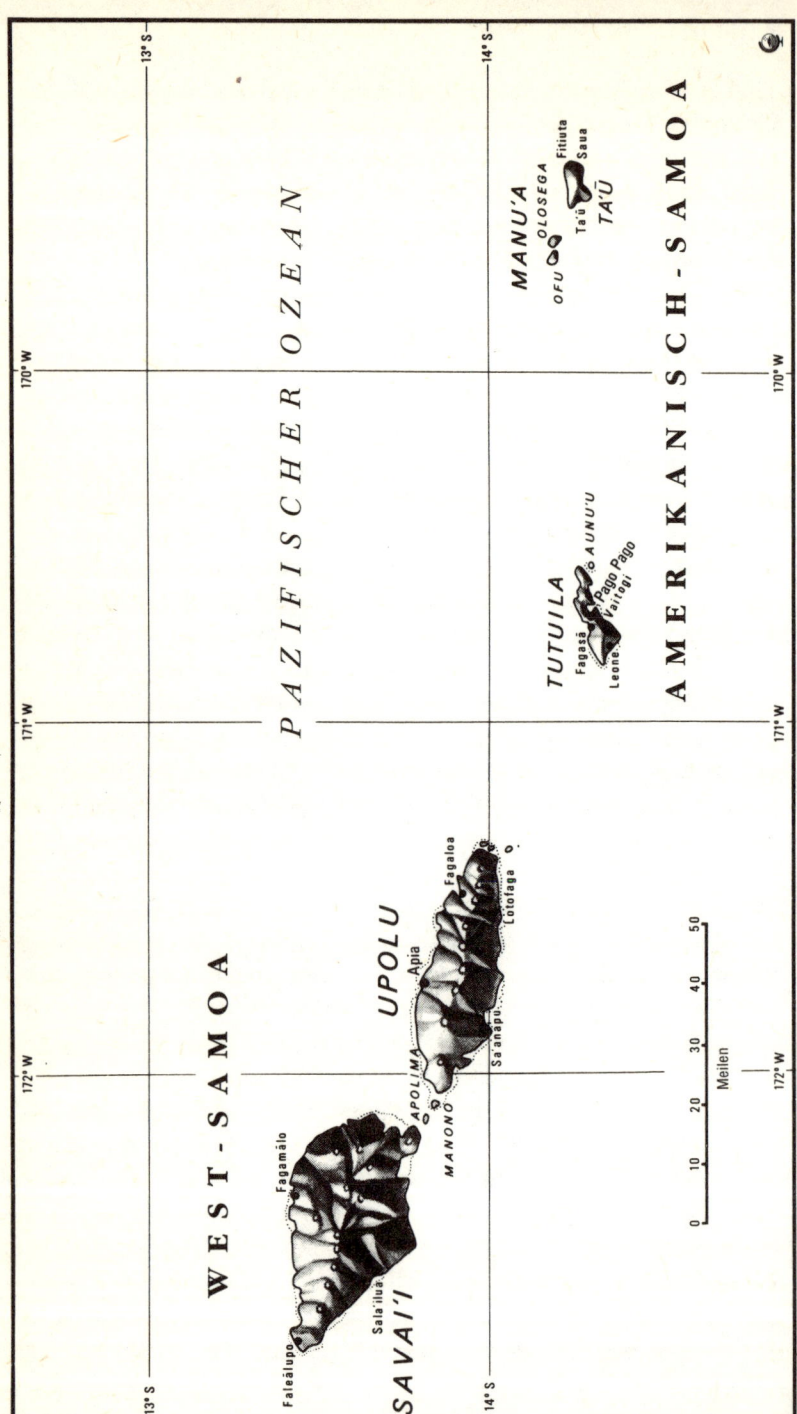

Die Samoa-Inseln

standen sie immer von Insel zu Insel miteinander in Verbindung. Um es mit Bradd Shores Worten auszudrücken: »Kulturell und sprachlich weist der gesamte samoanische Archipel einen bemerkenswert einheitlichen Charakter und eine auffällige Homogenität auf.«[6] Aus historischer Sicht haben also die einzelnen Lebensgemeinschaften auf jenen Inseln eine gemeinsame Daseinsform, die von den Eingeborenen selbst als »'o le fa'a Samoa« bezeichnet wird. Dieser Ausdruck bedeutet soviel wie: in der Art der Bewohner der samoanischen Inselgruppe.[7]

1930 sagte Su'a, ein Häuptling aus Savai'i, der nach fünfzehn auf Tutuila verbrachten Jahren naturalisierter Bürger von Amerikanisch-Samoa geworden war, vor einem Untersuchungsausschuß des amerikanischen Kongresses aus (wobei er Upolu und Savai'i als »Britisch-Samoa« bezeichnete): »Das ganze samoanische Volk gehört zu ein und derselben Rasse. Unsere Bräuche, Genealogien, Legenden und Sprachen sind dieselben. Wenn Häuptlinge und *taupou* (Zeremonialjungfauen) aus Amerikanisch-Samoa Britisch-Samoa besuchen, werden sie entsprechend ihrer Genealogie als *taupou* bzw. als Häuptlinge bestimmter Dörfer anerkannt. Umgekehrt werden auch Besucher aus Britisch-Samoa auf den Häuptlings-Versammlungen von Tutuila und Manu'a entsprechend anerkannt.«[8] Angesichts der gemeinsamen Kulturgeschichte werde ich deshalb auf den folgenden Seiten Beweismaterial von allen samoanischen Inseln verwenden, von Ta'ū im Osten bis Savai'i im Westen.

Margaret Mead hielt sich vom 31. August 1925 bis Anfang Juni 1926 in Samoa auf. Drei Monate verbrachte sie auf Tutuila und ungefähr sechs Monate in Manu'a. Weshalb hat sie später behauptet, die Zeit, während der sie ihre Forschungen betrieb, könnte möglicherweise durch ein temporäres Nachlassen der Streitigkeiten, Rivalitäten und der Empfindlichkeit gegen Erniedrigungen und Beleidigungen gekennzeichnet gewesen sein? Diese Frage ist leicht zu beantworten: Dokumente aus jener Zeit zeigen, daß die zwanziger Jahre unseres Jahrhunderts in Amerikanisch-Samoa tatsächlich eine besonders turbulente Zeit waren, mit tiefgreifenden und weitreichenden Zwistigkeiten zwischen der samoanischen Bevölkerung von Tutuila und Manu'a. Wie Gouverneur H. F. Bryan 1926 schrieb, hatte im April 1920 »eine Periode der Unrast« begonnen, die »eine katastrophale Auswirkung auf den äußeren Wohlstand der Inseln« Amerikanisch-Samoas hatte. Diese Unrast war einer Bewegung zuzuschreiben, die später unter dem Namen Mau bekannt wurde. Dieses samoanische Wort bedeutet soviel wie »sich unentwegt in Opposition befinden«. Die Mau-Bewegung forderte eine zivile Regierung. Auf Upolu und Savai'i richtete sie sich gegen die Herrschaft von Neuseeland unter dem Mandat des Völkerbundes. Nach ernsthaften Unruhen im Jahr 1928, in deren Verlauf Seeleute und Marinesoldaten zweier neuseeländischer Kreuzer ungefähr 400 Samoaner festnahmen, kulminierten die Ausschreitungen der Mau-Bewegung von West-Samoa 1929 in Apia in einer Tragödie, als die Polizei bei einer Schießerei fatalerweise elf Samoaner tötete, darunter auch den großen Häuptling Tupua Tamasese Lealofi, der an einem Protestmarsch teilgenommen hatte.[9]

Am 14. April 1926, als Margaret Mead noch in Manu'a weilte, erschien in *The Nation* ein Artikel, der über »Mißbräuche und Übeltaten« in Amerikanisch-Samoa berichtete und auf einen Brief aufmerksam machte, den im Jahre 1921 344 samoanische Häuptlinge an den Präsidenten der Vereinigten Staaten gerichtet hatten. In diesem Schreiben, das am 15. März 1922 von *The Nation* veröffentlicht worden war, war die Rede von »schwerem Unrecht« gegen die Samoaner, das von den Marinebehörden Amerikanisch-Samoas begangen worden sei. In einem weiteren, ebenfalls 1921 von *The Nation* veröffentlichten Brief beklagten sich 971 samoanische Unterzeichner unter anderem darüber, es sei den Häuptlingen und dem Volk von Tutuila und Manu'a »verboten, sich zu versammeln und über samoanische Angelegenheiten oder das Wohlergehen des samoanischen Volkes zu beraten«. Ebenfalls im Jahre 1921 wurden 17 Häuptlinge und öffentliche Redner ins Gefängnis geworfen, weil sie angeblich »konspirierten, um diejenigen großen Häuptlinge umzubringen, die ihre Loyalität gegenüber dem Gouverneur bekundet hatten«.[10]

Diese allgemeine Unruhe wurde bei den Bewohnern von Manu'a im Juli 1924 besonders akut, als drei ihrer Häuptlingssprecher von besonders hohem Rang, namens Taua-nu'u, Tulifua und Ti'a, in offener Auflehnung gegen die Regierung von Amerikanisch-Samoa den Titel eines Tui Manu'a an Christopher Taliutafa Young verliehen. Der große Häuptling Sotoa, der den Rang eines amtierenden Distriktgouverneurs innehatte, nahm an der *kava*-Zeremonie teil, in deren Verlauf der neue Tui Manu'a inthronisiert wurde. Diese Ereignisse führten rasch zu einer ernsthaften Krisensituation.

Ungefähr fünfzehn Jahre früher hatte Kapitän J. F. Parker, damals

Gouverneur von Amerikanisch-Samoa, anläßlich des Todes von Tui Manu'a Eliasara im Jahr 1909 erklärt, der Titel eines Tui Manu'a sei an dem Tage, als (1904) die amerikanische Flagge erstmals in Manu'a gehißt wurde, in die amtliche Bezeichnung »Distriktgouverneur« umgewandelt worden. Wie J. A. C. Gray schreibt, wurde diese Maßnahme ergriffen, weil »der Tui Manu'a dem Wesen nach von *königlichem* Stande war und folglich im Widerspruch zur Verfassung der Vereinigten Staaten stand«. Als nun 1924 die Manuaner trotzig gegen diese Regelung aufbegehrten und einen eigenen souveränen Häuptling wählten, entsandte Kapitän E. S. Kellog, der schon seit 1923 amerikanischer Gouverneur in Samoa war, augenblicklich die *U. S. S. Ontario* nach Ta'ū, um den neuernannten Tui Manu'a zusammen mit den Häuptlingen Taua'-nu'u, Tulifua und Ti'a nach Pago Pago (Hauptstadt von Tutuila) zu zitieren. Am 7. August 1924 erschienen die Häuptlinge vor ihm. Deren Auftreten, meinte der Gouverneur, habe geradezu nach »Verschwörung gerochen«. Sotoa, dem die Hauptschuld angelastet wurde, wurde von seinem Amt suspendiert, während der neue Tui Manu'a auf Tutuila festgehalten wurde. Taua'nu'u, Tulifua und Ti'a blieben unbeugsam. Sie sagten zu Gouverneur Kellog, sie seien »zu Tode verdrossen« wegen seiner Einmischung in die Angelegenheiten von Manu'a. Nach dem Urteil des oben erwähnten Gray bewirkte die Absetzung von Christopher Taliutafa Young als Tui Manu'a, daß die Mau-Bewegung in Amerikanisch-Samoa »mündig wurde und gewissermaßen den Status einer politischen Partei einnahm«.[11]

So sah also die angespannte und unruhige politische Lage aus, als sich Margaret Mead für kurze Zeit in Manu'a und auf Tutuila aufhielt. A. F. Judd, der als Mitglied einer Abordnung des Bishop Museum Anfang 1926 sowohl Manu'a als auch Tutuila für sechs Wochen besuchte, hat berichtet, daß zum Zeitpunkt, als sich Mead auf Ta'ū aufhielt, die Mau-Bewegung besonders verbreitet war und daß es damals kaum einen Samoaner gegeben habe, der nicht mit ihr sympathisierte.[12]

Während der Jahre 1927 und 1928 richteten die Anführer der Mau-Bewegung beharrlich Forderungen nach einer zivilen Regierung und nach amerikanischer Staatsbürgerschaft an den Gouverneur. Als Reaktion auf diese Forderungen wurde schließlich im Jahre 1929 vom Kongreß ein Ausschuß mit Untersuchungen betraut, die von September bis Oktober 1930 in Amerikanisch-Samoa durchgeführt wurden. Die vor diesem Ausschuß gemachten Zeugenaussagen – 1931 in einem umfangreichen Bericht von 510 Seiten veröffentlicht – liefern eine detaillierte Chronik des Geschehens in Samoa während der zwanziger Jahre, ähnlich wie der Bericht der »Königlichen Kommission für die Verwaltung von West-Samoa« 1927 die Vorkommnisse auf Upolu und Savai'i dokumentierte. Die von besagten Kommissionen gesammelten Zeugenaussagen beziehen sich speziell auf die Ereignisse seit Beginn der zwanziger Jahre, das heißt also auch auf den Zeitabschnitt von Margaret Meads Forschungsarbeit auf Tutuila und in Manu'a. Sie sind somit besonders geeignet für die empirische Überprüfung vieler von Margaret Meads Behauptungen, wie zum Beispiel der, daß in Samoa »niemand aufgrund seiner Überzeugungen leiden muß«. Tatsächlich entpuppt sich Margaret Meads Ausspruch, ihr Bild von Samoa sei für alle Zeiten wahr, im Lichte der Untersuchungen der beiden oben genannten Kommissionen als absolut unhaltbar.[13]

In seiner Studie über geschichtliche und kulturelle Veränderungen in Samoa kam Felix Keesing 1934 zu dem Schluß, daß in den Jahren von 1830 bis 1879, also in der Zeit, als die Samoaner zum Christentum bekehrt wurden und sich bei ihnen ausländische Händler niederließen, gerade durch den Kontakt mit einem fremden Kulturkreis »ein kulturelles Gleichgewicht« erreicht wurde, welches ohne nennenswerte Veränderungen bis in die dreißiger Jahre des zwanzigsten Jahrhunderts anhielt. In seiner geschichtlichen Darstellung der Zustände auf Tutuila und in Manu'a zwischen dem Ende des Ersten Weltkrieges und dem Eintritt der USA in den Zweiten Weltkrieg vertritt auch Gray die Auffassung, daß trotz der durch die Mau-Bewegung verursachten Störungen der zwanziger Jahre »die *fa'a Samoa* zählebig weiterbestand«. Es gibt folglich keinen Grund zu der Annahme, daß sich die gesellschaftliche Ordnung und die Lebensweise der Samoaner in den vierzehn Jahren – zwischen 1926, als Margaret Mead ihre Nachforschungen abschloß, und 1940, als ich mit meinen eigenen Beobachtungen über das Verhalten der Samoaner begann – grundlegend verändert hatten. In meiner folgenden Gegendarstellung möchte ich deshalb zusätzlich zu dem reichen historischen Quellenmaterial ab 1830 auch Gebrauch machen von jenen Materialien, die ich bei meiner Forschungstätigkeit in den vierziger Jahren, von 1965 bis 1968 und im Jahre 1981 zusammengetragen habe.[14]

Gewissermaßen als Einleitung zu meiner Widerlegung der Thesen von Margaret Mead möchte ich zuerst eine Skizze der samoanischen Gesellschaft entwerfen, unter besonderer Berücksichtigung der traditionellen

Rangordnung, die für ihre Gliederung von fundamentaler Bedeutung ist. Das Sozialgefüge Samoas ist außerordentlich kompliziert; deshalb muß diese Übersicht notwendigerweise auf zahlreiche Details des traditionellen samoanischen Volkstums verzichten. Leser, die sich mit der Sozialgeschichte Samoas besser vertraut machen wollen, sollten den ersten Band von Augustin Krämers *Die Samoa-Inseln* konsultieren. Der Autor erteilt darin gründlich Auskunft über das politische System aller Inseln des samoanischen Archipels sowie über die Genealogien und Traditionen der Bewohner. Empfohlen seien auch die ersten beiden Kapitel von R. P. Gilsons *Samoa 1830 to 1900*.[15]

Die Bevölkerung von Samoa ist traditionsgemäß in kleine, örtlich begrenzte Gemeinschaften untergliedert, die als *nu'u* bezeichnet werden. Jede hat ihr eigenes, eindeutig demarkiertes Territorium und hält jeweils auch eine eigene *fono* ab, d. h. eine beratende Versammlung der Häuptlinge. Diese Siedlungen, die im 19. und im frühen 20. Jahrhundert mehrere Dutzend bis mehrere hundert Einwohner hatten, liegen an den von Palmen gesäumten Stränden aller Inseln des Archipels verstreut. Jede *nu'u* besteht aus einer Reihe von Behausungen, die jeweils von einer Familie bewohnt werden. Sie sind rund um den Dorfplatz gruppiert, wo alle Feierlichkeiten und Rituale stattfinden. Landeinwärts liegen die Pflanzungen, wo *taro* (Wasserbrotwurzel, lat. *colocasia esculenta*) und andere eßbare Pflanzen angebaut werden. Danach kommt der Regenwald. Dort standen früher Befestigungen mit steinernen Mauern für den Kriegsfall. Die einzelnen Siedlungen bilden eine Gemeinschaft, die durch eine Anzahl miteinander verflochtener *'āiga*, verzweigter Großfamilien, zusammengehalten wird. Die Angehörigen einer solchen *'āiga* wohnen jeweils in einer kleinen Ansammlung von Behausungen. Bei der Zubereitung ihrer Mahlzeiten benutzen sie den gleichen irdenen Ofen. Die Nachkommenschaft wird entweder der väterlichen oder der mütterlichen Linie zugerechnet (meist der ersteren). Jede dieser Familien, die z. B. 1943 im Dorf Sa'anapu an der Südküste von Upolu im Durchschnitt aus 19 Personen bestanden, lebt und arbeitet unter der direkten Autorität eines einzelnen (fast immer ein Mann), dessen ererbter Häuptlingstitel von den Familienmitgliedern anerkannt wird und der in seinem Amt von der Dorf-*fono* bestätigt worden ist. In der Hierarchie dieser dörflichen Häuptlingsversammlung nimmt er den ihm zugewiesenen Platz als offizieller Vertreter seiner *'āiga* ein.[16]

Jede Dorfgemeinschaft hat ihre eigene *fa'avae*, eine Art Verfassung. Der relative Rang des Häuptlingstitels jedes einzelnen Familienoberhauptes ist durch die *fa'avae* im Rahmen einer streng hierarchischen Ordnung festgelegt. Diese Rangordnung wird durch die Autorität der Genealogien sanktioniert, also durch Stammbäume, die in den Häuptlingsfamilien bis zu illustren Vorfahren zurückverfolgt werden, welche ihrerseits fast immer den eigenen gesellschaftlichen Rang aus einst im Krieg vollbrachten ruhmreichen Taten herleiteten. Wie schon Samuel Ella schrieb, wurde die Genealogie der Häuptlinge, ganz besonders die der großen Häuptlinge im alten Samoa, mit großer Sorgfalt überliefert. Jene, die mit dieser Aufgabe betraut wurden, erfüllten ihre Pflicht mit einem geradezu ängstlichen Verantwortungsgefühl. Tatsächlich ist die familiäre Herkunft in den traditionellen Hierarchien der samoanischen Dorfgemeinschaften und Distrikte von so zentraler Bedeutung, daß das unerlaubte Rezitieren von Genealogien strikt verboten ist, möglicherweise aus Angst, daß die Preisgabe von Einzelheiten, die mit Rangunterschieden zu tun haben, Unfrieden und sogar Blutvergießen zur Folge haben könnte.[17]

Die durch familiäre Herkunft festgeschriebene Rangordnung jeder einzelnen Dorfgemeinschaft und jedes Distriktes, ja sogar von ganz Samoa findet ihren Ausdruck in einer Reihe überlieferter Floskeln, samoanisch *fa'alupega*. Dr. Peter Buck verglich sie bei seinem Aufenthalt in Samoa 1927 mit dem Adelskalender *Burke's Peerage*. Diese *fa'alupega* gelten für die gesamte Rangordnung und finden auf allen Stufen und Ebenen der hierarchischen Struktur Anwendung. Bei Häuptlingsversammlungen *(fono)* und anderen wichtigen Zusammenkünften werden sie im Sinne einer zeremoniellen Anerkennung des jeweiligen Ranges aller Teilnehmer rezitiert.[18]

Traditionell wird während einer *fono* jegliche Aktivität eingestellt, wenn irgendein Häuptling eintritt. Erst wenn er den ihm zukommenden Platz eingenommen hat, rezitieren die anderen anwesenden Häuptlinge seine *fa'alupega*. Der Neuankömmling rezitiert seinerseits die jeweilige *fa'alupega* der anderen Häuptlinge gemäß der Rangfolge. Dieses komplizierte Verfahren wird beim Eintreffen eines jeden Häuptlings wiederholt, bis die ganze *fono* versammelt ist. Kurz vor Ende der Zusammenkunft findet die Prozedur ein letztes Mal statt. Darüber hinaus beginnen und enden alle Ansprachen während einer *fono* mit einer *fa'alupega*, bisweilen werden sie auch zwischendurch damit gewürzt.

Die *fa'alupega* ist folglich für Dorfgemeinschaften, Distrikte und für Samoa als Ganzes eine Institution von wesentlicher Bedeutung. Denn durch die formelle Wiederholung der jeweiligen Rangunterschiede aller Titel anläßlich jedes wichtigen gesellschaftlichen Ereignisses wird die Hierarchie der Häuptlinge so fest verankert, daß es äußerst schwierig wäre, die Rangfolge wesentlich zu verändern, es sei denn – wie es vor Zeiten in Samoa geschah – mit Waffengewalt.

Wie schon Robert Louis Stevenson schrieb, ist die Luft in Samoa so »dick von zeremoniellen Ausdrücken wie an Bord eines Schiffes von Flüchen«, so daß sich ganz normale Menschen »mit Mylord anreden, wenn sie sich begegnen, ja oft sogar die kleinen Bengel beim Murmelspielen«. Diese umständliche Höflichkeit, wie Stevenson sie geschildert hat, hat aus den Samoanern, wie George Pratt sagte, »die eifrigsten Befolger der Etikette in Polynesien, wenn nicht der ganzen Welt gemacht«. Wegen der Starre ihrer Rangordnung legen die Samoaner großen Wert auf die genaue Beachtung verbaler Komplimente entsprechend der sozialen Stellung eines Menschen. Im Verlauf der Jahrhunderte haben sie eine besondere Höflichkeitssprache entwickelt, die spezielle Vokabeln für die Anrede und Erwähnung von Personen im Häuptlingsrang bereithält. Im heidnischen Samoa waren, wie John Fraser anmerkte, die Regeln für die Rangfolge und die zeremonielle Autoritätsbezeugung bei Häuptlingen identisch mit denen, die für Gottheiten galten. Dementsprechend werden Götter in den Mythen der Samoaner als Häuptlinge bezeichnet, die, »wenn sie sprechen, die Sprechweise der Häuptlinge verwenden und auch so angesprochen werden«.[19]

Diese Sprache der Höflichkeit wurde, wie G. B. Milner vermutet hat, »aus dem feingegliederten System gesellschaftlichen Umgangs hergeleitet, welches seinerseits als Schutz gegen die ›Sünde‹ oder den ungewollten Zufall einer Kränkung oder Minderung der ›Würde‹ eines Häuptlings oder Gastes entstanden war«. In der Praxis fungiere diese Höflichkeitssprache als »eine Art von verbalem Schmiermittel«. Sie sei »eine höchst effektive Vorkehrung zur Vermeidung von Zerwürfnissen, Verhinderung von Streitigkeiten, Besänftigung der Qualen verletzten Stolzes und eingebildeter oder echter Sorgen«.[20]

Nun mag dieses System peinlich genau beachteter Umgangsformen wohl meistens die erwünschte Wirkung haben, doch ist manchmal nicht zu verhindern, daß sich die innerhalb der samoanischen Rangordnung aufstauenden Spannungen in heftigen Konflikten entladen. George

Brown meinte, die Samoaner seien wohl aufgrund ihrer formellen Redeweise und Manieren »das höflichste Volk der Welt«, gleichermaßen jedoch auch »ein Volk, das eine Beleidigung oder Kränkung schnell übelnimmt und sofort bereit ist, mit den Nachbarn zu kämpfen«, und zwar aus Gründen, die ein Nicht-Samoaner als ausgesprochen trivial empfinden würde.

Sein Rang verleiht dem Samoaner auch das Recht, Macht (pule) auszuüben, ein Vorrecht auf Mangelgüter anzumelden[22] und Entscheidungen zu fällen, bzw. deren Befolgung zu erzwingen. Samoa hat folglich ein im höchsten Maße autoritäres soziales Gefüge, das im Prinzip auf den beschriebenen erblichen Rangunterschieden beruht. Diejenigen, die sich in untergeordneten Positionen befinden, sind verpflichtet, Anweisungen und Befehle von denen zu befolgen, die pule über sie haben.

Alle Häuptlingstitel – die sich übrigens hinsichtlich ihres Ranges beträchtlich voneinander unterscheiden – gliedern sich deutlich in zwei Kategorien: ali'i (amtierende Häuptlinge) und tulafale (Häuptlingssprecher, die in der anthropologischen Literatur auch als Redner oder redende Häuptlinge bezeichnet werden). Die allgemeine Bezeichnung für Häuptling ist matai. Sie gilt sowohl für den amtierenden Häuptling als auch für den Häuptlingssprecher.

Der ali'i ist im Gegensatz zum tulafale (laut J. W. Davidson) »der rang-höchste Sachwalter politischer Macht«. Da er getreu der samoanischen Tradition persönliche Autorität hat, wird ihm besondere Achtung entgegengebracht. Die ali'i mit dem höchsten Rang galten in alten Zeiten als »heilige« Häuptlinge. In Gegenwart dieser heiligen Häuptlinge »wagt kein Untergebener zu essen«, wie Pratt 1842 beobachtete. Bei feierlichen Anlässen wurden sie auf einer Art Bahre von einem Ort zum anderen getragen. Ihnen voran schritt ein Häuptlingssprecher, der in eine hornförmige Muschel blies. Im Juli 1830 war John Williams zugegen, als Häuptling Fauea, der selbst einen sehr hohen Rang innehatte, seinen heiligen Häuptling Malieatoa Vai-inu-po begrüßte. Er bezeigte dabei »den größtmöglichen Respekt, beugte sich so tief, daß er die Füße küssen konnte, und nötigte sein Kind sogar, die Fußsohlen des Häuptlings zu küssen«.[23]

Die Ausdrücke, die zur Beschreibung eines Häuptlinges von hohem Rang verwendet werden, beziehen sich vor allem auf Größe, Körperumfang und den Glanz seines Ruhms. Solch ein Häuptling wird beispielsweise mit einem hochaufragenden Berg oder einem Stern oder auch mit einem Banyan-Baum verglichen, der die anderen Bäume des Waldes turmhoch überragt. Wie Pratt berichtete, glaubten die Samoaner, daß die Macht ihrer heiligen Häuptlinge göttlichen Ursprungs war. Dem Erhabensten von ihnen verliehen sie den (seine göttliche Herkunft bezeichnenden) Titel eines *tui*, in Erinnerung an die Königsgeschlechter vergangener Zeiten mit ihren sakralen Herrschern.[24]

Diese Heiligkeit umgibt – wenn auch in geringerem Maße – ebenso die Häuptlinge, die einen niedrigeren Rang innehaben. Beispielsweise haben sie ein Anrecht auf verbale Ehrenbezeigungen, auf einen rituellen Namen für den Platz, wo ihr Haus steht, dessen Höhe übrigens der Höhe ihres Ranges entspricht) und auf einen Titel bei der *kava*-Zeremonie, der immer dann genannt wird, wenn die Stellung des Häuptlings innerhalb der Dorfhierarchie bei Versammlungen ausdrücklich anerkannt wird. Auch wird einem solchen Häuptling das Recht zugestanden, eine seiner heiratsfähigen und noch jungfräulichen Töchter zur Zeremonialjungfrau, zur *taupou*, der Familie zu ernennen sowie den heißbegehrten Titel eines *manaia* an einen seiner Söhne zu vergeben, der damit formell zu seinem Erbnachfolger wird. Darüber hinaus hat ein *ali'i* von besonders hohem Rang zusammen mit der *taupou* und dem *manaia* seiner Familie das Recht, bei feierlichen Anlässen die *tuiga* zu tragen, eine reichgeschmückte Kopfbedeckung aus Menschenhaar, das zu einer goldenen Färbung gebleicht worden ist und ein Sinnbild der Sonne darstellt. Dieses Vorrecht ist ein äußeres Zeichen von Vornehmheit, über das, wie Richter Marsack schrieb, eifersüchtig gewacht wird. Jeder Versuch einer unerlaubten Aneignung werde »mit rascher und heftiger Gegenwehr« geahndet. Schließlich hat ein *ali'i* von hohem Rang im Falle seines Todes auch ein Anrecht auf eine Reihe komplizierter und langwieriger Beerdigungsrituale.[25]

Vom *ali'i* unterscheidet sich deutlich der *tulafale*, der Häuptlingssprecher, der – wie Davidson berichtet – für den Häuptling eine Anzahl von Pflichten erfüllt, denn es würde »der Stellung des Häuptlings zuwiderlaufen, wenn er sie selbst erfüllte«. Ein Häuptlingssprecher steht also im Dienst seines jeweiligen Häuptlings, und sein eigener Rang als *tulafale* leitet sich aus dieser Dienstverpflichtung gegenüber einem *ali'i* her. Richter Schultz, der viele Jahre lang Vorsitzender des »Ausschusses für Land und Titel« während der deutschen Herrschaft in West-Samoa war, vertrat die Ansicht, daß die *tulafale* einst Diener oder Untertanen ihrer *ali'i* waren. Die Familien der Häuptlinge hätten sich früher, so meint Schultz weiter, dank ihrer Kriegstüchtigkeit gegen ihre Rivalen durchgesetzt und auf diese Weise eine durch entsprechende Titel gekennzeichnete Aristokratie gebildet, deren Mitglieder auch auf ihre übernatürliche Herkunft pochten. Während dieser geschichtlichen Entwicklung seien andere Menschen aus dem Volk »ihre Untertanen geworden, und das Wort *tulafale* nahm die Bedeutung eines erblichen Amtes an«.[26]

Die Beziehung zwischen *ali'i* und *tulafale* ist also eine gesellschaftliche Bindung, wobei der *ali'i*, wenngleich dem *tulafale* übergeordnet, dennoch sehr auf dessen Hilfe und Unterstützung angewiesen ist. Diese gegenseitige Abhängigkeit kommt klar zum Ausdruck in dem Wort *tula*. Es bedeutet soviel wie Respekt vor dem Häuptlingssprecher, der einem Häuptling von hohem Rang verbunden ist. Ein *tula* wird von dem genannten Richter Schultz als ein leicht gekrümmter Stab beschrieben, auf dem früher eine preisgekrönte zahme Taube herumgetragen wurde. Es ist dies ein vielsagendes Gleichnis für die Art, in der ein Häuptlingssprecher als Gehilfe oder Beistand eines vornehmen *ali'i* agiert. Häuptlingssprecher sind dafür verantwortlich, die Würde ihres *ali'i* zu wahren und zu vergrößern, indem sie vielfältige Pflichten für ihn erledigen. Dazu gehört auch die Aufgabe, Nahrungsmittel und sonstigen Besitz gerecht zu verteilen und vor allem, bei politischen oder rituellen Anlässen Reden für den *ali'i* zu halten. Die Autoritätssymbole des *tulafale* sind ein Stab und eine Art Quaste aus geflochtenem Tauwerk. Es wird von ihm erwartet, daß er allen Regelungen und Verfügungen des *ali'i* Nachdruck verleiht und darauf achtet, daß sie befolgt werden. In einigen Dorfgemeinschaften haben die Häuptlingssprecher durch die Wechselfälle der Geschichte außergewöhnliche Machtpositionen erobert. Wie Shore berichtet, ist man beispielsweise in Sala'ilua auf Savai'i »verblüfft von der vorrangigen Stellung, die gewisse Redner genießen. Sie stellt sogar den Rang in den Schatten, den ein *ali'i* normalerweise im Dorf einnimmt«.[27]

Die Rangordnung eines Dorfes wird nicht nur immer wieder durch die *fa'alupega* in Erinnerung gebracht, sondern findet auch ihren Ausdruck in der Sitzverteilung bei einer *fono* (siehe Abb. 1, S. 147) und der dazugehörigen *kava*-Zeremonie. Getreu der Überlieferung wird die Häuptlingsversammlung in einem stattlichen Rundbau abgehalten. Die Teilnehmer sitzen mit gekreuzten Beinen jeweils an einem der Pfosten, die das Dach tragen. Die Sitzordnung in einer solchen Runde richtet sich

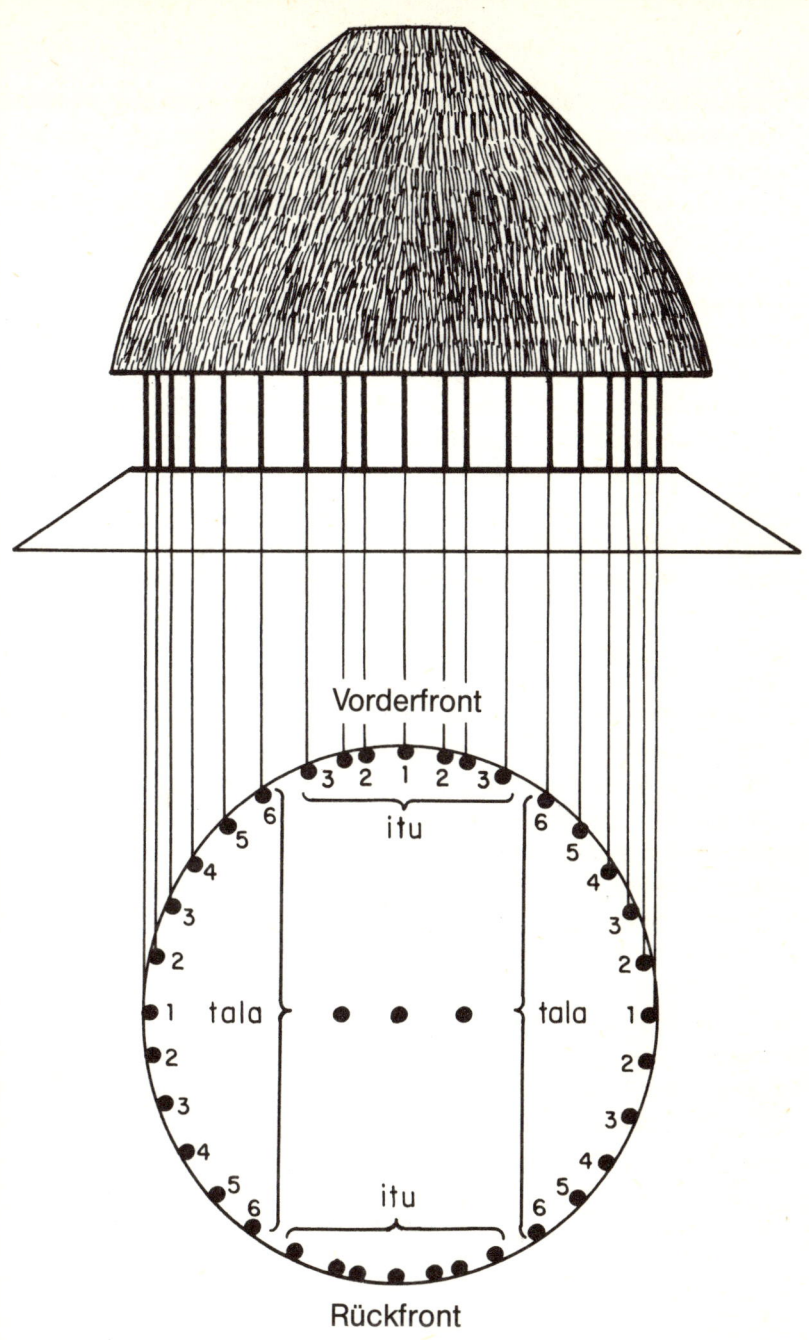

Abb. 1: Fono – Sitzordnung in einem
samoanischen Rundhaus

nach strengen Regeln. Zwischen Häuptlingen und Häuptlingssprechern gibt es klare Abgrenzungen. Sogar die Rangunterschiede innerhalb jeder einzelnen Gruppe sind berücksichtigt. Die Pfosten links und rechts vom Eingang, die die seitliche Begrenzung des Rundbaus bilden, werden *tala* genannt. Sie sind den Häuptlingen vorbehalten. Die Pfosten der Vorder- und der Rückfront heißen *itu*. Dort nehmen die Häuptlingssprecher Platz. In beiden Bereichen ist jeweils der mittlere Pfosten am wichtigsten. Von dieser Mitte aus gerechnet, vermindert sich der Rang der anderen mit wachsendem Abstand. Diejenigen Pfosten der den Häuptlingen vorbehaltenen *tala*, die, von der Mitte aus gesehen, näher am Eingang stehen, werden höher eingestuft als die hinteren im rückwärtigen Teil des Hauses. Wenn der oberste Häuptling eines Dorfes am mittleren Pfosten auf einer der beiden Seiten der *tala* Platz nimmt, wird der entsprechende Pfosten der gegenüberliegenden Seite ostentativ freigelassen. Dadurch wird demonstriert, daß es in der örtlichen Hierarchie keine andere Person von ebenbürtigem Rang gibt.[28] Bei der *itu* ist die Frontseite am allerwichtigsten. Der hintere Teil wird für die Bereitung der *kava*, die Zuteilung von Mahlzeiten und andere Aufgaben verwendet, die den Häuptlingssprechern von niedrigem Rang obliegen. Ein weiterer Brauch, der die Rangfolge innerhalb einer samoanischen Dorfgemeinschaft bekräftigt, ist die *kava*-Zeremonie. Aus der zerstampften Wurzel der *Piper methysticum* wird ein Trunk bereitet, den die Teilnehmer einer *fono* im Rahmen eines Rituals zu sich nehmen. Eine *kava*-Zeremonie ist ein sakraler Akt. Da es auch hier vor allem um Rangunterschiede geht, also um die bedeutsamste und delikateste Angelegenheit, verhalten sich die Teilnehmer feierlich und ernst. Heutzutage werden während der *kava*-Zeremonie Trankopfer zu Ehren Jehovas gebracht. In heidnischer Vergangenheit wurde dem Gott Tagaloa geopfert. Es gibt zahlreiche Mythen, in denen *kava* mit den Göttern in Beziehung gebracht wird. Sie zeigen, daß in alten Zeiten *kava* für die Samoaner eine heilige Flüssigkeit war. So wird beispielsweise berichtet, daß einst der kleine Sohn eines Mannes namens Pava stolperte und in die kava-Schale fiel, die dadurch entweiht wurde. Tagaloa war darüber so erzürnt, daß er den Knaben mit der messerscharfen Rispe eines Palmwedels durchbohrte. Nachdem er auf diese Weise das Herz des Vaters mit Furcht erfüllt hatte, der versäumt hatte, seinen Sohn während der *kava*-Zeremonie zu beaufsichtigen, erweckte der Gott Tagaloa das tote Kind zu neuem Leben.[29]
Während einer *kava*-Zeremonie kann der jeweilige Rang eines Teilneh-

mers auf mannigfaltige Weise hervorgehoben werden. Hier ist zuallererst die Reihenfolge zu nennen, in der der Trunk verabreicht wird. Die am Anfang und am Schluß kredenzten Schalen sind am wichtigsten. Von der zweiten bis zur vorletzten Schale gibt es ein stetiges Gefälle, so daß auch durch diese Reihenfolge die gestufte Rangordnung innerhalb einer Dorfgemeinschaft oder eines Distriktes ihren ritualisierten Ausdruck findet.[30]

Bei einer *kava*-Zeremonie wird ebenfalls genau zwischen Häuptlingen und Häuptlingssprechern unterschieden. Die erstgenannten haben ein Anrecht auf eine stets gleichbleibende Anrede, wenn ihnen die Schale gereicht wird. Beispielsweise lautete sie bei Anapu, dem obersten Häuptling von Sa'anapu: »Ehre, die von Malie und Vaito'elau [zwei Orte von hoher Bedeutung innerhalb der Rangordnung von West-Samoa] verliehen wurde – hole den Stab des Krieges, der rasch zum Leben erwacht.« Im übrigen wird immer die ehrfürchtige Formel *Lau ipu* verwandt, wenn einem Häuptling die *kava*-Schale gereicht wird. Dieser Ausdruck bedeutet »deine Schale«. Im Gegensatz dazu gibt es für Häuptlingssprecher keine vergleichbaren Ehrungen. Vor der Nennung des Namens werden nur die schlichten Worte gesagt: *Lau'ava*, das heißt »deine *kava*«. Auch in der Art, wie die *kava*-Schale einem Häuptling gereicht wird, kommen wichtige Rangunterschiede zum Ausdruck. Das Gefäß, das aus einer auf Hochglanz polierten Kokosnußschale besteht, wird mit einem anmutigen Schwung des Armes dargeboten. Die Innenseiten der Hand und des Unterarmes werden dabei nach oben gedreht. Bei Häuptlingssprechern wird die *kava* ohne eine vergleichbare Gebärde dargeboten. Die *kava*-Schale wird dabei in einer Weise gehalten, daß der Handrücken des Darbietenden nach oben zeigt.

So ist die *fono* also in ihrem rituellen Ablauf eine primäre Ausdrucksform sowohl des samoanischen Ethos als auch der spezifischen Charakteristika eines Dorfes oder Distriktes. Durch *fa'alupega*, Sitzordnung und *kava*-Zeremonie wird klar, daß die Frage des Ranges, wie Lowell Holmes schrieb, »den Brennpunkt der samoanischen Kultur« bildet. Im Vergleich dazu seien alle anderen Aspekte des samoanischen Lebens, sogar die Religion, von zweitrangiger Bedeutung.[31]

Mit der Bekehrung der Samoaner zum Christentum ging die ›Heiligkeit‹ ihrer Häuptlinge – als weltlicher Nachfahren polynesischer Gottheiten – allmählich auf alle Häuptlinge über, die nun als Auserwählte Jehovas verehrt werden. So erklärte beispielsweise Afamasaga, ein Häuptling von hohem Rang aus A'ana, anläßlich der Verfassunggebenden Versammlung von West-Samoa im Jahre 1955, der Häuptlingsrang sei »ein göttliches Vorrecht aufgrund der Geburt«. Auch andere Häuptlinge, die sich zum christlichen Glauben bekennen, beharren seit eh und je darauf, daß ihnen der Häuptlingstitel von Gott verliehen wurde. Sie berufen sich dabei sogar auf die Heilige Schrift. In Sprüche 8,16 steht zu lesen, daß Jehova verkündet hat: »Durch mich herrschen Fürsten und alle Regenten auf Erden.« Auf der Grundlage dieser und anderer Bibelstellen gilt es in Samoa als allgemein erwiesen, daß ein Häuptling »ein Gott dieser Welt« ist.

Die Tatsache, daß für Samoaner Fragen des Ranges so wichtig sind, hindert sie nicht, tiefgläubige Christen zu sein. Trotzdem nimmt ein christlicher Pfarrer oder Pastor in einem Dorf eine Sonderstellung ein, denn er ist von der Teilnahme an der *fono* ausgeschlossen. Das bedeutet, daß sich jede dörfliche Lebensgemeinschaft als unmittelbar der Autorität Gottes unterstellt betrachtet – Gottes oder des Atua: *atua* war einst im alten Samoa der Titel von Tagaloa, der obersten heidnischen Gottheit. Für samoanische Häuptlinge christlichen Glaubens ist auf der obersten Stufe ihrer Hierarchie Tagaloa lediglich durch Jehova ersetzt worden. Heutzutage werden Jehova überall anläßlich einer *fono kava*-Trankopfer dargebracht. Der allmächtige Gott ist für Samoaner die höchste Autorität im Häuptlingsregime und bestraft angeblich gnadenlos alle Menschen, die den Geboten seines göttlichen Willens den Gehorsam verweigern.

In jeder einzelnen dörflichen Lebensgemeinschaft spiegelt sich die Rangordnung, wie sie bei der *fono* herrscht, in einer Anzahl miteinander gesellschaftlich verbundener Gruppen, denen die gesamte erwachsene Bevölkerung des Dorfes – mit Ausnahme der Familie des Pastors oder Pfarrers – angehört. Diese Gruppierungen stehen samt und sonders unter der unmittelbaren Autorität der *fono*, der sie pflichtschuldigst zu Diensten sein müssen. Getreu der Überlieferung gliedern sich diese Gruppen in die *'aumaga* (männliche Dorfbewohner ohne Ämter und Würden), die *aualuma* (Frauen, die durch Geburt oder Adoption zu einer im Dorf ansässigen Familie gehören) und in sonstige Gruppierungen, zu denen die Frauen von Häuptlingen, Häuptlingssprechern und titellosen Männern gehören. Jede dieser Gruppen befolgt bei ihren Zusammenkünften die Grundstruktur der *fa' alupega*, der Sitzordnung und der *kava*-Zeremonie, wie sie in der *fono* des Häuptlings üblich sind, dem die Gruppe untertan ist. Das Prinzip des Rangunterschiedes gilt also für die Mitglieder all dieser Gruppen, ja sogar für die Kinder des Dorfes. Die Stellung jeder einzelnen Person innerhalb der Gemeinschaft wird demnach bestimmt durch die Position der eigenen Familie und die Ranghöhe des Familienoberhauptes im Rahmen der *fa'avae*, der ungeschriebenen Dorfverfassung.

Häuptlinge und Häuptlingssprecher dürfen von allen, die ihrer Macht unterstellt sind, Respekt und Gehorsam erwarten. Einem Kind wird zuallererst beigebracht, anderen Familienmitgliedern zu gehorchen. Eine der wichtigsten Erziehungsmaßnahmen ist dabei die körperliche Züchtigung. Im späteren Leben wird von einem Menschen erwartet, daß er die Autorität höhergestellter Personen – durch Gehorsam – anerkennt. Für die samoanische Gesellschaftsordnung sind also zwei eng miteinander verbundene Prinzipien von zentraler Bedeutung: das Vorrecht von ranghöheren Personen, Macht über jene auszuüben, die auf einer tieferen Stufe der Gesellschaftsordnung stehen; und die Pflicht der Menschen in untergeordneter Stellung, Befehlen von oben zu gehorchen. Alles in allem sind die Samoaner ein stolzes, äußerst höfliches, kompliziertes und gottesfürchtiges Volk, dessen Redner freudig den Beginn jedes neuen Tages preisen, der die Würde und ›Heiligkeit‹ ihrer alten Dorfgemeinschaften intakt vorfindet. Doch wie wir sehen werden, ist die samoanische Rangordnung so rigoros und die Ambivalenz der Gefühle als Folge allgegenwärtiger Autorität ist so stark ausgeprägt, daß ein Tag in Samoa häufig mit Zittern und Zagen beginnt. Denn jeder, der dort in der kleinen Welt einer dörflichen Gemeinschaft aufgewachsen ist, weiß sehr wohl, daß »das samoanische Leben wirklich sehr schwierig ist«.[32]

9. Die Rangordnung

Da Margaret Mead die Teilnahme am politischen Leben von Ta'ū verwehrt war – sie hatte keinen Zutritt zu den *fono* der Häuptlinge –, konnte sie keine persönlichen Erfahrungen mit der Rangordnung machen, die bei den Häuptlingskonklaven maßgeblich ist. Wegen dieser für sie unüberwindlichen Hindernisse enthält ihr Bericht über die Vorgänge während einer *fono* und über das Wesen der Rangordnung als Teil ihres »Bildes des gesamten sozialen Lebens von Samoa« zahlreiche Ungereimtheiten. Nachdem sie vermutlich an einer *malaga*, das heißt an einer »Reisegesellschaft« von Ta'ū nach Fitiuta teilgenommen hatte (worüber sie in einem Brief vom 7. März 1926 eine unterhaltsame Beschreibung lieferte), berichtete sie beispielsweise, ein Häuptling habe »einen zu hohen Rang, um bei Versammlungen selbst Reden zu halten«. Und sie schrieb auch, der Häuptling sei nur »eine edle Galionsfigur«, denn der Häuptlingssprecher »fällt die meisten Entscheidungen für ihn«.[1]

Tatsächlich ist es, wie Margaret Mead beobachtet hat, bei Zeremonien anläßlich des Empfangs einer *malaga* üblich, daß nur die Häuptlingssprecher das Wort ergreifen, allerdings als Sprachrohr ihres jeweiligen *ali'i*. Dieser Brauch gilt jedoch keineswegs für eine formelle politische *fono*, besonders nicht für eine *fono manu*, d. h. eine Ratsversammlung, die speziell zur Erörterung einer besonders wichtigen Angelegenheit zusammengerufen wird. Bei einem solchen Anlaß verkünden die Häuptlinge durchaus ihre eigene Meinung, wobei die Worte des Häuptlings mit dem höchsten Rang das größte Gewicht haben. Diese aktive Teilnahme an den wichtigeren *fono*-Beratungen wird seit alten Zeiten praktiziert. In seinem Tagebuch von 1832 hat Williams ausdrücklich vermerkt, daß bei wichtigen *fono* »die Häuptlinge selbst sprechen«, während sie sich bei Zusammenkünften minderer Bedeutung von Sprechern vertreten lassen, da es als »unter der Würde« eines Häuptlings erachtet würde, bei Routineanlässen das Wort zu ergreifen.

Normalerweise konsultieren sich zwar die Häuptlinge einer Dorfgemeinschaft gegenseitig, wenn irgendeine wichtige Entscheidung gefällt werden muß, doch die tatsächliche Entscheidungsgewalt sowie das Verkünden einer Entscheidung sind dem *ali'i* mit dem höchsten Rang vorbehalten. Er wird auch der *sa'o* seines Dorfes genannt – *sa'o* bedeutet soviel wie richtig oder wahr. Das Urteil eines großen Häuptlings anläßlich einer *fono* nennt man *tonu*, was soviel heißt wie »genaue Entscheidung«. Die Verkündung einer solchen *tonu* durch einen *ali'i* von hohem Rang vollzieht sich gewöhnlich mit knappen Worten und mit einer, wie Robert Louis Stevenson es nannte, »Gelassenheit des Auftritts, wie sie den Großen wohl ansteht«. Der aristokratische Gestus wird zuweilen auch von einer imponierenden Floskel begleitet. Beispielsweise verkündete Mata'afa Fiame Faumuina Mulinu'u II., einer der vier höchsten Häuptlinge von West-Samoa, anläßlich einer *fono* im Mai 1966 eine *tonu* mit der einleitenden Formel: »So möge es denn sein… «, während er gleichzeitig mit dem rechten Zeigefinger auf die Innenseite seiner linken Hand klopfte.

Sobald eine *tonu* von einem *ali'i* verkündet worden ist, wird sie, wie der ranghöchste Häuptlingssprecher von Sa'anapu anläßlich einer *fono* im März 1967 aussagte, von allen anwesenden Häuptlingssprechern unbedingt respektiert. Das gilt grundsätzlich auch für die *fono* in Manu'a, über die Margaret Mead in ihren Schriften berichtet hat. Aufgrund eigener Nachforschungen konnte ich mich davon 1967 überzeugen. Beispielsweise erzählt man mir in Si'ufaga (einem der drei Dörfer, aus denen die meisten jugendlichen Gewährsleute Meads stammten), daß ein heftiger Wortwechsel während einer *fono* meist rasch vom ranghöchsten Häuptling mit ein paar gebieterischen Worten beendet wird.[3]

In ihrer Unkenntnis des traditionellen politischen Lebens von Samoa vermittelt Margaret Mead also einen ganz falschen Eindruck von den Beziehungen zwischen Häuptlingen und Häuptlingssprechern während einer *fono*. Irrig ist auch ihre Feststellung, die ›Heiligkeit‹ eines Häuptlings in Samoa sei, im Vergleich zum übrigen polynesischen Raum, minimal. Wie schon Powell im Jahr 1886 anmerkte, hielten die Samoaner auch nach ihrer Bekehrung zum Christentum »sehr beharrlich an ihren traditionellen Mythen« fest. Diese Mythen konnte Powell Anfang der siebziger Jahre des vergangenen Jahrhunderts niederschreiben, wobei er sich auf Taua-nu'u stützte, den wichtigsten der *sacri vates* von Manu'a, wie Fraser jene Personen nannte, »deren Pflicht darin bestand, die alten

Legenden und Mythen im Gedächtnis zu bewahren und bei bestimmten Gelegenheiten vorzutragen«.[4]

Fraser, der im späten neunzehnten Jahrhundert viele der von Powell gesammelten Überlieferungen veröffentlicht hat, verglich Ta'ū, die Hauptinsel von Manu'a, mit Delos in der Ägäis, im Altertum angeblich die Geburtsstätte des Apoll. Das ist ein treffender Vergleich. In der *Solo'o le Va*, die die Erschaffung Samoas schildert, wird Manu'a als das erste aller Länder beschrieben und der höchste Gipfel der Insel Ta'ū als Wohnsitz des Gottes Tagaloa. Angeblich war der allererste Häuptling von Samoa ein Sohn des Tagaloa. So stammten also die *ali'i* des heidnischen Samoa – aufgrund heiliger Überlieferungen – von Göttern ab. Wie schon an anderer Stelle gesagt wurde, war der Titel eines Tui Manu'a hinsichtlich Rang und Heiligkeit der wichtigste aller samoanischen Häuptlingstitel. Er galt auch für alle anderen Inseln im südwestlichen Pazifik, die den Samoanern bekannt waren.[5]

Die rituellen Verbote, die die Person eines Tui Manu'a umgaben, waren, wie Mead 1930 schrieb, äußerst vielfältig und komplex. Ähnliche Verbote oder extreme Respektbezeigungen gegenüber Häuptlingen von hohem Rang wurden auf der gesamten samoanischen Inselgruppe beobachtet. Thomas Nightingale schrieb 1834, daß jeder, der es wagte, vor dem Haus des obersten Häuptlings vorbeizugehen, »mit allerstrengster Bestrafung« rechnen mußte. Hood machte 1862 anläßlich einer *fono*, an der auch der Tui Atua teilnahm, die Beobachtung, daß die Insassen von vorbeifahrenden Kanus dem großen Häuptling dadurch Respekt zollten, daß sie ins Wasser sprangen und die schmalen Boote vor sich herschoben, bis sie die Lagune überquert hatten. Die heilige Autorität, die einem großen Häuptling in Samoa zukam, war also gewiß nicht »minimal für den polynesischen Raum«.[6]

Margaret Mead hat auch behauptet, die Rangordnung in Samoa sei so beschaffen, »daß es Titel für all jene gibt, die sie zu tragen imstande sind« –, womit sie wohl sagen wollte, daß der Wettbewerb um Titel praktisch ausgeschaltet sei. Dies ist jedoch keineswegs so. Tatsächlich finden in allen Klassen der Gesellschaft verbissene Konkurrenzkämpfe um Titel statt, vor allem um besonders ehrenvolle Titel. Eine nicht geringe Rolle in der Überlieferung von Manu'a spielt der Kampf zwischen Halbbrüdern, die denselben Vater hatten und sich dessen Häuptlingstitel streitig machten. Eine alte Legende berichtet z. B., wie die Bewohner des Dorfes Ta'ū den Einwohnern von Fitiuta, dem ehemals mächtigsten

Ort von Manu'a, einen solchen Titel mit Waffengewalt entrissen. Ein Häuptling namens Le Lologa Tele hatte den Titel eines Tui Manu'a niedergelegt und seine beiden Söhne, die nicht dieselbe Mutter hatten, aufgefordert, die Frage der Nachfolge untereinander auszumachen. Sofort erhob der eine, mit Namen Ali'a Matua, Anspruch auf die Häuptlingswürde, weil er älter war. Der andere namens Ali'a Tama war jedoch mütterlicherseits von höherem Rang. Es gelang ihm, seinem Halbbruder den Kopfschmuck aus weißem Rindentuch, das Zeichen der Würde eines Tui Manu'a, zu entreißen. Als Ali'a Matua den Kopfschmuck zurückerobern wollte, wurde er im Handgemenge getötet. Seit jener Zeit »gab es viele Kriege zwischen Ta'ū und Fitiuta«.[7]

Ähnliche Kämpfe um Titel haben im Verlauf der samoanischen Geschichte auf allen Inseln stattgefunden. Streitereien um die Erbfolge gehörten, wie W. T. Pritchard 1866 schrieb, zu den »häufigsten Anlässen für Krieg«. 1880 wurden auf Tutuila beispielsweise bei Kämpfen um den heißbegehrten *Mauga*-Titel zwischen den Anhängern des Sohnes und eines Neffen des verstorbenen Häuptlings die Siedlungen Fagatoga und Pago Pago zerstört. Es bedurfte des britischen Kriegsschiffs *H. M. S. Miranda*, um die Gewalttätigkeiten zu beenden.[8]

Auf den westlichen Inseln wurde sogar noch erbitterter gekämpft, als es um vier sakrosankte Titel mit der gemeinsamen Bezeichnung *tafa'ifa* ging. Deren Inhaber wurde allgemein als oberster Häuptling von West-Samoa angesehen. Von Anfang an gab es ihretwegen, wie Krämer berichtet hat, gewaltsame Auseinandersetzungen zwischen rivalisierenden Lagern. Als beispielsweise Galumalemana das noch ungeborene Kind seiner fünften Frau zu seinem Nachfolger ernannte, statt irgendeinen seiner anderen Söhne, »gab es schlimmen Streit, bis I'amafana, der designierte Nachfolger, die Oberhand gewann«. Als Folge dieses Streites spaltete sich die Bevölkerung von West-Samoa in zwei Lager, in Sieger und Besiegte, und es kam zu Kriegen, die im Lauf der Jahre Tausende von Opfern forderten.[9]

Als gegen Ende des 19. Jahrhunderts die kriegerischen Handlungen endlich eingestellt wurden, begann man, Streitigkeiten um erbliche Titel vor dem ›Gericht für Land und Titel‹ auszutragen. Dieses Gericht, das anfänglich als »Kommission« bezeichnet wurde, wurde 1903 von den deutschen Behörden eingesetzt. Da es, gemessen an der Zahl der Männer ohne Titel, viele Häuptlinge gibt (bei der Volkszählung von West-Samoa am 25. September 1945 ergab sich ein Zahlenverhältnis von 1 : 3,7), hat das Gericht seitdem jedes Jahr über Hunderte von Fällen entscheiden müssen, bei denen es um strittige Häuptlingstitel ging. Auf Titel von hohem Rang wird häufig von mehreren Bewerbern gleichzeitig Anspruch erhoben. 1964 wurde beispielsweise vor dem ›Gericht für Land und Titel‹ über den Rechtsanspruch auf die höchste Häuptlingswürde von Sa'anapu verhandelt. Nicht weniger als acht Kläger bewarben sich um sie. Besonders die beiden Hauptkläger erwiesen sich als hartnäckige Rivalen.

Das samoanische Rangsystem erzeugt also erbitterte Konkurrenz. Rivalitäten können in allen gesellschaftlichen Bereichen ausbrechen, wenn es um Fragen des Vorranges geht, beispielsweise auch bei der *kava*-Zeremonie. Sie gehört ebenfalls zum Bild dessen, was Margaret Mead als »die Harmlosigkeit« der samoanischen Kultur beschrieb, da sie angeblich primär »ein geschicktes, anmutiges Spiel mit sozialen Formen« ist. Weiter heißt es bei der Mead, die soziale Struktur von Samoa sei »so flexibel, so geeignet, sich an die jeweiligen Umstände anzupassen, daß es möglich sein müßte, das Erscheinungsbild einer *fono* innerhalb von zwanzig Jahren zu verändern«.

Hier liegen schwerwiegende Irrtümer vor. Wie schon Pritchard schrieb, werden bei allen wichtigen *fono* Fragen der Priorität »strikt durch den Rang geregelt«. Churchward notierte sich 1887: »So mancher Streit in Samoa nahm bei der Verteilung der *kava* seinen Anfang. Es ging oft bloß darum, daß ein Häuptling die Schale vor einem anderen erhielt, der sich als ranghöher betrachtete und deshalb auf bevorzugte Behandlung Anspruch zu haben glaubte.«[10]

Wenn durch einen solchen Zwist Rechte angetastet werden, die aus den ungeschriebenen Gesetzen der überlieferten Verfassung abgeleitet werden, kann es durchaus zu Gewalttätigkeiten kommen. Das habe ich 1960 auf der Insel Upolu bei einer *fono manu* persönlich erlebt und detailliert aufgezeichnet. Bei der Schilderung dieses aufschlußreichen Vorfalls, die nun folgt, habe ich die Namen durch Pseudonyme ersetzt.

Ein Häuptling namens Taeao hatte schon seit längerer Zeit versucht, seinem Titel unter Berufung auf seine Herkunft innerhalb der Dorfgemeinschaft mehr Geltung zu verschaffen. Als er sich eines Tages bei einer *fono manu* verspätete, ersuchte er den amtierenden Häuptlingssprecher, wie es sich geziemte, mit den allerhöflichsten Worten, eine zweite *kava*-Zeremonie abzuhalten. Er wollte diesen Anlaß nutzen, um seinen Anspruch auf einen höheren Rang anzumelden. Taula, der ranghöchste

Häuptlingssprecher der *fono*, erwiderte mit der gleichen förmlichen Höflichkeit, die Abhaltung einer zweiten *kava*-Zeremonie würde dem Brauch gänzlich zuwiderlaufen. Da schaltete sich Vave, Taeaos Häuptlingssprecher ein. Er ersuchte Taula, nicht an den Worten eines *ali'i* herumzukritteln. Dies hatte wiederum zur Folge, daß Fusu, der Häuptlingssprecher einer Gruppe miteinander verwandter Häuptlinge aus dem gegnerischen Lager, Vave anfuhr, er solle den Mund halten. »Suchst du etwa Streit mit mir?« rief Vave daraufhin. »Allerdings!« erwiderte Fusu und sprang auf. Gleich darauf fielen die beiden Häuptlingssprecher vor dem *fono*-Haus übereinander her. Als sich Taeao erhob, um seinem Häuptlingssprecher zu Hilfe zu eilen, erhielt er von Tumau, dem Ältesten der schon erwähnten feindlichen Häuptlingsgruppe, einen heftigen Schlag. Er stürzte im *fono*-Haus zu Boden. Sofort machten sich mehrere Mitglieder von Tumaus Partei über ihn her, einschließlich einiger Männer ohne Titel, die sich in der Nähe aufgehalten hatten. Taeao wurde so sehr geschlagen, daß er schließlich nicht mehr aufstehen, geschweige denn eine Hand zu seinem eigenen Schutz erheben konnte. Sein Häuptlingssprecher Vave erlitt bei der Prügelei einen Schädelbruch. Schließlich gelang es mehreren neutralen Häuptlingen und dem Dorfpastor, dem Handgemenge Einhalt zu gebieten. Nach einiger Zeit ging die unterbrochene *fono manu* – ohne eine erkennbare Veränderung der Rangordnung – weiter.

Die erbitterten Rivalitäten innerhalb der samoanischen Rangordnung können auch dazu führen, daß es zwischen einzelnen Gruppen derselben Familie zu Gewalttätigkeiten kommt – besonders dann, wenn sich mehrere Männer, die einen gleichwertigen Titel führen, nicht darüber einigen können, wem von ihnen der Vorrang gebührt. 1968 wurde ich, wiederum in Upolu, Zeuge einer solchen Auseinandersetzung. Ein Häuptling, der einen Teil einer – *'aiga* genannten – Großfamilie vertrat, machte gegenüber den anderen Häuptlingen anläßlich einer *fono* seinen Anspruch auf eine Sonderstellung bei den Beratungen und bei der *kava*-Zeremonie geltend. Kaum hatte er diese Forderung ausgesprochen, als er von drei Mitgliedern einer rivalisierenden Gruppierung der Familie, die schon seit Jahren denselben Anspruch erhob, heftige Schläge an den Kopf und ins Gesicht erhielt. Danach nahm die Versammlung ohne eine Veränderung des Status quo ihren Fortgang.

Die mit einem bestimmten Rang verbundenen Vorrechte werden auch außerhalb der *fono* argwöhnisch gehütet und verteidigt. Das zeigte sich

1965 bei einer Versammlung der Methodistischen Kirche von Samoa in einem Dorf an der Südküste von Upolu. Da viele Besucher aus ganz Samoa erwartet wurden, wurde beschlossen, eine *ta'alolo* abzuhalten, also eine Zeremonie, bei der sich eine größere Menschenmenge, manchmal hundert und mehr Personen, tanzend und singend langsam einer ankommenden Besuchergruppe nähert, angeführt von mehreren Männern von Rang, die dabei ihren traditionellen Kopfschmuck tragen. In jenem Dorf war das Tragen eines solchen Kopfschmuckes jedoch das ausschließliche Vorrecht von zwei Familien. Als die *ta'alolo*-Zeremonie vor Hunderten von Zuschauern begann, wurde sie angeführt von einem Häuptling niederen Ranges namens Fiapoto (Pseudonym). Er trug besagten Kopfschmuck und wurde von einem Häuptlingssprecher begleitet, der zum Zeichen seiner Würde den üblichen Rednerstab in der Hand hielt. Dieser Anblick war zuviel für die Mitglieder einer der beiden Häuptlingsfamilien des Dorfes, die das Tragen des Kopfschmucks als ihr Vorrecht ansahen. Als Fiapoto sich den Häusern der Familie näherte, stürzte plötzlich Isa, die 33jährige Tochter des ranghöchsten Familienhäuptlings auf die *malae* (Dorfplatz), hob den Rock, beugte sich weit nach vorn und zeigte dem sich nähernden Fiapoto ihr nacktes Hinterteil. Diese Geste ist bei den Samoanern die allerschlimmste Beleidigung, aber für Isa konnte die Tatsache, daß Fiapoto so ostentativ die Zeichen höchster Würde zur Schau stellte, nur auf diese Weise geahndet werden. Danach bewarf sie – zusammen mit acht anderen Mitgliedern ihrer Familie, darunter drei Halbwüchsige – Fiapoto und dessen Häuptlingssprecher mit Steinen. Die Angreifer wurden später vor das Distriktsgericht zitiert und zu einer Strafe verurteilt. Sie schienen jedoch überaus zufrieden, denjenigen die Zähne gezeigt zu haben, die ihnen ein liebgewonnenes Privileg hatten streitig machen wollen.

Solche Zwischenfälle sind in Samoa ziemlich selten, denn die vielfältigen Konventionen des Rangsystems reichen gewöhnlich aus, um Spannungen unter Kontrolle zu halten. Die Tatsache, daß es dennoch von Zeit zu Zeit in Gemeinschaften, die in hohem Maße durch einen formalen Rahmen bestimmt sind, zu gewaltsamen Konflikten kommt, ist ein deutliches Indiz dafür, daß auch eine Rangordnung, wie sie in Samoa existiert, weit davon entfernt ist, »empfänglich für Innovationen« und durch »extreme Mobilität« gekennzeichnet zu sein, wie Margaret Mead behauptet hat. Tatsächlich handelt es sich hier um ein ausgesprochen konservatives System, das unter Oberfläche der in Häuptlingskreisen üblichen Etikette und Höflichkeit von heftigen und lang anhaltenden Rivalitäten geschüttelt wird.

Der Sinn für Konkurrenz und Rivalität ist so stark ausgeprägt, daß oft schon die allerkleinsten Abweichungen vom etablierten Ranggefüge größere Probleme schaffen. Ein gutes Beispiel dafür ist ein berühmter Fall, der sich schon bald nach Übernahme der Regierungsgewalt in West-Samoa durch die Amerikaner im Jahre 1900 ereignete. Eine der ersten Amtshandlungen von Commander B. F. Tilley, dem ersten Kommandanten des Marinestützpunktes von Tutuila, bestand darin, drei hohe Häuptlinge zu Bezirksgouverneuren zu ernennen. Der eine war Mauga von Tutuila, ein zweiter nannte sich Tui Manu'a, damals der höchste Häuptlingstitel von ganz Samoa. Nun war eine der zahlreichen Regeln, die die Person des Tui Manu'a betrafen, daß der bei der *kava*-Zeremonie gebräuchliche Begriff *ipu* (Schale), der in anderen Teilen Samoas auf die *kava*-Schale jedes Häuptlings, gleich welchen Ranges, angewendet wurde, im Bereich von Manu'a einzig und allein dem Tui Manu'a vorbehalten war. Im August 1901 besuchte nun der große Häuptling, der Mauga, die zu Manu'a gehörende Insel Ofu. Anläßlich der zu seinen Ehren veranstalteten Feierlichkeiten erhielt er einen Ehrenplatz. Als ihm die *kava*-Schale gereicht wurde, geschah dies mit der speziell für ihn gültigen Anrede. Dagegen lehnte sich der Mauga jedoch auf. Er bestand darauf, daß ihm, dem neu ernannten Bezirksgouverneur – genau wie dem Tui Manu'a – eine *ipu* dargebracht werden müsse. Anfänglich waren sich die Häuptlingssprecher von Ofu unschlüssig, doch nachdem der Mauga einen Vers aus der Bibel zitiert hatte (Römer 13,7: »So gebet nun jedermann, was ihr schuldig seid: Steuer, wem Steuer gebührt; Zoll, wem Zoll gebührt; Furcht, wem Furcht gebührt; Ehre, wem Ehre gebührt«), kamen sie seiner Forderung nach. Als der Tui Manu'a von dieser Neuerung hörte, wurde er zornig. Die Häuptlingssprecher, die an dieser Zeremonie mitgewirkt hatten, wurden getadelt und strengstens bestraft: Ihr Besitz sollte beschlagnahmt, ihre Familien verbannt und sie selbst in einem auf hoher See treibenden Kanu ausgesetzt werden.[11] Doch bevor es dazu kam, intervenierten die amerikanischen Behörden. Der Fall wurde vor einem europäischen Richter verhandelt. Der richterliche Spruch lautete, es sei kein Unrecht, den Begriff *ipu* zu verwenden, wenn hochgestellten Persönlichkeiten der amerikanischen Regierung von Ost-Samoa *kava* gereicht wird. Dieses Urteil leitete den allmählichen Verfall der Macht des Tui Manu'a ein.[12]

Dieser historisch belegte Fall ist ein Beispiel dafür, daß bei den Samoanern oft wegen scheinbar trivialer Anlässe Streit entsteht. Stets sind sie bereit, »sich um einen Strohhalm zu balgen, wenn die Ehre auf dem Spiel steht«. Für die innerhalb der samoanischen Rangordnung gültigen Wertvorstellungen war dieser Fall zudem alles andere als trivial, denn das ausschließliche Anrecht auf das Wort *ipu* war eines der Hauptkennzeichen der überragenden Stellung des Tui Manu'a. Die Aussage eines Mannes, der bei der Gerichtsverhandlung im September 1901 zugegen war, macht das deutlich. »Könnte auch ein Mann aus Tonga eine *ipu* haben?« wurde jener Häuptling aus Manu'a gefragt. »Nein«, war die Antwort. »Könnte ein Mann von den Fidschi-Inseln eine *ipu* haben?« »Nein.« »Wenn der König von England hierherkäme – könnte er eine *ipu* haben?« »Nein... Der Tui Manu'a ist höher gestellt als alle anderen Könige.«[13]

Solch strenge Prinzipien gelten auch auf niederer Stufe der Rangordnung. Als Beispiel dafür sei eine Feier beim Amtsantritt eines neugewählten Häuptlingssprechers in einem Dorf von Upolu Mitte der sechziger Jahre genannt. Bei einer solchen Amtseinführung sind alle Häuptlinge und Häuptlingssprecher der betreffenden Dorfgemeinschaft zugegen, aber auch Häuptlinge aus der Nachbarschaft. Im heutigen Samoa werden sie vor Beginn der eigentlichen Feierlichkeiten mit einer leichten, aus Brot, Zwieback und Tee bestehenden Mahlzeit begrüßt. Dabei herrscht die Gepflogenheit, daß den Häuptlingssprechern ihr Tee in emaillierten Bechern gereicht wird, während jedem Häuptling eine Porzellantasse mit Untertasse und eine Teekanne zusteht. Alle Anwesenden werden außerdem streng nach der Rangfolge bedient. Bei oben erwähntem Anlaß geschah es, daß die zuständigen Häuptlingssprecher versehentlich einem jungen *ali'i* namens Afoa vor einem alten Häuptling mit dem Namen Vaiola den Vorrang gaben, obwohl Vaiola durch seinen Sitzplatz an einem bestimmten Holzpfosten des Hauses als ein Häuptling höheren Ranges ausgewiesen war. Auch hinsichtlich der in diesem Dorf üblichen *fa'alupega* war Afoa der Unterlegene. Deshalb verurteilte Vaiola die verantwortlichen Häuptlingssprecher mit lauter Stimme in Gegenwart aller versammelten Gäste. Der Vorfall sei in jeder Hinsicht unziemlich, sagte er empört. Den schuldigen Häuptlingssprechern rief er zu: »Führt keine neuen Dinge ein in dieser Dorfgemeinschaft! Haltet euch an ihre Verfassung!« Abschließend fügte er noch hinzu, daß er gewiß die Teekanne ins Freie geschleudert hätte, die ihm in Verkennung der wahren Rangordnung gereicht worden sei, wenn ihn die Achtung vor den anwesenden Gästen nicht daran gehindert hätte.

Bei einem anderen Anlaß führte die Tatsache, daß einem Häuptling niederen Ranges eine Teekanne gereicht wurde, obwohl sein Titel in den *fa'alupega* seiner Dorfgemeinschaft nicht vorkam, sofort zu Tätlichkeiten, in deren Verlauf sich die rivalisierenden Mitglieder verschiedener Teile ein und derselben Großfamilie gegenseitig mit Taro-Stauden bombardierten.

Diese Beispiele zeigen, daß die vielfältigen Konventionen innerhalb der samoanischen Rangordnung weit davon entfernt sind, sich stets an die jeweiligen Gegebenheiten anzupassen, wie Margaret Mead behauptet hat. Sie sollen vielmehr sicherstellen, daß jeder Versuch, traditionelle Gewohnheiten zu verändern, augenblicklich durchschaut wird. Deshalb werden diese Konventionen zugleich argwöhnisch gehütet und peinlich genau beachtet. Glücklicherweise haben wir die lückenlosen, für alle Dorfgemeinschaften in Samoa gültigen detaillierten *fa'alupega*, die Augustin Krämer von 1897 bis 1899 zusammengestellt hat. Wie schon an anderer Stelle gesagt worden ist, sind diese *fa'alupega* ein unmittelbarer Ausdruck der »Verfassung« der jeweiligen *fono*. Sämtliche Fälle, die ich von 1941 bis 1981 recherchiert habe, erbrachten den Nachweis, daß alle im heutigen Samoa gebräuchlichen *fa'alupega* im wesentlichen mit denen übereinstimmen, die Krämer gegen Ende des 19. Jahrhunderts aufgezeichnet hat. Es gibt folglich keinen stichhaltigen historischen Beweis für Margaret Meads im Jahre 1928 gemachte Behauptung, es sei möglich, das Erscheinungsbild einer *fono* im Laufe von zwanzig Jahren zu verändern, da in Samoa, wo »ein gesellschaftlicher Neuerer nicht gegen einen eifersüchtig gehüteten Hort der Überlieferung anrennt«, die soziale Landschaft mühelos »völlig verändert werden kann«.

Wenn es um Rangunterschiede geht, ist es um das samoanische Ethos jedoch eher so bestellt, wie es Häuptling Tuato anläßlich der Verfassunggebenden Versammlung von West-Samoa am 20. Dezember 1954 formulierte: »Niemand wird es jemals wagen, vom Rangsystem Samoas irgend etwas wegzunehmen oder ihm irgend etwas hinzuzufügen.«[14]

10. Gemeinsinn und Wettstreit

Es war Anfang 1930 weitgehend der Wirkung von Margaret Meads und Ruth Benedicts Schriften zuzuschreiben, daß sich der *Social Science Research Council* »aktiv dafür zu interessieren begann, den Forschungsbereich Persönlichkeit und Kultur zu einem seiner Schwerpunktbereiche zu entwickeln«. Dieses Interesse fand seinen deutlichen Niederschlag in der Veröffentlichung einer Bestandsaufnahme des kooperativen und des konkurrierenden Verhaltens von Menschen aus dreizehn verschiedenen »primitiven Gesellschaftsformen«. Herausgeberin dieser Studie war Margaret Mead. Ihr Beitrag zu diesem Werk bestand nicht nur in einem ziemlich umfangreichen interpretierenden Anhang, sondern auch in Berichten über die Arapesh und die Manus sowie in einer speziell für diesen Zweck verfaßten Abhandlung über die Samoaner.[1]

1928 hatte Margaret Mead behauptet, ein Heranwachsender in Samoa dürfe seine Altersgenossen immer nur höchstens ein wenig übertreffen. 1931 wagte sie dann beherzt die Verallgemeinerung, die samoanische Kultur habe den Weg zur Eliminierung des Interesses am Wettbewerb eingeschlagen. 1937 definierte sie in *Cooperation and Competition among Primitive Peoples* kooperatives Verhalten als »Akt der Zusammenarbeit«, konkurrierendes Verhalten dagegen als »Handlungsweise, die darauf bedacht ist und danach trachtet, das zu erlangen, was ein anderer Mensch zur gleichen Zeit zu erlangen wünscht«. Samoa wurde in dieser Arbeit als eine ausgesprochen kooperative Gesellschaftsform eingestuft. Obwohl in der samoanischen Ordnung die Tendenz festzustellen ist, daß einzelne Menschen gegen die Unterordnung aufbegehren und Unruhe und Streit stiften, behauptete Mead doch, daß diese Tendenz niemals so stark sei wie die gegenläufige, die darin bestehe, »jedes Individuum, jeden Haushalt, jedes Dorf, jeden Distrikt (in West-Samoa) in eine Hierarchie einzuordnen, in der der einzelne seine Würde lediglich aus seiner

Beziehung zum Ganzen ableitet, und in der Wettstreit ganz unmöglich ist«. Folglich führe »die Konkurrenz zwischen einzelnen Dörfern gewöhnlich nie zu einem nennenswerten Aggressionspotential«, und wenn »in der Praxis der freien Liebe, die der Heirat vorangeht, Rivalität zwischen jungen Männern entsteht..., so ist daran bemerkenswert, daß sie ebensowenig ernst zu nehmen ist wie die gelegentlichen Rivalitäten zwischen Dörfern«. Die Samoaner sind also in der Schilderung von Margaret Mead ausgesprochen kooperativ und leben in einer Gesellschaftsordnung, in der die Neigung zum »Wettbewerb gedämpft und kontrolliert« ist.[2]

Wie ich schon im 8. Kapitel beschrieben habe, sind Individuen, Familien und auch die einzelnen Dorfgemeinschaften in Samoa tatsächlich entsprechend ihrem Rang in Hierarchien eingeordnet. Darauf hat auch Margaret Mead zu Recht hingewiesen. Die Behauptung, innerhalb dieser Hierarchien mit ihren zeremoniellen Formalitäten sei der Wettbewerb eliminiert worden, beruht aber auf einem fundamentalen Irrtum. Gewiß, es gibt in allen samoanischen Dorfgemeinschaften eine fest etablierte Rangordnung, doch ist die Feststellung von zentraler Bedeutung, daß diese Rangfolge der institutionalisierte Ausdruck eines äußerst starken und in allen Bereichen feststellbaren Wettbewerbsgeistes ist. Dank dieser hierarchischen Ordnung wird das Konkurrenzverhalten im allgemeinen zwar wirksam reguliert, doch ist es nichtsdestotrotz dem gesamten System inhärent. Bei einem Volk, das so sehr von Fragen des Ranges besessen ist wie die Samoaner, ist durchaus eine konkurrierende Grundhaltung hinsichtlich der zahlreichen mit einem bestimmten Rang verbundenen persönlichen Vorteile festzustellen. Es wurde schon an anderer Stelle darauf hingewiesen, daß auf allen Ebenen des gesellschaftlichen Lebens Situationen entstehen können, in denen der allgegenwärtige Hang zum Rivalisieren die Fesseln der Konvention zu durchbrechen und in offene Auseinandersetzungen einzumünden droht. So sehen auch ganz gewiß die Samoaner ihre eigene Lebensform. Während einer »politischen« *fono*, die im Februar 1967 an der Südküste von Upolu stattfand, sagte beispielsweise ein Häuptling: »In diesem Land bedeutet Wettbewerb sehr viel.« Dann warnte er die anderen Häuptlinge, daß erbitterte Konkurrenz fast immer Kummer verursacht und zu offenen Ausschreitungen führt. Ein anderer *ali'i* pflichtete ihm bei und meinte, Wettstreit sei tatsächlich das Hauptmerkmal der samoanischen Lebensweise. Diese Haltung sei in der uralten Rangordnung verankert und deshalb viel stärker als das Christentum, zu dem sich die Samoaner erst seit einer relativ kurzen Zeit bekannten. Im September 1966 äußerte die 44jährige Tochter eines Häuptlings mir gegenüber ganz spontan: »Das Leben in Samoa ist wirklich schwierig. Ständig streiten sich die Leute um Land und Titel. Dabei kommt nichts heraus als Zwietracht.«

Zu ähnlichen Schlußfolgerungen gelangten zahlreiche Europäer, die das Verhalten der Samoaner eingehend beobachtet haben. In seinem Tagebuch des Jahres 1832 machte Williams eine Bemerkung über »die extreme Eifersucht«, mit der die Samoaner auf die Respektierung eines Ranges dringen. Ein »sehr beliebter« Zeitvertreib der Samoaner bestehe darin, Kämpfe mit den knüppelähnlichen Stengeln der Palmwedel auszutragen. Es sei nicht ungewöhnlich, daß einer der Kämpfenden dabei durch einen Schlag auf den Kopf schwer verletzt werde und ohnmächtig zu Boden sinke. Auch gebe es dabei häufig gebrochene Arme.[3]

1843 wohnte Thomas Nightingale einem dieser ritualisierten und im heidnischen Samoa durchaus üblichen Kämpfe bei. Er fand in West-Samoa auf der Insel Manono statt, im Beisein von »dreitausend Menschen, die ihren Kriegsschmuck angelegt hatten«. Eine große Zahl dieser Menschen war »von nahe gelegenen Inseln gekommen. Alle waren begierig, den Nachbarn durch Behendigkeit und kriegerische Geschicklichkeit auszustechen.« Nightingale berichtet:

»Die Szene begann damit, daß jeder Krieger den anderen bedrohte, zum Teil nur mit Worten, besonders jedoch mit ausdrucksvollen Gesten, die die gegnerische Partei aufforderten, den Kampf zu eröffnen. Dann kehrte jeder zu seinem jeweiligen Platz zurück, und es kam nacheinander zu Einzelkämpfen, die in einer höchst methodischen, manchmal ziemlich brutalen Weise ausgetragen wurden. Jeder Krieger versetzte nämlich dem Kopf seines Gegners Schläge von so überwältigender Kraft, daß es die Zuschauer in Erstaunen versetzte, wie irgendein menschlicher Schädel dabei nicht zu Bruch gehen konnte. Es wurde kein Pardon gegeben, bis einem der Streitenden die Sinne schwanden oder sein Knüppel brach. Hätte sich einer der beiden Kontrahenten während des Kampfes irgendeinen unbilligen Vorteil verschafft, so hätte der Übeltäter augenblicklich dafür mit dem Leben bezahlt. Der erfolgreiche Streiter ließ sich am Ende vor seinem Häuptling nieder, um dessen Lob zu empfangen. Dann mischte er sich unter die Mitglieder seiner eigenen Partei, die seinen Sieg durch gellende Schreie und lauten Beifall feierte.«[4]

Weiter erzählt Nightingale, daß solche Wettkämpfe zwar anfänglich nur als Zurschaustellung der Geschicklichkeit ausgetragen wurden, oft jedoch so »von Rivalität und Kampfgeist angeheizt« waren, daß ernsthafte Rachsucht und Eifersucht entstand. Im Juli 1837 erlebte der Missionar Charles Hardie, wie ein solcher Wettkampf mit Knüppeln zwischen zwei Dorfgemeinschaften der Insel Savai'i zu Vergeltungsaktionen ausuferte. Als sich einer der Kämpfenden nicht mehr wehren konnte, weil sein Knüppel zerbrochen war, fühlte sich seine Partei durch das Siegesgeschrei des gegnerischen Lagers beleidigt, denn schließlich stand der Kämpfer ja noch auf beiden Beinen. Sofort gab es »deutliche Anzeichen eines ernsthaften Krieges«, denn die beleidigte Partei machte sich mit Steinen über ihre Gegner her. Hardie meinte dazu: »Mögen uns die Samoaner allgemein als zivilisiert und milde erscheinen, so sind sie doch Bären und Tiger, wenn der Zorn sie packt.«[5] Auch aus diesem Bericht geht hervor, daß solch ritualisierte Kämpfe von intensivem Wettkampfgeist getragen waren. Sie fanden auf allen Ebenen der Rangordnung statt – zwischen Mitgliedern verschiedener Großfamilien desselben Dorfes, zwischen verschiedenen Dörfern und zwischen großen Bezirken wie Atua und A'ana auf der Insel Upolu, die gewissermaßen eigene Königreiche darstellten und jeweils von einem großen Häuptling beherrscht wurden. J. B. Stair hat von den Knüppelkämpfen zwischen Atua und A'ana und den Spottgesängen berichtet, mit denen man die Gegenseite ärgerte, wenn ein Kämpfer den Favoriten des gegnerischen Lagers besiegte. Als beispielsweise einmal ein Streiter aus A'ana zu Boden stürzte und nicht mehr auf die Füße kam, stießen die Leute aus Atua zuerst Schreie des Triumphes und des Spottes aus und stimmten sodann einen Gesang an, der mit den kränkenden Worten endete: »A'ana, für das der Kampf ein Zeitvertreib ist – da liegst du nun am Boden, rollst dich im Gras und frißt Erde!«[6]

Parallel zu den Knüppelkämpfen junger Krieger im heidnischen Samoa gab es eine Sportart mit starkem Wettkampfcharakter, die darin bestand, auf speziell hergerichteten Lichtungen im Wald Tauben mit Netzen zu fangen. An einer solchen Stätte pflegten sich Wettkämpfer im Häuptlingsrang aus ganz Samoa zu versammeln. Jeder brachte seine ihm liebste Locktaube mit. Diese Vögel waren darauf abgerichtet, nach Weisung ihres Besitzers Flüge am Ende einer langen Schnur durchzuführen. Sobald sich eine Wildtaube näherte, mußten die Wettkämpfer versuchen, sie mit einem an einer langen Stange befestigten Netz einzufangen. Der

Häuptling, der die meisten Wildtauben fing, galt nach Turners Worten als »Held des Tages« und erhielt von seinen weniger erfolgreichen Konkurrenten Nahrungsmittel und sonstige Güter, die sie verwettet hatten. Wie Krämer berichtet, war das Fangen von Wildtauben der Lieblingssport großer Häuptlinge. Sie konnten sich dafür derart begeistern, daß »sie manchmal durch nichts dazu bewogen werden konnten, von dieser Leidenschaft abzulassen«, und »viele Wochen ohne Unterbrechung im Wald verbrachten«. Der Kampf um den Ruhm des geschicktesten Taubenfängers hatte bisweilen tragische Folgen. Schultz hat von einem in der samoanischen Geschichte wohl einmaligen Fall berichtet, der sich in Olo, einer der speziell für den Wildtaubenfang hergerichteten Stätten auf der Insel Savai'i, ereignete. Uluma, ein Häuptling, der wegen seiner Fertigkeiten in der Kunst des Wildtaubenfangs in hohem Ansehen stand, wurde eines Tages von einem gewissen Tapusoa niedergestreckt, »der ihm seinen Ruf als Jäger neidete«, und mußte obendrein noch die schlimmste Schmähung über sich ergehen lassen, nämlich, er läge da, »aufgeschlitzt wie ein Schwein«. Für diese Untat mußte Tapuso dadurch büßen, daß einer von Ulumas Gefolgsleuten ihm dieselbe Behandlung zuteil werden ließ. Der Vorfall lebt weiter in der stehenden Wendung 'O ula i Olo, die auf jede extreme Form der Vergeltung angewandt wird.[7]

Turner, Stair und andere haben mehrere solcher Wettkampfarten des heidnischen Samoa beschrieben, beispielsweise Speerwerfen, Spiele mit Wurfpfeilen, »Boxen« und Ringen. Doch auch auf manch andere Weise pflegten die Samoaner sich miteinander zu messen. Turner hat von einem »Sport« berichtet, bei dem es darum ging, daß ein Mann »mit seinen Zähnen fünf (von den in Samoa besonders großen) Kastanien mit den Zähnen schälen und verzehren mußte«, bevor ein anderer freie Bahn hatte, um »eine bestimmte Strecke hin und zurück zu laufen«. Dabei sei ein Korb voll Kokosnüssen zu gewinnen gewesen.[8]

In der zweiten Hälfte des 19. Jahrhunderts wurden diese traditionellen Formen von ritualisiertem Wettkampf allmählich durch neue Sportarten ersetzt, besonders durch Kricket. Dieses Spiel wurde in Samoa durch die Besatzung eines britischen Kriegsschiffes eingeführt und fand auf allen Inseln begeisterten Zuspruch. Bei der auf samoanische Verhältnisse zugeschnittenen Version dieser Sportart wurden Schläger in der Form des heimischen Schlagstockes verwandt. Aus einem Bericht der Mission von 1888 geht hervor, daß bald Spiele mit »zweihundert Spielern pro Team«

ausgetragen wurden. Die Turniere hätten manchmal »einen Monat lang von morgens bis abends gedauert, sehr zum Nachteil der Familie, der Feldarbeit und des Kirchgangs«. Die totale Hingabe an diese neue Form des Wettstreits führte dazu, daß sowohl die Kirche als auch die Regierungsbehörden versuchten, Kricket mit Acht und Bann zu belegen. Aber heutzutage ist diese Sportart dennoch in buchstäblich allen Dörfern Samoas bei Männern und Frauen jeglichen Alters ausgesprochen beliebt. Längst sind auch andere westliche Sportarten bekanntgeworden, beispielsweise Ruderregatten, Volleyball, Baseball und in West-Samoa auch Rugby.[9]

In den Dörfern ist es durchaus üblich, daß eine beliebige Anzahl von Leuten Kricketteams bilden. Die Kinder sind so sehr bei der Sache, daß es kein ungewöhnlicher Anblick ist, wenn ein Kind ein anderes verprügelt, weil es ihm den Ball vor der Nase weggeschlagen hat. Kricketspiele werden sehr ernst genommen. Ich habe selbst gesehen, daß sich die Leute immer wieder wegen strittiger Entscheidungen in die Haare geraten. Normalerweise sind bei jedem Spiel ältere Leute oder Häuptlingssprecher zugegen. Mit Knüppeln bewaffnet, schreiten sie ein, um im Ernstfall möglichst schnell den Frieden wiederherstellen zu können. Gelegentlich kommt es jedoch zu ernsten Auseinandersetzungen. So war es beispielsweise auch bei einem Kricketmatch in einem Dorf an der Nordküste von Upolu am 27. Juli 1966. Ein 22jähriger Mann namens Solomua war so außer sich, weil seine Partei geschlagen wurde, daß er den Ball gegen ein Mitglied der gegnerischen Mannschaft schleuderte. Dieser, ein Spieler namens Motu, reagierte mit den Worten: »Laß deine Bosheit nicht im Spiel aus, du Kotfresser!« Gleich darauf entwickelte sich eine Schlägerei, in deren Verlauf Solomua seinem Gegner Motu einen Messerstich in den Schenkel zufügte. Dafür wurde Solomua zu neun Monaten Gefängnis verurteilt. Ich könnte noch viele ähnliche Beispiele anführen. Wie sie in aller Deutlichkeit belegen, werden die rangbewußten Samoaner von einem derartig starken Konkurrenzgeist beherrscht, daß auch bei den ritualisierten Wettkämpfen immer mit offener Gewalt gerechnet werden muß.[10]

Die von mir genannten Fälle belegen wohl zur Genüge, daß die Samoaner schon seit langer Zeit bei Wettkämpfen aller Art ein stark ausgeprägtes Konkurrenzverhalten zeigen. Dieser Sinn für Konkurrenz und Wettstreit ist in buchstäblich allen Bereichen ihrer sozialen Ordnung anzutreffen. Das soll nicht heißen, daß die Samoaner nicht fähig seien, auch zusammenzuarbeiten. Tatsächlich sind sie in den unterschiedlichsten Bereichen auf eine geradezu auffällige Weise kooperativ. Dieser Gemeinsinn ist besonders wirksam, wenn sich eine bestimmte Einheit innerhalb ihrer Gesellschaftsordnung – nehmen wir einmal eine Dorfgemeinschaft – im offenen Wettstreit mit einer gleichgestellten Einheit befindet, mag es sich nun um Kricket, eine größere Feierlichkeit oder eine gemeinsame Spende für die Kirche handeln. Dieser Gemeinsinn ist durchaus vereinbar mit gleichzeitigem Wettbewerb auf anderen Ebenen des sozialen Lebens. Innerhalb ein und derselben Dorfgemeinschaft gibt es immer verschiedene miteinande konkurrierende Lager, und auch innerhalb dieser Lager gibt es Familien, die miteinander im Wettstreit stehen.

Die samoanische Überlieferung enthält zahlreiche Geschichten, in denen es auf die eine oder andere Weise um kämpferische Auseinandersetzung geht. Im 9. Kapitel war schon von dem berühmtesten Streitfall die Rede, nämlich von der tödlichen Rivalität zwischen Ali'a Matua und Ali'a Tama im einstigen Manu'a. Dr. Peter Buck notierte sich 1927 in Manu'a folgenden Vorfall: Eines Tages kam der Malietoa von Savai'i. Einer seiner Häuptlingssprecher wurde von einem gewissen Le Polo aus Ta'ū überlistet. Da tötete der Malietoa den Unglücklichen, »weil er untauglich für den Wettkampf war«.

Auf Savai'i gibt es die allseits bekannte Geschichte von Fatu und Sala, die im Dorf Safune verschiedenen Gruppen angehörten. Die beiden Frauen begaben sich eines Tages zu ihren Taropflanzungen, um auszumachen, wer von ihnen am meisten Arbeit leisten konnte. Der Vergleich endete damit, daß Sala vor Erschöpfung starb.

Auf der Insel Upolu war der bekannteste Fall von Rivalität wohl der Zwist zwischen den beiden Häuptlingssprechern Ape und Tutuila aus den beiden eng miteinander verschwägerten Dörfern Fasito'outa und Fasito'otai. Die beiden begaben sich eines Tages an die Südküste von Upolu, um einen erst vor kurzem geborenen Sohn des Vaetamasoa an sich zu bringen. Letzterer war von hoher Herkunft und begründete übrigens, wie Krämer berichtet hat, die Tui A'ana-Linie. Als die beiden Häuptlingssprecher in den von ihnen bewohnten Distrikt der Insel zurückkehrten, entwickelte sich zwischen ihnen, die beide auf das kleine Kind von königlichem Geblüt Anspruch erhoben, ein heftiger Streit, der in der Folgezeit als Ritual weiterbestand. S. Osborn hat dieses Ritual geschildert, wie es im Jahr 1901 anläßlich einer *kava*-Zeremonie vollzogen wurde, an der auch der Tui A'ana teilnahm. Der Streit zwischen den damaligen Inhabern der Titel von Ape und Tutuila sei dabei so überzeugend und echt dargestellt worden, daß Gouverneur Solf eingeschritten sei, um ihn zu beenden.

Im einzelnen bestand der rituelle Streit laut Osborns Bericht darin, daß sich Ape und Tutuila mit aller Macht um den Besitz eines lebenden Ferkels raufen mußten. Schließlich rissen sie es in zwei Teile, damit jeder hatte, was ihm gebührte. Wenn es jemals ein urtümliches Wettstreit-Ritual gegeben hat, dann dieses. Auch Shore hat eine detaillierte Schilderung eines lang andauernden Zwistes zwischen zwei Häuptlingssprechern aus dem Dorf Sala'ilua auf der Insel Savai'i hinterlassen. Der Streit endete damit, daß einer den anderen umbrachte, weil er von ihm beschuldigt worden war, beim Kartenspiel betrogen zu haben.[11]

Besonders in der Redekunst pflegen Häuptlingssprecher miteinander zu wetteifern, denn sie ist, wie Holmes schrieb, ein »Wettkampf... mit dem Ziel, sowohl das Prestige des Redners als auch das Ansehen der von ihm repräsentierten Dorfgemeinschaft oder Familie anzuheben«. Der Auftakt oder die Einleitung zu einem solchen Rededuell wird in Samoa *fa'atau* genannt – wörtlich übersetzt heißt das »einen Streit provozieren«. Anläßlich einer *fono* oder anderer wichtiger gesellschaftlicher Anlässe, bei denen Reden gehalten werden, sind Wortgefechte zwischen Häuptlingssprechern an der Tagesordnung. Allein schon die Frage, wer als erster reden darf, ist ein wichtiger Streitpunkt. Jeder der anwesenden Häuptlingssprecher hat das Recht, sich in aller Form um dieses heißbegehrte Privileg zu bewerben. Oftmals geht derjenige bei diesem Streit als Sieger hervor, der nach Rang und Ansehen den anderen überlegen ist, aber auch die Kenntnis heimischer Überlieferungen, ganz besonders der *fa'alupega* und der Genealogien, die Eloquenz und das Alter spielen eine wichtige Rolle. Jeder Häuptlingssprecher redet in eigener Sache. Wie Bruder Herman geschrieben hat, verringert sich die Anzahl der Redner allmählich, weil einer nach dem anderen aufgibt, bis nur noch einer übrig ist. Diese Form des Wettkampfes ist uralt. J. B. Stair, der 1838 in Samoa eintraf, hat berichtet, daß dem Privileg, vor einer öffentlichen Versammlung zu sprechen, immer besonders große Bedeutung beigemessen wurde. Jedesmal, wenn sich die Gelegenheit zu einer Ansprache bot, »erhoben sich alle Sprecher und machten sich gegenseitig das Recht streitig, als erster zu reden«. Diesen Brauch gibt es noch heute. Es kommt vor, daß eine solche Redeschlacht länger als eine Stunde dauert.

Manchmal kommt es zu hitzigen Aueinandersetzungen, beispielsweise wenn ein Sprecher einen anderen unterbricht. Dann macht der Unterbrochene seinem Zorn mit einer ärgerlichen Bemerkung Luft. Jede Gelegenheit, den Rivalen zu beschämen und in die Knie zu zwingen,wird begierig ergriffen. Am 5. Mai 1966 beispielsweise wies Ape aus Fasito'outa einen anderen Häuptlingssprecher namens Tupa'i aus Nu'usuatia zurecht, der seine genealogischen Kenntnisse in Frage gestellt hatte. Er sagte: »Du redest wie einer von den Fidschi-Inseln! Sprich nicht mit mir über Dinge, die dein Verständnis überschreiten!« Der gedemütigte Tupa'i gab sich augenblicklich geschlagen und schied aus dem Wettstreit aus. Bei einem anderen Anlaß machte ein ehrgeiziger, aber unerfahrener junger Häuptlingssprecher einen unverzeihlichen Fehler, indem er den Tui Atua falsch anredete. Letzterer erledigte seinen jungen Widersacher mit den laut vernehmlichen Worten: »Halte lieber den Mund, Bürschlein! Deine Zunge gehorcht dir nicht. Geh lieber wieder zur Schule!«[12] Manchmal ereifern sich die Häuptlingssprecher bei ihren Rededuellen derartig, daß es zu Handgreiflichkeiten kommt. Bei einer Rede, die im Stehen gehalten wird, ist es Brauch, daß ein *tulafale* in einer Hand einen langen Stab hält, in der anderen eine geflochtene Quaste. 1967 sah ich in Sa'anapu mit eigenen Augen, wie sich zwei Häuptlingssprecher aus einem anderen Dorf darüber stritten, wer zuerst reden dürfe. Um den Rednerstab an sich zu bringen, wurden sie sogar handgreiflich.

Auf Ta'ū haben der Tui Manu'a und dessen assistierender Häuptlingssprecher einen so unangefochtenen Rang, daß kein *tulafale* aus einer anderen Gegend Samoas bei einer Feierlichkeit einen *fa-atau*-Wettbewerb gewinnen kann. Ich selbst habe Häuptlingssprecher von hohem Rang aus West-Samoa gesehen, wie sie in Tränen ausbrachen angesichts dieses unabänderlichen Sachverhalts. Zu ähnlich starken Gefühlsausbrüchen kommt es manchmal bei denen, die aus einem *fa'atau*-Wettstreit als Sieger hervorgehen. Dann kann es geschehen, daß sogar ein würdiger und beherrschter Häuptlingssprecher vor lauter Rührung und Freude über den errungenen Sieg in Tränen ausbricht.

Wie ich schon im Zusammenhang mit der samoanischen Rangordnung angedeutet habe, konkurrieren auch Häuptlinge heftig miteinander. George Pratt hat 1835 auf der Insel Savai'i beobachtet, daß jeder Häuptling »eifersüchtig auf seinen Nachbarn und immer darauf bedacht ist, ihm in jeder Hinsicht gleichzukommen«. Wie schon an anderer Stelle gesagt wurde, lief der Kampf um die Nachfolge des *tafa'ifa*, also des ranghöchsten Häuptlings von Samoa, fast immer mit Gewalttätigkeiten zwischen rivalisierenden Parteien aus den verschiedenen Gegenden von Samoa ab. Robert Louis Stevenson hat 1892 beobachtet, daß die Bevölkerung irgendeines Bezirks nur diesen obersten Titel dem Bewerber A zuzuerkennen brauchte, damit eine rivalisierende Partei in einem anderen Bezirk augenblicklich einem Bewerber B oder C den Titel eines *tafa'ifa* verlieh. Noch lange nachdem über die Vergabe des Titels endgültig entschieden worden war, waren die rivalisierenden Parteien dann miteinander zerstritten. T. H. Hood berichtete 1863, die großen Häuptlinge seien so voreinander auf der Hut, daß sie nie schlafen gingen, »ohne Wachen aufzustellen, weil sie fürchteten, von irgendeinem übereifrigen Anhänger eines verfeindeten Häuptlings ermordet zu werden«. Zwar fanden gegen Ende des 19. Jahrhunderts – mit Errichtung der amerikanischen bzw. deutschen Regierungsgewalt in Samoa – die kriegerischen Auseinandersetzungen um hohe Titel und Würden ein Ende, doch auch im heutigen Samoa kommt es noch immer zu erbittertem Wettstreit um solche Titel. In West-Samoa muß sehr häufig das »Gericht für Land und Titel« über solche Angelegenheiten entscheiden.

Der Konkurrenzgeist ist in allen gesellschaftlichen Bereichen feststellbar. Franklin Young, der 1970 bis 1971 sowohl in West- als auch in Ost-Samoa Forschungen trieb, meinte in diesem Zusammenhang, im heutigen Samoa sei »das Gerangel um *matai*-Titel und Sozialprestige« wichtiger als alles andere. Auch Margaret Mackenzie, die 1976 auf Savai'i Forschungsarbeiten durchführte, stellte fest: »Der Geist des Wettbewerbs und die daraus resultierenden Machenschaften ziehen sich durch die ganze Politik.«[13]

Am meisten wird innerhalb einer Großfamilie um Ehrentitel gewetteifert. Bei mehreren Anlässen konnte ich erleben, wie sich die Mitglieder einer solchen Familie versammelten, um im kleinen Kreis über die Vergabe eines freigewordenen Häuptlingstitels zu beraten. Jedesmal entstanden erbitterte Rivalitäten. Niemand der Anwesenden machte daraus einen Hehl. Es ist sogar üblich, daß die Ältesten zu Beginn einer solchen Familienversammlung davor warnen, welche Gefahren aus einem übertriebenen Wettstreit entstehen können. Doch trotz dieser Warnungen werden die Ansprüche oft so hitzig geltend gemacht, daß es zwischen den zerstrittenen Parteien auch zu Gewalttätigkeiten kommt. So geschah es beispielsweise, daß die Nichte eines Häuptlingssprechers dessen Adoptivsohn unterstützte, als der sein Recht auf den Titel anmeldete, getreu dem letzten Willen des Verstorbenen. Da sprang ein Mann auf und schlug mit einer Kopflehne aus Bambus auf sie ein, weil er der Meinung war, daß der Titel aufgrund seines Alters ihm zustand.

Auch die einzelnen Familien, die eine dörfliche Gemeinschaft bilden, befinden sich häufig in erbittertem Konkurrenzkampf. Beispielsweise wurde 1961 vor dem Haus des Taimalie, eines der obersten Häuptlinge aus dem Dorf Nofoali'i, ein Zettel gefunden, auf dem zu lesen stand: »Taimalie, du hast keine Macht in diesem Dorf, und dir gebührt auch kein Rang in Nofoali'i.« Fetu, ein 19jähriges Mädchen aus der Familie des Taimalie, fand diese Botschaft und verdächtigte sofort Leuila, die 15 Jahre alt war und einer feindlichen Familie angehörte. Fetu wurde tätlich gegen Leuilas 14jährige Schwester, und als jene sich wehrte, mischten sich 14 Personen beiderlei Geschlechts im Alter von 14 bis 62 in das Handgemenge ein. Später wurden sie alle wegen Landfriedensbruch verurteilt, und Leuila, die gestand, den Zettel geschrieben zu haben, wurde außerdem zu einer Strafe von £ 2 verurteilt.[14]

1930 bezeichnete Häuptling Su'a vor dem Untersuchungsausschuß des amerikanischen Kongresses die Samoaner als Menschen, die stets auf die Ehre ihrer Familie bedacht seien. »Festlichkeiten und Zeremonien, die nicht in aller Form begangen werden, werden als Schande für die Familie betrachtet«, meinte er. Parallel zu diesem Stolz auf die eigene Familie gibt es auch einen Stolz auf die eigene Dorfgemeinschaft und deren obersten Häuptling. Margaret Mead irrte sich also, als sie 1937 behauptete, daß »Samoa nur in einem sehr geringen Maß auf Gruppenrivalität als bindender Kraft innerhalb der einzelnen Gruppe beruht«. Eher ist es so, wie John Soloi, der Pastor von Fitiuta, es ausdrückte, als ich diesen Punkt mit ihm 1967 diskutierte, nämlich daß »Gruppenrivalität die Grundlage der samoanischen Politik« ist. Als Beispiel führte er die erbitterte Rivalität zwischen den beiden in Fitiuta existierenden Parteien, den Konkurrenzkampf zwischen den Dörfern Fitiuta und Ta'ū und schließlich die zwischen ganz Manu'a und Tutuila bestehende Rivalität an. In der Geschichte Samoas haben sich immer wieder solche miteinander konkurrierenden Lager oder Parteien gebildet. Auch in den zwanziger Jahren unseres Jahrhunderts war dies gewiß weder in West- noch in Ost-Samoa anders. Frances Hubbard Flaherty, die sich 1924 auf Savai'i aufhielt, hat berichtet, daß sie und ihr Mann eines Tages eine *taupou*, eine Zeremonialjungfrau, aus Safune in das feindliche Dorf Sasina bringen wollten, um dort von dem Mädchen Filmaufnahmen zu machen. Die anderen Frauen aus Safune schworen, die *taupou* werde sterben, bevor der Morgen graute, so intensiv war die »Rivalität, die zwischen samoanischen Dörfern besteht«. Margaret Mead selbst hat in einem Brief erwähnt, daß eines Tages die *'aumaga* des Dorfes Ta'ū vorhatte, ein Dorf auf der Insel Ofu, mit dem die Leute aus Ta'ū seit alten Zeiten verfeindet waren, zu brandschatzen und zu zerstören, weil die Dörfler aus Ofu den Pastor von Ta'ū gesteinigt hatten. Dieser Vorfall verrät den gleichen Sinn für Rivalität und erbitterten Wettstreit wie eine andere Episode, die George Drummond 1842 erlebte, und die ihn veranlaßte, den »natürlichen Charakter« der Samoaner als von »unbändigem Stolz« geprägt zu schildern.[15]

Dieser Stolz äußert sich auch in der Gründlichkeit und dem verschwenderischen Aufwand bei der Ausrichtung von Festen. Beispielsweise wurden anläßlich der Einweihung einer kleinen Kapelle in Leone auf Tutuila 1839 insgesamt 2300 Schweine geschlachtet. Auch die anderen Zutaten des Festmahles waren in entsprechenden Mengen vorhanden. A. W. Murray, der von dieser Protzerei eines kleinen Dorfes berichtet hat, führte sie auf »einen Geist der Rivalität« zurück. W. B. Churchward machte die Beobachtung, daß ein Dorf im Wettstreit mit einem anderen »ohne Murren alles opfert«, um die ranghöchste *taupou* zu verherrlichen, denn sie sei wie ein Schmuck, mit dem sich das Dorf ziere, um seinen Rang zu betonen. Bei solchen Anlässen kennt die Rivalität zwischen Dörfern keine Schranken. Leicht kommt es zu Aufruhr und Gewalt. So traf es sich zufällig gegen Ende der großen *kava*-Zeremonie bei Fasito'otai im September 1901 (auf die ich schon bei der Erörterung der ritualisierten Rivalität zwischen Ape und Tutuila zu sprechen kam), daß zwei getrennte Prozessionen aus verschiedenen Richtungen gleichzeitig den Platz betraten, auf dem die Zeremonie stattfand. Die eine kam aus Fasito'outa, die andere aus Faleasiu. Die Teilnehmer dieser Prozessionen hatten feingewebte Matten und andere wertvolle Gegenstände mitgebracht. Sie wurden jeweils von mehreren *taupou* angeführt. Osborn, der diesem Ereignis beiwohnte, hat berichtet, daß keine der beiden Prozessionen den Weg freigeben wollte. Darüber kam es zu Tätlichkeiten, und es hätte sich wohl ein ernsthafter Kampf entwickelt, wenn es der Polizei und den Ältesten des Dorfes nicht mit Mühe und Not gelungen wäre, dem Treiben Einhalt zu gebieten.[16]

Die wertvollsten Spenden bei feierlichen Anlässen sind die feinen Matten von erlesener Machart, die bei den Samoanern traditionell als Maßstab für Wohlstand und gesellschaftliche Stellung angesehen werden. Diese Matten sind häufig Grund für erbitterte Rivalität, wie ein Auszug aus dem Protokoll der Faipule-*fono*, nämlich der Versammlung der ernannten Anführer des Volkes von West-Samoa, belegt. In diesen Aufzeichnungen aus dem Jahr 1909 wurden jene feinen Matten zwar als Reichtum Samoas, als den Häuptlingen Würde verleihend und als Hilfe in Zeiten der Not beschrieben, aber sie wurden auch als Hauptursache für Mißverständnisse und Streitereien zwischen Häuptlingen und Häuptlingssprechern sowie zwischen reichen und weniger reichen Familien bezeichnet. Dies sei so, weil die Samoaner immer danach trachteten, »mit der Zahl der Matten gleichzuziehen, die von anderen gespendet werden« oder »andere auszustechen«. Dieses Gezänk um die feinsten Matten führte dazu, daß 1916 die Versammlung der Anführer und der großen Häuptlinge von West-Samoa die, wie sie es nannte, Intrigen, Streitsucht, Falschheit, Selbstsucht, Arroganz, Habgier und Ruhmsucht verurteilte, die sich dahinter verbargen. Ich möchte an dieser Stelle ausdrücklich darauf hinweisen, daß diese Beurteilung eines Konkurrenzverhaltens, welches für das gesamte samoanische Gemeinwesen bezeichnend ist, von Samoanern stammt.[17]

In ähnlicher Weise hat der ausgeprägte Wettbewerbsgeist und das geschärfte Bewußtsein für Rang, das alle weltlichen Bereiche des Daseins in Samoa durchdrungen hat, die religiösen Institutionen geprägt. Als John Williams 1832 zum zweiten Mal nach Samoa reiste, konnte er feststellen, daß der oberste Häuptling von West-Samoa darauf bestand, alle von Williams mitgebrachten Lehrer des christlichen Glaubens zuerst vor sich versammelt zu sehen, woraus sich alsbald ein ernsthafter Zwist zwischen den Häuptlingssöhnen entwickelte. Sie gehörten verschiedenen Lagern an und konnten sich nicht einigen, wo die erste Kapelle in Samoa gebaut werden sollte, denn »jede Partei wollte sie auf eigenem Grund und Boden« haben. Vergleichbare Schwierigkeiten ergaben sich auch bei der Ankunft der ersten Missionare, die sich auf Dauer in Samoa einzurichten gedachten. Als beispielsweise einer dieser Neuankömmlinge namens Alexander Chisholm im Juni 1843 in Sala'ilua an der Südküste von Savai'i seinen Wohnsitz nahm, waren die Bewohner von Fogatuli, einem weiter westlich gelegenen Dorf, »von so unzufriedenen Gefühlen« erfüllt, daß sie die Lehrer aus ihrem Dorf daran hinderten, zu Chisholm zu gehen, um sich von ihm weiter unterweisen zu lassen. Sie wollten nämlich einen eigenen Missionar aus England für sich haben.

Ihre Reaktion wurzelte »in der Eifersucht des einen Landes auf das andere«.

In späteren Jahren machten sich die Missionare diese Rivalität zunutze, um sowohl in Samoa als auch in anderen Teilen des Pazifik Gelder für die London Missionary Society zu sammeln. Ganz Samoa wurde in religiöse Bezirke unterteilt. Dann sorgte man dafür, daß die Bewohner beim Spenden von Geld miteinander wetteiferten. Die Ergebnisse wurden jedes Jahr öffentlich verkündet. Dies war eine neue Version der Freigebigkeit als Wettbewerb, denn in alten Zeiten hatten in Samoa die Spenden aus Nahrungsmitteln und anderen Gütern bestanden. Die Neuerung wurde von den Samoanern begeistert aufgenommen. George Pratt, der als Missionar zu den Pionieren zählte, hat berichtet, daß er eines Tages im Jahr 1868 einen Bezirk an der Südküste der Insel Upolu besuchte, der sich von Safata bis Aleipata erstreckte. Die Bewohner dieser Gegend forderten in jenen Tagen alle anderen Bezirke von Samoa auf, mit ihnen in einen Wettstreit zu treten, bei dem es darum ging, wer die größten Spenden für die Kirche aufbrachte. Die Leute des Distriktes, in dem Pratt wohnte, ließen sich das nicht zweimal sagen. Sie scheuten keine Mühe, um fast £ 700 für die London Missionary Society aufzubringen, weil sie unbedingt als Sieger aus diesem Wettstreit hervorgehen wollten.[19]

Bald war es eine der Hauptsorgen der Samoaner, sich beim Sammeln von Spenden für die Kirche gegenseitig auszustechen. Der Konkurrenzkampf beginnt innerhalb ein und derselben Familie, um sodann zwischen den einzelnen Familien eines Dorfes, zwischen den Dörfern eines Distriktes und schließlich zwischen allen Distrikten von Samoa ausgetragen zu werden. Eine Niederlage wird von Familien, Dörfern oder Distrikten als beschämend empfunden. Andererseits sind die Sieger eines solchen »Ausscheidungskampfes« jedesmal ungeheuer stolz auf ihren Erfolg. Als ich beispielsweise 1967 das Dorf Fitiuta in Manu'a besuchte, wurde uns zuallererst mit hochnäsigem Stolz mitgeteilt, Fitiuta habe im vergangenen Jahr durch Geldspenden in Höhe von 3000 $ alle anderen Dörfer Samoas in den Schatten gestellt. Allein für die feierliche Eröffnung der neuen Kirchen seien fast 3000 Kilo Rindfleisch gestiftet worden.

Am unerbittlichsten konkurrieren die Dorfgemeinschaften miteinander, die sehr alt sind. Um nicht die Schmach zu erleiden, von anderen übertrumpft zu werden, sind manche Gemeinden sogar bereit, sich zu verschulden. Am 17. Dezember 1942 kamen die Leute aus dem Dorf Sa'anapu beispielsweise mit £ 110 zum jährlichen Bezirkstreffen. Das Geld wollten sie ihrem Pastor als Spende überreichen, aber sie mußten feststellen, daß das Dorf Sataoa, ihr erbittertster Rivale, £ 130 gesammelt hatte. Eilig steckten die Dörfler aus Sa'anapu die Köpfe zusammen und verkündeten nach kurzer Beratung, ihre Spende belaufe sich auf insgesamt £ 130. Der Fehlbetrag von £ 20 wurde während der darauffolgenden Monate in Raten abgezahlt.

Am 15. Dezember 1966 wohnte ich wiederum einem solchen Bezirkstreffen bei. Nun belief sich die Spende aus dem Dorf Sa'anapu auf über £ 500. Das Dorf Sataoa konnte mit £ 320 längst nicht mithalten. Deshalb herrschte eitel Freude, zumal der älteste Diakon die Leute aus Sa'anapu am darauffolgenden Sonntag mit den Worten lobte: »Dank sei euch für diese Ehre unseres Dorfes!« Wenig später meinte irgend jemand zu mir: »Es ist nicht erwünscht, hinter irgendeinem anderen Dorf zurückzustehen, und man erwartet, daß Sa'anapu den Sieg erringt.«

Eine solche Freigebigkeit, die zum Konkurrenzkampf ausgeartet war, gab es auch damals überall in Samoa, als Margaret Mead dort ihre Forschungsarbeiten durchführte. Diese Tatsache ist aus den Aufzeichnungen der London Missionary Society ersichtlich. Auch Aletta Lewis, die sich 1929 in Amerikanisch-Samoa aufhielt, hat in ihrem Bericht bestätigt, daß ein Pastor wohl die Hälfte des Geldes in seine Kassen lenken konnte, das die Dorfbewohner bei der Kopraernte oder durch Dienstleistungen für das Personal des Marinestützpunktes von Pago Pago verdienten, »indem er den von Natur aus starken Wettbewerbsgeist« der Samoaner reizte.[20]

Margaret Mead hingegen führte als Beweis für den mangelnden Wettbewerbsgeist der Samoaner 1931 an, daß »die Samoaner Frühreife nicht zu schätzen wissen«. Sie behauptete auch, es werde von jedem Individuum erwartet, »die für das langsamste und dümmste Gruppenmitglied typische Leistung, wenn überhaupt, dann möglichst geringfügig zu übertreffen«. 1937 hat Mead diese Behauptung noch durch die unwahrscheinliche Verallgemeinerung ergänzt, wonach diejenigen, die den Langsamsten einer Gruppe übertreffen, »ihren Eltern die Schamröte ins Gesicht treiben«, und daß »Eltern beschämt den Kopf hängen lassen«, wenn ihre Kinder aus der Schule heimkehren und berichten, sie seien aufgrund schulischer Leistungen höher als ihre Klassenkameraden eingestuft worden.[21]

Es stimmt zwar, daß man in Samoa die Ansichten älterer oder ranghöherer Personen respektiert, doch im allgemeinen herrscht zwischen gleichrangigen Personen jeder Altersstufe ein ausgeprägtes Konkurrenzdenken. Auch hier gibt es zahlreiche Beobachtungen anderer Forscher, die Margaret Meads Bericht direkt widersprechen. F. M. Keesing, der nur wenige Jahre nach Margaret Mead in West-Samoa und auch in Amerikanisch-Samoa war, konzentrierte sich besonders auf Aspekte der Erziehung. Dabei stellte er fest, »der Drang, es anderen bei Tätigkeiten, die von der Gruppe hoch bewertet werden, gleichzutun oder sie gar zu übertreffen«, sei von grundlegender Bedeutung für die traditionelle Struktur des samoanischen Lebens. Außerdem beschrieb Keesing den »Konkurrenzgeist«, der in dem unter der neuseeländischen und amerikanischen Verwaltung entstandenen Schulwesen zum Vorschein gekommen sei.

Dieses Wettbewerbsdenken bei Schülern, aber auch den übermäßigen Stolz der Eltern auf die schulischen Leistungen ihrer Kinder konnte ich selbst ab 1940 in meiner damaligen Eigenschaft als Mitglied der Erziehungsbehörde von West-Samoa beobachten. G. B. Milner illustriert in seinem ausgezeichneten Samoanischen Wörterbuch die Verwendung des Begriffes *felosia'i*, was soviel heißt wie »mit anderen wetteifern«, durch den Satz: »Die Kinder wetteifern um den ersten Platz in der Klasse.« Und das tun sie tatsächlich – sowohl in den modernen staatlichen Schulen als auch in den viel älteren kirchlichen Unterrichtsstätten, die von einem Dorfpastor geleitet werden. Sie wurden schon bald nach der Ankunft der ersten Missionare im Jahre 1836 eingerichtet.[22]

Als die Samoaner erstmals zu Beginn der dreißiger Jahre des vergangenen Jahrhunderts mit der Fertigkeit des Schreibens in Berührung kamen, belagerten sie geradezu die Behausungen der Lehrer, die John Williams aus dem östlichen Polynesien mitgebracht hatte. Um jeden Preis wollten sie »diese mysteriöse Kunst erlernen, und viele von ihnen kamen acht- bis zehnmal am Tag, um sich Buchstaben beibringen zu lassen«. Um das Jahr 1842 gab es auf den samoanischen Inseln außer den elf Missionaren 224 polynesische Lehrer, von denen die meisten aus Samoa stammten. Die Lernbeflissenheit war so groß, daß Schreibpapier bald zu einer begehrten Tauschware wurde. Damals wurde damit begonnen, Preise für gute Leistungen zu vergeben, später auch Zeugnisse für höhere Schulbildung. Heutzutage werden solche Zeugnisse in den Häusern von ganz Samoa – einschließlich Manu'a – unübersehbar zur Schau gestellt.[23]

Aufgrund der von ihm 1954 in Amerikanisch-Samoa gemachten Beobachtungen konnte auch Holmes berichten, daß gute »schulische Leistungen immer Beifall finden«. Ich selbst habe oft Eltern gesehen, die vor Stolz Tränen in den Augen hatten, wenn eines ihrer Kinder sich in der Schule besonders hervorgetan hatte und dafür öffentlich belobigt wurde, wie beispielsweise anläßlich einer Preisverteilung in der Schule. Dieser Stolz auf außergewöhnliche Leistungen ergreift oft ganze Gemeinden. Als beispielsweise am 18. Dezember 1966 der Pastor von Sa'anapu der versammelten Bevölkerung des Dorfes eröffnete, daß erstmalig in der Geschichte der Gemeinde ein junger Mann die Zulassungsprüfung zum Universitätsstudium bestanden hatte, wurden ihm die Augen feucht und die Stimme versagte ihm vor Rührung. Später meinte er, er sei einfach vom Stolz darüber überwältigt gewesen, daß einer seiner ehemaligen Schüler dem Dorf soviel Ehre gemacht hatte.[24]

So kann man also sagen, daß sich die Samoaner mit ihren auf Rang und gesellschaftlicher Stellung basierenden Konventionen durch ein starkes Konkurrenzverhalten auszeichnen. Die »extreme Eifersucht« und der »unbändige Stolz«, von dem die Missionare der Frühzeit berichtet haben, sind bis auf den heutigen Tag festzustellen. Sogar in Gemeinden, die in Neuseeland von ausgewanderten Samoanern gebildet wurden, sind solche Wesenszüge anzutreffen. Ich selbst habe einige von ihnen 1968 und später noch einmal 1979 besucht. David Pitt und Cluny Macpherson haben die Bemerkung eines Europäers wiedergegeben, der in einer neuseeländischen Fabrik als Aufseher tätig war (zu den Arbeitern gehörte auch eine Anzahl Samoaner): »Sobald sie sehen, daß einer von ihnen schneller vorankommt als die anderen, werden sie eifersüchtig und versuchen ihn zu bremsen.«[25]

11. Aggressives Verhalten und Krieg

Als Margaret Mead die angebliche Zwanglosigkeit und Gelassenheit der Samoaner schilderte, verwies sie mit besonderem Nachdruck auf deren »Aggressionslosigkeit«. Die Samoaner seien »eines der liebenswertesten, friedfertigsten und am wenigsten streitsüchtigen Völker der Welt«. Auch 1950 bezeichnete sie die Samoaner als ein »friedliches und konstruktives Volk«, bei dem Fehden »zu einem Teil der wechselseitigen Beziehungen zwischen Dörfern im Sinne einer zeremoniellen Rivalität stilisiert worden sind, die wenige Opfer fordert«. Diese Anschauungen, auf die Margaret Mead ihre allgemeinen Thesen über Samoa stützte, stehen in einem unübersehbaren Widerspruch zu den Fakten der samoanischen Geschichte.[1]

Für die Europäer nahm der Ruf der Samoaner, ein kriegerisches Volk zu sein, mit dem Jahr 1787 seinen Anfang, als bei einem blutigen Handgemenge 12 Mitglieder der unglückseligen La-Pérouse-Expedition und rund 30 Eingeborene aus Tutuila ihr Leben verloren. La Pérouse schrieb damals über die Samoaner: »Schon der kleinste Disput führt bei ihnen zu Schlägereien mit Knüppeln, Stöcken oder Paddeln. Kein Zweifel, daß mancher der Streitenden dabei sein Leben verliert. Fast alle sind von Narben übersät, die gewiß primär die Folge privater Querelen sind.« 1824 bezeichnete Otto von Kotzebue, dessen Schiffsmannschaft sich der Samoaner mit langen Stangen erwehren mußte, weil sie versuchten, das Schiff zu entern, diese als das »vielleicht wildeste Volk, das in der Südsee anzutreffen ist«. Aber erst Anfang der dreißiger Jahre des 19. Jahrhunderts wurde der kriegerische Geist der Samoaner durch die Beobachtungen und Nachforschungen des Missionars, Pioniers und Entdeckers John Williams zweifelsfrei belegt.[2]

Als Williams, von Tonga kommend, im Jahre 1830 die Insel Savai'i erreichte, wurde der Bezirk A'ana im Westen der Insel Upolu gerade von einem »verheerenden Krieg« heimgesucht. Williams konnte deutlich erkennen, daß die Dörfer von A'ana in Rauch und Flammen gehüllt waren. Als der Malietoa Vai-inu-po, der oberste Häuptling, aus dem Kampfgebiet kam, um Williams und dessen Begleiter Charles Barff zu begrüßen, ließ er die beiden wissen, Krieg sei für ihn »eine große Freude«. Er meinte auch, er müsse unbedingt eine Muskete haben, sonst würde er zum Gespött der mit ihm verbrüderten Häuptlinge. Dieser Krieg zwischen den Bewohnern von A'ana und den zahlenmäßig überlegenen Einwohnern von Manono und deren Verbündeten dauerte acht Monate. Es kam häufig zu Kampfhandlungen, an denen mehrere hundert Krieger beteiligt waren. Williams berichtet, daß im Verlauf dieser kriegerischen Auseinandersetzungen mehr als tausend Menschen ums Leben kamen. Oft hätten auf Savai'i Kanus mit den Überresten der Gefallenen angelegt. »Das schaurige Geheul und die Klagen der Verwandten, ihr aufgeregtes Gehabe und die fürchterlichen Verstümmelungen, die sie sich mit Muscheln und Haifischzähnen selbst zufügten«, hätten – abgesehen von dem gräßlichen Aussehen der Opfer – dafür gesorgt, daß alle »in einen Zustand höchster Erregung und tiefster Niedergeschlagenheit« versetzt wurden, schreibt Williams. Als sich A'ana schließlich ergab, wurden über 400 Menschen, darunter viele Frauen und Kinder, die sich in befestigte Plätze geflüchtet hatten, »ohne Unterschied in große Feuer geworfen«, während anderen, nachdem man sie aufgeschlitzt hatte, das Herz herausgerissen wurde. Bei Kriegsende wurden die Besiegten von ihren Ländereien vertrieben, wie es in Samoa Brauch war. Die Häuser und Pflanzungen wurden verwüstet, so daß Thomas Heath, der fünf Jahre später A'ana bereiste, »auf zehn Meilen kaum eine Hütte erblickte, obwohl dort früher an die fünf- bis sechstausend Menschen gewohnt hatten«.[3]

Ob die vielen anderen Kriege in früheren Epochen der samoanischen Geschichte, an denen – wie in dem geschilderten Fall – oft ganze Distrikte beteiligt waren, ebenso verheerend waren wie der Krieg um A'ana von 1830 bis 1831, steht nicht mit Sicherheit fest. Es gibt jedoch ausreichenden Grund zu der Annahme, daß Kriege im heidnischen Samoa »außerordentlich häufig« stattfanden. Williams hat berichtet, daß die des Schreibens unkundigen Häuptlinge von Manono auf der nahe gelegenen Insel Apolima (im Krieg eine natürliche Festung) an geheiligter Stätte einen Korb aufbewahrten, in den sie nach jedem Krieg einen Stein legten. Die Größe jedes Steines entsprach dem Ausmaß des Krieges, an den der Stein erinnern sollte. Als diese Steine 1832 gezählt wurden, waren es 197. Und als Stair den Korb später an sich brachte, stellte er fest, daß manche Steine besonders groß waren.[4]

Bei seiner zweiten Seereise nach Samoa ging Williams am 17. Oktober 1832 bei Ta'ū an Land. Alles deutete darauf hin, daß dieses Dorf bei dem Versuch, mit einer Flotte von ungefähr hundert Kanus die nahe gelegene Insel Olosega zu erobern, um sich für das letzte Gemetzel im Rahmen einer schon lange währenden Fehde zu rächen, eine schwere Niederlage erlitten hatte. 35 Männer waren erschlagen worden, ein Verlust, durch den die wehrfähige männliche Bevölkerung des Dorfes Ta'ū nahezu ausgerottet wurde. Vergleichbar hoch war der Prozentsatz der Gefallenen in einem Krieg, der fünfzig Jahre später zwischen Ta'ū und Olosega stattfand, worauf ich noch zurückkommen werde.[5]

Solch kriegerische Konflikte zwischen Dörfern ereigneten sich bis ins 20. Jahrhundert hinein, wenn auch nach und nach in abgeschwächter Form. Nur vier Jahre nach Margaret Meads Aufenthalt in Samoa führte die uralte Fehde zwischen Ta'ū und Olosega wiederum zu ernsthaften Auseinandersetzungen. Nach seinem Forschungsaufenthalt in Manu'a und auf Tutuila im Jahr 1954 berichtete auch Holmes, »ernste Konflikte zwischen Dörfern« kämen sehr häufig vor, und es sei »nicht ungewöhnlich für Anthropologen im Dienste der Regierung, daß sie auf Tutuila mitten in der Nacht geweckt werden, um einen Streit zwischen benachbarten Dörfern zu schlichten, bevor die Leute Gewalt anwenden«. 1964 lebten ungefähr 123 000 Menschen in West-Samoa. 49mal mußte die Polizei bei tätlichen Auseinandersetzungen intervenieren. Pro 100 000 Einwohner kam es also jährlich zu rund 40 Ausschreitungen.[6]

An solchen Unruhen sind meist 10 bis 50 Menschen beiderlei Geschlechtes und aller Altersstufen aus rivalisierenden Dorfgemeinschaften oder aus Familien ein und desselben Dorfes beteiligt, manchmal auch mehr. Es kommt dabei gewissermaßen zu unerklärten Kleinkriegen, bei denen Fäuste, Stöcke und Steine zu gefährlichen Waffen werden können. Diese Schlägereien sind seit langem typisch für das Leben in Samoa. Immer wieder werden sie in Berichten der Mission und in anderen Unterlagen erwähnt. Pratt und Wilson beobachteten beispielsweise 1836 auf der Insel Savai'i einen »regelrechten Kampf«, bei dem sich die Mitglieder von zwei benachbarten Dörfern »die Köpfe gegenseitig mit Stöcken und Steinen traktierten«. Der Streit war angeblich dadurch ausgelöst worden, daß die Leute aus einem der beiden Dörfer »ein Schwein geschlachtet und gebraten hatten, das dem anderen Dorf gehörte«.[7]

181

Auch zwischen rivalisierenden Großfamilien desselben Dorfes kommt es häufig zu tätlichen Auseinandersetzungen. Manchmal dauern sie mehrere Tage, bis schließlich die Streitenden von der örtlichen *fono* gemaßregelt und bestraft werden oder bis die Polizei ihnen Einhalt gebietet. 1961 gerieten sich beispielsweise die Mitglieder zweier Familien, die Sa Oloaga und die Sa Manu'o, in Lufilufi an der Nordküste von Upolu in die Haare. Alles begann damit, daß sich Lusia und Peone, die zehn- bzw. elfjährige Tochter von Suapusi, dem Häuptling der Sa Oloaga, mit zwei halbwüchsigen Mädchen aus der feindlichen Sippe der Sa Manu'o anlegten. Als Peone die beiden Mädchen, namens Pota'e und Fa'ani, erblickte, sagte sie laut hörbar: »Wie hochmütig wirken die Münder dieser Kotfresser!« Sofort kam es zum Handgemenge, aber da Lusia und Peone glücklicherweise mit Stöcken bewaffnet waren, konnten sie die älteren Gegnerinnen in die Flucht schlagen. Am nächsten Tag begegnete Maria, eine ältere Schwester von Peone und Lusia, auf dem Weg zur Kirche Pota'e und Fa'ani. Im Vorbeigehen hustete Pota'e laut. »Wem gilt dein Gehuste?« wollte Maria wissen. »Niemand anderem als dir!« erwiderte Pota'e. Wieder kam es zu Tätlichkeiten, an denen diesmal drei Mädchen aus jeder Familie beteiligt waren. Pota'e wurde mit einem Stein so heftig am Kopf verletzt, daß sie ins Krankenhaus gebracht werden mußte. Daraufhin nahm Fetuana'i, der Häuptling der Sa-Manu'o-Sippe, die Frau des feindlichen Häuptlings Suapusi aufs Korn. Nach vielen Schmähungen und Beleidigungen entwickelte sich zwischen jeweils fünf Mitgliedern der beiden Familien eine Schlägerei, bei der sich die Frauen gleichzeitig das nackte Hinterteil zeigten. In jener Nacht rief Opapo, der zu den Sa Manu'o gehörte, in trunkenem Zustand vor Suapusis Haus: »Oloaga! Komm heraus, wenn du Krieg willst!« Dieser »Krieg« fand dann auch am nächsten Tag statt, und zwar in Form einer heftigen Steinschlacht, bei der mehrere Personen schwer verletzt wurden. Einige stockschwingende Häuptlingssprecher mußten aufgeboten werden, um den Kampf zu beenden. Später wurden neun bzw. zehn Mitglieder der beiden verfeindeten Familien wegen Körperverletzung und Landfriedensbruch verurteilt. Die zehnjährige Lusia, die an allem schuld war, mußte £ 10 Strafe zahlen.[8]

Dieser Fall beleuchtet verschiedene Aspekte der durch Rivalität verursachten Aggressivität, die für die soziale Ordnung Samoas so bezeichnend ist: beispielsweise die Bedeutung des Ranges zwischen rivalisierenden Personen, die Art, wie Kämpfe durch beleidigende Worte oder

Zurschaustellungen mit voller Absicht provoziert werden, die Schnelligkeit, mit der der Betroffene auf eine Kränkung reagiert, die Bereitschaft anderer Gruppenmitglieder, sich in die Auseinandersetzung verwickeln zu lassen, die Strenge, mit der Häuptlingssprecher durchgreifen müssen, um eine Schlägerei zu beenden, und schließlich die Tatsache, daß heranwachsende Mädchen genauso wie halbwüchsige Knaben miteinander rivalisieren und dabei leicht handgreiflich werden.

1963 geschah es ebenfalls in Lufilufi, daß sich ein achtzehnjähriges Mädchen namens Fa'atupu mit Pese, einer 32jährigen Frau aus einer anderen 'āiga zerstritt, weil letztere behauptet hatte, Fa'atupu habe beim Pastor des Dorfes »gepetzt«. Zusammen mit ihren Brüdern stürmte Fa'atupu in das Haus, das Pese mit ihrer Mutter bewohnte. Die beiden Frauen wurden wiederholt mit Steinen auf den Kopf geschlagen und dabei von Fa'atupus Brüdern festgehalten. Der Vater des Mädchens, der sich ebenfalls in den Streit eingemischt hatte, rief: »Schlagt sie, bis ihr Gehirn herausquillt!« Pese und ihre Mutter mußten mit dem Verdacht auf Gehirnerschütterung ins Krankenhaus eingeliefert werden. Fa'atupu und ihre beiden Brüder wurden wegen Körperverletzung verurteilt und mußten hohe Strafen zahlen.[9]

Bei Schlägereien, an denen Männer beteiligt sind, wird meist viel größerer Schaden angerichtet. Im Oktober 1961 schlug ein 25jähriger Mann aus Safotu an der Nordküste von Savai'i so lange auf einen Rivalen aus dem nahe gelegenen Dorf Avao ein, bis dieser ohnmächtig zu Boden sank. Daraufhin nahmen zehn junge Männer aus Avao die Verfolgung auf. Sie holten den Mann aus Safotu ein, schlugen ihn mit einem samoanischen Kricketschläger auf den Kopf und steinigten ihn dann zu Tode. Fünf der Übeltäter waren Halbwüchsige. Alle zehn Beteiligten wurden wegen Totschlages zu Gefängnisstrafen zwischen drei und sieben Jahren verurteilt.[10]

Auch in Amerikanisch-Samoa sind solche Zwischenfälle zu verzeichnen. Am 30. Oktober 1967 mußten beispielsweise fünf Personen ins Krankenhaus, nachdem sich im Dorf Fagasa an der Nordküste von Tutuila zwei Familien ein Gefecht mit Steinen geliefert hatten. Einer dieser Familien, die schon seit langem wegen einem Stück Land verfehdet waren, wurde von der *fono* von Fagasa angedroht, des Landes verwiesen zu werden.[11]

Da in West-Samoa jährlich im Durchschnitt auf jeweils 100 000 Einwohner 40 Vorfälle wie der oben geschilderte und 105,1 Körperverletzungen kommen, darf der Behauptung von Margaret Mead aus dem Jahre 1950 kein Glauben geschenkt werden, wonach »Feindschaft zwischen einzelnen Menschen« eher »unter dem Deckmantel von Klatsch und politischen Machenschaften« ausgetragen werde »als in Form offener Zusammenstöße«. Auch gibt es keinerlei empirischen Beweis für ihre Behauptung, daß Samoaner »niemals genug hassen, um den Wunsch zu verspüren, einen anderen Menschen zu töten«.[12]

Der samoanische Ausdruck für »Groll hegen« ist *ita fa'amoemoe*, wörtlich übersetzt »Ärger, der überschlafen worden ist«. Wenn der Haß erst einmal Wurzeln geschlagen hat, kommt es manchmal zu mörderischen Attacken. 1963 kroch beispielsweise ein gewisser Sio, der 20 Jahre alt war und aus Lotofaga an der Südküste von Upolu stammte, nach Mitternacht in das Zelt des 39jährigen Häuptlings Aupito und stach mit einem langen Buschmesser auf dessen Gesicht ein. Sio empfand unbändigen Haß gegen Aupito, mit dem er weitläufig verwandt war, weil sich dieser angeblich »durch undankbare und üble Machenschaften« einen ihm nicht gebührenden Titel verschafft hatte. Wäre Aupito seinem Angreifer nicht geschickt ausgewichen, hätte er bei diesem Überfall sehr wohl ums Leben kommen können, denn das lange Messer durchbohrte sein Kopfkissen. Sio wurde wegen versuchten Mordes zu zehn Jahren Gefängnis verurteilt.[13]

Ich möchte noch einen weiteren Fall anführen: Am 15. Dezember 1964 kam es vor dem ›Gericht für Land und Titel‹ bei einer Verhandlung zu einem heftigen Disput über einen Titel, den die Familie eines gewissen Salu für sich beanspruchte. Dieser Salu, damals 23 Jahre alt, stammte aus dem Dorf Vailoa in der Region Aleipata im Osten von Upolu. Er mußte mit anhören, wie der 65jährige *ali'i* Saumalu Tui vor Gericht eine offenbar falsche Aussage machte. Deshalb begann er, diesen entfernten Verwandten, der ein Cousin ersten Grades seines verstorbenen Vaters war, zu hassen. In der Silvesternacht des Jahres 1964 wurde in der Methodistenkirche von Vailoa ein Gottesdienst abgehalten, in dessen Verlauf jener Saumalu Tui die Predigt halten sollte. Salu, sein Neffe, fungierte als Organist. Gegen Ende seiner Predigt ermahnte Saumalu Tui die versammelte Gemeinde, im neuen Jahr nicht mehr zu lügen und nie gegen die Autorität der Häuptlinge aufzubegehren. Als Salu diese Worte vernahm, packte ihn ein solcher Haß, daß er sich erhob und sofort die Kirche verließ, wie er später vor der Polizei aussagte.

Eines Tages saß Saumalu Tui vor seiner Behausung und war damit beschäftigt, Tarowurzeln abzuschaben, als Salu auf ihn zutrat und ihn ohne Vorwarnung in den Kopf schoß. Später, als Saumalu im Krankenhaus zu sich kam und man ihm sagte, wer den Anschlag auf ihn verübt hatte, war er »erstaunt«. Er sagte der Polizei, er hätte seinen orgelspielenden Neffen stets für einen »sehr guten und ruhigen« jungen Mann gehalten. Übrigens wurde Salu später wegen schwerer Körperverletzung zu drei Jahren Gefängnis verurteilt.[14]

Daß sie zu aggressivem Verhalten neigen, wird von den Samoanern selbst durchaus zugegeben. Anesone, der Pastor von Mulinu'u, sagte anläßlich der öffentlichen Aussöhnung zweier miteinander zerstrittener Dörfer an der Südküste von Upolu am 9. November 1966: »Konflikte ergeben sich rasch in diesem Land Samoa. Ein Dorf, das in Frieden lebt, findet man selten.«[15]

Sir Angus Sharp, ein ehemaliger Polizeikommissar aus Neuseeland, der sich 1978 nach 17 Monaten Dienst in West-Samoa in den Ruhestand versetzen ließ, lobte die Samoaner zwar als ein Volk, das »den Ruf der Höflichkeit, Gastfreundlichkeit und Großzügigkeit wohl verdient«, er sagte jedoch gleichzeitig, die Samoaner seien trotz dieser Tugenden »erschreckend« gewalttätig. Allein 1977 seien in West-Samoa zehn Morde begangen worden, und das bei einer Gesamtbevölkerung von nur 150 000. Auf je 100 000 Menschen kommen also statistisch 6,66 Morde. 1977, als Amerikanisch-Samoa ungefähr 31 000 Einwohner hatte, wurden dort acht Morde verzeichnet, also eine Rate von 25 pro 100 000 Einwohner.[16]

In seiner Abhandlung *Studies in Homicide* präsentierte M. E. Wolfgang u. a. eine Tabelle, in der alle Morde statistisch erfaßt sind, die den Vereinten Nationen von 61 Mitgliedstaaten gemeldet wurden. Demnach wurden 1960 in Kolumbien 34 Morde pro 100 000 Einwohner verübt, in Irland jedoch nur 0,2. Die Rate in den USA belief sich auf 4,5. In West-Samoa war sie 1977 dreimal höher als in Singapur, dem Land, das auf Wolfgangs Liste genau im Mittelfeld lag. In Amerikanisch-Samoa war die Rate sogar über dreizehnmal höher.[17]

Bei Gewalttätigkeiten, die mehr oder weniger ernsthafte Körperverletzungen zur Folge haben, sind solche Vergleiche noch aufschlußreicher, zumal diese Art der Gewalttätigkeit lange Zeit für das Leben in Samoa bezeichnend war. Ich bin mir bewußt, daß ein Vergleich der Kriminalitätsrate verschiedener Länder seine Tücken hat. In Samoa wird ein sehr hoher Prozentsatz aller Delikte – einschließlich Überfall und Körperverletzung – häufig direkt von den Häuptlingen einer Dorfgemeinschaft im Rahmen einer eigens dafür einberufenen *fono* geahndet, also nicht der Polizei gemeldet. Das bedeutet, daß in Samoa wahrscheinlich viel weniger Straftaten bei der Polizei aktenkundig werden als in anderen Ländern. Es ist auch durchaus möglich, daß ein und dieselbe Straftat in manchen Ländern unterschiedlich bewertet wird. Ich bin deshalb lediglich an einem allgemeinen und annähernden Vergleich interessiert, der die relative Rolle der Gewalttätigkeit in Samoa illustriert. Wenn wir uns also auf Körperverletzungen als Folge von Gewalttätigkeiten konzentrieren, die der Polizei von 1964 bis 1966 gemeldet wurden, belief sich die Rate pro 100 000 Einwohner jährlich auf 105,1. Im Vergleich dazu lag sie in Neuseeland von 1957 bis 1964 bei der erwachsenen Bevölkerung des Landes über 16 Jahre bei 11,1, in Australien bei 17,7 (1964 bis 1966) und in den USA bei 62,9 (Fälle schwerer Körperverletzung im Jahre 1965). Diese Zahlen zeigen, daß die Rate Mitte der sechziger Jahre in Samoa um rund 67 % über der amerikanischen, 494 % über der australischen und 847 % über der neuseeländischen lag![18]

Wenden wir uns nun den Fällen tätlicher Beleidigung zu, die der Polizei von West-Samoa von 1964 bis 1966 gemeldet wurden, so ergibt sich eine Rate von 773,35 pro 100 000 Einwohner und Jahr. Eine vergleichbare Ziffer aus den USA (Festnahmen im Jahr 1965) belief sich auf 154,8. Die westsamoanische Rate für tätliche Beleidigungen war Mitte der fünfziger Jahre also ungefähr fünfmal höher als die der Vereinigten Staaten.

Selbst wenn diese Zahlenbeispiele nur annähernd stimmen, demonstrieren sie – als Ergänzung zu den von mir geschilderten Fällen –, daß die Samoaner sehr zu aggressivem Verhalten gegenüber Mitmenschen neigen und folglich weit davon entfernt sind, eines der »friedlichsten und am wenigsten streitsüchtigen Völker der Welt« zu sein.

Als sie ihr Bild von der »allgemeinen Zwanglosigkeit« der samoanischen Kultur entwarf, befaßte sich Margaret Mead auch mit der Bedeutung der Stammesfehden innerhalb der samoanischen Geschichte. Beispielsweise schrieb sie 1930 in ihrer Monographie über die soziale Ordnung in Manu'a, Kriege seien auf jenen Inseln »harmlos und selten«. Übrigens führte sie die angeblich rudimentäre Entwicklung der Religiosität in Manu'a auf »die dünne Besiedlung und das Fehlen von Kriegen« zurück. Es sei »plausibel«, schrieb sie, daß die »zahlreichen in den Mythen vorkommenden Erzählungen von Kriegen« möglicherweise »allesamt von denselben Zusammenstößen zwischen einzelnen Dörfern inspiriert« worden seien. Krieg in Samoa, wie ihn Margaret Mead 1928 darstellte, war also lediglich »eine Sache untereinander verfeindeter Dörfer oder kleiner Racheakte, bei denen gewöhnlich nur ein bis zwei Menschen getötet wurden«. Oder es ging, wie sie 1937 erklärte, um einen »Teil der zeremoniellen Rivalität zwischen Dörfern«, wobei »um keinen anderen Gewinn als um Prestige gekämpft« wurde. Auch hier war wiederum »die Zahl der Gefallenen niedrig«. In Manu'a gab es laut Margaret Mead »keine Kriegsgötter«; »Tapferkeit im Krieg war niemals eine wichtige Sache«, und ein Krieger hatte »keine wichtige Stellung innerhalb der Gesellschaft«.[19]

Margaret Meads Darstellung von der Art, wie in Samoa Krieg geführt wird, steht in krassem Widerspruch zu den Aussagen von Samoanern und Europäern, die im 19. Jahrhundert auf den östlichen und westlichen Inseln des Archipels Augenzeugen von kriegerischen Handlungen waren. Moa, ein *ali'i* von Olosega, einer Insel, die zu Manu'a gehört, begann seine Aussage vor der Amerikanischen Samoa-Kommission im Jahre 1930 mit der allgemeinen Bemerkung, sein Volk finde viel Gefallen am Krieg. Und Häuptling Tuitele aus Tutuila berichtete, in den vergangenen Jahrhunderten habe »ein Distrikt gegen den anderen Krieg geführt, ein Dorf gegen das andere«. Tuatagaloa, ein *ali'i* aus dem Falealili-Distrikt auf der Insel Upolu, sagte 1927 bei einer Rede vor der Königlichen Kommission für West-Samoa unter anderem aus, die Samoaner seien seit langem »an Kriege und Blutvergießen gewöhnt«.[20]

Murray, dessen Erfahrungen mit Samoa – einschließlich Manu'a – sich über mehrere Jahrzehnte (ab 1836) erstreckten, schrieb: »Familiäre und sonstige Fehden störten oft den Frieden der Gemeinschaft. Kriege größeren und kleineren Ausmaßes waren ein häufiges Vorkommnis und wurden bisweilen mit abstoßender Grausamkeit geführt.« Stair, der sich von 1838 bis 1845 in West-Samoa aufhielt, berichtete, daß die Kriege bei den Samoanern »häufig und blutig« waren und daß die Inseln selten frei von »richtigen Kriegen oder örtlich begrenzten Auseinandersetzungen« waren. Als Wilkes im Oktober 1939 in Manu'a eintraf, fand er die dortige Bevölkerung wiederum am Rande eines Krieges vor, obwohl schon 1832 ein größerer Konflikt ausgetragen worden war, wie Williams berichtet hatte. Auf den Samoa-Inseln vergehe »kaum ein Monat ohne Streitereien, bei denen es auch Schläge setzt«, notierte sich Wilkes. Weiter berichtete er, daß die Einwohner von A'ana auf der Insel Upolu in einem Krieg von 1830 bis 1831 »fast ausgerottet« worden seien. King verfolgte im September 1864 den Ausbruch von Feindseligkeiten zwischen Falealupo und einer Anzahl anderer Dörfer an der Westküste von Savai'i. Dabei machte er die Beobachtung, alle Menschen seien »vom Krieg ganz absorbiert« gewesen; und Whitmee, der wie King von 1863 bis 1872 in Samoa war, beschrieb die Inselbewohner als »im Krieg... wutentbrannt«. Sobald der Geist des Krieges sich ihrer bemächtigt habe, träten bei ihnen charakterliche Eigenschaften zutage, die sich »in jeder Hinsicht von allem unterschieden, dessen man sie für fähig gehalten hätte, wenn man sie nur aus friedlichen Zeiten kannte«. Dann seien sie nämlich bereit, »sich gegenseitig auf die barbarischste Weise niederzumetzeln und zu verstümmeln«. Solche Aussagen wurden von Krämer bestätigt, der von den »heftigen Leidenschaften« der sonst so friedfertigen Samoaner berichtet, denen in Zeiten des Krieges »rücksichtslos freier Lauf gelassen« werde.[21]

Aus Krämers Bericht geht hervor, daß in Samoa männliche Kriegsgefangene im allgemeinen umgebracht wurden. Alles, was den Siegern in die Hände fiel, wurde weggeschleppt. Die Dörfer der geschlagenen Feinde wurden geplündert, ihre Felder verwüstet. Powell hat als Augenzeuge eines Krieges, der 1859 auf Tutuila ausbrach, solche Plünderungen und Verwüstungen geschildert. Anlaß des Krieges war die Ermordung eines jungen Mannes aus der Familie des Mauga, des großen Häuptlings von Pago Pago auf Tutuila. Da ein mit ihm rivalisierender *ali'i* namens Le'iato den Angehörigen des Mörders Unterschlupf gewährte, brach bei der Truppe des Mauga so etwas wie ein »Kriegstaumel« aus. Als Le'iato und seine Verbündeten fluchtartig ihre Dörfer verließen und sich auf einer kleinen Nachbarinsel verschanzten, wurden alle ihre Häuser niedergebrannt, die Felder verwüstet, die Kokospalmen und Brotfruchtbäume gefällt und die Gräber der Toten geschändet. Meist nahm man dabei die Schädel der Toten mit. Hardie schrieb 1844, es sei im alten Samoa ein weitverbreiteter Brauch gewesen, vor der Räumung eines Dorfes die Schädel der Toten auszugraben und mitzunehmen, »um sie vor der Schändung durch die Eroberer zu bewahren«.[22]

Die auf dem Schlachtfeld Gefallenen wurden ebenfalls »äußerst schmählich« behandelt, wie Frazer es ausdrückte. Den Toten wurden die Köpfe abgehackt und im Triumphzug zu den Häuptlingen der siegreichen Partei getragen. Pritchard, der die Samoaner und ihre Art, Kriege zu führen, während eines Jahrzehnts – von 1848 bis 1858 – beobachtet hat, schilderte die Aufregung und den Stolz eines erfolgreichen Kriegers, der mit dem Kopf eines gefallenen Feindes vor seinen Häuptling trat und frohlockte: »Diesen Mann habe ich erlegt!« Bei Pritchard heißt es unter anderem: »Für einen jungen Samoaner bedeutet es höchste Erfüllung seines Ehrgeizes, wenn die Häuptlinge ihm dafür Dank sagen, daß er beim Zweikampf einen Feind erschlagen hat«, denn dann werde er nah und fern als *toa*, das heißt als ›Tapferer‹, berühmt«.[23]

Diese gnadenlose Art der Kriegführung erzeugte, wie Krämer anmerkte, das Verlangen nach Rache und Vergeltung. Die Folge waren häufig Greueltaten und andere Formen der Rachsucht. Aus einem Bericht des samoanischen Pastors Josia geht hervor, daß 1886 im Verlauf kriegerischer Handlungen bei Lepa, an der Südküste von Upolu, zahlreiche Kinder umkamen. Einige hingen tot in den Bäumen, denn man hatte mit Speeren nach ihnen geworfen. Andere waren in zwei Hälften zerteilt. Einem anderen Bericht, der von Williams stammt, ist zu entnehmen, daß es im Jahre 1832, gegen Ende des Krieges zwischen Ta'ū und Olosega, einer junge Frau gelang, den Kopf des Mannes an sich zu bringen, der ihren Vater umgebracht hatte. Sie verbrannte ihn in einem Feuer und zerstampfte den Rest zu einem Pulver, das sie »zum Kochen einer Mahlzeit verwandte und mit großem Genuß verzehrte«. Hunkin schrieb 1845 aus Manu'a, dort werde Kannibalismus praktiziert, »falls im Krieg Gefangene gemacht wurden«. Zu extremen Vergeltungsaktionen kam es auch nach der Ermordung des tyrannischen Tamafaiga im Jahre 1830 durch Eingeborene aus der Region A'ana. Williams hat berichtet, daß die Leiche Tamafaigas gräßlich verstümmelt war. Man hatte ihm den Kopf abgeschnitten, weil er sich »in der Nähe fremder Behausungen herumgetrieben hatte«. Hände und Beine waren ihm abgehackt worden, weil er »anderer Leute Besitz an sich reißen wollte«. Doch damit nicht genug: Auch »Geschlechtsteil« und Zunge hatte man dem toten Häuptling genommen, weil er »Beziehungen zu anderer Leute Frauen« gepflogen bzw. »unerträgliche Überheblichkeit« an den Tag gelegt hatte. Nicht zuletzt wegen dieser gräßlichen Schändungen war der Krieg 1830/1831 »von erschreckender Brutalität«, schrieb Williams. Mehrere hundert Frauen und Kinder wurden auf riesigen Scheiterhaufen verbrannt. Heath schrieb sogar davon, daß mehrere Menschen, die meisten von ihnen Knaben, geopfert wurden, indem man sie »wie Schweine briet und verzehrte«.[24]

Die Anzahl der Gefallenen war bei Kriegen in Samoa, über die es verläßliche historische Zeugnisse gibt, ziemlich groß. Darauf habe ich schon an anderer Stelle hingewiesen. Als beispielsweise die Leute aus A'ana 1836 ihr verwüstetes Land wieder in Besitz nahmen, kehrten nur ungefähr dreitausend Menschen in diesen Bezirk zurück, in dem nach einer Schätzung von Heath früher fünf- bis sechstausend gelebt hatten.

Dies ist nicht der einzige Hinweis dafür, daß wahrscheinlich ein Viertel der Bevölkerung von A'ana im Krieg von 1830/1831 umkam. Auch Manono und dessen Verbündete mußten wohl mehrere hundert Gefallene beklagen. Sicherlich war dies der verheerendste Krieg, von dem wir verläßliche Kunde haben, doch alles deutet darauf hin, daß es auch bei anderen gewaltsamen Auseinandersetzungen zu hohen Verlusten an Menschenleben kam. Als beispielsweise die Feindseligkeit zwischen Manono und A'ana im Juni 1848 erneut ausbrach, wurden in A'ana wiederum viele Häuser und Felder verwüstet. Hardie hat im August 1848 berichtet, daß allein in den ersten beiden Monaten 130 Menschen bei den Kämpfen ums Leben kamen.[25]

Mitte des 19. Jahrhunderts lebten in ganz Manu'a nur wenig mehr als 1400 Menschen. So manches weist darauf hin, daß diese Menschen damals von vergleichsweise schlimmen Kriegen heimgesucht wurden. Die Manuaner hatten übrigens den Ruf, besonders kriegerisch zu sein. Murray machte beispielsweise die Beobachtung, es sei »ein allgemeinverbindliches Wesensmerkmal der Bewohner aller Inseln«, die zu Manu'a gehören, daß sie hinsichtlich ihres »barbarischen Wesens und ihrer Wildheit« die Samoaner der westlichen Inseln bei weitem übertreffen. Dieses Urteil stützte sich auf Beobachtungen, die Murray selbst gemacht hatte, aber auch auf die Aussagen von Matthew Hunkin, der ab 1842 für sechs Jahre in Manu'a stationiert war. Ähnliche Worte schrieb auch Young. Er meinte, die Manuaner stünden in dem Ruf, »die wildesten aller Krieger zu sein«.

Es wurde schon darauf hingewiesen, daß der Krieg des Jahres 1832 ungefähr 16 % der männlichen Bevölkerung des Dorfes Ta'ū das Leben kostete, wenn Williams' Aussage stimmt. Kein geringer Verlust! Als die kriegerischen Handlungen zwischen Ta'ū und Olosega in den Jahren 1866 bis 1871 erneut aufflammten, forderten sie wiederum hohe Opfer. Powells Aufzeichnungen bieten eine Fülle detaillierter und verläßlicher Informationen über jenen Zeitraum. Margaret Mead hingegen läßt beide Kriege gänzlich unerwähnt.[26]

Der Krieg von 1866 bis 1871 brach aus, als ein junger Häuptling aus Olosega namens Lalolagi ein uraltes Vorrecht des Tui Manu'a für sich in Anspruch nahm, das darin bestand, daß ihm auf dem Weg zu einem Zeremoniell ein Häuptlingssprecher voranschritt und dabei in eine große trompetenförmige Muschel blies. Um diese Kränkung ihres höchsten Häuptlings zu rächen, griffen die Männer aus dem Dorf Ta'ū 1866 die Insel Olosega an. Bei dem Überfall wurden sieben Krieger aus Olosega und drei aus Ta'ū getötet. Im August 1867 kam es zu einer weiteren Konfrontation, bei der sechs Männer aus Ta'ū umkamen. Einen Monat später verlor Ta'ū wiederum neun Männer, doch Olosega zählte 15 Gefallene. Daraufhin flohen alle Bewohner von Olosega nach Tutuila. Ihre Felder wurden von den Männern aus Ta'ū verwüstet. Zwei Jahre später, also 1869 – die Leute aus Olosega waren inzwischen auf ihre Insel zurückgekehrt – wurden der neugewählte Tui Olosega und dessen Begleiter anläßlich eines feierlichen Besuches in Ta'ū angegriffen und getötet. Die Ortschaft Fitiuta, seit langem mit Ta'ū rivalisierend, gewährte den Anhängern des ermordeten Häuptlings Zuflucht. Daraufhin griffen die Ta'ūaner Fitiuta im Januar 1871 an. Elf Männer aus Ta'ū wurden getötet, zweien wurde der Kopf vom Rumpf getrennt. Als es Powell endlich gelang, im Mai 1871 die schier endlosen Feindseligkeiten zu beenden, mußte er feststellen, daß im Verlauf der letzten sechs Jahre 55 Männer gefallen waren. 1862 hatte die Gesamtbevölkerung von Manu'a aus 688 weiblichen und 780 männlichen Personen bestanden. Dem von Powell gesammelten Zahlenmaterial ist zu entnehmen, daß ungefähr 40 % dieser 780 männlichen Personen Knaben waren, so daß ungefähr 470 Männer übrigblieben. Dies bedeutet, daß die zwischen 1866 und 1871 im Krieg getöteten 55 Männer einen Verlust von 11,7 % der gesamten männlichen Bevölkerung von Manu'a darstellten, und diese Tatsache ist wiederum nur als ein schwerwiegender Verlust zu bezeichnen. Angesichts aller verfügbaren Angaben über Kriege in Samoa während des 19. Jahrhunderts hat man guten Grund, sich Browns Ansicht zu eigen zu machen, daß »die Kriege der Samoaner wohl über lange Zeiträume den natürlichen Bevölkerungszuwachs ausglichen«. Darüber hinaus läßt sich aufgrund des vorhandenen Materials sagen, daß kriegerische Handlungen in Samoa nicht nur nicht durch niedrige Gefallenenziffern gekennzeichnet waren, wie Margaret Mead behauptet hat, sondern daß sie im Gegenteil ziemlich viele Menschenleben forderten.[27]

Statt eine Form stilisierter »zeremonieller Rivalität« zu sein, wie Mead vermutete, waren Kriege in Samoa vielmehr der Ausdruck eines gewaltsamen und rücksichtslosen Kampfes um die politische Vorherrschaft. Aus Ellas Aufzeichnungen geht hervor, daß jede der politischen Einheiten in Samoa »in zwei Klassen unterteilt war«, die *mālō*, das heißt »Eroberer«, und die *to'ilalo*, das heißt die »Eroberten und Versklavten«. Diese Spaltung war der Anlaß endloser Kämpfe um die Vorherrschaft. Einmal gewann die eine Partei mit ihren Verbündeten die Oberhand, dann wieder die andere. John E. Erskine schrieb 1853, daß ein Krieg erst dann als beendet angesehen wurde, wenn die Verlierer »sich den Siegern mit vielen demütigenden Zeremonien und Versprechen völlig unterwarfen«. Das konnte jedoch nur erreicht werden, indem eine Seite ihren Gegnern eine vernichtende Niederlage beibrachte. Krieg in Samoa bedeutete also heftigen Kampf rivalisierender Dorfgemeinschaften um die uneingeschränkte Vorherrschaft. Diese Tatsache erklärt, warum die Kriege mit einer solchen Wildheit und Zähigkeit ausgefochten wurden, aber auch die hohe Zahl der Gefallenen und die durchaus häufigen Greueltaten. Turner hat beispielsweise berichtet, daß im September 1853, also über fünf Jahre nachdem der Kampf zwischen Manono und A'ana bzw. deren Verbündeten im Juni 1848 erneut entbrannt war, die Krieger aus Manono und Savai'i »nach wie vor entschlossen waren, die Oberhand zu gewinnen«. Die Bewohner von A'ana und ihre Verbündeten aus Atua waren entschlossen, »eher zu sterben«, als sich dem Erzfeind zu unterwerfen. So habe jede Seite nur »den Untergang der andern im Sinn« gehabt. Ähnliches berichtete Williams 1832 aus Manu'a; dort hatte sich eine *mālō* durchgesetzt und die Macht an sich gerissen. Der Anführer dieser siegreichen Partei war der Häuptling des Dorfes Ta'ū, der den Titel eines Tui Manu'a trug. Wie ich schon an anderer Stelle gesagt habe, lehnten sich die Leute aus Olosega 1866 gegen diese Herrschaft auf, indem sie eines der traditionellen Vorrechte des Tui Manu'a usurpierten. Doch sie wurden geschlagen und mußten ihr Land für einige Zeit an Ta'ū abtreten. Aus der Geschichte kriegerischer Auseinandersetzungen in Samoa geht also hervor, daß das System einer hierarchischen Rangordnung nicht nur mit Waffengewalt hergestellt, sondern auch aufrechterhalten wurde. Auch das überaus große Aggressionspotential der Samoaner, auf das zu Beginn dieses Kapitels schon eingegangen wurde, ist bis auf den heutigen Tag festzustellen. Wie in der Vergangenheit äußern sich die Aggressionen auch heute noch in den zahlreichen Situationen kämpferischer Rivalität, die ihrerseits dem starken Machtstreben und Rangbewußtsein entspringen.[28]

Da in der sozialen Ordnung Samoas den Eroberern der höchste Rang gebührte, wurde auch – entgegen allen Behauptungen Margaret Meads – der Tüchtigkeit eines Kriegers viel Achtung gezollt. Tapferkeit im Kampf galt als die wichtigste aller männlichen Eigenschaften. Wie der Romanschriftsteller Albert Wendt angemerkt hat, wurde ein Feigling von den Samoanern aufgrund ihrer Wertvorstellungen aus tiefster Seele verachtet. Auf Angaben von Pratt fußend, hat Krämer eine Liste von nicht weniger als zwölf samoanischen Wörtern erstellt, in denen die Verachtung für Feiglinge zum Ausdruck kommt. Deshalb wird gerade Margaret Meads Behauptung, Tapferkeit werde in Samoa nicht sonderlich geachtet und es gebe »für Stärke und Ausdauer … wenig Anerkennung«, von samoanischen Männern am heftigsten bestritten. Als ich beispielsweise 1967 in Si'ufaga Meads Feststellung wiederholte, ein Krieger habe in der gesellschaftlichen Ordnung von Manu'a keine wichtige Stellung inne, erwiderte einer der Sprecher des großen Häuptlings Lefiti sofort mit spürbarem Zorn: »Wie könnte ein Krieger, der sich im Kampf für sein Dorf als tüchtig erwiesen hat, eine unwichtige Person sein!«[29]

Williams wies schon 1832 darauf hin, daß Krieger bei Häuptlingen tatsächlich in hohem Ansehen standen. Sie sorgten dafür, daß es tapferen Kämpfern an nichts fehlte, und duldeten nicht, daß sie gewöhnliche Arbeiten verrichteten. In ganz Samoa waren die Inhaber der höchsten Häuptlingstitel im übrigen allesamt Nachfahren illustrer Krieger. Wie schon in Kapitel 9 erläutert wurde, war der tapfere Krieger Ali'a Tama der Begründer des obersten Häuptlingsgeschlechtes von Ta'ū. Auf den westlichen Inseln geht der erhabene Titel eines Malietoa, den gegenwärtig – und zwar seit 1963 – das Staatsoberhaupt von West-Samoa, Malietoa Tanumafili II., innehat, auf das 13. Jahrhundert zurück, als die beiden Brüder Tuna und Fata die letzten Eroberer aus Tonga ins Meer trieben und von dem besiegten Tui Tonga Talakaifaike mit den Worten gepriesen wurden: »Gut gekämpft, ihr tapferen Krieger! Nie wieder werde ich mein Kriegskanu nach Samoa lenken!« Die Erinnerung an dieses Ereignis erfüllt die Samoaner auch heute noch mit Stolz, ähnlich wie die Griechen, wenn von Marathon die Rede ist.[30]

R. S. Moore und J. R. Farrington, die im Jahre 1931 den Kongreßausschuß nach Amerikanisch-Samoa begleiteten, sahen mit eigenen Augen einen der Knüppel, die in Samoa als Kriegswaffe benutzt wurden. Angeblich hatte damit »ein Held mehrere Feinde erschlagen und sich auf diese Weise in der Geschichte seines Dorfes einen Namen verschafft, ähnlich wie George Washington in der Geschichte der USA«. Wenn ein solcher Krieger im Kampf fiel, wurde ein großes Feuer entfacht, das noch sieben Tage nach seiner Bestattung brannte. Meist wurde seine Waffe »als stumme Mahnung an seine Tapferkeit und Geschicklichkeit« auf sein Grab gelegt. Übrigens gab es in den meisten samoanischen Dorfgemeinschaften traditionsgemäß eine kriegerische Vorhut. Turner hat beschrieben, daß sich diese Krieger brüsteten, das alleinige Recht zu haben, eine Attacke anzuführen und, wie die Spartaner, »ruhmreich in der Schlacht zu sterben«.[31]

Aus alldem folgt, daß ein Krieger im Samoa des 19. und des frühen 20. Jahrhunderts eine wichtige gesellschaftliche Stellung innehatte. Noch heute, Jahrzehnte nach Beendigung aller kriegerischen Handlungen durch europäische Regierungen, kommt es vor, daß junge samoanische Männer – meist unter Alkoholeinfluß – der hochgemuten Kampflust vergangener Zeiten ihre Stimme leihen und wortreich den ruhmvollen Status eines Kriegers irgendeiner Dorfgemeinschaft für sich beanspruchen.

Es ist nicht verwunderlich, daß ein derart kriegerisches Volk auch zahlreiche Kriegsgötter hatte. In seinem Bericht über die Rolle der Religion im heidnischen Samoa – er gilt heute als Standardwerk – hat Turner ungefähr siebzig »höhere Gottheiten« verzeichnet, wie er sie nannte. Über die Hälfte davon waren Kriegsgötter, von denen wiederum Le Fanoga, der als Eule verkörperte Gott, sowohl auf den östlichen als auch den westlichen Inseln die wichtigste Gottheit darstellte.[32]

Auch in diesem Zusammenhang ist Margaret Meads Darstellung irrig und konfus. Nachdem sie beispielsweise in *Social Organization of Manu'a* behauptet hat, es gebe in Manu'a »keine Kriegsgötter«, berichtet sie gleich darauf, die Eule, deren Schrei »Krieg bedeutet«, sei »ein Kriegsgeist« auf Ofu, einer der zu Manu'a gehörenden Inseln. Aber Le Fanoga, der »Kriegsgott«, den Mead erwähnt, stammte, wie der von ihr zitierte Powell richtiggestellt hat, aus Manu'a. Er war ein Sohn des Tagaloa, also des Eulengottes, der, wie Mead selbst schrieb, auf Ta'ū »früher verehrt wurde«.[33]

Ende der dreißiger Jahre des vergangenen Jahrhunderts glaubte Hardie, den Kriegsgott Le Fanoga als personifizierte Gottheit des Tui Manu'a identifiziert zu haben. Er zeichnete folgendes Gebet auf, das »zu Kriegszeiten« an Le Fanoga gerichtet wurde:

»O Fanoga, erbarme dich unser, empfange unsere Gaben, sei uns gnädig gesinnt und sorge für unser Wohl. Bewahre uns vor Verwundung und Tod. Wenn uns unsere Feinde verfolgen, mache uns für sie unsichtbar, aber vor uns verbreite Helligkeit und Klarheit. Laß uns nicht über Yamswurzeln straucheln oder über Erdlöcher, und räume Schlangen aus unserem Weg. Mache uns stark und schnellfüßig, damit wir unbehelligt entkommen. Aber wenn wir unsere Feinde verfolgen, bewirke, daß wir sie sehen, ohne von ihnen gesehen zu werden. Lege ihnen Yamslöcher, andere Strauchelfallen und Schlangen als Hindernisse in den Weg, damit wir sie einholen und töten können und damit der Sieg und die Herrschaft unser sei!«[34]

Daß die Manuaner in der Tat Kriegsgötter verehrten, von denen sie Kraft und Hilfe erflehten, wird nicht nur von Powell und Hardie, sondern auch von Williams bestätigt, der im Oktober 1832 im Dorf Ta'ü ein Gebet aufgezeichnet und folgendermaßen übersetzt hat: »O Tagaloa! Verleih unserem Volk Mut! Besiege und vertreibe diejenigen, die uns mit Krieg überziehen!«
Nicht nur in Manu'a, sondern auch im restlichen Samoa waren Kriege im 19. Jahrhundert und zuvor durchaus nicht »harmlos und selten«, wie Margaret Mead will, sondern eher eine alltägliche Erscheinung, die viele Menschen das Leben kostete und ihr Eigentum zerstörte.[35]

12. Religion: Heidentum und Christentum

Kurze Zeit bevor sie 1925 nach Samoa aufbrach, befaßte sich Margaret Mead unter Franz Boas' Aufsicht im Abschlußsemester an der Universität auch mit vergleichenden Untersuchungen über Kanus, Häuser und die Kunst des Tätowierens. Sie stützte sich dabei auf die vorhandene Literatur über die Bewohner von Hawaii, Haiti, Neuseeland, der Marquesas-Inseln und Samoa. In ähnlicher Weise befaßte sie sich dann 1928 mit der heidnischen Religion Samoas. Sie stellte die Behauptung auf, Hawaii, Tahiti, Neuseeland und die Marquesas-Inseln würden Samoa an Reichtum und Vielfalt religiöser Formen bzw. Glaubensbekenntnisse und hinsichtlich der relativen Bedeutung der Religiosität für das Leben der Menschen bei weitem übertreffen. Sie meinte, die heidnischen Samoaner würden im Vergleich zu anderen Gebieten Polynesiens »der Religion nur äußerst geringe Beachtung schenken«, denn es gebe bei ihnen »keine Tempel« und »keine religiösen Zeremonien und Feste«. Der einzelne Mensch tue seinen religiösen Pflichten dadurch Genüge, daß er bei der abendlichen *kava*-Zeremonie »ein Trankopfer für die Familien-Gottheit bringt«. »Alle Kontakte mit übernatürlichen Mächten« seien »zufällig, flüchtig und nicht institutionalisiert«; »institutionalisierte Religiosität und die persönliche psychische Erfahrungswelt« seien bei den Samoanern »äußerst unterentwickelt« gewesen, heißt es bei Mead. Dafür hatte sie eine scheinbar plausible Erklärung: »Ein starkes religiöses Interesse«, sinnierte sie, wäre eines jener Dinge gewesen, die »die angenehme Ausgewogenheit der samoanischen Gesellschaftsordnung« hätten stören können. Deshalb sei die Religion aus einer »sozialen Struktur verbannt« worden, in der es einfach »keinen Platz für Götter« gegeben habe.[1]

Solche Ansichten, zu denen Margaret Mead in einer Zeit gelangte, als die heidnischen Religionen des westlichen Polynesien in Anthropologenkreisen noch wenig bekannt waren (Raymond Firth's Buch *The*

Work of the Gods in Tikopia erschien erst 1940), entstellen fast bis zur Unkenntlichkeit Wesen und Bedeutung der Religion im Samoa von einst und jetzt. Glücklicherweise enthalten u. a. die Schriften von John Williams detaillierte und akkurate Schilderungen des hochentwickelten religiösen Lebens sowohl der heidnischen Samoaner Anfang der dreißiger Jahre des vergangenen Jahrhunderts als auch des samoanischen Christentums dieser Zeit und später.[2]

Ab 1817 hatte Williams in Raiatea und anderen Teilen des östlichen Polynesien viele Erfahrungen sammeln können. Als er nach 1830 die Samoaner kennenlernte, war er sofort von der »sehr eigentümlichen« Natur ihres religiösen Systems beeindruckt, denn es unterschied sich in hohem Maße von dem »jeder anderen Gruppe«, die damals »in der Südsee« bekannt war. Was Williams gleich zu Anfang in Erstaunen versetzte, war die Tatsache, daß es ganz im Gegensatz zum östlichen Polynesien in Samoa keine Götzenverehrung gab, »keine mit Menschenblut befleckten Altare, keine Strände, an denen die Schädel und die Gebeine zahlreicher Opfer herumlagen«, und keine reich ausgestatteten Tempel, in denen besondere Rituale stattfanden. Wegen dieses auffälligen Fehlens aller Grundelemente ostpolynesischer Religiosität galten die Samoaner bei den Bewohnern von Rarotonga und anderen Inseln als »gottlos«. Williams hat jedoch ausdrücklich darauf hingewiesen, daß die heidnischen Samoaner tatsächlich viele Gottheiten hatten, denen sie ständig durch Hymnen ihre Verehrung erwiesen und mit denen sie »zu allen Anlässen« eifrigen Umgang pflegten. »Jeder Häuptling und fast jeder Mann hatte seinen Gott, *aitu* genannt, dessen Verkörperungen als geheiligt erachtet und mit allerhöchstem Respekt... behandelt wurden«, berichtete Aaron Buzacott 1836. Diese *aitu* waren gewöhnlich in irgendeinem Vogel, Fisch, Reptil oder Insekt verkörpert und galten als niedere Gottheiten, denn hoch über ihnen thronte Tagaloa-a-Lagi, der »höchste Gott und Schöpfer alles Seienden«.[3]

Diese Schilderungen von Williams und Buzacott wurden von Horatio Hale bestätigt, dem Ethnographen, der die Wilkes-Expedition 1839 nach Samoa begleitete. Hale erzählt beispielsweise, daß immer, wenn bei einer samoanischen Frau die Wehen einsetzten, zahlreiche Gottheiten nacheinander angerufen wurden. Die Gottheit, deren Namen zum Zeitpunkt der Geburt eines Kindes genannt wurde, war fortan der »Schutzgott« des Neugeborenen. In Verbindung mit jedem Schutzgott gab es »irgendein besonderes Verbot«, welches im allgemeinen darin bestand, daß die Tierart nicht gegessen werden durfte, in welcher der Gott angeblich verkörpert war. Ein Mensch, der unter den besonderen Schutz eines solchen Gottes gestellt war, mußte das Verbot peinlich genau beachten. Wenn er auf den Namen seines Gottes einen Eid zu leisten hatte, hütete er sich, eine Falschaussage zu machen.

George Turner, dessen Untersuchungen über die samoanische Religion sich ab 1841 über einen Zeitraum von rund vierzig Jahren erstreckten, hat insgesamt 120 Schutzgottheiten genannt. Zusätzlich zum persönlichen Schutzgott verehrte jeder Samoaner mindestens vier weitere Gottheiten – einen Familiengott, einen Dorfgott, einen Bezirksgott und einen Kriegsgott. In seinem klassischen, 1884 erschienenen Werk *Samoa a Hundred Years Ago and Long Before* hat Turner die Namen von ungefähr vier Dutzend dieser Gottheiten aufgelistet. Dort heißt es u. a., »ein flammendes Feuer« sei »das regelmäßige Abendopfer für die Götter« gewesen. Die Mitglieder einer Familie hätten dabei den Kopf gesenkt, während ihr Häuptling »alle großen und kleinen Götter um Wohlergehen bat«. Und W. T. Pritchard hat geschildert, daß bei jeder *kava*-Zeremonie die erste Schale irgendeinem Gott, meist jedoch Tagaloa geopfert wurde. Die Schale »wurde hochgehalten und mit kreisender Bewegung himmelwärts geschwenkt«, um sodann »feierlich auf den Boden entleert zu werden«.[4]

Diese religiösen Praktiken und Überzeugungen waren allesamt unverwechselbar samoanisch, doch was das religiöse System der Samoaner in Williams' Augen so eigentümlich erscheinen ließ, war die Tatsache, daß sie mit ihren Gottheiten durch Orakel in direkter Verbindung standen. In seinem Tagebuch aus dem Jahre 1832 hat Williams sehr anschaulich beschrieben, daß das erste Anzeichen dafür, daß ein Mensch im Bann eines Gottes stand, ein plötzlich auftretendes und sehr heftiges Muskelzucken war. Es begann meist in »einer seiner Brüste«, die heftig, wie im Krampf, zuckte, während der restliche Körper ganz ruhig blieb. Doch nach und nach wurde auch er von der Kraft des innewohnenden Gottes geschüttelt, bis das Medium »fürchterlich« strampelte und zappelte und »ganz außer sich« war. Irgendwann sprach dann der Gott mit den Lippen des von ihm erwählten »Gefäßes«. Falls dann zufällig irgendeine Entscheidung gefällt werden mußte, gaben die Äußerungen des Gottes den Ausschlag, berichtet Williams. Wenn eine Dorfgemeinschaft oder eine Familie unter einem Mißgeschick litt, mochte es auch geschehen, daß der Gott »den Häuptling wegen seiner Vergehen schalt« und verkündete, er, der Gott, habe »von allen Taten Kenntnis«. Nach einer Weile pflegte sich das Medium zu beruhigen und einzuschlafen. Beim Erwachen konnte es sich dann an nichts mehr erinnern.[5]

Was Williams hier beschrieben hat, ist die Institution des göttlich inspirierten Mediums, die für die Religion des heidnischen Samoa von zentraler Bedeutung war. Ein Medium wurde auf samoanisch *taula aitu* genannt, das heißt Ankerplatz der Geister. Eine andere Bezeichnung war *va'a aitu*, was soviel heißt wie Gefäß der Geister. Es handelte sich stets um einen Menschen, der die besondere Gabe hatte, von Göttern und Geistern besessen zu werden. Wie George Brown berichtet hat, glaubten die Menschen in Samoa, daß Götter und andere Geister, manchmal sogar die Seelen Verstorbener, in das Medium hineinschlüpften und für eine Zeitlang von ihm Besitz ergriffen. Als Beweis für die Anwesenheit eines Gottes galt der gänzlich veränderte Seelenzustand des entrückten Mediums. Seine kaum wiederzuerkennende Stimme war für die Samoaner die Stimme des Gottes, der in das Medium gefahren war. Dann folgte eine sakrale Séance zwischen dem zwar unsichtbaren, aber durchaus anwesenden Gott und seiner menschlichen Zuhörerschaft, die ihn »in der allerhöflichsten Sprache« um seinen Rat ersuchte und sich keines seiner Worte entgehen ließ.[6]

Üblicherweise hatte jede Familie ihren eigenen *taula aitu*, schreibt J. B. Stair. Diese Funktion konnte vom Familienoberhaupt, dessen Schwester oder irgendeinem anderen, mit medialen Fähigkeiten ausgestatteten Familienmitglied ausgeübt werden. Durch das Medium nahm eine Familie nicht nur mit ihrem Familiengott Verbindung auf, sondern auch mit den Seelen ihrer Ahnen. Man glaubte daran, daß Krankheiten von irgendeinem erzürnten Geist geschickt wurden. Deshalb wurden spezielle Séancen veranstaltet, um herauszufinden, wie der Zorn des jeweiligen Gottes oder Geistes besänftigt und eine Kränkung gesühnt werden konnte. Laut Pritchard gab es außerdem in jeder Dorfgemeinschaft noch einen besonderen *taula aitu*, dessen Amt weitervererbt wurde, denn »ein Neffe, seltener ein Sohn, übernahm... das geheiligte und begehrte Amt«. Es war das Vorrecht des Mediums, Feiertage zu Ehren des Dorfgottes festzusetzen und bei solchen Anlässen von ihm »besessen« zu werden. Jedesmal, wenn eine kriegerische Auseinandersetzung drohte, wurde der Kriegsgott von einem Medium oder auch von mehreren befragt.[7]

Wenn den Göttern einer größeren Familie *kava* oder Nahrungsmittel dargebracht wurden, konnte es geschehen, daß sie in das eine oder andere Medium fuhren. Wie wir aus Tikopia wissen, war ein solches Medium manchmal von hohem Rang. Oftmals war es der Häuptling selbst, der die engen Beziehungen einer Familie zu deren Gottheiten aufrechterhielt und verkörperte. Thomas Powell brachte 1870 auf Ta'ū in Erfahrung, daß der 34. Tui Manu'a, der um das Jahr 1820 in einem Krieg mit Fitiuta fiel, ein Medium der Götter gewesen war. Und Williams berichtete 1832 in Manu'a, es gebe dort Leute, die »in den Busch gehen... «, um mit ihrem »großen Geist« Tagaloa »Unterhaltungen zu pflegen«. Angeblich sei Tagaloa dabei oftmals in den Tui Manu'a gefahren, von dem man glaubte, daß er vom höchsten Gott abstammte.[8]

Im heidnischen Samoa konnte also ein Mensch ungeachtet der geltenden Rangordnung als Medium anerkannt werden, wenn er oder sie in entrücktem Zustand Orakelkraft nachweisen konnte. Samuel Ella schrieb, in den allermeisten Fällen hätten die Häuptlinge zugleich auch die Funktion eines Mediums gehabt, und dieses »Amt« sei erblich gewesen, sofern berechtigte Anwärter vorhanden waren. Doch seien auch andere Personen »aufgrund einer Mißbildung oder irgendeiner auffälligen Besonderheit ihres Temperamentes oder ihrer Veranlagung« zu Mittlern zwischen den Gottheiten und den Menschen geworden. Um Brown zu zitieren, war ein Medium wegen der zentralen Bedeutung, die der direkte Kontakt mit den Göttern für die Samoaner hatte, eine wichtige Persönlichkeit, die es manchmal zu großem Einfluß brachte. Der berühmteste Fall in der samoanischen Geschichte war Tamafaiga. Als *taula aitu* von Manono, der herrschenden Macht der westlichen Inseln zu Beginn des 19. Jahrhunderts, stieg er zum Tupu, das heißt »König«, von West-Samoa auf. Dank seiner offenbar spiritistischen Fähigkeiten wurde er schließlich als Gott verehrt, doch im Jahr 1830 ermordeten ihn die Leute aus A'ana wegen seiner tyrannischen Exzesse.[9]

Margaret Mead irrte sich also in jeder Hinsicht, als sie 1928 behauptete, daß im Samoa von einst »dem Individuum, das aufgrund seines religiösen Interesses und wegen seines instabilen Temperamentes im Ruf stand, Orakelkräfte zu besitzen, kein allseits akzeptierter Platz in einem Gemeinwesen eingeräumt wurde, in dem Religion so wenig Beachtung fand«, und daß dort »alle Kontakte mit dem Übernatürlichen zufällig, flüchtig und nicht institutionalisiert«, »die persönliche psychische Erfahrungswelt« gar »äußerst unterentwickelt« gewesen sei.[10]

In ähnlicher Weise stehen Margaret Meads Behauptungen, es habe keine

Tempel und religiösen Feiern im heidnischen Samoa gegeben, in direktem Widerspruch zu den historisch belegten Tatsachen. Das Haus, in dem regelmäßig religiöse Séancen stattfanden, hieß in Samoa *malumalu*. Als Stätte, an der die Götter mit den Menschen direkt Kontakt aufnahmen, glich es sehr einem Tempel. Der Ausdruck *malumalu* wird mittlerweile auf christliche Kirchen angewandt, von denen es in jedem samoanischen Dorf mindestens eine gibt. Im übrigen haben Pratt und Turner berichtet, daß fast in jedem Monat des samoanischen Jahres für irgendeinen Gott eine Feier veranstaltet wurde. Der erste Monat des Jahres wurde beispielsweise *Tagaloa Fua* genannt (*Fua* bedeutet Frucht), denn um diese Jahreszeit wurden vor allem dem Gott Tagaloa große Opfer gebracht. Diese religiösen Feiern aus heidnischen Zeiten gibt es noch immer, wenngleich in abgewandelter Form, denn nun erhält der Dorfpastor die Gaben in Form von Speisen und Nahrungsmitteln, weil er der irdische Vertreter Jehovas ist, durch den Tagaloa Mitte des 19. Jahrhunderts verdrängt wurde.[11]

Ganz im Gegensatz zu Margaret Meads Behauptungen waren die Samoaner also auch in früheren Zeiten ein tief religiöses Volk mit einem religiösen System, das nach allem, was wir inzwischen wissen, dem des heidnischen Tikopia verwandt war. In seinem aufschlußreichen Werk *Rank and Religion in Tikopia* hat Firth neun wichtige Elemente der heidnischen Religion von Tikopia aufgeführt, die auch für das religiöse System der Samoaner charakteristisch sind. In gekürzter und leicht modifizierter Form sind diese auf Samoa zutreffenden Elemente: 1. der Glaube an ein Pantheon von Göttern und Geistern, welches von dem höchsten Gott und Schöpfer Tagaloa überragt wird; 2. ein Ahnenkult, der direkt mit dem familiären System verbunden ist; 3. die Verehrung von Göttern und Ahnen durch Gebete und Opfer; 4. die Verwendung materieller »Medien«, einschließlich Tempel und sonstige sakrale Gegenstände; 5. die Vorstellung, daß die Seele beim Tod in eine Nachwelt eingeht; 6. bis ins einzelne gehende Mythen von der Schöpfung und den Taten der Götter; 7. zahlreiche Menschen mit medialen Fähigkeiten und einer bestimmten Stellung in der Rangordnung, an deren Spitze der Häuptling steht; 8. eine Serie von periodisch wiederkehrenden Feiern zu bestimmten Jahreszeiten, mit gemeinschaftlichen Tanzdarbietungen und aufwendigen Zeremonien; 9. und letztens ein Sinn für die innige Beziehung zwischen religiösen Praktiken und dem allgemeinen Wohlergehen der Gemeinschaft. Firth meint dazu, diese Form der heidnischen Religion sei »ein in hohem Maße integriertes System« gewesen, das auch die sittlichen Grundlagen für die Rechtsprechung in Tikopia lieferte. Dies galt ganz besonders für Samoa, denn dort hatte sich im Lauf der Zeit – mehr noch als in Tikopia – der Glaube an einen höchsten Gott Tagaloa entwickelt, der alles überblickte, was die von ihm geschaffenen Wesen taten. Diese Entwicklung hat Mead nicht berücksichtigt, weil sie in Unkenntnis der historischen Quellen, die ich hier zitiere, »sehr daran zweifelte«, daß Tagaloa »der Gott der Manuaner« war.[12]

Als sich Williams' Schoner 1832 der Küste von Ta'ū näherte, ging zu seinem Erstaunen ein gewisser Paraifara an Bord. Er war ein zum Christentum bekehrter Eingeborener aus Raivavae in Ostpolynesien. Von Tabuai kommend, hatte es ihn und seine Mannschaft nach Ta'ū verschlagen. Nun lebten sie schon seit drei Jahren auf der Insel und hatten eine kleine Kapelle gebaut. Allmählich war ihnen auch die heidnische Religion der Manuaner vertraut geworden, und es war ihnen gelungen, einige von ihnen zum Christentum zu bekehren. Deshalb konnte Williams von Paraifara wertvolle Informationen über die Religion der samoanischen Heiden einholen. Paraifara erzählte, daß sein Volk einen »großen Geist« namens Tagaloa verehre, der »im Himmel wohnt«. Alle Leute, die Häuptlinge eingeschlossen, gingen von Zeit zu Zeit zu bestimmten Stellen im Busch, um zu Tagaloa zu beten und um ihm Opfer zu bringen. Beispielsweise war es Brauch, daß sich »bei ihren großen Feiern vor der Verteilung der Mahlzeit ein Redner erhob und nach der Aufzählung jedes einzelnen Gegenstandes ausrief: Dank sei dir, großer Tagaloa, für dies!«

Bei der Auswertung seiner in Ost- und Westpolynesien gemachten Erfahrungen schrieb Williams 1837, daß »besonders die Samoaner eine vage Vorstellung von einem höchsten Wesen« hätten, welches sie Tagaloa nannten und für »den Schöpfer aller Dinge und den Urheber aller Gnaden« hielten. Und Anamia, ein aus Rarotonga stammender, auf Ta'ū tätiger Lehrer, schrieb 1839, einige Manuaner hätten nichts von Jehova wissen wollen und behaupteten, »Tagaloa von den Himmeln« sei der »wahre Gott«.[13]

Diese Aussagen von Paraifara, Williams und Anamia wurden später durch Powell aufgrund der Diskussionen erweitert, die er ab 1860 mit den Bewahrern der geheiligten Traditionen von Manu'a führte. Powell hatte damals schon mehr als zwanzig Jahre in West- und Ost-Samoa zugebracht und war deshalb in der Lage, mit der Exaktheit des Gelehrten eine Reihe traditioneller Texte zu sammeln, die für das Verständnis der heidnischen Religion Samoas von allergrößter Bedeutung sind. Diese Aufzeichnungen offenbaren eine Vorstellung von einem höchsten Wesen – und zwar nicht nur eine vage Vorstellung, wie Williams vermutet hatte. Im Gegenteil: Diese Idee ist für ein des Lesens unkundiges Volk in theologischer Hinsicht von beachtlicher Subtilität und Reife. Powell war so beeindruckt von dem »Monotheismus« des samoanischen Schöpfungsmythos, daß er sich zu der Mutmaßung hinreißen ließ, »diejenigen, die ihn seit undenklichen Zeiten als unantastbaren Schatz von Vater zu Sohn weitergereicht hatten«, müßten »den ursprünglichen Hütern der mosaischen Botschaft eng verbunden« gewesen sein. Der ähnlich stark beeindruckte Fraser verglich Tagaloa mit Brahma aus der Götterwelt der Hindus, da Tagaloa wie Brahma – nach Dowson – »ein höchstes geistiges Wesen ist, das sich als der Schöpfer des Universums offenbart«. Der samoanische Schöpfungsmythos beginnt folgendermaßen: »Tagaloa ist der Gott, der in der unbegrenzten Leere wohnt. Er schuf alle Dinge. Ihn allein gab es von Anbeginn.«[14] Dann wird beschrieben, wie Tagaloa sowohl die Menschheit als auch andere Gottheiten schuf. Die wichtigeren dieser Gottheiten sind seine Sachwalter und tragen oftmals Namen, die nur eine Abwandlung seines eigenen sind. Die ersten Menschen – ein Mann und eine Frau namens Fatu und 'Ele'ele – erschuf Tagaloa aus dem Urstoff, der unter seinen Füßen Gestalt annahm. Er verlieh den beiden eine Seele *(agaga)*, Empfindungen *(loto)*, Willen *(finagalo)* und Denkvermögen (*masalo*; wörtlich übersetzt: Zweifel); all dies zusammen ergab Intelligenz *(atamai)*. Daß *finagalo*, die Fähigkeit, unter Alternativen zu wählen, und *masalo*, die Fähigkeit zur kritischen Bewertung von Erfahrungen, als lebenswichtige Komponenten menschlicher Intelligenz erkannt wurden, zeigt, wie subtil die theologische Spekulation im heidnischen Samoa war.

Nachdem er sein Werk vollbracht hatte, zog sich der Schöpfer in den »zehnten Himmel« hoch über den Himmeln all der anderen von ihm geschaffenen Gottheiten zurück, um dort als »Tagaloa von den Himmeln« (Tagaloa-a-Lagi) zu herrschen und sich, wie Fraser es ausgedrückt hat, nur zu offenbaren, soweit es »im Einklang mit dem Werk«, das er zu vollbringen wünschte, nötig war. Sein Sohn Ta'e 'o Tagaloa stieg zur Erde hinab und wurde der erste Tui Manu'a. So kam es, daß der oberste Häuptling der Manuaner seine einzigartige Heiligkeit vom allerhöchsten Gott herleiten konnte.[15]

Die Samoaner glaubten, daß sich ihre Götter im »zehnten Himmel« auf dem Platz der Ruhe versammelten, um ihre heiligen *fono* in Tagaloa-a-Lagis Karmesinhaus, dem *Fale'Ula*, abzuhalten. Bei diesen *fono* herrschte ungestörter Friede und Ordnung, und bei der *kava*-Zeremonie erhielt Tagaloa-a-Lagi die erste Schale. Die Sage berichtet, daß Tagaloa in Manu'a ein zweites *Fale'Ula* als sakrosanktes *fono*-Haus des Tui Manu'a errichten ließ. Die Gebräuche und Gepflogenheiten entsprachen genau jenen der Götter im Himmel. Tagaloa war für die Samoaner somit nicht nur der Schöpfer aller Dinge, sondern auch der Urheber des Häuptlingssystems, also der Grundlage ihrer sozialen Ordnung. Im einstigen Samoa gab es demnach eine innige Verschmelzung von Religion und Politik. Ganz im Gegensatz zu Margaret Meads Behauptungen waren und sind die Samoaner noch immer ein tief religiöses Volk.[16]

Turner schreibt, daß die heidnischen Samoaner fest daran glaubten, es gebe in ihrem alltäglichen Leben »ohne ein Gebet zu Tagaloa keinen Segen«. Diese Gebete und entsprechende Opfergaben waren bei allen Anlässen von einiger Bedeutung üblich, beispielsweise »bevor man fischen ging, bevor man ein neues Stück Buschland bepflanzte«, und auch in Zeiten der Krankheit und des Krieges. Fraser notierte sich, Tagaloa finde angeblich besonderen Gefallen an Bonito. Menschen, die jenseits des Riffs fischen gingen, hätten sich bei diesem Unterfangen stets der Gunst des Gottes versichert, indem sie ihm sofort nach ihrer Rückkehr am Ufer einen Bonito darbrachten. Donner und Blitz wurden als Zeichen dafür gewertet, daß ein Gebet erhört worden war. Unglück und Katastrophen waren das Los derer, die ihre Pflichten vernachlässigten.[17]

Die Samoaner glaubten also, Tagaloa kümmere sich um alles, was sie taten. In einem ihrer Mythen wird er als »scharfäugiger Tagaloa« bezeichnet, dessen »alles sehende Augen« einen schuldigen Menschen auf all seinen Wegen verfolgen. Turner hat die Sage von Pava aufgezeichnet, der zur Erde floh, nachdem er die *kava* der Götter entweiht hatte. Dort unten habe er immer das »schreckliche Auge« des erzürnten Tagaloa gesehen, das auf ihn herabblickte.

Wenn unziemliches Verhalten seinen Zorn erregt hatte, wurde Tagaloa zu einer furchtbaren strafenden Gottheit. Als sein Sohn Le Fanoga einmal aus Nachlässigkeit die gesamte Mahlzeit in einer Kochstelle verdarb, drückte ihm Tagaloa glühend heiße Yamsknollen auf die Haut, so daß er am ganzen Körper rote Flecken hatte, genau wie die Eule, die in späteren Zeiten Le Fanoga als Kriegsgott verkörperte.

Zimmerleute, die für den Tui Manu'a ein Haus bauten, ohne zuvor Tagaloa befragt zu haben, mußten erleben, wie der »balkenbrechende Gott herniederstieg, zornentflammt und mit ärgerlich gerunzelter Braue«, um vor aller Augen das Werk zu zerschmettern. Und als Sina die Frechheit besaß, mit Tagamilagi, einem Freier aus Tonga, durchzubrennen, schickte Tagaloa Finsternis und Blitze, die die flüchtigen Liebenden in Steine verwandelten. In einer anderen Sage wird erzählt, daß Sa und Manu Tagaloa wissentlich den Gehorsam verweigerten, indem sie den Fischbestand plünderten, dessen Pflege Tagaloa ihnen anvertraut hatte. Zur Strafe wurden sie in Seeigel verwandelt und mußten ihr restliches Leben mit dem Gesicht nach unten zubringen.

Tagaloa war also der allmächtige Schöpfergott, dem nichts entging. Er war den Menschen entrückt, zugleich jedoch allgegenwärtig. Er liebte den Frieden, war aber allzeit bereit, die Ungehorsamen und Abtrünnigen zu strafen. Damit ähnelte er unverkennbar dem großen, gestrengen Gott der alten Hebräer und dem der sittenstrengen protestantischen Missionare, von denen die heidnischen Samoaner im Verlauf der vierten und fünften Dekade des 19. Jahrhunderts so rasch zum Christentum bekehrt werden sollten.[18]

Als Williams 1832 in Ta'ū ankam, traten einige Manuaner an ihn heran, die von Paraifara zum Christentum bekehrt worden waren, und baten ihn, er möge ihnen als Anhängern von Jehovas Wort einen Missionar senden. Schon gegen 1840, also bald nachdem Lehrer aus Rarotonga und Rurutu auf Ta'ū eingetroffen waren, wurde auch der Tui Manu'a Christ. Ein Jahr danach kam der Missionar Matthew Hunkin, und Anfang 1846 waren bereits alle Bewohner von Manu'a zum Christentum übergetreten. Offenbar hatten sie in Jehova einen Gott gefunden, der Tagaloa überlegen war. In der heidnischen Religion der Samoaner hatte es geradezu von Verboten gewimmelt. Wilkes machte 1839 die Beobachtung, daß, wo immer das Christentum Fuß faßte, die Zehn Gebote rasch zum Gesetz erhoben wurden. Jede Übertretung wurde augenblicklich damit bestraft, daß der Übeltäter nicht mehr am Gottesdienst teilnehmen durfte. Auch war die Beachtung des Sonntags als Feiertag von nun an sehr strikt. Es wurde »unmöglich, einen Eingeborenen an diesem Tag zu irgend etwas zu bewegen außer zur Ausübung seiner religiösen Pflichten«. Diese Pflichten, zu denen auch das tägliche Morgen- und Abendgebet gehörte, wurden »mit einer Hingabe erfüllt, wie sie selten bei zivilisierten Menschen anzutreffen ist«.[19]

Als sich Margaret Mead für kurze Zeit in Samoa aufhielt, war dieses strikte Bekenntnis zu christlichen Prinzipien schon längst ein Bestandteil des Lebens der Manuaner geworden. Holmes meinte dazu, die Menschen in Manu'a seien »fast fanatisch in der Einhaltung der christlichen Gebote« gewesen. Und Gouverneur H. F. Bryan beschrieb die Samoaner in seinem Bericht vom Oktober 1926, der die Zeit vom September 1925 bis Juni 1926 umfaßte, als »von angeborener und tiefer Religiosität«. Es gebe »in jedem samoanischen Haus Familienandachten, am Morgen und am Abend«. Der Sonntag werde »ganz im Sinne der Religion als Tag der Ruhe geheiligt«. A. F. Judd, der Amerikanisch-Samoa Anfang 1926 besuchte, als sich auch Margaret Mead noch in Manu'a befand, unterstrich in seinen Anmerkungen über die Ethnologie Samoas die außerordentliche Hinwendung der Samoaner zur christlichen Religion und erwähnte besonders die gutbesuchten Gottesdienste auf Ta'ū, die jeden zweiten Sonntag in einer Kirche stattfanden, die auf der Grenze zwischen den zu Luma und Si'ufaga gehörenden Ländereien stand. Bruce Cartwright schilderte die Samoaner, nachdem er im September 1927 Tutuila bereist hatte, als sehr religiös. An den Andachten nehme »jeden Abend jedes einzelne Familienmitglied teil«. Und Dr. Peter Buck schrieb über die Samoaner, nachdem er von September 1927 bis Februar 1928 in Manu'a, auf Tutuila, Upolu und Savai'i entsprechende Beobachtungen gemacht hatte, sie seien »stark religiös«. Ihre Pastoren hätten eine sehr einflußreiche Stellung. Schließlich sei noch die Aussage von Tufele Josefa vor dem Kongreßausschuß für Amerikanisch-Samoa im Jahr 1929 zitiert, daß »wahrscheinlich kein Volk der Erde die Lehre des Christentums mit so ungeteilter Begeisterung und aufrichtiger Gesinnung übernommen hat« wie die Samoaner.[20]

Zum Zeitpunkt, als Margaret Mead in Samoa ihre Forschungen anstellte, waren die Manuaner also devote Anhänger des protestantischen Glaubens strenger Observanz. Doch statt die Konsequenzen dieses Sachverhaltes für ihre Studie über die Adoleszenz zu durchdenken, lieferte Margaret Mead getreu ihrem Bild von der wesentlich durch »Zwanglosigkeit charakterisierten« Gesellschaftsordnung Samoas eine irrige Beschreibung von der dortigen Rolle des Christentums als »einer gefälligen und zufriedenstellenden gesellschaftlichen Formsache – Chöre singen, verheiratete Frauen tragen Hüte und Pastoren beten und predigen in der allerschönsten Sprache«. Laut Margaret Mead waren die strengeren Grundsätze des protestantischen Glaubensbekenntnisses

so »umgeformt« worden, daß die kirchlichen Autoritäten die voreheliche Promiskuität »passiv hinnahmen«. Diese Promiskuität sei bei heranwachsenden Mädchen so üblich gewesen, behauptete Margaret Mead 1929, daß »niemand vor der Heirat« der Kirche beitrat.[21]
Gegen eine solch fälschliche Darstellung eines fundamentalen Aspektes ihres gesellschaftlichen und religiösen Lebens verwahren sich viele Samoaner auf das heftigste. Als ich beispielsweise 1967 mit To'oa Salamasina Malietoa über Margaret Meads Behauptungen diskutierte, bezeichnete sie sie als eine »gänzlich falsche Geschichte« und sagte außerdem, in Samoa würden Mädchen schon im Alter von zehn Jahren auf den Eintritt in die Kirche vorbereitet. Viele heranwachsende Mädchen würden schon mit fünfzehn oder sechzehn Jahren vollwertige Mitglieder der *Ekalesia*, der Kirche.
Meine detaillierte, 1967 in Sa'anapu angestellte Untersuchung über sämtliche Mädchen dieser Gemeinde im Alter von 12 bis 22 Jahren hat diese Aussage bekräftigt. Von insgesamt 67 Mädchen und jungen Frauen war das jüngste Vollmitglied der Kirche 13 Jahre alt, und von den 22 pubertierenden, noch unverheirateten Mädchen zwischen 16 und 18 Jahren waren nicht weniger als 18, also 82 %, Mitglieder der *Ekalesia*. Doch damit nicht genug: Diese 18 Mädchen waren nicht nur Mitglieder der Kirche, sondern wurden außerdem von den anderen Dorfbewohnern als Jungfrauen angesehen, denn allen Mitgliedern der Kirche ist außerehelicher Beischlaf streng verboten. Schon der leiseste Verdacht, jemand könnte sich dieser »Sünde« hingegeben haben, führte zum Ausschluß aus der Kirchengemeinde. Tatsächlich werden samoanische Mädchen beim Einsetzen der Pubertät von ihren Eltern, vom Häuptling und vom Dorfpastor heftig gedrängt, der Kirche beizutreten, denn darin wird eine Art Garantie für ihre gesellschaftlich so hoch bewertete Virginität erblickt (siehe auch Kapitel 16). Als beispielsweise im Januar 1943 der Dorfpastor von Sa'anapu um neue Mitglieder für die Kirche warb, rief plötzlich Lauvi Vainu'u, ein älterer Häuptlingssprecher, der vor der Kirche gesessen hatte: »Laß die Fahne der Familie im Winde wehen!« Daraufhin trat Taotasi, seine dreizehnjährige Adoptivtochter, vor und bekundete sichtlich gerührt, sie wolle der *Ekalesia* beitreten.
1967 wurde mir von weiblichen und männlichen Interviewpartnern, die schon zu Margaret Meads Zeiten erwachsen gewesen waren und sich gut an die Jahre 1925 bis 1926 erinnerten, versichert, es habe damals schon in Manu'a dasselbe System gegeben, welches darin bestand, daß unver-

heiratete pubertierende Mädchen für die Kirche geworben wurden und den anderen Kirchenmitgliedern zugleich der außereheliche Verkehr strikt verboten war. Daß dies so war, geht auch aus Margaret Meads Schriften hervor, obwohl sie dem religiösen Verhalten der von ihr untersuchten heranwachsenden Mädchen nicht genügend Aufmerksamkeit schenkte. So ist der Tabelle 1 in *Kindheit und Jugend in Samoa* zu entnehmen, daß nicht weniger als 9 der 25 befragten Mädchen im Haushalt irgendeines Pastors wohnten. Dies bedeutet, daß sie entweder tatsächliche oder potentielle Mitglieder der Kirche waren. Im 11. Kapitel erwähnt Mead ausdrücklich ein Mädchen, das »Kirchenmitglied« geworden war, und zwar auf ausdrücklichen Wunsch ihres frommen Vaters und einer anderen Person, die ebenfalls Kirchenmitglied war, jedoch »ihre Gelübde gebrochen« hatte. Doch ist Margaret Mead (1925/26) eindeutig dem Irrtum erlegen, in Manu'a gebe es »niemanden«, der »vor der Ehe Mitglied der Kirche« werde. Es gibt auch keinerlei triftigen Beweis für ihre Behauptung, voreheliche Promiskuität weiblicher Heranwachsender sei von den »kirchlichen Autoritäten« in Manu'a »passiv hingenommen« worden. In den zwanziger Jahren unseres Jahrhunderts lebten heranwachsende Mädchen in Manu'a vielmehr in einer moralistischen Gesellschaft, in der vorehelicher Geschlechtsverkehr ausdrücklich untersagt war. Margaret Meads Versäumnis, diesem sozio-religiösen System Beachtung zu schenken – obwohl es in den Berichten anderer zeitgenössischer Beobachter wie Judd und Buck eine so vorrangige Bedeutung hat –, kann nur als eine grobe, wenn auch unbewußte Verkennung der samoanischen Realitäten gesehen werden.[22]

Trotz der Schnelligkeit, mit der die Bewohner von Manu'a und anderer Teile Samoas von ihrer heidnischen Religion abließen und zum Christentum übertraten, lebten viele heidnische Bräuche in leicht modifizierter Form weiter. Wie Tagaloa Augen hatte, die alles sahen, so konnte auch Jehova – das schärften die Missionare den Samoanern ein – »in der Dunkelheit sehen«; und genau wie Tagaloa angeblich »sogleich alle Missetaten der Menschen erfuhr und ahndete« (Fraser), wurde auch Jehova (wie man den Samoanern in ihren Katechismen beibrachte) äußerst zornig über die sündigen Taten der Menschen, die er nie zu bestrafen versäumte.[23] Häuptlinge und ihre Familien beteten wie zu Zeiten des Heidentums direkt ihren neuen Gott Jehova an, und der Pastor einer Dorfgemeinschaft wurde ähnlich wie der heidnische *taula aitu* als ihr wichtigster Vermittler zur Gottheit angesehen und deshalb häufig auch als »Vertreter Gottes« bezeichnet. Turner hat berichtet, daß in heidnischen Zeiten ein des Diebstahls verdächtigter Mensch einen heiligen Stein berühren und folgende Worte sprechen mußte: »Im Beisein der hier versammelten Häuptlinge lege ich meine Hand auf diesen Stein. Wenn ich gestohlen habe, soll ich alsbald sterben.« Dieser Schwur mußte auch auf die Bibel geleistet werden, und man glaubte daran, daß einen Meineidigen tatsächlich der Tod ereilen würde. Mehrere Tabus und Verbote der heidnischen Religion wurden übernommen. Beispielsweise wird jeden Abend, wenn die Familienoberhäupter Jehova anrufen, ein Waffenstillstand eingehalten, den niemand brechen darf. Während dieser Zeit ist unziemliches Verhalten bei Androhung göttlicher Bestrafung untersagt. Im März 1966 geschah es, daß die 13jährige Tochter eines der Häuptlinge von Sa'anapu auf einen *pua*-Baum kletterte, statt am Abendgebet teilzunehmen. Sie fiel herab und brach sich einen Arm. Danach hieß es, Gott habe sie bestraft. Auch Donner und Blitz, einst die furchteinflößenden Attribute des Tagaloa, sind auf Jehova übergegangen, den die Samoaner in einer ihrer Hymnen mit den Worten besingen:

> Deine Stimme, Jehova,
> die ich höre
> im Krachen des Donners,
> erfüllt mich mit Furcht.
> Auch der Blitz ist dein,
> denn er verkündet deine Botschaft.[24]

Jehova ist, wie es ein samoanischer Pastor ausdrückte, »des Zornes voll gegen jene, die sündigen«. Im Oktober 1966 wurde ein zweijähriges Kind aus Sa'anapu, das unbeaufsichtigt in der Lagune gespielt hatte, tot am Strand gefunden. Es war ertrunken. In ihrem Kummer rief die Mutter immer wieder aus: »Weh mir, Gott! Ich fürchte dich, mein Gott!« Beim Begräbnis schrieb der Pastor den Tod des Kindes, wie es bei solchen Fällen häufig geschieht, dem Hang der Menschen zur Sünde zu und verkündete, es sei als Sühne für einen anderen Sünder gestorben. Der samoanische Jehova ist also wie vor ihm Gott Tagaloa ein gestrenger, alles sehender Gott, von dem geglaubt wird, daß er all jene bestraft, die vorsätzlich seine Gebote mißachten. Wenn Margaret Mead in *Kindheit und Jugend in Samoa* behauptet, der gleichmäßige Ablauf des Lebens samoanischer Jugendlicher würde durch »keinerlei unversöhnliche Götter, die rasch erzürnt sind und hart bestrafen«, getrübt, so ist daran nichts Wahres. Ebenso irrig sind die dazu parallel verlaufenden Behauptungen Meads, daß die von ihr auf Tutuila und in Manu'a untersuchten Samoaner »keine Vorstellung von Sünde« gehabt hätten und, da sie nur diejenigen westlichen Ansichten übernommen hätten, die ihre eigene Kultur »flexibler« gestalteten, »ohne den Begriff der Erbsünde« lebten. Wieder haben wir es mit historisch nicht haltbaren Feststellungen zu tun, gegen die sich die Samoaner sofort mit dem Hinweis verwahren, Sündhaftigkeit (samoanisch *agasala*, wörtlich übersetzt: Verhalten, welches irgendeinem Gebot eines Gottes oder Häuptlings zuwiderläuft und deshalb Strafe verdient) sei in Samoa ein Grundbegriff, den es längst vor der Christianisierung gegeben habe. Auch die Lehre von der Erbsünde, wie sie in der Heiligen Schrift enthalten sei, sei ihnen seit ihrer Bekehrung zum Christentum, also schon seit langem, vertraut.[25]

Wie Pratt schrieb, setzten die ersten Missionare den samoanischen Begriff *agasala* bereitwillig mit der hebräischen Auffassung von Sünde gleich, wie schon aus dem ersten samoanischen Katechismus des Jahres 1842 zu ersehen ist. Dort steht im 4. Kapitel geschrieben, daß die ganze Menschheit für die Ursünde Adams und Evas, ihren Ungehorsam gegen Jehova, büßen müsse. Diese Lehre ist seit Mitte des 19. Jahrhunderts allen samoanischen Kindern vermittelt worden. In einem samoanischen Kirchenlied aus dem vergangenen Jahrhundert wird die Sündhaftigkeit der Menschen wegen ihres häufigen Ungehorsams gegen Gott als über die Maßen groß bezeichnet.[26]

In Samoa ist es eine Alltäglichkeit, daß Sprecher bei Häuptlingsversammlungen oder ähnlichen Anlässen sich lang und breit über die Sündhaftigkeit des Menschen auslassen. Im Februar 1967 hörte ich beispielsweise in Sa'anapu, wie der Häuptling Lea'ana Satini in Anwesenheit der anderen Häuptlinge erklärte: »Niemand in diesem Leben ist ohne Tadel, alle sind sündig.« Derartige Moralpredigten enden häufig mit der Warnung des Apostel Paulus, der Tod sei »der Sünde Sold«. In einem allseits bekannten Kirchenlied werden die Samoaner seit mehr als einem Jahrhundert aufgefordert:

> Leg ab die Sünde, wirf sie fort,
> sonst blüht das Übel, und du findest ein böses Ende.[27]

Im Geiste dieses Kirchenliedes aus dem 19. Jahrhundert konnte es geschehen, daß der Premierminister von West-Samoa nach einem verheerenden Wirbelsturm im Jahre 1966 die Katastrophe in einer Rundfunkansprache auf die Tatsache zurückführte, daß viele Samoaner auf Abwege geraten seien. Er ermahnte sein Volk, die Augen zu Jehovah zu erheben und ihn zu fürchten.[28]

Ein weiterer gravierender Fehler unterlief Margaret Mead, als sie hinsichtlich des religiösen Verhaltens der Samoaner behauptete, »Übertretung und Nicht-Übertretung sind eine Frage der Zweckdienlichkeit«, da es »keinen Raum für Schuld« gebe. Dies ist keineswegs der Fall. Im Gegenteil: Da sie in einer tief religiösen Gesellschaft aufwachsen, in der ständig die Rede von Sündhaftigkeit ist, haben die Samoaner einen geschärften Sinn für Schuld. Im Verlauf ihres Lebens werden sie immer wieder angehalten, ihre Sünden und Vergehen gegenüber Personen von Autorität zu bekennen. Im Jahre 1966 geschah es gegen Ende einer Gerichts-*fono*, daß Sene, ein Mann ohne Titel, der die Ungeheuerlichkeit begangen hatte, einen Häuptling zu schlagen, öffentlich die Unrechtmäßigkeit seines Tuns bedauerte. Daraufhin bemerkte einer der amtierenden Häuptlingssprecher: „Du bist dir also deiner Schuld bewußt, und wir sind dir dankbar dafür.«

Brown schreibt, die Samoaner hätten seit langem »großen Wert darauf gelegt, im Moment der Gefahr ihre Verfehlungen zu beichten«, beispielsweise, wenn ein Kanu auf hoher See vollzuschlagen droht. Als 1940 das lange, schmale Boot, in dem wir saßen, nachts in der Meerenge von Apolima wegen der hohen Dünung zu kentern drohte, konnte ich erleben, wie mehrere meiner samoanischen Reisebegleiter Schuldbekenntnisse ablegten und inständige Gebete an Jehova richteten.[29]

Dieser Brauch, Verfehlungen zu beichten, tritt in einer wichtigen samoanischen Zeremonie, der *ifoga*, noch deutlicher in Erscheinung, denn diejenigen, die anderen Menschen ein Unrecht zugefügt haben, müssen sich vor ihnen rituell erniedrigen. Dies geschah früher meist, indem ein Missetäter Steine und Brennholz von einer Kochstelle holte, sich daraufhockte, als wäre er ein Schwein, das gebraten und verzehrt werden sollte, und dem von ihm Beleidigten zur Sühne feingeflochtene Matten bot. Heutzutage sind von diesem Brauch in Samoa nur die feinen Matten übriggeblieben. Aber nach meiner Erfahrung ist eine *ifoga* immer von einem öffentlichen Schuldbekenntnis begleitet. 1966 hielten die Häuptlinge von Sa'anapu eine solche *ifoga* zu Ehren der Häuptlinge des

Nachbardorfes Sataoa ab. Der älteste Häuptling aus Sa'anapu hatte eine feine Matte mitgebracht, die er den Gästen mit den Worten hinhielt: »Ich bin meiner Schuld wegen gekommen.«

Tatsächlich war und ist das Bewußtsein der eigenen Schuld ein wichtiger Bestandteil des religiösen und sozialen Lebens der Samoaner, denn es steht in inniger Beziehung zum Gebot des Gehorsams gegenüber der Autorität Gottes und der Häuptlinge. Ohne Rücksicht auf ihr Alter müssen alle mit Bestrafung rechnen, die dieses grundlegende soziale Gebot verletzen.[30]

13. Bestrafung

Zwar erwähnt Margaret Mead in ihrer Schrift *Social Organization of Manu'a*, daß in Samoa »schwerwiegende Übertretungen der Verhaltensnormen unnachgiebig geahndet« wurden (sie berichtet zum Beispiel von einem Mann, der zur Strafe für einen Diebstahl in der Sonne sitzen und einen nach ihm schnappenden giftigen Fisch in den Händen halten mußte), doch zugleich erklärt sie auch, eine solche Bestrafung werde nur »als Abschreckung betrachtet«. An anderer Stelle heißt es, daß diese extreme Form der Bestrafung schon in den zwanziger Jahren abgeschafft worden sei. In der Darstellungsweise von Margaret Mead kannte die soziale Ordnung Samoas also weder strenge Gebote noch harte Strafen. Die Samoaner lebten angeblich in einer Gemeinschaft, die »freundlich zu allen ist und an niemanden sonderlich hohe Anforderungen stellt«.

Diese Behauptungen sind ungenau und irreführend. Als Fraser den von mir schon in Kapitel 12 erwähnten Mythos von der Gottheit Tagaloa aufzeichnete, der den Ungehorsam von Sa und Manu bestrafte, indem er die beiden in Seeigel verwandelte, war sein Kommentar, durch solche Geschichten von der Macht des Tagaloa sei zumindest *eine* unauslöschliche Überzeugung in die Seelen der heidnischen Samoaner gebrannt worden, nämlich daß »jegliche Übertretung der Gebote ihrer Gottheiten oder Häuptlinge mit Sicherheit eine Bestrafung nach sich zog«. Das heißt: In Samoa sind Strafen unterschiedlichster Art ganz besonders wichtig, denn durch sie wird strikter Gehorsam gegenüber der Häuptlingsautorität erzwungen.

Das samoanische Wort für Gehorsam, *usiuita'i*, meint ganz besonders das Anhören und die widerspruchslose Ausführung von Befehlen. Diese Art von Gehorsam, besonders gegenüber den Anweisungen der Häuptlinge, findet in Samoa großen Beifall. Vor allem die Männer ohne Titel, also die Mitglieder der sogenannten *'aumaga*, sollen ihre größte Aufgabe darin erblicken, den Häuptlingen ihrer Dorfgemeinschaft zu Diensten zu sein. Wenn eine solche *'aumaga* von den Häuptlingen einberufen wird, ermahnt meistens ein älterer Häuptlingssprecher die versammelten Männer und erinnert sie »an die überragende Bedeutung des Gehorsams«, der sich auch in einer entsprechenden Untertänigkeit zu äußern habe. Im April 1966 sagte beispielsweise in meinem Beisein ein älterer Häuptlingssprecher aus Sa'anapu zu den Mitgliedern der *'aumaga*, daß »bei einem Mann ohne Titel ein demütiges Herz lobenswert« sei. Ein anderer Häuptlingssprecher von hohem Rang mahnte dieselbe *'aumaga* von Sa'anapu im März 1967: »Ihr müßt in allem gehorsam sein! Absolut gehorsam! Auch wenn euer Häuptling im Irrtum ist.«

Anders ausgedrückt: Von Männern ohne Titel wird in Samoa verlangt, untertänige und absolut gehorsame Werkzeuge ihrer Häuptlinge zu sein. Diese traditionelle Forderung nach uneingeschränktem Gehorsam wird in Samoa vor Gericht manchmal als Entlastung herangezogen. Beispielsweise verteidigte eine gewisse Miss O. F. Nelson im April 1941 vor dem Obersten Gerichtshof von West-Samoa sieben Männer ohne Titel, die einen anderen Mann aus ihrem Dorf tätlich angegriffen hatten, sie hätten gemäß samoanischem Brauch nur »blind die Befehle ihrer Häuptlinge befolgt«. Wie sich herausstellte, hatten ungefähr 20 Häuptlinge eines Dorfes an der Nordküste von Upolu über einen ihrer »Kollegen«, der eine Entscheidung der *fono* mißachtet hatte, die schändlichste aller in Samoa bekannten Strafen verhängt. Sie wurde *saisai* genannt und bestand darn, daß ein Missetäter wie ein Schwein zusammengeschnürt wurde, das im Ofen gebacken werden sollte. In diesem Zustand mußte er dann manch andere Schmähung über sich ergehen lassen.[2]

Ein vergleichbarer Fall ereignete sich im April 1941 in einem anderen Dorf an der Nordküste von Upolu. Die Häuptlinge hatten sich darüber erregt, daß ein Mann aus ihrem Dorf (ich nenne ihn hier Tala) vor dem Gericht für Land und Titel im September 1940 bei einer Verhandlung gegen sie ausgesagt hatte. Im Oktober 1940 wurde von besagten Häuptlingen eine *fono* einberufen. Es ging darum, eine Entscheidung über Talas Bestrafung zu fällen. Die Häuptlinge beschlossen, wie später vor Gericht ausgesagt wurde, ihn »wie ein Schwein fesseln zu lassen, ihm menschlichen Kot in den Mund zu stecken und einen Ofen zu bauen, der das Kochen eines Menschen symbolisierte«. Das erzwungene Verzehren von Exkrementen, die von Schweinen gefressen werden, und überhaupt die Tatsache, daß ein Mann so behandelt wird, als wäre er ein Schwein, sind nicht zu überbietende Erniedrigungen. Wie Otto Stübel Ende des

19. Jahrhunderts durch einen von ihm selbst aufgezeichneten Text überliefert hat, wurde diese extreme Art der Bestrafung in früheren Zeiten jedem zuteil, der den Stammbaum eines Häuptlings verleumdete. Stübels Gewährsleute sagten im Zusammenhang mit einem solchen Fall: »Sogar seine [nämlich des Delinquenten] Kinder und Schwestern konnten erschlagen werden, oder sie wurden öffentlich angeprangert und beschämt, indem man sie zu einem Ofen führte oder ihnen den Kot von Menschen in den Mund stopfte, während der eigentliche Übeltäter getötet wurde.«[3]

Tala konnte fliehen und wurde erst am 19. April 1941 gefangen. Mit einem schweren Knüppel erhielt er einen Schlag über den Kopf, dann wurde er nackt wie ein Schwein an einem dicken, unbehauenen Pfahl von rund drei Meter Höhe aufgehängt. In diesem erbarmungswürdigen Zustand wurde er öffentlich zur Schau gestellt. Wie der Staatsanwalt vor Gericht erklärte, »ist dies nach samoanischen Brauch die schlimmste Demütigung, die einem Menschen zugefügt werden kann«. Alle unmittelbar verantwortlichen Personen wurden zu Gefängnisstrafen zwischen zwei und drei Monaten verurteilt.[4]

Diese *saisai* genannte Bestrafung ist nach dem Bericht von Turner, Brown und anderen durchaus ein Teil der traditionellen Kultur Samoas. Zwar erwähnt Margaret Mead die *saisai* mit keinem Wort in ihrer Arbeit *Social Organization in Manu'a*, in der sie auch die Situation der »Beleidiger und Beleidigten« erörtert. Doch sicherlich wurde *saisai* auch während der zwanziger Jahre praktiziert, also auch, als sie sich in Samoa aufhielt. F. H. Flaherty berichtete 1924 aus Savai'i, daß Menschen, die sich etwas hatten zuschulden kommen lassen, vor einen Häuptling geschleppt wurden, wobei sie »zwischen Bambusstangen hin und her schwangen und gefesselt waren wie Schweine«. In Samoa könne einem Menschen »keine schrecklichere Schande« widerfahren, meinte Flaherty. Übrigens wird diese grausame Strafe gelegentlich noch immer verhängt. Noch im Januar 1981 kam es vor dem Obersten Gerichtshof von West-Samoa zu einem Strafprozeß wegen *saisai.*[5]

Aus einem amtlichen Bericht des Jahres 1950 über West-Samoa geht hervor, daß die gerichtliche Verfolgung und Bestrafung derjenigen, die sich eines Rechtsbruches schuldig gemacht hatten, »immer zu den wichtigeren Funktionen« der Häuptlinge und der Häuptlingssprecher einer Dorfgemeinschaft gezählt haben. Auch in den von der Erziehungsbehörde West-Samoas gesammelten Materialien, die unter dem Titel *Institu-*

tions and Customs of the Samoans zusammengefaßt worden sind, hieß es, Menschen, die sich gegenüber der *fono* ihrer Gemeinde »wiederholt der Impertinenz und des Ungehorsams« schuldig gemacht hätten, seien am härtesten bestraft worden. Im Jahre 1882 schrieb Ta'unga, ein aus Rarotonga stammender, in Manu'a ansässiger Pastor, die Häuptlinge von Ta'ū würden »keine Missetat dulden«, sondern jedesmal, wenn eines ihrer Gesetze gebrochen werde, sorgfältig auf eine Strafe bedacht sein, die der Verfehlung »angemessen« sei.[6]

Bei jeder ernsteren Verfehlung wurde sofort eine Gerichtsversammlung, auf samoanisch *fono manu*, einberufen. Nach einer speziellen *kava*-Zeremonie und eingehender Beratung wurde sodann von den versammelten Häuptlingen und Häuptlingssprechern über die jeweilige Strafe entschieden. Wie Stair berichtet hat, wurde zwischen Strafen für eine ganze Familie und Strafen für Einzelne unterschieden. Eine besonders strenge Bestrafung durch eine Dorf-*fono* bestand traditionell darin, daß eine ganze Familie verbannt wurde. Unter dem Malietoa Laupepa wurde sie 1892 für eine Zeitlang legalisiert, um dann 1901 von Gouverneur Solf endgültig verboten zu werden.

Stair hat die Verbannung einer ganzen Familie beschrieben: Nachdem die Entscheidung in der *fono* gefallen war, begaben sich die Häuptlinge zum Haus der unglücklichen Familie und setzten sich davor auf den Boden, während der Häuptlingssprecher mit dem höchsten Rang das Urteil der *fono* verkündete. Danach brachten die anderen Mitglieder der Gerichtsversammlung die Schweine und den sonstigen Besitz der Verurteilten an sich, fällten oder verstümmelten deren Brotfruchtbäume, indem sie ein ringförmiges Stück Borke vom Stamm ablösten, und setzten schließlich die Behausung in Brand, nachdem deren Bewohner vertrieben worden waren.

Im Jahr 1927 wurden mehrere Fälle von Verbannung in den Bericht der *Royal Commission on Western Samoa* aufgenommen. In einem Fall handelte es sich darum, daß ein ganzes Dorf »auf Befehl entfernt« worden war. Meist wurden jedoch nur einzelne Personen in Acht und Bann getan, aber es konnte bis ins zwanzigste Jahrhundert hinein geschehen, daß bisweilen sogar ein Häuptling in aller Form durch eine *fono* verstoßen wurde. 1946 verjagte beispielsweise das Dorf Sa'anapu einen Häuptling, der sich über die Entscheidung der *fono* hinweggesetzt hatte, wonach keinem Menschen von außerhalb ein Stück zum Dorf gehörendes Land für den Bau eines Geschäftshauses überlassen werden durfte.

1966 wurde in ähnlicher Weise ein *ali'i* verbannt, weil er sich geweigert hatte, seine *fono* zu einer *ifoga* im Dorf Sataoa zu begleiten, weil einige ranglose Männer seiner Familie ein Stück Vieh aus Sataoga entwendet, geschlachtet und verzehrt hatten.[7]

In früheren Zeiten gab es viele andere Formen strenger persönlicher Bestrafung, vor allem für Akte des Ungehorsams oder der Respektlosigkeit gegenüber Häuptlingen. Krämer hat berichtet, wie ein Missetäter geschlagen wurde, bis sein Kopf blutete und seine Knochen krachten. Bei Wilkes und Turner wird das Abschneiden von Ohren und Nasen erwähnt, und Stair beschreibt eine Art der Bestrafung, die darin bestand, daß ein Übeltäter gezwungen wurde, »sich selbst schlimme Wunden und Verletzungen zuzufügen, indem er sich mit einem schweren Stein gegen Kopf und Brust schlug, bis reichlich Blut floß«. Dabei sei kräftig »durch den prompten und ausgiebigen Einsatz eines im Krieg als Waffe verwendeten Knüppels« nachgeholfen worden. Eine weitere schmerzhafte Bestrafung, die von Stair, Turner und Brown bezeugt wird, war der fünfmalige erzwungene Biß in die giftige *teve*-Pflanze. Abgesehen davon, daß dies heftigste Schmerzen zur Folge hatte, entzündete sich das Zahnfleisch des Unglückseligen derart, »daß häufig der Tod die Folge war«, wie Krämer schrieb.

In Stairs Schriften ist auch von Bestrafungen die Rede, bei denen ein Mensch gezwungen wurde, einen giftigen Stachelfisch in den Händen zu halten, in der sengenden Sonne zu sitzen oder stundenlang mit dem Kopf nach unten an einer großen Kokospalme zu hängen. Und schließlich ist in *Institutions and Customs of the Samoans* eine aus alten Zeiten stammende Form der Bestrafung verzeichnet, bei der der Verurteilte an Händen und Füßen gefesselt und »in den Schweinestall geworfen wurde, um mit den Schweinen zu fressen und zu schlafen, bis er starb«.[8]

Solche Strafen werden heute in Samoa nicht mehr praktiziert, abgesehen von Prügelstrafen für einen auf frischer Tat ertappten Übeltäter und seinen Ausschluß aus dörflichen Gremien wie *fono* und *'aumaga*. Statt dessen ist man immer mehr dazu übergegangen, Geld- und Sachbußen zu verhängen, wie es schon seit alter Zeit in Samoa Brauch ist. Wie Turner schreibt, war es im 19. Jahrhundert in Samoa üblich, daß eine *fono* einen für schuldig befundenen Menschen zur Entrichtung von »großen Mengen Nahrungsmitteln verurteilte, aus denen dann für das ganze Dorf ein Festmahl bereitet wurde«. Brown spricht von »bis zu 1000 Stück Taro und weiteren 1000 Fischen, beide gekocht«, oder von »20 bis 30 Schweinen«. Übrigens gab es in Samoa auch den Brauch, daß der Häuptling bzw. das Familienoberhaupt bei der Verurteilung eines rang- und titellosen Familienmitgliedes zur Entrichtung einer Buße in Naturalien auf die Ressourcen der ganzen Familie zurückgriff. Im Januar 1943 wurde beispielsweise ein 23jähriger Mann für schuldig befunden, heimlich die 18jährige Tochter einer anderen Familie vergewaltigt zu haben. Deshalb wurde das Oberhaupt seiner Familie von einer speziell einberufenen *fono* dazu verurteilt, zwei Schweine und zehn fünf Pfund schwere Fleischkonserven herauszugeben, die an die anderen Familien von Sa'anapu verteilt wurden.[9]

Es ist auch üblich, daß Häuptlinge eine Buße entrichten müssen, wenn sie irgendeinen Beschluß ihrer *fono* mißachten. Beispielsweise kann die *fono* von allen Dorfbewohnern verlangen, eine gewisse Menge Taro anzupflanzen oder einen bestimmten Beitrag für gemeinschaftliche Vorhaben – wie den Bau einer Schule – zu leisten. Häuptlingen, die diesen Verpflichtungen nicht nachkommen, droht fast immer eine Strafe. In den vierziger und sechziger Jahren handelte es sich dabei meistens um eine fünfpfündige Fleischkonserve. Sowohl die Verhängung als auch die Durchführung einer solchen Bestrafung wurde äußerst strikt gehandhabt. 1967 hörte ich einen älteren Häuptlingssprecher aus Sa'anapu zu seinen Amtskollegen sagen, prinzipiell dürfe »niemand eine Entscheidung leicht nehmen, die von einer *fono* gefällt wurde«. Dieses Prinzip wird auch von allen anderen sozialen Gruppierungen einer Dorfgemeinschaft befolgt. Im Jahre 1942 wurde beispielsweise in der *'aumaga* des Dorfes Sa'anapu beschlossen, alle ihre Mitglieder hätten sich einer *malaga* (Reisegesellschaft) anzuschließen, die sich nach einem Dorf an der Nordküste von Upolu begeben sollte. Als ein ungefähr 40jähriger Mann namens Filipina dieser Aufforderung nicht nachkam, wurde er zur Zahlung von £ 2 verurteilt. Er weigerte sich jedoch, diese Strafe zu entrichten. Deshalb wurde er aus der *'aumaga* ausgestoßen und in aller Form in Acht und Bann getan. Den anderen Mitgliedern der *'aumaga* wurde unter Androhung einer strengen Strafe verboten, mit ihm Umgang zu pflegen. Filipina gab nach wenigen Monaten klein bei und bekundete Reue wegen seines unbotmäßigen Verhaltens. Er spendete anstelle der ursprünglichen Geldstrafe ein großes Schwein und weitere Nahrungsmittel. Dafür nahm ihn die *'aumaga* wieder als Mitglied auf.

Auch in anderen dörflichen Gruppen, beispielsweise in Kirchenchören, gibt es oftmals recht komplizierte Regelungen. Wer dagegen aufbegehrt, wird bestraft. Im Jahr 1943 hatte allein der Kirchenchor von Sa'anapu eine Liste von ungefähr 30 Vergehen und Übertretungen, die als strafbar erachtet wurden. Wer nach dem Singen eines Kirchenliedes zu schnell Platz nahm, wurde eine Sixpence-Münze los, und wenn jemand gar die Noten eines Chorals an ein rivalisierendes Dorf weitergab, mußte er mit £ 1 dafür büßen. Diese Beispiele zeigen, daß die Verhängung von Strafen sehr wohl ein wichtiger Teil des religiösen Lebens in Samoa war und ist. Immer wieder hört man samoanische Pastoren ihre Gemeinden ermahnen, ewige Qualen im Höllenfeuer seien die Strafe für die, die Gottes Geboten den Gehorsam verweigern. Solche Drohungen sind für Samoaner nichts Neues, denn ihr alter heidnischer Glaube lehrte sie, wie Stair berichtet hat, daß nach dem Tode nicht nur eine Art Elysium – samoanisch *Pulotu* genannt –, sondern auch ein gefürchteter Ort der Strafe, *Sa le Fe'e*, zu erwarten war.

Bei Gottesdiensten wird für allergrößte Disziplin gesorgt, notfalls sogar durch körperliche Züchtigungen. Als Moore und Farrington 1930 auf Tutuila einer protestantischen Andacht beiwohnten, fiel ihnen auf, daß ein älterer Mann mit einer Fliegenklatsche zwischen den Sitzreihen patrouillierte und ungezogenen Knaben damit Schläge versetzte, während er sie zugleich arg zauste, »indem er ihr Haar mit den Fingern zwirbelte«. Bisweilen ist die Strafe für schlechtes Benehmen beim Gottesdienst oder Religionsunterricht noch viel strenger. Ich habe Kenntnis von mehreren Fällen, bei denen Jugendliche – und zwar sowohl Jungen als auch Mädchen – sogar Knochenbrüche erlitten, wenn ihnen ein wütender Pastor zur Strafe einen Faustschlag versetzte.[10]

Wenn sich eine Person ausgesprochen respektlos gegenüber einem Häuptling verhält, kann die Bestrafung unverzüglich erfolgen. 1946 geschah es, daß ein Mann namens Pomate einen Häuptlingssprecher mit einem Buschmesser bedrohte, als die beiden sich um ein Stück Land stritten. Daraufhin wurde Pomate von der *fono* aus Sa'anapu verbannt. Als er darum bat, dieses Urteil noch einmal zu überdenken, zwang man ihn, mit gesenktem Kopf auf Händen und Füßen am Eingang des *fono*-Hauses zu verharren, während drinnen die versammelten Häuptlinge sein Vergehen mit harten Worten tadelten. Übrigens war dieser Pomate mit einer Katholikin aus dem nahe gelegenen Dorf Mulivai verheiratet. Sonntags pflegte er dort mit seiner Gattin zur Messe zu gehen. Das Dorf Sa'anapu war jedoch seit dem 19. Jahrhundert rein protestantisch. Einer der wichtigsten Erlasse der *fono* besagte, daß jeder Dorfbewohner, der zum römisch-katholischen Glauben übertrat, die Gemeinde zu verlassen hatte. Pomate wurde zu einer hohen Strafe verurteilt. Man sagte ihm, er könne nur in Sa'anapu bleiben, wenn er künftig auf den katholischen Gottesdienst verzichte – ein Urteil, das ihn dann tatsächlich aus seinem Geburtsort vertrieb.

1966 wurde ich Augenzeuge einer Strafaktion von Häuptlingen. Anlaß war ein Disput um die genaue Begrenzung des Ackerlandes, das Samala, einem titellosen Bewohner von Sa'anapu gehörte. Mehrere Häuptlinge markierten auf Geheiß der *fono* die Grenzlinie, indem sie eine Reihe junger Brotfruchtbäume einpflanzten. Aber nach Meinung von Samala gingen ihm dadurch einige Meter Ackerland verloren, auf die er einen Anspruch zu haben glaubte. Deshalb riß er die Schößlinge wieder aus der Erde und drohte, die Häuptlinge zu erschießen, die sie gepflanzt hatten. Auf einer eigens einberufenen *fono* wurde Samala zur Herausgabe eines Bullen und eines besonders großen Schweines verurteilt. Diese beiden Tiere hatte er seit einigen Jahren mit besonderer Sorgfalt herausgefüttert, weil er sie zu verkaufen beabsichtigte. Als er nun mit ansehen mußte, wie sie geschlachtet wurden, warf sich Samala zu Boden und fing an, in einem Anfall ohnmächtiger Wut zu stöhnen und zu klagen. Schließlich richtete sich seine unterdrückte Aggressivität gegen ihn selbst, und er riß sich das Hemd vom Leib und zerfetzte es.

Bei der Verhängung von empfindlichen Strafen kommt es häufig zu solchen Wutanfällen, doch zugleich weiß der Bestrafte sehr wohl, daß alles, was er gegen die Häuptlinge seiner Gemeinde unternehmen könnte, nur um so schlimmere Bestrafung nach sich ziehen würde. Das führt manchmal zu tragischen Konsequenzen, wie beispielsweise im Fall von Tulei, einem titellosen Mann aus dem Dorf Safa'atoa: Früh am Morgen, irgendwann im Juni 1966, wurden die Grenzen eines gerade urbar gemachten Geländes, das Tuleis Familie gehörte, von den Häuptlingen inspiziert, wie es in samoanischen Dörfern üblich ist. Während des Rundgangs wurde Tulei dabei ertappt, daß er sagte: »Welchen Wert hat es, daß sie das Land so oft ausmessen? Wohin sie auch treten, wird die Erde faul.« Nach der Besichtigung setzten sich die Häuptlinge sofort zu einer *fono* zusammen und verurteilten Tuleis Familie zu einer Buße von 10 Schweinen, 10 Kisten Dörrfisch, 5 großen Dosen Zwieback und 5000 Taroknollen. Sie stellten die Bedingung, daß alles noch am selben Tag, spätestens jedoch im Verlauf des nächsten Vormittags abgeliefert werden mußte. Andernfalls drohten weitere Strafen. Die *fono* war noch nicht zu Ende, als den Häuptlingen die Nachricht gebracht wurde, Tulei habe sich mit einer Schrotflinte erschossen, nachdem ihm die harte Bestrafung zu Ohren gekommen war.

Samoa ist also weit davon entfernt, eine soziale Ordnung zu besitzen, die »freundlich zu allen ist und an niemanden nennenswerte Anforderungen stellt«, wie Margaret Mead behauptete. Traditionsgemäß wird in Samoa durchaus auf Bestrafung, häufig sogar auf sehr schwere Bestrafung zurückgegriffen, wenn es darum geht, Gehorsam und Respekt gegenüber der Obrigkeit zu gewährleisten. Darüber hinaus erwartet man von allen, die gefehlt haben, daß sie ihre Strafe ohne Murren hinnehmen. Dies gilt ganz besonders für einen Häuptling, der von seinen »Kollegen«, den anderen *matai* des Dorfes, gemaßregelt wird. Ich war zugegen, als im Oktober 1966 ein 53jähriger Häuptling seine Handlungsweise zu rechtfertigen suchte, nachdem er eine Verfügung der *fono* mißachtet hatte. Daraufhin wurde er gebieterisch und unnachsichtig aufgefordert, seinen Irrtum einzusehen und geduldig dazusitzen, ohne ein Wort zu sagen, während die anderen Häuptlinge ihrem Unmut über ihn Luft machten. Wie wir gleich sehen werden, wird ähnliches auch von Kindern verlangt, wenn sie von ihren Eltern oder anderen ihnen übergeordneten Personen getadelt oder bestraft werden.

14. Kindererziehung

Die Zwanglosigkeit der Beziehungen zwischen den Geschlechtern, die laut Margaret Mead ein so wesentlicher Bestandteil des Lebens in Samoa ist – vor allem während der Adoleszenz –, wird ihrer Meinung nach »durch das ganze System der Kindererziehung« ermöglicht. Samoanische Kinder, behauptet sie, erfahren nie »die Bedeutung einer starken Bindung an eine Einzelperson«. Und da ihnen während der frühen Kindheit keine »starken Gefühle« vermittelt würden, gebe es auch während der Adoleszenz nichts Derartiges, das wiederentdeckt werden müßte. Die samoanische Familie, so führt sie weiter aus, sei »lediglich eine größere Anzahl von Menschen verschiedenen Alters, die alle irgendwie miteinander in Beziehung stehen«. Daraus folge, daß Kindern in Samoa »kein Verständnis dafür vermittelt wird, zu einer kleinen, intimen, biologisch zusammengehörenden Familie zu gehören«, so daß »keine starken affektiven Bindungen an ihre Eltern entwickeln«. Statt dessen sei »die Kindesliebe auf eine große Gruppe von Verwandten verteilt«, mit dem Resultat, daß »in Samoa ein Kind seinem Vater und seiner Mutter keine emotionale Gefolgschaft schuldet«. Kinder »denken nicht an die eigene Mutter als an einen Menschen, der sie immer beschützt«, sondern eher an »eine Gruppe von Erwachsenen, die alle irgendwie ihr Interesse bekunden, aber nicht mit ganzem Herzen dabei sind«.

Diese Anschauung der Beziehung zwischen Kind und Eltern, die für Margaret Meads gesamte Arbeit über Adoleszenz in Samoa bezeichnend ist, steht in deutlichem Widerspruch zu den Tatsachen des täglichen Lebens in Samoa.[1]

Wie Margaret Mead selbst schrieb, wurde der Behaviorismus in der zwanziger Jahren von der amerikanischen Kulturanthropologie »gastfreundlich behandelt«. Deshalb sind auch ihre Behauptungen über die Kindheit in Samoa eine deutliche Spiegelung der Anschauungen vor

J. B. Watson, die in den Vereinigten Staaten in Mode waren, als Mead Ende der zwanziger und Anfang der dreißiger Jahre an ihrem Buch über Samoa schrieb. In seinem Werk *Psychological Care of Infant and Child* argumentierte Watson beispielsweise, daß, wenn eine Mutter ihr Kind in den Arm nimmt und es liebkost, sie »allmählich ein menschliches Wesen aufbaut, das völlig unfähig ist, mit der Welt fertig zu werden, in der es später leben muß«. Watson hegte die Vorstellung von einem System, in dem eine Mutter »die Identität ihres eigenen Kindes« nicht kennt. Er sagte voraus, daß im Rahmen eines solchen Systems die Adoleszenz »nichts weiter als eine Phase fruchtbarer Jahre« sei. Samoa, wie es Margaret Mead beschrieb, hatte eine Kultur, die Watsons Vorstellungen offenbar in vollem Umfang entsprach. Wie ich schon im 6. Kapitel dieses Buches gezeigt habe, wurde diese Darstellung Samoas von der am Behaviorismus orientierten Generation der späten zwanziger Jahre mit einer an einen Freudentaumel grenzenden Begeisterung aufgenommen.[2]

All dies ereignete sich, wenige Jahre bevor Konrad Lorenz' bahnbrechende Forschungsarbeiten über konditionierende Faktoren bei bestimmten Vogelarten veröffentlicht wurden. Bald darauf folgten vergleichende Forschungen über Säugetiere, einschließlich nichtmenschlicher Primaten, und dann die Arbeiten von John Bowlby und anderen Psychologen über die Funktion der Bindungen innerhalb des menschlichen Verhaltens. Bowlby vertrat die These, im menschlichen Verhalten komme es immer dann zum Phänomen der Entwicklung von Bindungen, wenn bei einem Kleinkind im Zuge der Anpassung an die jeweilige Umgebung gewisse Verhaltensweisen – wie Saugen, Weinen, Lächeln, Anklammern und Nachahmen – aktiviert würden. Folglich sei die Bindung des Menschenkindes an seine Mutter »als Kategorie sozialen Verhaltens von einer gleichwertigen Bedeutung wie das Paarungsverhalten oder das elterliche Verhalten«, nämlich »eine spezifisch biologische Funktion«.

Assistiert von meiner Frau, erstellte ich in den Jahren 1966 bis 1967 eine detaillierte Studie des Bindungsverhaltens samoanischer Kleinkinder, welche die Forschungen von René Spitz und anderen über das Einsetzen des Lächelns als kleinkindliches Verhalten einschloß.[3]

Wie ich in einer anderen Arbeit ausgeführt habe, erbrachten unsere Forschungen den Nachweis, daß das Bindungsverhalten samoanischer Kleinkinder alle von Bowlby beschriebenen Charakteristika enthielt. In Samoa wie in anderen menschlichen Populationen entwickelt ein kleines Kind während des ersten Lebensjahres in seinem Verhalten Bindungen zu der Person, die sich seiner annimmt, sei es nun ein Mann oder eine Frau. Als die am 19. April 1955 geborene Aperila beispielsweise – im Alter von fünf Monaten – von Lei, ihrer Mutter, verlassen wurde, kümmerte sich fortan Uiese, die älteste Schwester von Leis Mutter, um sie. Uiese war damals 59 Jahre alt. 1966 kehrte Lei in ihr Dorf zurück, aber Aperila hatte sich längst an Uiese gebunden. Sie schlief und aß bei ihr und suchte sie immer auf, wenn sie etwas brauchte. Ihre leibliche Mutter Lei ignorierte sie. Im engeren Familienkreis wußte man genau, was hier vor sich ging: »Aperila weiß, daß Lei ihre Mutter ist, aber sie empfindet keine Liebe für sie. Ihr Herz gehört Uiese.«[4]

Solche Fälle, in denen sich eine Bindung zwischen einem Kleinkind und einer fürsorglichen Person entwickelt, die nicht unbedingt die leibliche Mutter des Kindes sein muß, kommen in Samoa und überall in der Welt vor. Allerdings ist die Häufigkeit solcher adoptiven Bindungen gering. Am 31. Dezember 1967 gab es im Dorf Sa'anapu insgesamt 483 Personen unter 18 Jahren. 28 waren Fälle intrafamiliärer und 12 interfamiliärer Adoption, insgesamt also 40 Adoptionen. Das heißt, daß ungefähr 92 % der 18 Jahre alten oder jüngeren Dorfbewohner bei ihren leiblichen Eltern oder zumindest bei einem der leiblichen Elternteile lebten. Offensichtlich ist Margaret Mead die Tatsache entgangen, daß innerhalb der Großfamilien, in die die soziale Ordnung Samoas gegliedert ist, blutsverwandte Familien, bestehend aus Eltern und deren Nachkommenschaft, deutlich erkennbare Einheiten bilden. Es ist üblich, daß ein Mann und eine Frau, die das Lager miteinander teilen, innerhalb der Ansammlung von Behausungen einer Großfamilie ihr eigenes Wohnquartier haben.

Margaret Mead beschreibt u. a. auch das in Samoa übliche, gut entwickelte System des Kinderhütens. Kleinkinder werden ab und zu für längere Zeit einem älteren Mädchen, meist einer Schwester oder einer Cousine, überlassen. Diese Beziehung führt zur Bildung einer sekundären Bindung von ziemlicher Wichtigkeit. Diese Bezugsperson wird in Samoa *tei* genannt und ist durchaus kein Ersatz für die Bindung eines Kindes an die leibliche oder die Adoptivmutter. Aus unserer eigenen Studie über das Bindungsverhalten samoanischer Kinder während der ersten beiden Lebensjahre ging eindeutig hervor, daß die Bindung an die Mutter der Entstehung einer sekundären Bindung an die *tei* oder an irgendeinen anderen Verwandten zeitlich vorausgeht.[5]

In Samoa ist es allgemein üblich, ein Kleinkind von seiner Mutter zu trennen, um die Entwöhnung zu erleichtern. Als einer der männlichen Säuglinge, die Gegenstand unserer Untersuchung waren, im Alter von 13 Monaten in ein anderes Dorf zu seiner Großmutter mütterlicherseits gebracht wurde, wurde der Kleine innerhalb eines Monats so depressiv und körperlich schwach, daß er zu seiner Mutter zurückgebracht werden mußte, um zu überleben. Nach sieben Tagen erholte er sich allmählich, aber nach der traumatischen Trennung begann er immer sofort zu weinen, wenn seine Mutter Anstalten machte, sich von ihm zu entfernen. Samoanische Kinder entwickeln tatsächlich in frühen Jahren eine so starke Bindung an ihre Mutter, daß allein schon die Aussicht, von ihr allein gelassen zu werden, einen starken Aufruhr der Gefühle erzeugt.

Margaret Meads Behauptung, daß in Samoa »die Kindesliebe auf eine große Gruppe von Verwandten verteilt ist«, überprüften wir durch ein simples Experiment. Wir baten die Frauen einer Großfamilie, ihre Kinder – jeweils der Reihe nach – für eine Zeitlang allein zu lassen. Die Aufregung, mit der die Kleinen reagierten, wenn sie sich von ihrer eigenen Mutter (und *nur* von ihr) im Stich gelassen fühlten, demonstrierte, daß kindliche Bindungen in Samoa wie anderswo in der Welt, von wenigen Ausnahmen abgesehen, monotrop sind. Auch als eine bestimmte Mutter von *allen* kleineren Kindern einer Großfamilie für eine Weile fortging, waren nur bei ihren eigenen sichtbare Anzeichen von Kummer festzustellen. Die primäre Bindung zwischen Mutter und Kind ist also durchaus ein biologischer Faktor bei den Samoanern, die sich darin von allen anderen Menschen in keiner Weise unterscheiden.

Wenn ein Familienmitglied stirbt, ist vom Verhalten samoanischer Kinder ebenfalls abzulesen, wie innig die Bande zwischen ihnen und ihren Eltern sind. Als beispielsweise ein 56jähriger Häuptlingssprecher aus Sa'anapu am 24. Juli 1966 starb, zeigte sich nur seine eigene Nachkommenschaft innerhalb der großen Kinderschar seiner Großfamilie zutiefst bekümmert und traurig ganz besonders seine 12jährige Tochter, die ihrem toten Vater immer wieder vorwarf, er habe sie im Stich gelassen.

Margaret Meads Behauptung, daß »in Samoa ein Kind keine emotionale Bindung an Vater und Mutter hat«, wird von Samoanern auf das heftigste bestritten. Als ich beispielsweise den Leuten in Si'ufaga 1967 davon berichtete, sagte einer der Häuptlingssprecher spontan: »In Samoa haben Kinder für ihre Eltern äußerst starke Gefühle.«

Margaret Mead stellt auch die Behauptung auf, in Samoa sei »das

Wohnen im Haushalt der eigenen Eltern nicht obligatorisch«. Sobald Kinder in Samoa das Laufen gelernt hätten, könnten sie »ihr eigenes Zuhause wählen«, so daß nur wenige von ihnen »kontinuierlich in einem Haushalt wohnen«. In Samoa, fährt Mead fort, sei ein Kind »der heiteren Gewißheit, daß es fortlaufen kann, wann immer es will«, und sie erhebt diese »Entscheidungsfreiheit« zu »einem mächtigen Abschreckungsmittel gegen die spezifische Tyrannei der Erwachsenen«.[6]

Ich habe in Manu'a über diese Thesen mit Informatoren gesprochen, die sich gut an die zwanziger Jahre erinnern konnten. Alle waren entschieden anderer Meinung. Man sagte mir, es sei in Samoa Brauch, daß ein Kind ohne elterliche Einwilligung nicht seinen Wohnsitz ändern darf. Die Genehmigung dazu werde selten erteilt, bevor ein Kind 12 Jahre oder älter ist, und auch dann nur unter besonderen Umständen.

1967 überprüfte ich diese Aussage, indem ich im Dorf Sa'anapu alle Kinder von acht benachbarten Großfamilien zwischen 3 und 18 Jahren beobachtete. Insgesamt waren es 108 Kinder, über die ich verläßliche, auf Beobachtungen fußende Angaben sammeln konnte. Auch 10 Adoptivkinder waren dabei. Eine Analyse des Wohnverhaltens aller 108 Kinder zeigte, daß 105 von ihnen, d. h. 97%, ständig mit ihren leiblichen bzw. Adoptiveltern lebten. Eine der drei Ausnahmen war ein Junge von sieben Jahren, der wegen seines schlechten Gesundheitszustandes bei einer Tante mütterlicherseits an der Küste wohnte. Demnach gab es nur zwei Fälle von Kindern, die aus dem elterlichen Haushalt ausgezogen waren. Es waren dies ein 14jähriges Mädchen, die von der erwachsenen Tochter ihres Adoptivvaters brutal verprügelt worden war und deshalb mit dem stillschweigenden Einverständnis aller Betroffenen in einem anderen Dorf bei einer Tante wohnte. Der zweite Fall betraf einen 15jährigen Jungen, der angeblich bei einem heimlichen Vergewaltigungsversuch ertappt worden war und nach einer Tracht Prügel zu einer anderen Familie gezogen war, wo er auch bleiben durfte.

Von 1966 bis 1967 kam es zweimal vor, daß Kinder, ein Junge von 12 und ein Mädchen von 8 Jahren, den Versuch unternahmen, ein neues Zuhause zu finden. Beide Male wurden die Ausreißer jedoch heimgeholt und von ihren Eltern streng bestraft. Dem Jungen wurden die Hände auf den Rücken gefesselt, und man zwang ihn, zu Fuß die drei Meilen bis zum elterlichen Haus zurückzulegen. Sein hinter ihm her gehender Vater schlug ihn unterwegs von Zeit zu Zeit mit einer eisernen Harpune.

Auch Eleanor Gerber, die 1972 bis 1973 auf Tutuila gearbeitet hat, berichtete davon, daß Eltern bisweilen »beträchtlichen Ärger zeigen«, wenn ihr Kind von zu Hause fortlaufe. Es sei eine gebräuchliche Strafe, den Kopf des Ausreißers kahl zu scheren. Einer von Eleanor Gerbers Informatoren meinte sogar, es gebe Eltern, die ihre Kinder eher einsperren als fortgehen ließen. Ein Kind sagte aus: »Wenn ich weglaufe und ein paar Nächte im Haus eines Freundes verbringe, muß ich Angst haben, daß mein Vater nachts heimlich kommt und mit dem Messer auf mich losgeht, während ich schlafe.« Diese Beispiele beweisen, daß Margaret Meads Behauptung, ein Kind könne in Samoa seinen Wohnort frei wählen, und dies sei »ein starkes Abschreckungsmittel gegen die spezifische Tyrannei der Erwachsenen«, im Widerspruch zu den Tatsachen des samoanischen Alltages steht.[7]

Aber auch ihre Darstellungsweise des samoanischen Familienethos ist unangemessen. Sie schreibt nämlich, innerhalb einer samoanischen Großfamilie werde ein Kleinkind von »Frauen aller Altersstufen« gehegt und gepflegt, doch keine verlange von ihm Disziplin. »Samoanische Kinder«, stellt sie fest, »werden erst ab dem fünften oder sechsten Lebensjahr behutsam zu Disziplin angehalten.« Im übrigen komme es danach bisweilen zwar zu »heftigen Zornesausbrüchen und summarischen Bestrafungen... , doch planvolle disziplinarische Maßnahmen von längerer Dauer fehlen gänzlich.«

Laut Margaret Mead basiert die samoanische Kultur also auf »diffusen, jedoch wärmespendenden Beziehungen« innerhalb eines familiären Rahmens, in dem »weder Jungen noch Mädchen zu Eile angehalten oder unter Druck gesetzt werden«. Diese familiäre Umgebung bringe die Kinder dank der »Vermeidung von Konflikten schmerzlos durch die Adoleszenz«.[8]

Gewiß sind samoanische Eltern »äußerst stolz auf ihre Nachkommenschaft«, wie Wilkes bei seinem Besuch auf Tutuila feststellte, aber es ist auch wahr, daß samoanische Kinder von klein auf einer strengen Disziplin unterworfen sind. Ungefähr um die gleiche Zeit wie Wilkes beobachtete Stair, daß den Kinden in Samoa einerseits »jeder Wunsch erfüllt wird«, daß sie andererseits jedoch auch »aus trivialstem Anlaß geschlagen werden«. Daß diese Art der Bestrafung in den samoanischen Familien gang und gäbe ist, wurde auch von anderen Beobachtern bestätigt. Holmes konstatiert aufgrund seiner in den fünfziger Jahren gemachten Beobachtungen, schon die Erziehung von Kleinkindern werde häufig »von strengen Strafen begleitet«. Hirsch, der 1957 in einem Dorf nahe

Apia arbeitete, hat berichtet, daß die Prügelstrafe in einer Familie zwar nicht häufig vorkam, wenn jedoch, dann »eher streng« war. Cooper wiederum, der Anfang der sechziger Jahre in Manu'a Feldforschungen durchführte, schrieb von Kindern, die »privat streng bestraft« wurden. Er meinte, samoanische Eltern seien »äußerst hart«. Bei Eleanor Gerber steht über das Familienleben, wie sie es Anfang der siebziger Jahre beobachtet hat, zu lesen, daß »ein Kind, sobald es ungefähr drei Jahre alt ist, häufig geschlagen wird«, wobei so kleine Vergehen wie Lärmmachen oder Trotz gegen die Anweisung eines Erwachsenen schon ausreichend seien. Die Prügelstrafe, fährt Gerber fort, werde bis weit in die Adoleszenz hinein vollzogen. Sie sei oftmals so schlimm, daß man bisweilen von Kindern hört, die »so ernsthaft verletzt wurden, daß sie ins Krankenhaus gebracht werden mußten«. Das jüngste Kind, das ich beobachten konnte, als es geschlagen wurde, war weniger als drei Monate alt.[9]

Eleanor Gerbers Beobachtung, wonach die Samoaner offenbar an »die einzigartige Wirkung von Schmerz als Erziehungsmittel« glauben und daran, daß »Schläge notwendig sind, damit gewährleistet ist, daß Kinder ›gut‹ werden oder zumindest keinen Kummer machen«, entspricht der Wahrheit. Diese Grundhaltungen, einst integraler Bestandteil der heidnischen Kultur Samoas, sind seit Mitte des vergangenen Jahrhunderts unter anderem auch durch die Ermahnungen des biblischen Königs Salomon mächtig bestärkt worden. Salomon war davon überzeugt, daß »ein Vater, der mit der Rute sparsam umgeht, seinen Sohn haßt« und daß Eltern ihre Kinder in der »rechten Weise« aufziehen müssen, damit sie auch im hohen Alter nicht von ihrer Seite weichen. Solche und ähnliche Anschauungen haben sich die Samoaner sehr zu Herzen genommen. Wenn man sie fragt, warum sie ihre Kinder bestrafen, antworten sie, dies sei der beste Weg, um ihnen zu zeigen, was sie nicht tun sollen. So ist es zu verstehen, daß Samoaner ihre ungehorsamen Kinder nicht nur aus Zorn beschimpfen und bestrafen, sondern obendrein in der festen Überzeugung, das Richtige zu tun. Die Konsequenzen dieser Erziehungsweise sind, wie ich noch nachweisen werde, äußerst schwerwiegend.[10]

Die folgende, anläßlich meiner Feldforschungen gemachte Notiz vom 15. November 1942 soll die eigentümliche Weise beleuchten, in der samoanische Eltern ihre Kinder bestrafen:

»Die Bestrafung ist fast immer körperlicher Natur und sehr streng.

Trotzdem ist es dem Kind nicht gestattet, dabei seine Gefühle zu zeigen. Wenn ein Kind laut weint und nicht damit aufhören will, fahren die Eltern mit der Bestrafung fort und rufen dabei: *Uma! Uma!* (Ich hab's getan! Ich hab's getan!) Erst wenn das Kind mit gekreuzten Beinen und gesenktem Kopf mucksmäuschenstill dasitzt, wird von seiner Bestrafung abgelassen. Diese Art der Behandlung wird Kindern beiderlei Geschlechts ab dem dritten oder vierten Lebensjahr zuteil.«

Anders ausgedrückt, wird also samoanischen Kindern durch diese Art der Bestrafung von klein auf beigebracht, widerspruchslos das Diktat der Personen hinzunehmen, welche die Macht innehaben. Dieses spezifisch samoanische Verfahren der Disziplinierung, das ich Anfang der vierziger Jahre beobachtet habe, war auch eine Generation später, d. h. Mitte der sechziger Jahre, noch üblich, ja sogar noch zu Beginn der achtziger Jahre. Die Menschen, die während ihrer Kindheit in der beschriebenen Weise behandelt worden waren, wandten nun dieselbe Form der Bestrafung auf ihre eigenen Kinder an. Doch gilt dies nicht nur für erwachsene Autoritätspersonen. 1966 konnte ich beispielsweise mit eigenen Augen sehen, wie ein zehnjähriger Junge seinen achtjährigen Bruder mit der gleichen Methode zur Räson zu bringen trachtete.

Wenn kleine Kinder unter einem solchen Regime der Strafen leben müssen, lehnen sie sich anfänglich zumeist mit heftigen Trotzanfällen dagegen auf. Eleanor Gerber hat beschrieben, wie ein solches Verhalten in Samoa (das Margaret Mead übersah) ernsthaft zum Ausbruch kommt, wenn ein Kind, »weil es weint«, geschlagen wird. Dann »wirft es sich zu Boden und beginnt, laut und rhythmisch zu wimmern«. Dieses Spektakel kann 15 bis 20 Minuten dauern. Von Kindern, die solche Wutanfälle haben, sagen die Samoaner, bei ihnen sei der Sitz der Gefühle durch Zorn und Kummer in Unordnung geraten.

Die Wut des Kindes richtet sich fast immer gegen eine Autoritätsperson, beispielsweise gegen die Mutter oder einen älteren Verwandten, der das Kind seine Macht fühlen läßt und es bestraft. Manchmal wird ein solcher Auftritt sogar gewalttätig. Das Kind fängt an, im äußersten Aufruhr seiner Gefühle mit Händen und Füßen um sich zu schlagen und lauthals seine Empörung herauszuschreien, bis es vor Erschöpfung zusammenbricht.[11]

Derartige Temperamentsausbrüche werden zwar im Leben eines Kindes eine Zeitlang toleriert, aber früher oder später haben sich alle samoanischen Kinder den traditionellen Disziplinierungsmethoden zu unterwerfen. Während der Bestrafung müssen sie mit gekreuzten Beinen da-sitzen, ihren Zorn hinunterschlucken und ihren Schmerz verbergen. Das jüngste Kind, an welchem diese Bestrafungsart vorgenommen wurde, war 18 Monate alt, ein kleines Mädchen namens Sasa, geboren am 2. Oktober 1965. Sasa wurde von ihrer Mutter (es war am 18. April 1967) bestraft, weil sie trotz des mütterlichen Verbotes aus dem Haus in die Sonne gelaufen war. Nachdem sie ihr Töchterchen mehrmals kräftig mit der flachen Hand auf Kopf und Körper geschlagen hatte, schrie die Mutter wutentbrannt: »Still jetzt! Halt den Mund!« Und als das Kind nicht aufhören wollte zu weinen, hielt sie ihm mit der Hand den Mund zu, um alle Schmerzenslaute zu unterdrücken. Übrigens hatte die kleine Sasa nach dem ersten Schlag einen zornigen Schrei gegen ihre Mutter ausgestoßen, worauf diese mit dem in Samoa gebräuchlichsten Fluch reagierte: »Friß Scheiße!«

Aus diesen wie aus anderen Fällen geht eindeutig hervor, daß Kinder in Samoa beträchtlichem psychischem Streß ausgeliefert sind, weil sie ge-zwungen werden, ihren Ärger und ihre Tränen zu unterdrücken. Da sie außerdem häufig ein äußerliches Gebaren an den Tag legen müssen, das ihren Gefühlen grundsätzlich zuwiderläuft, werden Gemütsbewegungen unterdrückt, was für die Entwicklung des samoanischen Charakters von grundlegender Bedeutung ist. Der Fall der kleinen Sasa hat gezeigt, daß samoanische Kinder tatsächlich rigoros diszipliniert werden, und zwar nicht erst nach dem fünften oder sechsten Lebensjahr, wie Margaret Mead meinte. Von 38 Kindern, die zehn Jahre alt oder jünger waren und deren Bestrafung meine Frau und ich 1966/67 in West-Samoa beobach-ten konnten, waren 19 Kinder unter fünf Jahren, und von diesen 19 wa-ren wiederum 8 weniger als drei Jahre alt. 1967 habe ich in Manu'a die körperliche Züchtigung einer ähnlichen Anzahl von Kindern verzeich-nen können.

Die Züchtigung eines Kindes kann durch jedes ältere Familienmitglied erfolgen. Auch ältere Geschwister schlagen ihre kleineren Brüder oder Schwestern. In einer der Familien, bei denen wir 1966/67 lebten, wurde ein 7jähriges Mädchen regelmäßig von ihrem 9 Jahre alten Bruder we-gen aller möglichen Unartigkeiten geschlagen. Übrigens wurden jüngere Kinder häufig von ihren älteren Geschwistern geschlagen, nachdem diese selbst von einem älteren Familienmitglied bestraft worden waren. Dafür ein Beispiel: Im Januar 1967 wurde der 9 Jahre alte Tunu von sei-nem 42jährigen Onkel kräftig mit einem Ledergürtel verprügelt, so daß er mehrere blutige Striemen auf dem Rücken hatte. Wenig später fiel Tunu ohne ersichtlichen Grund über einen 7 Jahre alten Cousin her, dessen Kopf er wiederholt heftig gegen einen Stein schlug, bis er blutete. Auf diese Umlenkung von Ärger und rachsüchtiger Aggressivität auf eine andere Person ist meiner Ansicht nach die Tatsache zurückzuführen, daß »größere Kinder oft ohne ersichtliche Provokation kleinere schlagen«, wie Holmes und andere beobachtet haben.[12]

Die Bestrafung jüngerer Geschwister durch ältere zieht sich bis weit ins Erwachsenenalter hinein. Als beispielsweise im März 1967 Papa, eine 33jährige verheiratete Frau mit drei Kindern, das Abendessen nicht zu der gewünschten Zeit servierte, wurde sie von ihrer 53jährigen Schwester mehrmals mit aller Kraft auf den Kopf geschlagen. In einer ähnlichen Weise züchtigen manche Eltern ihre Töchter auch dann noch, wenn diese längst erwachsen sind. Ein extremer Fall ereignete sich an einem Sonntag im März 1967, als ein 53jähriger Häuptlingssprecher plötzlich auf seine 30jährige Tochter einschlug, weil sie das Essen nach dem Abendgottesdienst nicht fertig hatte. Er schlug so brutal zu, daß andere Familienmitglieder intervenieren und den Vater wegführen mußten. Die hochschwangere Tochter (12 Tage später gebar sie ihr siebentes Kind) ließ unterdessen mit lautem Wehklagen ihrem Kummer freien Lauf. Daraufhin wurde sie von ihrer 54 Jahre alten Mutter angeschrien, als wäre sie noch ein kleines Kind: »Das hast du nun davon! Warum machst du auch den Mund so weit auf!«

Gelegentlich wird ein Kind von seinen Erziehungsberechtigten so streng gezüchtigt, daß es dabei einen bleibenden körperlichen Schaden erleidet. Ich selbst habe einen Fall untersucht, bei dem die Frau eines Pastors, die ich im Jahre 1943 als tief religiösen Menschen kennengelernt hatte, ihren 14jährigen Cousin zweiten Grades mit einem schweren Stock derartig heftig auf den Rücken schlug, daß das Kind wegen einer Wirbelsäulenverletzung für immer zum Krüppel wurde. Manchmal erleidet ein Kind bei dieser Art von Züchtigung sogar tödliche Verletzungen, wie ich den Akten der Polizei von West-Samoa entnehmen konnte. Auf Savai'i wurde im April 1958 beispielsweise ein 12jähriges Mädchen von ihrem 19 Jahre alten Bruder derart verprügelt, daß es an einer Gehirnblutung starb. Und auf Upolu stach ein 53 Jahre alter Mann aus Ärger über den Ungehorsam seines 13jährigen Sohnes während einer Feierlichkeit den Jungen mit dem spitzen Ende eines Regenschirms in den Nacken, so daß das Kind zwei Tage später seinen Verletzungen erlag.[13]

Die soziale Ordnung Samoas ist also ausgesprochen autoritär und beruht auf einem System strenger Disziplin, die den Kindern von klein auf eingetrichtert wird. Wenn diese Disziplinierung einsetzt, haben die allermeisten Kinder schon längst gefühlsmäßige Bindungen zu ihren Müttern entwickelt. So wird die Mutter abwechselnd als liebevoll und strafend empfunden. Das bedeutet, daß sie einerseits gefürchtet und gehaßt, andererseits geliebt und sehnsüchtig erwartet wird, eine Koppelung von Emotionen, die nicht nur eine gefühlsmäßige Ambivalenz erzeugt, sondern auch beträchtlich die Gefühle eines Kleinkindes für jenen Menschen intensiviert, an den es durch starke Bande gekettet ist. Die erste Reaktion auf Bestrafung durch die Mutter ist zumeist Zorn. Ich selbst habe kleine Kinder beobachtet, die ihre Mutter bei einer Züchtigung angriffen. Ein solches Verhalten wird schon bald aus einem Kind herausgeprügelt. Aus Furcht vor noch härterer Bestrafung unterwirft es sich der von ihm geforderten Disziplin. Körperliche Züchtigungen sind häufig von Schelte und verbalen Drohungen begleitet. Beispielsweise hörte ich im Mai 1966 eine 40jährige Mutter, wie sie ihren nach einer Züchtigung laut weinenden 2jährigen Sohn anschrie: »Hör auf, oder ich breche dir den Hals!« Solche Drohungen müssen sich auch viele Halbwüchsige gefallen lassen. Da gab es beispielsweise eine Mutter, die ihrer ungehorsamen 15jährigen Tochter damit drohte, daß sie als Geist wiederkehren werde, um sie zu fressen.

Die Tatsache, daß Kinder sich der Disziplin beugen, bedeutet nicht, daß sie aufhören, einen starken Groll gegen jene zu empfinden, von denen sie bestraft werden. Es wurde schon von der 18 Monate alten Sasa berichtet, die von ihrer Mutter geschlagen und mit dem Fluch »Friß Scheiße!« bedacht wurde. Dieser unflätige Ausdruck wird auch häufig im Zorn von älteren Kindern nach einer Züchtigung gemurmelt. Kinder, die von ihren Müttern besonders häufig gestraft werden, wünschen ihnen bisweilen sogar den Tod. Als im April 1967 beispielsweise die Leiche einer Häuptlingsfrau nach Sa'anapu zur Beerdigung geschafft wurde, hörte man ein 8jähriges Mädchen, das an die allerstrengsten Bestrafungen gewöhnt war, sagen, wie schön sie es fände, wenn auch die eigene Adoptivmutter tot wäre.

Als meine Frau und ich Kinder befragten, was sie hinsichtlich der strengen Disziplin empfänden, die man von ihnen verlangte, war die unmißverständliche Antwort, daß sie strenge Züchtigungen als furchteinflößende Angriffe auf ihre eigene Person empfänden. Manche gaben sogar zu, daß sie dabei intensiven Zorn und Haß gegenüber der strafenden Mutter fühlten. Nach außen verhielten sich diese 6- bis 7jährigen gegenüber ihren Erziehungsberechtigten als liebevolle, gehorsame und respektvolle Kinder, aber wenn man ihnen Papier und Bleistift gab, zeichneten sie ihre Mütter als drohende Ungeheuer.[14]

In der samoanischen Folklore wimmelt es von riesigen wilden Monstern mit stechendem Blick und weit aufgerissenen Mäulern, die ihre Opfer in Stücke reißen und verschlingen, aber auch von weiblichen Geistern, die plötzlich eine andere Gestalt annehmen können. Eine dieser »Hexen« ist Sauma'iafe, die bisweilen als schönes junges Mädchen mit langen schwarzen Zöpfen und einem bezaubernden Lächeln auf den Lippen erscheint, um sich unversehens in ein häßliches altes Weib zu verwandeln, das gern andere Leute verprügelt. Dieses trügerische Phantom, das in ganz Samoa gefürchtet wird, stellt offensichtlich eine Projektion der samoanischen Mutter dar. Doch manifestiert sich in ihm wohl auch die tief verwurzelte Ambivalenz, die in den Seelen der Samoaner durch die strafende Disziplin entsteht, der sie von klein auf unterworfen sind – eine Ambivalenz, die für die Struktur des samoanischen Charakters von grundlegender Bedeutung ist.[15]

15. Der samoanische Charakter

Im Mittelpunkt von Margaret Meads Darstellung des samoanischen Charakters steht ihre Behauptung, bei den Samoanern gebe es »keine starken Leidenschaften«. In Samoa, führt sie weiter aus, sei man den Weg gegangen, »starke Emotionen zu eliminieren«. »Liebe, Haß, Eifersucht und Rache, Sorge und Trauer«, erfahren wir, seien Angelegenheiten von Wochen. »Die gesellschaftlich bedingte Strukturierung persönlicher Beziehungen muß sich nicht gegen tiefsitzende, in eine bestimmte Richtung gelenkte Emotionen behaupten«, und der »Mangel an tiefem Gefühl« sei von den Samoanern »konventionalisiert« worden, »bis er zum eigentlichen Rahmen all ihrer Haltungen gegenüber dem Dasein« geworden sei.[1]

Die Behauptung, die Samoaner hätten keine starken Leidenschaften, paßt zwar zu Margaret Meads Darstellung von »ungezwungenen, ausgewogenen Menschen«, doch steht sie in klarem Widerspruch zu ihrer eigenen Schilderung samoanischer Verhaltensweisen. In ihrer Arbeit *Social Organization of Manu'a* schreibt sie beispielsweise von der »laut geäußerten Wut« jener, die durch unliebsames Verhalten – wie Beleidigungen oder Ehebruch – »verletzt« worden seien. An anderer Stelle ist vom »wahren Entsetzen« der Samoaner bei der zufälligen Entdeckung des Skelettes eines Unbekannten die Rede.

In *Kindheit und Jugend in Samoa* wird unter anderem von einer 22jährigen Frau berichtet, die »bis an die Grenze des Wahnsinns« einem älteren Mann ergeben war, dessen Geliebte sie einst gewesen war. Als sie feststellen mußte, daß der Mann ihre jüngere Schwester verführt hatte, habe »ihre Wut keine Grenzen gekannt« und sie habe »höchst unbeherrschten Kummer und Schmerz« an den Tag gelegt, als der Mann »seine Absicht kundtat, ein Mädchen von einer anderen Insel zu heiraten«.[2]

Wie diese Zitate und zahlreiche Berichte anderer Beobachter demonstrieren, ist das Verhalten der Samoaner in einer Reihe von Situationen durchaus von starken und leidenschaftlichen Empfindungen geprägt. So schrieb William Harbutt, der bei einem Gottesdienst auf der Insel Upolu im Jahre 1841 einen Fall hysterischer Besessenheit erlebte, der Charakter der Samoaner sei gekennzeichnet durch ein Übermaß an Gefühlen, gleich ob »Kummer oder Freude von ihren Gemütern Besitz ergreift«. Dieses Phänomen, daß sich Menschen während eines Gottesdienstes wie Besessene verhalten, war zwar eine gradlinige Fortsetzung der heidnischen Religiosität Samoas, setzte aber die ersten Missionare dennoch in Erstaunen, denn nirgendwo sonst hatten sie während der Andachten ähnliche Gefühlsausbrüche erlebt wie bei den Samoanern. George Lundie, der 1840 auf Tutuila an einem Gottesdienst des Reverend A. W. Murray teilnahm, sah Dutzende von Männern und Frauen, die derartig in Ekstase waren, daß »sich fünf oder sechs Männer wie Bäume im Wind bogen« oder »wie tot« zu Boden stürzten, nachdem sie »mit ihren berstenden Gefühlen gekämpft hatten, bis sie es nicht mehr ertragen konnten«. Reverend Murray erzählt in seinem Tagebuch von einem Gottesdienst in Leone, an dem im Juni 1840 mehr als 1000 Samoaner teilnahmen. Dabei sei »die Flut des Gefühls höher und höher gestiegen, sie wurde tiefer und mächtiger, bis sie alle Schranken durchbrach und sich in lautem Weinen und heftigen körperlichen Konvulsionen Luft machte oder aber die einzelnen Menschen hilflos auf den Boden darniederstreckte«. Das sei eine der »bewegendsten Szenen« gewesen, die er jemals mit eigenen Augen gesehen habe.[3]

Margaret Meads Behauptung, daß in Samoa »niemand sonderlich stark empfindet«, löst bei den Samoanern spürbares Befremden aus. Als ich mich beispielsweise im Dezember 1967 mit To'oa Salamasina Malietoa darüber unterhielt, wies er diese Behauptung Meads nicht nur zurück, sondern bezeichnete die Samoaner sogar als »ein stark gefühlsbetontes Volk«. Als Beweis berichtete er von einem Häuptling aus Fasito 'otai, der 1967 anläßlich einer öffentlichen Feier der Papauta-Schule sein Bedauern über das unziemliche Verhalten eines jungen Mannes aus seinem Dorf zum Ausdruck brachte und dabei Tränen vergoß. Solche starken Gefühlswallungen sind in Samoa keine Seltenheit. Als Powell 1869 mit seiner Familie von einem kürzeren Aufenthalt in England nach Tutuila zurückkehrte, gab es bei seinem Empfang Menschen, die »weinten und kein einziges Wort herausbrachten«. Vergleichbar heftige Gefühlsregungen sind festzustellen, wenn es gilt, Abschied zu nehmen. Auch die übergroße Freude über einen bedeutsamen Sieg ist bisweilen von Tränen begleitet, selbst bei älteren Häuptlingen. Als beispielsweise 1966 ein 64jähriger Häuptlingssprecher aus Sa'anapu mit der Unterstützung seiner engsten Verwandten den Versuch eines ungeliebten Rivalen vereitelte, sich einen Titel mit demselben Rang zu verschaffen, den er selbst innehatte, weinte er im Beisein seiner Familie vor Glück. Später sagte ein Familienmitglied, der Häuptling habe »aus Freude über den Sieg geweint, denn er konnte sich nicht länger des Stolzes erwehren, der sein Herz erfüllte«. Ein ähnlicher Fall wurde 1967 vom amtlichen Mitteilungsblatt West-Samoas gemeldet: Als nach zwei Stunden hitziger Debatten Mata'afa Fiame Faumuina Mulinu'u II. ein weiteres Mal zum Premierminister gewählt wurde, dankte er den Mitgliedern des Parlamentes unter Tränen für das in ihn gesetzte Vertrauen.[4]

Geweint wird in Samoa auch aus Scham und Zorn. Jedes Jahr werden dort am sogenannten Weißen Sonntag, einem landesüblichen religiösen Feiertag, alle Kinder aufgefordert, vor der versammelten Gemeinde Texte aufzusagen, die sie zuvor monatelang auswendig gelernt haben. Als dabei 1942 ausgerechnet die sieben Jahre alte Tochter des Pastors von Sa'anapu alles vergessen hatte, was sie aufsagen sollte, brach ihre Mutter in Tränen aus, worin ihr viele andere Frauen des Dorfes – gewissermaßen aus Sympathie – folgten. Ähnliches passierte im Juni 1967 bei der Versammlung einer Großfamilie, als der heißbegehrte Häuptlingstitel neu vergeben werden sollte. Es wurden eine Menge Tränen aus Sympathie und Mitgefühl vergossen, und zwar ganz besonders, als ein 59jähriger Anwärter auf den Titel, dessen Hartherzigkeit allseits bekannt war, laut schluchzend zusammenbrach, nachdem ihm der Sohn seiner Schwester, volle 15 Jahre jünger als er selbst, hart zugesetzt hatte.

Pratts Aufzeichnungen ist zu entnehmen, daß die samoanische Sprache einen eigenen Ausdruck für »Gänsehaut« und einen anderen für »vor Schreck erbeben« hat. Angstzustände von unterschiedlicher Stärke, einschließlich Todesangst, sind in Samoa keineswegs unbekannt. Wie alle anderen Menschen neigen auch die Samoaner in besonders angsterregenden Situationen zur Panik. Williams hat beispielsweise berichtet, daß Anfang 1830 bei einem schlimmen Erdbeben die Bewohner eines Dorfes auf Savai'i »aus ihren Häusern stürzten und sich auf den Boden warfen, das Gras in Büscheln ausrupften, die Finger in die Erde krallten und wilde Schreie ausstießen, während sie Mafui'e anflehten, er solle das (vermeintlich) von ihm ausgelöste Erdbeben beenden«. Viele Samoaner sind erschüttert beim Tod eines Menschen, dem sie sehr verbunden waren. Turner, der das Verhalten der Samoaner von 1841 bis 1861 beobachten konnte, schrieb von dem »unbeschreiblichen Jammern und Klagen«, wenn jemand starb. Die schmerzerfüllten Schreie seien oft noch aus großer Entfernung zu hören gewesen. Diese akustischen Manifestationen waren von weiteren Zurschaustellungen des Kummers begleitet. Man »zerriß sich die Kleidung, raufte sich das Haar, hieb sich mit der Faust ins Gesicht und verbrannte sich die Haut mit dem spitzen Ende glühender Zweige«.

Pritchard hat beobachtet, daß sich die Samoaner »mit Steinen an den Kopf schlugen, bis reichlich Blut floß«. Im Samoa des 20. Jahrhunderts sind zwar solche extremen Zurschaustellungen von Schmerz nicht mehr üblich, doch läßt man bei einem Todesfall noch immer seinem Kummer auf herzzerreißende Weise freien Lauf. Als beispielsweise im April 1967 eine 72jährige Frau ohnmächtig wurde, war das Geschrei ihrer 37jährigen Tochter, die sie für tot hielt, noch aus mehreren hundert Metern Entfernung zu hören. Ich eilte ihr zu Hilfe und fand sie in einem Zustand tiefster Verzweiflung. Sie raufte sich das Haar, warf den Kopf von einer Seite auf die andere, beugte sich vor und zurück und vergoß, laut wehklagend, Ströme von Tränen.[5]

Es kann kein Zweifel daran bestehen, daß sich Margaret Mead täuschte, als sie behauptete, die Samoaner seien ziemlich leidenschaftslos. Sie irrte sich auch mit der Behauptung, in Samoa seien Gefühle wie Haß und Rache meist nur eine Angelegenheit von Wochen. Brown berichtet von einem überall in Samoa bekannten Sprichwort, das besagt, daß Steine vergänglich sind, Worte jedoch nicht. Turner fand heraus, daß alle ehrenrührigen Angelegenheiten, in die das Mitglied irgendeiner samoanischen Gemeinde verstrickt war, »noch Generationen später weitererzählt werden, zur Beschämung der jeweiligen Familie«. Ich selbst konnte bei meiner Rückkehr nach Samoa im Jahre 1981 feststellen, daß sich solche Vorwürfe, meist zu einer knappen Formel zusammengefaßt, viele Jahre lang halten. Ein Beispiel: 1929 überfiel und vergewaltigte ein junger Mann von 20 Jahren – den ich hier Manu nennen will – aus dem Dorf Sa'anapu die 18jährige Tochter einer anderen Familie. Manu wurde grausam durch *saisai* bestraft (siehe Kapitel 13). Um das Maß der Beschämung vollzumachen, band man ihm einen Strick *(maea)* um den Hals, als wäre er ein Stück Vieh. Aus dieser öffentlichen Schande wurde die Kurzformel *'o le'au maea*, was soviel heißt wie »die mit dem Strick«.

Damit war natürlich Manus Familie gemeint. 1981, also nach mehr als fünfzig Jahren, war die Erinnerung an die einstige Schande noch immer wach, genau wie der Haß, den Manus böse Tat erregt hatte.

1967 durfte ich an der Versammlung einer Familie teilnehmen. Der wichtigste Punkt der »Tagesordnung« war ein schlimmer Streit, der die Familie 1943 entzweit hatte. Die Vorwürfe und die Gefühle der Abneigung von damals waren auch nach vierundzwanzig Jahren noch tief in den Familienmitgliedern verwurzelt und wirkten bis in die Gegenwart hinein.[6]

In ihrem Buch *Kindheit und Jugend in Samoa* spricht Margaret Mead den Samoanern nicht nur tiefe und dauerhafte Gefühle ab, sondern sie vertritt auch die Ansicht, es seien bei ihnen keine »psychologischen Anpassungsprobleme« und »Neurosen« festzustellen. Diese Behauptungen entbehren, wie wir später sehen werden, jeglicher Grundlage. Ich habe in diesem Buch schon ausführlich beschrieben, daß die Menschen, die in der im höchsten Maß autoritären samoanischen Gesellschaftsform aufwachsen und ihr Dasein verbringen, häufig emotionalem und geistigem Streß ausgesetzt sind. Dieser Sachverhalt führt bisweilen zu pathologischen Zuständen, Selbstmord oder sonstigen Gewalttaten.[7]

Wie ich schon in Kapitel 14 angedeutet habe, resultiert das Wesen der samoanischen Menschen weitgehend aus der Art und Weise, wie sie schon als kleine Kinder diszipliniert werden. Robert Louis Stevenson schrieb einmal, ein Kind müsse nur genügend erschreckt werden, damit es »in der Doppelzüngigkeit Zuflucht sucht«. Zu eben dieser Reaktion werden Samoaner oftmals durch die angsterzeugenden Forderungen ihres starren und strafenden Gesellschaftssystems gezwungen. Das Kind lernt schon früh, nach außen hin den Befehlen der Eltern oder des Häuptlings zu gehorchen, seine wahren Gefühle und Absichten jedoch zu verbergen. So entwickeln Samoaner schon bald – ungeachtet ihrer wahren Empfindungen – gegenüber bestimmten gesellschaftlichen Konstellationen ein äußerliches Gebaren, das den Autoritätspersonen gefallen soll. Sobald sie erwachsen sind, haben ganz besonders die Männer längst die Fähigkeit erworben, ihre tatsächlichen Gefühle hinter einer »undurchdringlichen Maske beherrschter Gelassenheit« zu verbergen, wie Wendt es ausdrückte.[8]

Zu dieser Gelassenheit kommen bei Männern und Frauen eine in sozialer Hinsicht opportune ausgesuchte Höflichkeit und einnehmende Liebenswürdigkeit hinzu. Wenn beispielsweise während einer *fono* ein

Häuptling heftig kritisiert wird, so ist es üblich, daß er, trotz größter Verärgerung, in regelmäßigen Intervallen ausruft: »Malie! Malie!« (»Wie angenehm! Wie angenehm!«), weil er auf diese Weise gesellschaftlich sein Gesicht wahrt. Dies kann sogar der Quell besonderen Stolzes sein. Selbstzufrieden gestand mir ein Häuptling von hohem Rang nach einer *fono* in Sa'anapu 1966 ein, er sei zwar die ganze Zeit über wütend gewesen, habe aber trotzdem seinen Widersachern während der Häuptlingsversammlung mit ruhiger Stimme versichert, er sei völlig mit ihnen einverstanden. Die geschilderten Fälle deuten darauf hin, daß es bei den Samoanern besonders in kritischen gesellschaftlichen Situationen üblich ist, sich äußerlich den Anschein liebenswürdiger Gelassenheit zu geben. Doch damit bemänteln sie nur ihre wahren Gefühle, um, wie sie es selbst ausdrücken, »an der Oberfläche glatt, aber darunter aufgewühlt« zu sein.

Schon 1841 schrieb Wilkes, die Samoaner besäßen die »Fertigkeit, einen falschen Eindruck hinsichtlich ihrer Gefühle und Absichten zu erwekken, besonders, wenn sie glauben, daß diese Verstellung ihren eigenen Interessen förderlich ist«. Dazu paßt auch Cartwrights Bericht über den großen Häuptling Tufele, der zwar Captain H. F. Bryan, den Gouverneur Amerikanisch-Samoas (von März 1925 bis September 1927) »gründlich haßte«, bei dessen endgültiger Abreise am 9. September 1927 jedoch in einer Rede unter anderem sagte, die zwölf Apostel beim letzten Abendmahl seien verglichen mit ihm selbst und den anderen Samoanern »glückliche Menschen« gewesen. Dieses Simulieren ist auch bei rein samoanischen Angelegenheiten üblich, wie ein vielsagender Zwischenfall zeigt, den ich 1966 anläßlich einer Kommunion in einer Dorfkirche miterleben konnte. Als während des Gottesdienstes die Oblaten herumgereicht wurden, nahm Masima, ein Häuptlingssprecher, der auch Laienprediger war, ein Stückchen des geheiligten Brotes vom Teller und schluckte es, wie es in seinem Dorf üblich war, sofort herunter. Im gleichen Augenblick hörte er den Pastor, der von außerhalb stammte und an jenem Tag nur seinen Kollegen vertrat, feierlich verkünden, alle Mitglieder der Gemeinde sollten den Akt der Kommunion gemeinsam vollziehen. Ohne sich seine Verwirrung im geringsten anmerken zu lassen, mimte der brave Masima kunstvoll die Einnahme eines zweiten Stückchens Oblate, indem er die (leere) Hand zum Mund führte und einträchtig mit den anderen Kirchgängern zu kauen vorgab.[9]

Wie bei einem Kind, das seine wahren Empfindungen unterdrücken muß, um einer noch strengeren Bestrafung zu entgehen, kommt es auch bei Heranwachsenden und jungen Erwachsenen häufig zu Gefühlen starker Abneigung und Verärgerung gegenüber Autoritätspersonen. Wenn eine solche Laune vom Gemüt eines Menschen Besitz ergreift, heißt es in Samoa, er oder sie sei *musu*, ein Wort, das sich schon in Williams' Schriften aus dem Jahre 1832 findet und das, wie Pratt meinte, im Englischen keine Entsprechung hat. Nach Robert Louis Stevenson bedeutet *musu* »wörtlich ›erzürnt‹, aber immer im Sinn von Trotz und Widerstand«. Die Samoaner verwenden es, um jeglichen Unwillen gegenüber den Wünschen oder Befehlen anderer, besonders von Respektspersonen, zu benennen. Außerdem hat es die Bedeutung von störrischem Trotz, der das gesamte Verhalten eines Menschen so zu beherrschen vermag, daß er, in den Worten von Richter Marsack, »völlig unleidlich wird, wenig oder keine Arbeit verrichtet, absichtlich Anweisungen falsch versteht, mit einem Ausdruck verdrossener Traurigkeit auf dem Gesicht herumläuft und auf Fragen nicht antwortet«.[10]

Ein Mensch, der ernsthaft *musu* ist, wie es bei allen Samoanern von Zeit zu Zeit vorkommt – vor allem während der Kindheit und der Adoleszenz –, ist folglich in einem Zustand gestörter Affekte und Emotionen. Diese seelische Verfassung spielt für das Verständnis des samoanischen Charakters eine Schlüsselrolle. Was machte nun Margaret Mead aus diesem *musu* genannten Gemütszustand, dessen häufiges Auftreten in Samoa in einem unübersehbaren Widerspruch zu ihrer eigenen Schilderung des samoanischen Lebens als einer im wesentlichen »durch Zwanglosigkeit charakterisierten« Lebensform steht? Das Wort *musu*, so erfahren wir von Margaret Mead, »drückt Unwillen und Unleidlichkeit aus«, aber wir erfahren nicht, warum diese Störung der Affekte bei den Samoanern so weit verbreitet ist. Wenn Margaret Meads Analyse den Kern dessen getroffen hätte, was *musu* bedeutet, dann hätte sie ihre Behauptung von der ungetrübten Adoleszenz in Samoa niemals aufrechterhalten können. Sie sagt lediglich, *musu* sei »ein mysteriöses und weitverbreitetes psychologisches Phänomen«, das die Samoaner wegen ihres »seltsamen Desinteresses an Motiven selbst unerklärlich« fänden. Diese Behauptungen entbehren jeglicher Grundlage, denn es gibt zahlreiche Samoaner, die durchaus Neugier gegenüber ihren eigenen Motivationen empfinden und folglich sehr wohl verstehen, warum bisweilen einer von ihnen *musu* wird.[11]

Wie wir schon gesehen haben, sind die Menschen in Samoa während ihrer Kindheit und Jugend regelrecht dem Diktat derjenigen ausgeliefert, denen die Gemeinschaft Macht über sie einräumt. Ungehorsame und störrische Personen müssen mit Bestrafung rechnen. Bisweilen erzeugen die Anforderungen dieses beengenden Systems einen derartigen psychischen Stau und so viel Streß, daß ein Mensch überlastet und völlig verstört ist, was die Samoaner *musu* nennen. Verdrossen und übellaunig werden dann alle Befehle und Ermahnungen zurückgewiesen. Ein Mensch ist in einem solchen Gemütszustand dicht an seiner Belastungsgrenze. Wenn ihm noch mehr zugesetzt wird, kann es zu Gewalttätigkeiten gegen sich oder andere kommen. Deshalb werden Personen, die allem Anschein nach ernsthaft *musu* sind, im allgemeinen sich selbst überlassen, bis die gefährliche Verstimmung vorüber ist.

Musu in seiner ernsteren Form ist folglich, wie sich bei der Untersuchung zahlreicher Fälle herausgestellt hat, ein unmittelbares Resultat der psychischen Belastung, die dann entsteht, wenn von einer strafenden Autorität übergroße Forderungen an einen Menschen gestellt werden. Übrigens ist dies auch die Ansicht der Samoaner. Als ich im Februar 1966 mit mehreren Samoanern einen Fall von *musu*-Verhalten diskutierte, führte die 44jährige Tochter eines Häuptlings das Phänomen auf die Verärgerung zurück, »von einem anderen dominiert zu werden«. Sie meinte auch, ein Mensch im *musu*-Zustand sei zwar »bis ins Herz verärgert« über die Dominanz von gesellschaftlich höherstehenden Personen, könne jedoch aus Furcht vor ihnen seiner Verärgerung nicht Luft verschaffen.

All dies paßt sehr gut zu Otto Fenichels Definition störrischen Verhaltens als eines »passiven Typus von Aggressivität, die sich da entwickelt, wo Aktivität unmöglich ist«. Sie erklärt auch die weite Verbreitung des *musu*-Gemütszustandes als Ausdruck latenter Aggressionen. Viele Kenner Samoas haben immer wieder darauf hingewiesen. Ronald Rose, der Ende der fünfziger Jahre Feldforschungen über die Insel Manono durchführte, fand heraus, daß »ein sehr hoher Prozentsatz der Bevölkerung zwanghafte Marotten der unterschiedlichsten Art« hatte. Eine häufige Form manierierten Verhaltens besteht darin, daß die Finger im Zustand innerer Erregung heftig bewegt werden, beispielsweise indem man nervös auf eine Matte trommelt – ein Verhalten, welches die Samoaner *fitifiti* nennen. Ethologisch ausgedrückt handelt es sich hier um eine umgelenkte Aggression. Dergleichen kommt bei den Samoanern so häufig vor, daß auf die in den Menschen angestaute Spannung geschlossen werden kann, die ihrerseits aus der seit früher Kindheit erduldeten Disziplinierung resultiert.[12]

Diese Spannung äußert sich gelegentlich in Ausbrüchen unbeherrschbaren Zornes. Turner hat Mitte des 19. Jahrhunderts beschrieben, daß sich manchmal ein Mann oder eine Frau vor lauter Wut ein Kleidungsstück vom Leib riß und zerfetzte, sodann wie ein Dämon hin und her raste, Wasserflaschen aus Kokosnußschalen und dergleichen zerschmetterte, um sich schließlich auf den Boden zu hocken und »das Durcheinander, die Verwüstung und die Sinnlosigkeit der ganzen Affäre« heftig zu beweinen. Ein andermal warf sich ein 29jähriger Mann namens Samala, nachdem er von den Häuptlingen des Dorfes Sa'anapu streng gemaßregelt worden war, auf die Erde und riß sein Hemd in kleine Stücke.[13]

Solche Anfälle destruktiver Wut ähneln sehr den Ausbrüchen von zornigem Trotz bei Kleinkindern, die gegen die von den Eltern geforderte Disziplin rebellieren. Samoaner, die nach eigenem Bekunden zu solch heftigen Gemütsbewegungen neigten, haben mir berichtet, sie seien dabei von einer Art Wahnsinn befallen worden.

Es kann auch geschehen, daß sich der Zorn gegen andere Menschen richtet – wie etwa bei Tunu (siehe Kapitel 14), der nach einer schmerzhaften Züchtigung durch seinen Onkel ohne ersichtlichen Anlaß über einen seiner Cousins herfiel.

Nach alledem kann gesagt werden, daß die niedrige Aggressionsschwelle in Samoa zumindest teilweise auf die angespannte und leicht zu provozierende Charakterstruktur von Menschen zurückzuführen ist, die ihr Leben lang den disziplinären Anforderungen und strafenden Maßnahmen ihrer sozialen Ordnung ausgesetzt sind.

In anderen Fällen richten sich die aggressiven Impulse von Individuen, die unter dem Joch einer allzu strengen Disziplin leiden, nicht gegen irgendwelche Autoritätspersonen, sondern gegen sich selbst. Dann kommt es zu Handlungen mit selbstmörderischer Absicht. In ihrer 1928 entstandenen Schrift *The Role of the Individual in Samoan Culture* vertritt Margaret Mead die Ansicht, daß der »emotionale Charakter« der samoanischen Gesellschaft »niemals eine ausreichende Repression ausübt, um eine bedeutsame Rebellion des Individuums hervorzurufen«, und daß »die in anderen Teilen Polynesiens so üblichen Selbstmorde aus gekränkter Eigenliebe in Samoa nicht existieren«. Diese Behauptungen sind absolut falsch.[14]

Während meiner zwischen 1966 und 67 in West-Samoa durchgeführten Forschungen sammelte ich aus verschiedenen Quellen stammende detaillierte Informationen über 22 Selbstmord-Fälle (16 Männer und 6 Frauen), die sich ab 1925 ereignet hatten.[15] 14 dieser 22 Personen (64 %) hatten sich im Zustand zorniger Erregung umgebracht, nachdem sie von einem Elternteil oder irgendeiner anderen älteren Person gescholten oder bestraft worden waren. Diese Tatsache stimmt mit einer Aussage von Pratt überein, der von 1839 bis 1879 in Samoa gelebt hat. Er meinte, Selbstmord in Samoa sei »meistens durch Ärger mit der Familie verursacht«.[16] Die meisten dieser 14 waren übrigens während der emotionalen Krise, die ihrem Selbstmord unmittelbar vorausging, *musu* gegen einen Verwandten oder gegen die Eltern. Dies soll an einigen Fällen illustriert werden.

Tupe, ein 16jähriges Mädchen aus Solosolo, verließ am 29. September 1964 das elterliche Haus und verbrachte die nächsten beiden Tage beim Religionslehrer des Dorfes. Bei ihrer Heimkehr wurde sie von ihrem Vater beschimpft und geschlagen, denn er verdächtigte sie, mit einem jungen Mann durchgebrannt zu sein. Nach dieser Züchtigung wurde Tupe *musu* und widersetzte sich standhaft dem Befehl ihres Vaters, in der Kokosplantage der Familie Unkraut zu jäten. Nach weiteren Beschimpfungen und Züchtigungen lief Tupe davon und erhängte sich mit einem Bastseil an einem Baum.

Am 26. Oktober 1958 äußerte Sio, ein 16jähriger Junge aus Leulumoega, den Wunsch, den ganzen Tag in Apia zu verbringen. Dies wurde ihm von seinem Adoptivvater mit dem Hinweis untersagt, es sei Sonntag. Zutiefst verärgert über dieses Verbot, wurde Sio *musu*. Wie er es schon einmal bei einem ähnlichen Anlaß angedroht hatte, ging er fort und erhängte sich an einem Brotfruchtbaum.

Im Jahre 1942 wurde Malu, die schöne 17jährige Tochter eines Häuptlinges in einem Dorf an der Nordküste von Upolu, kurz nach ihrer feierlichen Einsetzung als jungfräuliche Dorfprinzessin von einem gutaussehenden 25jährigen Busfahrer halbeuropäischer Herkunft verführt und geschwängert. Als Malus Vater dahinterkam, schimpfte und bestrafte er seine Tochter auf das heftigste. Malu flehte ihn an, ihren Liebhaber heiraten zu dürfen, aber ihr Vater ergriff eine Schrotflinte und drohte, er würde sie erschießen, wenn sie es sich einfallen ließe, davonzulaufen. Da wurde Malu vor Ärger und Kummer *musu*. Eines Sonntags weigerte sie sich, in die Kirche zu gehen. Als die anderen fort waren, erhängte sie sich mit einer Wäscheleine an einem Dachbalken des elterlichen Hauses.[17]

6 der von mir untersuchten 22 Selbstmordfälle ereigneten sich aus Scham über eine unerlaubte sexuelle Beziehung. 2 der Selbstmörder wurden von ihrem oder ihrer Geliebten sitzengelassen. Die 6 zuerst genannten waren entweder von anderen Personen heftig getadelt worden oder fürchteten sich zumindest davor. Ein junger Mann von 19 Jahren schrieb beispielsweise auf englisch, er sei nicht länger in der Lage, »diese schwere Last der Scham« zu tragen. Und ein Mann von 28 hinterließ nach einer strengen Zurechtweisung eine auf samoanisch geschriebene Nachricht, er wolle sich das Leben nehmen, weil er »von der Schande so niedergedrückt« sei.

Von einiger Bedeutsamkeit ist auch die Tatsache, daß 9 der 22 Selbstmörder Jugendliche waren. 8, d. h. 36 %, waren zwischen 15 und 19 Jahren alt. Dieser Anteil jugendlicher Selbstmörder ist vergleichsweise hoch. 1975 wurden beispielsweise in Australien nur 4,6 % der 1528 Selbstmorde von Personen zwischen 15 und 19 Jahren begangen. In Neuseeland war der Prozentsatz von 1940 bis 1964 sogar noch niedriger, nämlich nur ungefähr 3 %. Das von mir aus Unterlagen der Polizei und anderen Quellen zusammengetragene Material weist also darauf hin, daß die Selbstmordrate von jugendlichen Menschen im Vergleich zu anderen Altersgruppen in Samoa höher ist als in anderen Ländern. Dadurch wird Margaret Meads Behauptung, Adoleszenz in Samoa sei »das Alter größter Zwanglosigkeit«, nicht gerade bekräftigt, worauf ich noch zurückkommen werde.

Aus meiner Analyse dieser 22 Fälle geht im übrigen eindeutig hervor, daß Margaret Meads These, in Samoa gebe es keine »Selbstmorde aus gekränkter Eigenliebe«, auf einem Irrtum beruht. Tatsächlich zeigen die von mir untersuchten Fälle, daß die meisten Selbstmorde in Samoa in irgendeiner Weise mit der Erniedrigung durch Autoritätspersonen zu tun haben. Zwei Beispiele: der Fall von Tulei (siehe Kapitel 13), der sich erschoß, als ihn die Häuptlinge seines Dorfes zu einer strengen Strafe verurteilten; und der des 25jährigen Amoga, der im Beisein seiner Geschwister von seinem Vater erniedrigt und gedemütigt wurde, nachdem er den Stiel eines Beiles zerbrochen hatte. Amoga lief davon und nahm sich das Leben, indem er eine zu Pulver zerstampfte giftige Pflanze hinunterschluckte.[18]

Bisweilen entwickeln sich innerhalb der samoanischen Familien Spannungen als Reaktion auf übermäßige Beschimpfung und Bestrafung. Die Folge ist häufig ein Zustand pathologischer Verstörtheit, der durchaus mit Selbstmord enden kann. Ein anderer Ausdruck dieser Spannungen ist eine Form hysterischer Dissoziation, die von den Samoanern *ma'i aitu*, »Geisterkrankheit«, genannt wird. Margaret Mead war sich des Vorkommens dieser psychischen Erkrankung wohl bewußt – sie weist ausdrücklich auf ein Gebrechen hin, bei dem ein Individuum von »erzürnten, geisterhaften Verwandten besessen ist« –, doch brachte sie diese psychische Erkrankung nicht mit der Struktur des samoanischen Charakters in Zusammenhang.[19]

Die wichtigste Institution der heidnischen Religion Samoas war, wie bereits im 12. Kapitel beschrieben, die eines Mediums. Man glaubte in Samoa, daß ein Geist oder eine Gottheit sich eines Mediums bemächtigten, mit dessen Zunge sie dann sprachen.

Der Zustand der »Besessenheit«, bei dem »normale Individualität zeitweilig durch eine andere ersetzt wird«, ist mit der ihn begleitenden intensiven motorischen und emotionalen Erregung ein bei vielen Völkern weitverbreitetes Phänomen, wie T. K. Oesterreich nachgewiesen hat. William Sargants Forschungen haben ergeben, daß dieses Phänomen mit »hypnoiden, paradoxen und ultraparadoxen Zuständen der Gehirntätigkeit« verbunden ist, die erstmalig von Pawlow untersucht wurden und die zu einer Spaltung des Bewußtseinsstromes, schließlich sogar zu einem Zustand hysterischer Dissoziation führen können.

Ich habe schon an anderer Stelle darauf hingewiesen, daß das Verhalten der Samoaner besonders gegenüber Autoritätspersonen, von erkennbarer Ambivalenz geprägt ist. Das liegt wohl am Modus der Bestrafung, der schon die Kinder dazu zwingt, nach außen hin ein Verhalten an den Tag zu legen, das nicht ihren wahren Empfindungen entspricht. Oftmals habe ich Samoaner sagen hören, ein Teil ihres Wesens befinde sich in der Gewalt Gottes, ein anderer sei jedoch der Macht Satans unterworfen. Shore berichtet, daß ein Pastor das Leben in Samoa als »einen ständigen Kampf zwischen Satan und Gott innerhalb ein und derselben Person« charakterisierte. Nicht selten rechtfertigt sich in Samoa jemand für eine heftige Attacke auf einen anderen Menschen oder für irgendeine asoziale Handlungsweise mit der Behauptung: »Satan kam über mich.« Diese besondere Charakterstruktur, in der alles, was in den Bereich impulsiver Emotionen gehört, von gesellschaftlich akzeptablen Haltungen abgespalten wird, macht die Samoaner besonders anfällig für dissoziierte Reaktionen. So erklärt sich auch das Gebaren von Menschen mit medialen Fähigkeiten, die man heute noch findet – trotz des inzwischen vom Christentum geprägten gesellschaftlichen Rahmens. Darauf wurde schon zu Beginn dieses Kapitels hingewiesen.[20]

Ein weiterer wichtiger Ausdruck dieser Neigung zu dissoziierten Reaktionen ist eine Form von »Besessenheit«, bei der die Krankheit eines Individuums der Tatsache zugeschrieben wird, daß der zornige Geist eines Ahnen in ihn (oder sie) gefahren ist. Dieser Zustand, der in heidnischen Zeiten häufig vorkam und 1836 von Buzakott beobachtet wurde, ist nach anderen Augenzeugenberichten überall in Samoa zu verzeichnen gewesen. Holmes hat beispielsweise das Auftreten von *ma'i aitu* in Manu'a bestätigt. Er schrieb, es seien dabei unter anderem Symptome von Delirium und »plötzliches, zielloses Herumlaufen« erkennbar. Goodman schildert in einer Schrift über West-Samoa einen Fall, bei dem ein Junge einer Frau, die ihm arg zusetzte, »böse Worte« zuschrie und sie sogar zu beißen versuchte.[21]

Solche Störungen des Verhaltens werden von den Samoanern – wie gesagt – damit erklärt, daß ein Mensch von einem zornigen Geist besessen ist. Durch Séancen soll herausgefunden werden, warum der Geist verärgert ist. Dann versucht man ihn zu versöhnen und auszutreiben. Eine Person, die dabei besondere Fähigkeiten entwickelt – ob Mann oder Frau –, wird in Samoa *taulasea* genannt. Meistens wird das besessene Individuum genötigt, einen Kräutertrank einzunehmen. Damit benetzt man manchmal auch alle Körperöffnungen. Sobald dies geschehen ist, wendet sich der oder die *taulasea* direkt an den Geist und fragt ihn, warum er gekommen sei. Bei einer erfolgreichen Séance antwortet der Geist aus dem Mund des psychisch dissoziierten Individuums. Möglicherweise beklagt er sich verärgert über die jüngsten Geschehnisse innerhalb einer Familie, bis er schließlich, durch das Versprechen der Wiedergutmachung und Besserung versöhnt, den Kranken verläßt, bei dem dann bald die Genesung einsetzt.

Meine eigenen, während der vierziger und sechziger Jahre angestellten Nachforschungen erbrachten den Hinweis, daß diese Form psychischer Erkrankung fast immer mit »Zank oder üblen Worten« innerhalb einer Großfamilie verbunden ist, wie Buzakott bereits 1836 feststellte. Außerdem tritt sie anscheinend vor allem bei Heranwachsenden auf, die allzu großem emotionalem Streß ausgesetzt werden. Die beiden Fälle von *ma'i aitu*, die ich 1943 anhand zweier 18 bzw. 19 Jahre alter Mädchen untersuchte, und der folgende, von mir 1966 bis ins einzelne untersuchte Fall von Mu, dem 11jährigen Jungen, illustrieren die Psychodynamik des *ma'i aitu* -Syndroms.[22]

Ungefähr acht Monate nach seiner Geburt im Jahre 1944 wurde der kleine Mu von Moana, einer Schwester seines Vaters Sami, adoptiert. Das Kind entwickelte im Lauf der Zeit starke gefühlsmäßige Bindungen an seine neue Mutter und deren Mann. Sein Leben mit ihnen verlief bis 1954 ruhig und zufrieden. Doch dann wurde Mu nach einem schlimmen Streit zwischen Moana und Sami gegen seinen Willen in das elterliche Haus zurückgebracht. Als er versuchte, zu seiner Adoptivmutter zurückzukehren, wurde er wiederholt schwer bestraft. In dieser Situation größter seelischer Belastung wurde Mu schließlich hysterisch. Er beklagte sich über Schmerzen in Kopf und Gliedmaßen, redete unzusammenhängend und versuchte alle Menschen zu beißen, die sich ihm näherten. Eine ärztliche Untersuchung ergab keinerlei körperliche Erkrankung. Deshalb hieß es, Mu werde von *ma'i aitu* heimgesucht. Bei einer Séance ergab sich, daß er angeblich vom Geist seiner Großmutter besessen war. Deren Stimme hatte Mu als Kind häufig vernommen. Nun redete sie aus seinem Munde und beschimpfte Sami so heftig, weil er Mu seiner Tante Moana weggenommen hatte, daß Sami weinend zusammenbrach. Er versprach, Mu zu Moana zurückzubringen. Auf diese Weise überwand Mu die Krise, die ihn krank gemacht hatte.[23]

Dieser Fall zeigt, daß die von den Samoanern als *ma'i aitu* bezeichnete Krankheit eine Art Hysterie ist, von der ein Mensch befallen werden kann, wenn er im Kreis seiner Familie einer übermäßigen Belastung ausgesetzt wird. *Ma'i aitu* ist demnach eine pathologische Folgeerscheinung des beengenden autoritären Systems, in dem die jungen Menschen aufwachsen. Zwar haben die Samoaner ihre eigenen Methoden entwickelt, um mit hysterischen Erkrankungen fertig zu werden. Dazu zählen vor allem die schon geschilderten Séancen, die es ermöglichen, den Ursprung der Störung ausfindig zu machen und ohne ernsthafte Infragestellung des autoritären Systems zu beheben. Die Krankheit selbst ist nichtsdestotrotz eine schwerwiegende psychosomatische Störung.[24]

Die Tatsache, daß solche hysterischen Erkrankungen in der samoanischen Gesellschaftsform endemisch sind und sowohl bei Heranwachsenden als auch bei erwachsenen Menschen auftreten, ist ein weiterer Hinweis darauf, daß Margaret Mead mit ihrer Schilderung Samoas als eines Landes, in dem es »keine psychologischen Anpassungsprobleme«

gibt, irrt. Wie bereits in diesem und anderen Kapiteln festgestellt, leben die Samoaner als Kinder, Heranwachsende und Erwachsene in einem autoritären System und sind psychischen Belastungen ausgesetzt, die regelmäßig zu seelischen Störungen führen, von zwanghaftem Verhalten und *musu*-Zuständen bis zu hysterischen Erkrankungen und Selbstmord.

16. Sexualverhalten und -moral

Daß Margaret Meads *Kindheit und Jugend in Samoa* so rasch populär wurde, war wohl vor allem auf die verlockende Schilderung Samoas als eines Paradieses freier Liebe während der Jugendzeit zurückzuführen. Im September 1928 stand im *American Mercury* zu lesen, Margaret Mead habe festgestellt, daß in Samoa die für die westliche Zivilisation so charakteristischen sexuellen Probleme nicht existieren. Und Frederick O'Brien wertete *Kindheit und Jugend in Samoa* als außerordentliche Errungenschaft auf dem »Gebiet der Erotik«. Solche Urteile sind verständlich, zumal wenn man bedenkt, daß Margaret Mead ja tatsächlich behauptet hatte, in Samoa, irgendwo in der romantischen Südsee, gebe es ein Volk mit einer besonders lockeren Haltung gegenüber geschlechtlichen Dingen. Dort sei die körperliche Liebe völlig frei, gewissermaßen ein »Zeitvertreib par excellence«. Junge Mädchen würden die Heirat lange hinauszögern, um »möglichst viele Jahre ungezwungener Liebe« genießen zu können. Tatsächlich fanden diese Anschauungen eine solche Verbreitung, daß bald viele Menschen davon ausgingen, daß »institutionalisierte voreheliche Sexualität« ein fester Bestandteil der samoanischen Kultur sei, wie John Honigmann meinte.
Einer, der sich von der ersten Stunde an zu dieser Anschauung bekannte, war Robert Lowie, ein ehemaliger Schüler von Franz Boas. In seiner Rezension von *Kindheit und Jugend in Samoa* schrieb er unter anderem: »Miß Meads anschauliche Darstellung der freien Liebe in Polynesien ist überzeugend. Sie stimmt überein mit den Schilderungen der ersten Besucher Samoas.«[1]
Mag sein, daß eine solche Beurteilung einst für Tahiti Gültigkeit hatte. Robert Lowie hatte das »neue Kythera Bougainvilles« 1925 anläßlich eines »reinen Erholungsaufenthaltes« kennengelernt. In Samoa lagen die Dinge jedoch anders. Wie Burrows nachgewiesen hat, unterschied es sich in bedeutsamer Weise von Ostpolynesien. Diese Andersartigkeit

einer Kultur manifestiert sich nirgends so deutlich wie im Bereich der sexuellen Moral. Schon Charles Wilkes, ein gutinformierter Samoareisender der Frühzeit, notierte sich 1839, bei den Samoanern gebe es »keinen wahllosen Geschlechtsverkehr«, und die Frauen Samoas bildeten einen »seltsamen Kontrast zu jenen aus Tahiti«. Der aus Rarotonga stammende Lehrer Ta'unga schrieb in einem 1862 auf der Insel Ta'ū verfaßten Bericht, Beischlaf sei in Manu'a »nicht gewohnheitsmäßig« wie auf Rarotonga. Dieser Unterschied zwischen zwei Kulturen wird durch die Tatsache erklärt, daß im heidnischen Samoa die sogenannten *taupou*, d. h. die Zeremonialjungfrauen, innerhalb des sozialen Gefüges eine hohe Stellung innehatten. Überhaupt wurde auf die Bewahrung der Jungfräulichkeit bis zur Eheschließung großen Wert gelegt. Pritchard schrieb 1866, daß bei den Samoanern »die Keuschheit der Häuptlingstöchter der ganze Stolz des jeweiligen Stammes« gewesen sei. Ältliche »Anstandsdamen« hätten »von klein auf über die Tugend und Ehre gewacht«. Pritchard bezieht sich hier vor allem auf das *taupou*-System, dessen Wichtigkeit für die Samoaner Krämer 1902 folgendermaßen beschrieb: »Die Wertschätzung der Jungfräulichkeit in alten heidnischen Zeiten erinnert uns an die vestalischen Jungfrauen, an die Huarimaguadas der Guantschen und an die Sonnenjungfrauen der Inkas.« Dadurch werden die Samoaner auf eine sittliche Stufe gehoben, die mit dem Geist ihrer Überlieferungen übereinstimmt. Nochmals: Die Samoaner geben ihren Zeremonialjungfrauen einen hohen Rang. Anläßlich der Verfassunggebenden Versammlung von West-Samoa erklärte beispielsweise einer der Abgesandten im Häuptlingsrang voller Stolz, es gebe im Vergleich zu Samoa »kein Land unter der Sonne«, wo die »Angelegenheit der Jungfrauen so hochgehalten« werde.[2]

Wie stellte nun Margaret Mead das *taupou*-System dar, in dem die Hochachtung vor der Jungfräulichkeit so unübersehbar zum Ausdruck kommt? Die *taupou*, erfahren wir, der die Attribute ihrer Jungfräulichkeit vom Häuptlingssprecher ihres Bräutigams bei der Eheschließung genommen werden, sei vom »freien und zwanglosen Experimentieren« der anderen jungen Frauen »ausgenommen«. Und: Die feierliche Überprüfung der Virginität werde zwar »theoretisch bei Hochzeiten von Personen unterschiedlichen gesellschaftlichen Ranges wahrgenommen«, doch sei es durchaus möglich, daß eine nicht mehr jungfräuliche *taupou* dies dem amtierenden Häuptlingssprecher mitteilen könne und sich deshalb »nicht vor allen Leuten schämen« müsse.

Margaret Mead schilderte also 1928 das *taupou*-System als eine seltsame Randerscheinung im Rahmen der »allgemein üblichen Promiskuität vor der Ehe«, dank derer »die Bürde der Jungfräulichkeit« von dem »gesamten Bevölkerungsanteil junger Frauen« genommen und der *taupou* aufgeladen werde. »Die gesetzliche Verpflichtung« zur Jungfräulichkeit einer *taupou* könne jedoch leicht umgangen werden, denn man brauche nur dafür zu sorgen, daß der Häuptlingssprecher des *taupou*-Bräutigams das Spiel mitmacht.

Solche Behauptungen sind ein auf Mißverständnissen beruhendes Zerrbild des traditionellen samoanischen *taupou*-Systems.[3]

Im 8. Kapitel dieses Buches schrieb ich unter anderem, daß im heidnischen Samoa ein Häuptling das Recht hatte, einem geschlechtsreifen, jungfräulichen Mädchen seiner Familie den Rang einer *taupou* zu verleihen. Meistens wählte er dafür eine seiner Töchter. In samoanischen Familien kommt der weiblichen Nachkommenschaft im Vergleich zur männlichen in gewisser Hinsicht ein besonderer Rang zu. So war eine *taupou* für das Ansehen und die Ehre einer Häuptlingsfamilie von allergrößter Bedeutung. Deshalb war sie bei anderen Häuptlingen oder deren Erben als Braut sehr begehrt. Eine *taupou* wurde ebenso wie ein Häuptling in ihr »Amt« eingeführt. An dieser Feierlichkeit nahmen alle Mitglieder einer Dorfgemeinschaft teil. Von diesem Tag an »umringten sie schützend den Glanz der hohen Frau«.

Eine *taupou* gab es in jeder Dorfgemeinschaft, die von Häuptlingen beherrscht wurde, deren überlieferte Titel in ganz Samoa bekannt und anerkannt waren. Stevenson nannte die *taupou* die geheiligte Maid ihres Dorfes, eine Bezeichnung, die etwas von der besonderen Aura ihrer sozialen Stellung ahnen läßt. Eine *taupou* war beispielsweise bei feierlichen Anlässen befugt, einen Platz in jenem Teil des Hauses einzunehmen, der nach altem Brauch den hohen Häuptlingen vorbehalten war. Bei solchen Gelegenheiten wurde sie mit den entsprechenden Ehrenbezeigungen angeredet.

Samuel Ella schrieb, daß ein samoanisches Mädchen nach ihrer Menarche »streng bewacht und beobachtet wurde«. Besonders die *taupou* wurde der Obhut der *aualuma* anvertraut, einer Gruppe, die hauptsächlich aus der heiratsfähigen weiblichen Nachkommenschaft der Dorfhäuptlinge bestand. Dort wurde die *taupou* von alten Frauen beaufsichtigt, die sie ähnlich wie die spanischen *dueñas* »keinen Augenblick« aus den Augen ließen.[4]

Die *taupou* war also eine junge, geschlechtsreife *virgo intacta* von gesellschaftlichem Rang. Ihrer Virginität wurde ein gänzlich anderer Wert beigemessen als innerhalb der christlichen Religion, denn deren Jungfräulichkeitsideal hat eine asexuelle Lebensführung und die Überwindung aller Begehrlichkeit zu Gunsten einer völligen Identifizierung mit dem wiederauferstandenen Christus zum Ziel. Im Gegensatz dazu war die samoanische *taupou* eine einnehmende junge Dame aus gutem Hause und in ihrer Jungfräulichkeit betörend erotisch. Das verlieh ihr in den Augen der Samoaner einen einzigartigen Wert, denn auch in Samoa war man sich der unbestreitbaren Tatsache bewußt, daß ein junges Mädchen seine Jungfräulichkeit nur einmal verlieren kann. Aus diesem Grund waren junge Häuptlinge so sehr auf die Ehre erpicht, eine *taupou* zu deflorieren.[5]

In John Williams' Tagebuch des Jahres 1832 finden sich mehrere Beschreibungen von *taupous*. Geschmückt mit Halsketten und Armreifen, die Haut glänzend von duftendem Öl, die Brüste mit einem orangefarbenen, aus der Tumerik-Pflanze gewonnenen Puder bestäubt und bekleidet mit einem Röckchen aus weißem, zottigem Basttuch oder aus roten und grünen, an einer Schnur aufgereihten Blättern, die den linken Oberschenkel völlig frei ließen, war eine *taupou* in höchstem Maße sexuell aufreizend. Wenn es stimmt, was Brown berichtet hat, dann war sogar das Schamhaar einer solchen Zeremonialjungfrau geölt und gekämmt. Der jungfräuliche Zustand der *taupou* wurde nach außen hin durch die gelockten, bisweilen künstlich gefärbten Haarsträhnen zu beiden Seiten ihres teilweise geschorenen Kopfes unterstrichen, eine Mode, die alle anderen Jungfrauen von Rang nachahmten.[6]

Wenn sich ein Häuptling oder dessen designierter Erbe *(manaia)* in eine *taupou* verliebte, wurden in aller Form Brautwerber zu deren Familie ausgesandt, um die Möglichkeiten einer ehelichen Verbindung auszukundschaften. Diese delikate Aufgabe wurde Häuptlingssprechern anvertraut. Weder der *ali'i* noch der *manaia* waren bei der Werbung zugegen und fühlten sich deshalb auch nicht sonderlich gekränkt, wenn ihr Antrag abgewiesen wurde. Turner schreibt, daß eine Tochter bei der Entscheidung, wen sie heiraten sollte, »ganz und gar der Verfügungsgewalt ihres Vaters oder eines älteren Bruders unterworfen« war. Im Falle einer *taupou* kam es sogar auf *alle* Dorfbewohner an: Aiono Ma'ia'i, ein samoanischer Gelehrter unserer Zeit, schreibt, daß »nicht die Wünsche der *taupou,* sondern die des Dorfes zählen«.[7]

Sobald man sich geeinigt hatte, wurde die *taupou* von einer großen ›Reisegesellschaft‹, die aus Mitgliedern ihrer eigenen Großfamilie, ihrer *aualuma* und zahlreichen Häuptlingen bzw. Häuptlingssprechern ihres Dorfes bestand, zum Haus ihres künftigen Gatten geleitet. Ihre Mitgift bestand aus feingewirkten Matten und anderen in Samoa geschätzten Gegenständen. Die Feierlichkeiten pflegten ungefähr drei Tage zu dauern. Sie gipfelten darin, daß in großem Stil Geschenke und Güter ausgetauscht wurden, deren Wert als Maßstab für den Rang des Schenkenden galten. So kam es bei solchen Anlässen häufig zu Transaktionen von beachtlichem Umfang. Turner erwähnte 50 bzw. 100 feingewebte Matten und 200 bzw. 300 Bahnen Basttuch, die vor dem Bräutigam aufgestapelt wurden. Bei Williams ist die Rede von einer Frau, deren Familie 300 Schweine geschenkt wurden. Große Mengen von Geschenken waren folglich kein unwichtiger Aspekt des *taupou*-Systems, in dem, wie Williams einmal bemerkt hat, Jungfräulichkeit »eher ein soziales Gut als eine moralische Tugend« darstellte.[8]

Der Höhepunkt der Heirat einer *taupou* war deren feierliche und öffentliche Deflorierung. Der folgende Bericht basiert auf 16 Fällen, die ich der Fachliteratur und meinen eigenen, im Rahmen meiner Feldforschungen gemachten Aufzeichnungen entnommen habe. Die erste Beschreibung einer solchen Deflorierung findet sich in John Williams' Tagebuch des Jahres 1832:

Nachdem die Geschenke und Gaben ausgetauscht worden waren, ließ sich der Bräutigam auf dem Platz nieder, wo die Feierlichkeiten des Dorfes stattzufinden pflegten. Nun nahm ein älterer Bruder oder ein anderer Verwandter die junge Frau bei der Hand und führte sie zu ihrem Bräutigam. Sie war in eine feine Matte gekleidet, die an den Rändern mit roten Federn geschmückt war. Auf ihrer Haut glänzte duftendes Öl. Sie trat dicht vor ihren Gatten und ließ die Matte fallen, so daß sie nackt vor ihm stand. »Mit zwei Fingern der rechten Hand« zerriß er ihr Hymen. Trat eine Blutung ein, fuhr der Bräutigam mit seinen Fingern über die Oberlippe der Braut. Dann hielt er seine Hand in die Höhe, damit alle Anwesenden den Beweis der Jungfräulichkeit erblickten. Nun drängten sich die anderen Frauen aus dem Gefolge der Braut vor, um etwas von dem Blut zu ergattern und sich damit zu beschmieren, bevor sie nackt zu tanzen anfingen und sich dabei mit Steinen an den Kopf schlugen, bis Blut in Strömen floß. All dies taten sie aus Sympathie und zu Ehren der jungfräulichen Braut. Inzwischen wischte sich der Bräutigam die Hände an einem weißen Basttuch ab, das er dann bis zum Ende des Tages zum Zeichen der Achtung vor seiner Gattin trug. Nach der feierlichen Deflorierung der Braut wurde die Ehe gewöhnlich in aller Form und, wie es sich geziemte, im abgeschirmten Teil eines Hauses vollzogen.[9]

Für den Fall, daß es zu keiner Blutung kam, wiederholte der Bräutigam den Vorgang, wie Williams berichtet. Sollte dabei wiederum der Nachweis der Jungfräulichkeit unterbleiben, wurde die Braut von ihren Freunden bitter geschmäht, Hure geschimpft und eilig weggeführt, während der Ehemann sie verstieß und sein Eigentum zurückverlangte. Wenn sich eine *taupou* als nicht mehr jungfräulich entpuppte, kam es laut Pritchard bisweilen auch vor, daß »ihr Bruder, ja sogar ihr Vater mit Knüppeln auf sie losgingen und sie an Ort und Stelle ihre Schande fühlen ließen«.[10]

Falls es sich bei dem Brautpaar um eine *taupou* und einen Häuptling von besonders hohem Rang handelte, war die Entjungferungszeremonie noch komplizierter. Dann wurde sie von einem der Häuptlingssprecher des Bräutigams durchgeführt. Glücklicherweise haben wir den Bericht eines Augenzeugen einer solchen Feierlichkeit, an der auch der höchste aller samoanischen Häuptlinge, der Tui Manu'a, teilnahm. Die Zeremonie fand im Jahre 1840 statt und wurde von John Jackson, einem jungen Engländer, beobachtet, der von Bord eines Walfangschiffes von den Manuaern entführt worden war.[11]

Die Hochzeitsfeier, der Jackson beiwohnte, war die des Tui Manu'a und einer *taupou* aus Fitiuta, dem Dorf, das in Manu'a im höchsten Ansehen stand. Wie Jackson berichtet hat, wurde die Braut zum Tui Manu'a geführt, der auf einer auf dem Boden ausgebreiteten Matte stand. Sie trug um die Hüften eine feingeflochtene Matte, deren Ränder mit roten Federn verziert waren. Auf der Stirn trug sie einen perlweißen Schmuck aus Nautilusmuscheln. Ihr Haar war zum Teil so gefärbt, daß es einen rötlichen Schimmer hatte.

Man hatte eine große Schale *kava* bereitet. Mit gewohntem Nachdruck trat der Schalenträger vor, zusammen mit einem Mann aus dem Gefolge des Tui Manu'a (wahrscheinlich einer seiner Häuptlingssprecher), der ein weißes Basttuch in der Hand hielt. Im selben Augenblick, als der Tui Manu'a die *kava*-Schale zum Mund führte und auf diese Weise die Überlegenheit seines Ranges kundtat, wurde die *taupou* an seiner Seite von dem Häuptlingssprecher defloriert, wie es der Brauch wollte.[12]

Es wurde schon im 8. Kapitel darauf hingewiesen, daß in Samoa wäh-

rend der *kava*-Zeremonie immer dem Häuptling mit dem höchsten Rang die Schale als erstem gereicht wird. Auch später, während des Essens, stehen ihm die besten und saftigsten Stücke zu. Dieses Vorrecht wird von den anderen allgemein anerkannt. Im heidnischen Samoa galt ein ähnliches Prinzip für den sexuellen Besitzanspruch auf eine Frau. Im Lauf der geschichtlichen Entwicklung trachteten Männer von Rang immer mehr danach, sich ihren absoluten Erstanspruch auf die zukünftige Ehefrau zu sichern. So kam es, daß der öffentliche Beweis der Jungfräulichkeit einer Braut innerhalb der traditionellen samoanischen Rangordnung »unerläßlich« wurde, wie es Krämer ausdrückte. Die Virginitätsprüfung vor aller Augen war die überlieferte Methode, durch die vermieden wurde, daß der Bräutigam sich wegen eines anderen Mannes schämen mußte, der schon vor ihm mit seiner Braut Verkehr gehabt hatte. Aus diesem Grund war es die spezielle Pflicht des bei der Hochzeitsfeier diensthabenden Häuptlingssprechers, mit absoluter Sicherheit festzustellen, ob die *taupou* wirklich noch jungfräulich war. Die heidnischen Samoaner nahmen Fragen des Ranges und sexueller Beziehungen so ernst, daß die Frau eines hohen Häuptlings, wie Harbutt berichtet hat, nach dessen Tod keine neue Ehe eingehen durfte. Jede Mißachtung dieser Regel war laut Pritchard ein Grund, den Krieg zu erklären.[13]
Jungfräulichkeit war also durchaus das Leitmotiv für die sexuelle Moral der heidnischen Samoaner. Tatsächlich ist es für einen schlecht informierten Außenseiter schwer, die auf seltsame Weise überspannte Bedeutung der Virginität für die Samoaner von einst richtig einzuschätzen. Eine Jungfrau von hohem Rang wurde als etwas Einzigartiges und Unvergleichliches angesehen. Welch tiefe Gefühle die Samoaner für sie hegten, ist den Hochzeitsliedern anzumerken, die voller Inbrunst angestimmt wurden, sobald nach der zeremoniellen Deflorierung bewiesen war, daß ein *manaia* sich und seiner Dorfgemeinschaft eine Jungfrau von Rang zu sichern verstanden hatte. Eine Strophe aus einem solchen Hochzeitslied, in der unmißverständlich von der öffentlichen Entjungferung einer *taupou* die Rede ist, lautet folgendermaßen:

Der Weg in die Scheide, der Weg in die Scheide,
aus der die heilige Flüssigkeit quillt,
aus der die heilige Flüssigkeit quillt.
Alle anderen mühten sich vergebens um Einlaß,
alle anderen mühten sich vergebens um Einlaß.

Lilomaiava ist der *manaia*, Samalaulu die hohe *taupou*.
Er ist der erste, weil er zuerst kam,
der erste, weil er zuerst kam.
Oh, der allererste zu sein!
Der Pfeil traf sein Ziel, oh, welch ein Ziel!

Der samoanische Ausdruck für Jungfernhäutchen ist *'afu'afu*. Das Wort
stammt vom altpolynesischen *kahu* ab und bedeutet »Bedeckung«. Der
Terminus *'afu* bezeichnet in Samoa unter anderem auch die feinen Matten, die die Familie der Braut der Familie des Bräutigams schenkt. Nach
einem alten Brauch sind diese Matten mit den schönen roten Federn
eines Papageien gesäumt. Die rote Farbe wird in Samoa wie in anderen
Ländern der Welt als Symbol für die Blutung bei der Entjungferung angesehen. Überhaupt haben die Samoaner ein ausgesprochen mystisches
Verhältnis zu ihren feinen Matten. Wenn sie zur Schau gestellt werden,
ist es üblich, sie mit bewundernden Ausdrücken wie *Sao! Fa'alalelei!* zu
bedenken. Das heißt: »Dank sei euch! Wie schön!« *Lalelei* ist übrigens
ein Terminus, mit dem vor allem die Schönheit der Frauen gepriesen
wird. In der samoanischen Überlieferung sind feine Matten ein Kultur-
symbol der *taupou*, die anläßlich der Deflorierungszeremonie ihre
Jungfräulichkeit unter Beweis gestellt hat und deshalb gemäß der Wer-
teskala der *fa'aSamoa* eine wahre *tama'ita'i*, d. h. Dame von Rang, ist.[15]
Wie Williams berichtet hat, wurde eine Frau, die bei einer solchen Deflorierungszeremonie nicht mehr Jungfrau war, als Hure beschimpft.
Das Wort Hure ist jedoch nur eine sehr annähernde Übersetzung des
Ausdrucks *pa'umutu*, mit dem eine Frau, die ihre Jungfräulichkeit nicht
zu bewahren gewußt hatte, öffentlich geschmäht wurde. Das Wort ist
untrennbar mit dem Jungfräulichkeitskult verbunden und leitet sich her
von *pau*, d. h. Haut oder Jungfernhäutchen, und *mutu*, was soviel bedeutet wie abgeschnitten oder schadhaft. *Pa'umutu* ist eine sehr schlimme Beschimpfung. Ihr ungerechtfertigter Gebrauch ist bei Frauen ein
häufiger Grund für erbitterten Streit. Die Jungfräulichkeit ist nämlich
von so zentraler Bedeutung, daß manchmal eine junge Frau, die zu Unrecht als *pa'umutu* beschimpft wird, ihre Jungfräulichkeit mittels einer
ärztlichen Bescheinigung nachweist. Beispielsweise beschuldigte im
November 1963 eine 20jährige verheiratete Frau aus Aleipata auf der
Insel Upolu ein 19jähriges Mädchen namens Loto, *pa'umutu* zu sein.
Daraufhin machte sich Loto auf den Weg in die 60 km entfernte Haupt-

stadt Apia, um sich im dortigen Krankenhaus vom Chefarzt gynäkologisch untersuchen zu lassen. Dessen Befund lautete, daß Lotos Hymen intakt war. Nachdem die Virginität des Mädchens auf diese Weise zweifelsfrei festgestellt worden war, wurde Tala von der Polizei wegen Verleumdung zu einer Geldstrafe von £ 5 verurteilt. Auf der Polizeiwache gestand sie, daß sie aus Eifersucht gehandelt hatte, nachdem sich ihr Ehemann fälschlicherweise, wie sie jetzt wußte, damit gebrüstet hatte, mit Loto Verkehr gehabt und sie entjungfert zu haben.

Dieselben Wertvorstellungen hatten schon in den zwanziger Jahren Gültigkeit. Das geht aus einem Bericht von Dr. Peter Buck über einen jungen Mann hervor, der im Dezember 1927 vor Gericht verurteilt wurde, weil er zu Unrecht behauptet hatte, er habe mit einem Mädchen aus dem Dorf verkehrt und es defloriert.[16]

Der Jungfräulichkeitskult, der in der Sexualmoral der Samoaner eine Schlüsselrolle spielt, findet sich auch auf den Tonga-, den Lau-, den Fidschi- und den Gilbert-Inseln. Doch dessen war sich Margaret Mead anscheinend nicht bewußt, als sie 1925 nach Samoa fuhr. Tatsächlich ist der Jungfräulichkeitskult für die Kulturen des westlichen im Unterschied zum östlichen Polynesien eines der Hauptmerkmale. So berichtet beispielsweise Gifford, eine Jungfrau aus einer Häuptlingsfamilie werde *taupou* genannt, und es sei »ein äußerst bedeutsamer Teil des Hochzeitsrituals, daß der Bräutigam (mit dem Finger) seine Braut untersucht, um festzustellen, ob sie noch Jungfrau ist«. Von Laura Thompson wissen wir, daß Mädchen auf den Lau-Inseln nicht vor dem 18. Lebensjahr heiraten und vor der Ehe keine Liebschaften haben, weil sie sich davor fürchten, sich bei der öffentlichen Überprüfung ihrer Jungfräulichkeit lächerlich zu machen und beschimpft zu werden. Firth beschreibt, wie die Männer in Tikopia damit protzen und prahlen, den »Schatz« besessen zu haben, »den kein anderer Mann berührt hat«. Er erzählt auch von einem jungen Mann vornehmer Herkunft, der, als er feststellte, daß die von ihm begehrte Frau keine Jungfrau mehr war, ihr befahl, ins Meer hinauszuschwimmen. Die junge Frau folgte seinem Befehl und ward nie mehr gesehn.

Mir selbst ist ein ähnlicher Fall bekannt. Ein tief religiöses samoanisches Mädchen von 22 Jahren schnitt sich selbst aus Scham die Kehle durch, nachdem sich herausgestellt hatte, daß sie bei einer heimlichen nächtlichen Vergewaltigung ihre Jungfräulichkeit verloren hatte.

Junge Männer prahlen in Samoa genau wie in Tikopia gern damit, eine

Jungfrau defloriert zu haben. Traditionell wetteifern die Mitglieder eines *manaia* und die Häuptlinge um den Besitz von jungfräulichen Mädchen aus angesehenen Familien. Einen besonderen Ruf erwarb sich ein Häuptling, wenn es ihm gelang, eine ganze Reihe von *taupou* nacheinander zeremoniell zu deflorieren. Als Beispiel sei hier Anapu Tui'i, ein großer Häuptling aus Sa'anapu genannt. Er starb 1918, aber noch immer erinnert man sich daran, daß er einst eine Hochzeitsfeier zustande brachte, an der sechs *taupou* aus verschiedenen Teilen Samoas teilnahmen. Mit jeder dieser Jungfrauen vollzog er die rituelle Vereinigung, und jede gebar ihm später ein Kind.[17]

Niemand ist jedoch für seinen Eifer und seine Geschicklichkeit beim Deflorieren von Jungfrauen so gefeiert worden wie der legendäre Vaovasa aus Savai'i. Man erzählt sich, daß er nicht weniger als 99 junge Mädchen zur Frau gemacht hat. Jedesmal, wenn er eine neue Blüte pflückte, gedachte er der Eroberung durch einen großen Stein, den er auf die schon vorhandenen schichtete, denn er hatte den schrulligen Ehrgeiz, aus hundert solcher Steine eine Mauer zu errichten. Nachdem er seine 99. Mannestat vollbracht hatte, machte er sich auf den Weg nach Falealili an der Südküste von Upolu, mit dem eitlen Vorsatz, dort seine 100. Jungfrau zu erobern. Doch als er dicht unter der Küste von Savai'i vorbeipaddelte, lauerte ihm Logona auf, ein *manaia* aus Sa'anapu. Er stand auf einem Felsvorsprung und hielt ein zusammengeschnürtes Bündelchen in die Höhe. Damit warf er nach Vaovasa und traf mit großer Zielsicherheit dessen Lenden. Wie sich herausstellte, war in dem Bündel eine Flüssigkeit, die auch einige Tropfen Blut vom Hymen jenes Mädchens enthielt, das Vaovasa zu deflorieren gedachte. Logona war mit jener Art von Draufgängertum, die die Samoaner am meisten bewundern, seinem Rivalen zuvorgekommen. Schlimmer konnte ein Häuptling durch einen anderen nicht beschämt werden. Vaovasa war so gedemütigt, daß es beim 99. Stein blieb und seine Mauer nie vollendet wurde.

Dieser sagenumwobene Vorfall, der beredtes Zeugnis von der sexuellen Moral der Samoaner ablegt, wird in einem überall in Samoa bekannten Hymnus auf Logona gefeiert.

Nach Westen hin an den Landzungen von Utumalama
und Utusauva'a
stand Logona.

In der Hand hielt er ein Bündel aus Palmblättern,
das er gegen das Kanu des Vaovasa schleuderte.
Laut waren die Klagen der Männer aus Salemuliaga,
groß das Erstaunen des Vaovasa,
als er hinabblickte auf seine Lenden.
Wehe! Großes Unglück ist ihnen widerfahren.
O launisches Weib, gleich einer offenen Muschel
von der zurückflutenden Ebbe dargeboten!
Sieh, wie diese Reisenden voll Sorge
nach Savai'i zurückkehren!
Vaovasas Mauer wird nie vollendet werden.

Solche und andere »Heldentaten« sind bis auf den heutigen Tag in Samoa unvergessen. Vor einigen Jahren geschah es, daß eine »Reisegesellschaft« aus der Gegend von Satunumafono, wo auch Sa'anapu liegt, in Gataivai, einem in Vaovasas Bezirk gelegenen Dorf, den oben zitierten Hymnus auf Logona anstimmte. Das war mehr, als die Leute aus Gataivai ertragen konnten. Es kam zu einem Handgemenge.

Aus alldem geht hervor, daß die sexuellen Moralvorstellungen der heidnischen Samoaner noch immer in vielerlei Hinsicht lebendig sind. Nach wie vor wetteifern junge Leute miteinander, und wie stets neigen sie dazu, sich mit der Eroberung von Jungfrauen zu brüsten. Angeblich merken sich junge Samoaner sogar all ihre Mannestaten. Oftmals habe ich im Kreise einer *'aumaga* gesessen und mir das Geprahle mit angehört. Übrigens gibt es zahlreiche samoanische Ausdrücke – wie *le o'o* (Versagen) –, die immer dann verwendet werden, wenn von der Schande eines Mannes die Rede ist, der beim Versuch, eine Jungfrau zu erobern, eine Niederlage erlitten hat.

In Samoa, mit seiner auf Rangunterschieden basierenden sozialen Ordnung, genießen Jungfrauen also hohe Wertschätzung und sind sehr begehrt. Gewiß, diese Wertvorstellungen sind besonders charakteristisch für die höheren Stufen der Rangordnung, aber auch auf niederen Ebenen des Gemeinwesens haben sie Gültigkeit. Das zeigt sich daran, daß buchstäblich in jeder Familie auf die Jungfräulichkeit der Töchter geachtet wird. In seinem aus dem Jahre 1861 stammenden und von Otto Stuebel bestätigten Bericht schreibt Turner unter anderem, daß die Hochzeitsfeierlichkeiten einfacher Leute zwar weniger aufwendig waren als bei Familien von hohem Rang. Dennoch habe auch bei solchen Anlässen die öffentliche Jungfräulichkeitsprobe stattgefunden. Also war die Jungfräulichkeit heiratsfähiger Töchter von Familien mit hohem Rang schon immer für alle Beteiligten äußerst wichtig, aber traditionell galten die Wertbegriffe des *taupou*-Systems für alle Bevölkerungsschichten Samoas, wenngleich sie für Personen niederen Ranges weniger verbindlich waren.[18]

In Margaret Meads Schriften findet sich nichts von dem samoanischen Brauch, daß die Brüder über die Jungfräulichkeit einer heranwachsenden Schwester zu wachen pflegten, gleich, welchen Ranges die Familie war. Aufmerksam beobachteten sie ihr Kommen und Gehen, besonders nachts. Es kam vor, daß ein Mädchen von ihren Brüdern beschimpft, manchmal sogar geschlagen wurde, wenn sie in Gesellschaft eines jungen Mannes angetroffen wurde, der es angeblich auf ihre Jungfräulichkeit abgesehen hatte. Ihm konnte es in einer solchen Situation recht übel ergehen. Eleanor Gerber notierte sich Anfang der siebziger Jahre während ihres Arbeitsaufenthaltes auf Tutuila, daß ihr viele Mädchen berichtet hätten, sie und ihre Freunde hätten immer »Angst haben müssen, von ihren Brüdern gefunden und verprügelt zu werden«. Young, der ebenfalls während der siebziger Jahre in West- und Ost-Samoa Forschungen anstellte, schrieb von einem Bruder, den »tödliche Wut« packte, als er eine versuchte Verführung seiner Schwester vereitelte. Ich will auch einen Fall schildern, der sich während meiner eigenen Forschungstätigkeit ereignete: An einem Sonntag im Juni 1959 fand der 17jährige Tautalafua seine 18jährige Schwester ungefähr um 9 Uhr abends mit Vave, einem 20 Jahre alten Sohn einer anderen Familie, unter einem Brotfruchtbaum sitzen. Tautalafua versetzte dem unglücklichen Vave Faustschläge mit solcher Kraft, daß dessen Unterkiefer an zwei Stellen brach. Dafür mußte er später eine sechswöchige Gefängnisstrafe verbüßen.

Im Februar 1964 wurde ein 15jähriges Mädchen um 10.30 Uhr abends mit Tali, einem 19jährigen Mann aus einem anderen Dorf, von ihren Brüdern überrascht. Diese fielen über Tali her und verwundeten ihn durch Steinwürfe schwer am Kopf. Die beiden Brüder wurden später zu zwei Monaten Gefängnis verurteilt.

Aber auch das beteiligte Mädchen muß bei solchen Vorfällen damit rechnen, daß es von einem erwachsenen Familienmitglied gescholten und bestraft wird. Beispielsweise geschah es im Dezember 1967 in Sa'anapu, daß ein 19jähriges Mädchen nicht sogleich den Dorfplatz verließ, als es 10 Uhr läutete, sondern sich noch ein wenig mit jungen Männern unterhielt, die zu Besuch im Dorf weilten. Da erschien ihr 30 Jahre alter Onkel, schlug sie zu Boden und schrie sie an, sie habe nicht eine so teure Erziehung genossen, um leichtfertig ihre Jungfräulichkeit aufs Spiel zu setzen.[19]

Als die christlichen Missionare die öffentlichen Deflorierungsrituale abschafften, vollzog sich in dem aus heidnischen Zeiten stammenden *taupou*-System ein entscheidender Wandel. Von nun an fanden zeremonielle Entjungferungen, sofern es überhaupt noch dazu kam, innerhalb eines Hauses hinter einer Art Wandschirm statt. Seit dem 19. Jahrhundert hatte das Haus des Pastors immer mehr die sogenannte *aualuma* als Versammlungsort der Zeremonialjungfrauen verdrängt. Die Familie eines jungen Mannes, der den Versuch machte, eine dieser institutionell geschützten Jungfrauen zu verführen, mußte mit einer hohen Strafe rechnen. Sie riskierte sogar, auf Beschluß der Dorf-*fono* vertrieben zu werden. Holmes hat bestätigt, daß dies die Lage in Manu'a und in ganz Samoa war, als Margaret Mead dort in den zwanziger Jahren ihre Forschungen betrieb. Von den 25 heranwachsenden Mädchen zwischen 14 und 20 Jahren, die Mead beobachtete und auf deren Verhaltensweise sich ihre Schlußfolgerungen stützen, wohnten – laut Tabelle 1 in *Kindheit und Jugend in Samoa* – 9 im Haus eines Pastors. Von diesen 25 Mädchen, mit denen sich Mead befaßte, wurden nicht weniger als 13 in der Liste als »ohne heterosexuelle Erfahrung« aufgeführt. Mit anderen Worten waren mehr als die Hälfte dieser Personengruppe nach Margaret Meads eigener Bekundung Jungfrauen, darunter eine 19jährige, die nicht nur bei einem Pastor wohnte, sondern auch tätiges Mitglied der Kirche war. Dieser Tatbestand, der in Margaret Meads Buch nachzulesen ist, steht in offensichtlichem Widerspruch zu ihren Verallgemeinerungen über heranwachsende Mädchen in Samoa. Wie könnte es sonst sein, daß die Hälfte der Mädchen, von denen in *Kindheit und Jugend in Samoa* die Rede ist, tatsächlich noch Jungfrauen, ja sogar in den allermeisten Fällen institutionell geschützte Jungfrauen waren?[20]

Das traditionelle samoanische Keuschheitsideal (bis zur Verheiratung einer Frau) wurde, wie Shore schrieb, im allgemeinen »für Trägerinnen eines *taupou*-Titels ziemlich starr beibehalten«. Margaret Mead meinte, es sei buchstäblich »ein rechtliches Gebot« gewesen. Bis zu welchem Ausmaß hatte nun dieses Keuschheitsideal in den zwanziger Jahren unseres Jahrhunderts auch für heranwachsende Mädchen Gültigkeit, die nicht im Rang einer *taupou* standen? Laut Aussage der Ältesten von Ta'ū, die sich gut an die Gepflogenheiten Mitte der zwanziger Jahre erinnern konnten, war es damals tatsächlich in der streng protestantischen Gesellschaftsordnung Samoas eine Idealvorstellung, daß geschlechtsreife heranwachsende Mädchen keusch zu sein hatten. Sie wurden dazu angehalten, der *Ekalesia* beizutreten, also der Kirchengemeinde.

Eine der kirchlichen Vorschriften belegte unehelichen Geschlechtsverkehr mit einem strikten Verbot (siehe Kapitel 12). Daß in der prüden, vom protestantischen Christentum geprägten Gesellschaftsordnung Samoas in den zwanziger Jahren unseres Jahrhunderts sexueller Verkehr zwischen unverheirateten Personen nicht nur als Sünde, sondern sogar als Verbrechen angesehen wurde, kann durch Akten aus den Archiven des Obersten Gerichtes von Amerikanisch-Samoa belegt werden. Beispielsweise wurde am 6. März 1925 ein unverheirateter Mann vor dem Distriktgericht von Fagatoga (Lafitaga) »des Verbrechens der Unzucht« angeklagt, weil er »auf lasterhafte und unsittliche Weise einer Frau beigewohnt« habe, ohne legal mit ihr verheiratet zu sein. Übrigens hatte dieser Mann vor Gericht selbst zugegeben, er wisse, daß es unrecht von einem Mann und einer Frau sei, »miteinander Verkehr zu haben, es sei denn, sie sind verheiratet«.[21]

Ähnliche Wertvorstellungen hatten während desselben Zeitraumes in West-Samoa Gültigkeit. Wie ich mich mit eigenen Augen überzeugen konnte, hatte sich daran auch in den vierziger Jahren noch nichts geändert.

Im Jahre 1967 erarbeitete ich eine detaillierte Studie über die Virginität bei heranwachsenden Mädchen. Mit Unterstützung meiner Frau führte ich bei der gesamten weiblichen Jugend eines Dorfes an der Südküste von Upolu eine entsprechende Zählung durch. Ich wertete die Angaben aller Mädchen aus, die zwischen 1945 und 1955 geboren waren. Insgesamt waren es 67 Personen im Alter von 12 bis 22 Jahren. Wir befragten sie, ob sie noch jungfräulich waren und ob sie der *Ekalesia* angehörten. Um einen Vergleich zu dem Zahlenmaterial von Margaret Mead zu ermöglichen, habe ich die Daten jener 41 Mädchen zusammengestellt, die damals zwischen 14 und 19 Jahre alt waren: 30 von ihnen, d. h. 73 %, waren Jungfrauen. Die Häufigkeit der Jungfräulichkeit in bezug auf die verschiedenen Jahrgänge war folgendermaßen:[22]

Alter	Zahl der Mädchen	Zahl der Jungfrauen	Jungfrauen (in %)
14	4	4	100
15	10	8	80
16	7	5	71
17	8	5	68
18	7	6	85
19	5	2	40
	41	30	73

In einer anderen, ebenfalls auf Upolu angefertigten Detailstudie über 25 Frauen der Jahrgänge 1924 bis 1947 konnten wir den genauen Zeitpunkt der ersten Empfängnis errechnen, denn das Geburtsdatum der Kinder war genau bekannt. 12 % der befragten Frauen waren schwanger geworden, als sie jünger als $17\frac{1}{2}$ Jahre waren. Die Jüngste von ihnen hatte mit 16 Jahren und 3 Monaten ihr erstes Kind empfangen. Das Durchschnittsalter bei der ersten Empfängnis betrug 19 Jahre und 9 Monate.

Aus diesem und anderem Zahlenmaterial ist zu entnehmen, daß Samoa ab Mitte des 19. Jahrhunderts, als sich der traditionelle Jungfräulichkeitskult mit der sexuellen Moral des puritanischen Christentums verband, eine Gesellschaftsordnung hatte, in der Keuschheit »für alle Frauen vor der Ehe zum Ideal« wurde, wie Shore es ausgedrückt hat, und wo dieses kirchlich und kulturell sanktionierte Ideal das Verhalten heranwachsender Mädchen stark beeinflußte. Gewiß, trotz der strengen Moralvorstellungen und dem wachsamen Schutz durch ihre Brüder wurden einige Mädchen (ungefähr 20 % in der von mir befragten Personengruppe) schon mit 15 Jahren sexuell aktiv, doch das Gros der pubertierenden weiblichen Bevölkerung blieb bis zum 17. oder 18. Lebensjahr jungfräulich. Erst dann kam es zur ersten geschlechtlichen Erfahrung. Im übrigen wurden alle heimlichen Liebschaften, auf die sich manche Mädchen willentlich oder unwillentlich einließen, von den anderen als beschämende Mißachtung des klar definierten Keuschheitsideals angesehen.[23]

Es ist deshalb verständlich, wenn Samoaner auf Margaret Meads Schilderungen ihrer Sitten und Gebräuche mit Befremden reagieren, heißt es doch bei Mead, in Samoa würde von heranwachsenden Mädchen »erwartet«, daß sie sich der freien Liebe hingeben. Auf diese Weise ist Samoa in die anthropologische Literatur als »einer der bekanntesten Fälle von institutionalisierter vorehelicher Sexualität« eingegangen. Die Diskrepanz zwischen diesen Behauptungen und den Tatsachen des samoanischen Lebens ist so grotesk, daß sie geradezu nach einer Erklärung schreit. Im 19. Kapitel dieses Buches werde ich alle Hinweise eingehend untersuchen, die nahelegen, daß Margaret Mead möglicherweise mutwillig und zum Spaß von ihren jugendlichen Informatoren in die Irre geführt wurde.[24]

In allen von mir untersuchten Gemeinden gab es einige Mädchen, die jungfräulich blieben, bis sie kirchlich getraut wurden. Die anderen hatten zumeist ihren Status einer Jungfrau eingebüßt, indem sie mit einem Mann durchbrannten, der sie zuvor defloriert hatte. Ein solches Abenteuer, die *avaga,* wird als Beweis dafür angesehen, daß die betreffende junge Frau vorher jungfräulich war. Indem sie heimlich ihre Familie verläßt, umgeht sie die öffentliche Schande, später als *pa'umutu* eines anderen Mannes diskriminiert zu werden. Wie Pritchard schreibt, braucht ein Mädchen nur eine Nacht im Haus des Mannes zu verbringen, mit dem sie sich davongemacht hat, damit ihre Verbindung von den anderen anerkannt und ein eventuelles Kind als legitim erachtet wird.[25]

Vielfach ist die Deflorierung vor einer *avaga* nur der Höhepunkt einer Verführung, die auch von dem beteiligten Mädchen aktiv betrieben worden ist. In anderen Fällen kommt es auch gegen den Willen eines Mädchens zur Entjungferung, indem es beispielsweise überraschend oder mit Gewalt von einem Mann genommen wird. Die wenigsten jungen Frauen erstatten bei der Polizei Anzeige, sondern gehen mit ihrem Vergewaltiger fort, um ihren Ruf zu retten und der Öffentlichkeit klarzumachen, daß sie vor der Vergewaltigung jungfräulich waren.

Im allgemeinen kehrt ein Mädchen, das nach einer erzwungenen Deflorierung das elterliche Haus verlassen hat, schon nach einem oder mehreren Tagen zurück. Da es den Status einer Jungfrau verloren hat, ist es nun eher für die Avancen eines Mannes empfänglich. N. A. Rowe, der sich in den zwanziger Jahren zum gleichen Zeitpunkt wie Margaret Mead in Samoa aufhielt, machte die Beobachtung, daß es »der Moralkodex einem samoanischen Mädchen verbietet, mit einem Mann zu gehen, sofern sie nicht mit ihm leben will, um als seine Ehefrau anerkannt zu werden«. Manchmal ist das Mädchen der aktivere Teil bei einer *avaga*, und es ist durchaus möglich, daß aus dem Abenteuer eine dauerhafte Verbindung wird, die irgendwann im Rahmen einer Trauungszeremonie den kirchlichen Segen erhält.[26]

Wendt schreibt, »die kirchliche Heirat mit einer religiösen, gewissenhaften und gehorsamen Jungfrau« sei in Samoa »der Traum jedes aristokratischen und wohlerzogenen Sohnes«, doch wird dieser Traum für die meisten Samoaner nur selten wahr. 38 Eheschließungen der im Jahre 1943 in Sa'anapu lebenden 39 titellosen Männer waren nach einer *avaga* zustande gekommen. In 11 Fällen kam es – manchmal erst nach Jahren – zu einer kirchlichen Trauung. Nur eine Ehe wurde von Anfang an in der Kirche geschlossen. Nach samoanischem Brauch ist die *avaga* als Form der Eheschließung jedoch in jeder Hinsicht akzeptabel. Jeder Versuch eines Dritten, sexuellen Kontakt zu einem der beiden Betroffenen herzustellen, wird als versuchter Ehebruch angesehen.[27]

Ein wichtiger Teil innerhalb Margaret Meads Darstellung der samoanischen Sexualmoral war, abgesehen von der Behauptung, freie körperliche Liebe werde von Heranwachsenden geradezu erwartet, die Aussage, daß »Ehebruch nicht als sehr ernste Verfehlung angesehen wurde«. Die zahlreichen Ehebrüche hätten die Kontinuität bestehender Beziehungen kaum bedroht, meinte Mead. Ein Mann, der die Tochter seines Nachbarn verführte, bekomme es nur mit jenem zu tun, da sich die anderen Dorfbewohner nicht für den Fall interessierten. Darüber hinaus behauptete Mead, die Samoaner hätten viele jener Grundhaltungen abgelegt, unter denen die Menschheit schon immer gelitten habe und von denen die Eifersucht vielleicht die wichtigste sei. »Eifersucht als weitverbreitetes soziales Phänomen« sei »in Samoa sehr selten«.[28]

All diese Behauptungen sind schwerwiegende Irrtümer. Nach samoanischem Brauch wurde in früheren Zeiten »Ehebruch durch summarische Bestrafung mit dem Tod« geahndet. Diese Aussage Pritchards ist von Wilkes, Turner, Stuebel und Brown bestätigt worden. Turner schreibt auch, es habe dem betrogenen Ehegatten »freigestanden, sich an einem Bruder, Sohn oder sonstigem Mitglied der Familie zu rächen, der der Schuldige angehörte«. Stuebel, Turner und Brown berichten, daß einer Ehebrecherin unter Umständen der Schädel zertrümmert und die Knochen gebrochen wurden. Manchmal habe man ihr auch die Nase oder ein Ohr abgeschnitten und fortgeworfen.[29]

Solche extremen Bestrafungen waren zwar zu Margaret Meads Zeiten in Manu'a schon längst verboten, doch Ehebruch war nach wie vor ein ernstes Vergehen. Unter Berücksichtigung traditioneller samoanischer Moralvorstellungen wurde Ehebruch in die gesetzlichen Regelungen und Verfügungen der Regierung von Amerikanisch-Samoa aufgenommen. Diese waren in den zwanziger Jahren noch in Kraft. Es hieß darin unter anderem, daß jeder, der sich des Ehebruchs schuldig machte,»zu einer Geldstrafe bis zu 100 $ verurteilt werden soll oder zu einer Haftstrafe von nicht mehr als 12 Monaten oder zu beidem«. In den Gerichtsakten von Amerikanisch-Samoa aus den zwanziger Jahren gibt es mehrere Fälle von Männern und Frauen, die des Ehebruchs für schuldig befunden wurden. 1927 tagte die ›Königliche Kommission‹ in West-Samoa. Toelupe, der Vorsitzender der Faipule-*fono*, sagte vor diesem Ausschuß, Ehebruch sei»in Samoa ein sehr ernstzunehmender Vorwurf«. Ein Übeltäter laufe Gefahr, zusammen mit seiner Familie aus seinem Dorf verbannt zu werden. In Manu'a war dies unabhängig von den Gesetzen der Regierung noch in den zwanziger Jahren Brauch. 1967 erfuhr ich von den Häuptlingssprechern des Dorfes Siufaga:»Das Urteil einer Dorfgemeinschaft ist bei einem Fall von Ehebruch äußerst streng. Dem Schuldigen wird sein Land weggenommen.«[30]
Es stimmte folglich keineswegs, was Margaret Mead behauptete, nämlich daß die samoanische Gesellschaft am Vergehen des Ehebruchs kein Interesse zeigt. Ganz im Gegenteil – sobald ein tatsächlicher oder versuchter Ehebruch bekannt wird, findet prompt eine speziell einberufene Gerichts-*fono* statt. Im Februar 1967 geschah es beispielsweise in Sa'anapu, daß ein 28jähriger rangloser verheirateter Mann, Vater zweier Kinder, dabei ertappt wurde, wie er sich mit eindeutigen Absichten der 17jährigen jungfräulichen Tochter eines Häuptlings näherte, mit dessen Familie er entfernt verwandt war. Augenblicklich wurde eine sogenannte *fono manu* einberufen. Nicht nur Seu – so hieß der Mann – wurde auf das heftigste getadelt, sondern auch die Oberhäupter der beiden betroffenen Familien. Seus Handlungsweise, meinte der amtierende Häuptlingssprecher, sei»eine gleichermaßen für Geister und Menschen schreckliche Sache«. Zu Seu und dessen Vater gewandt, also zu denen, die von den Anwesenden als Hauptschuldige erachtet wurden, rief er sodann mit großem Pathos:»Wie gemein! Wie gemein! Ich schäme mich, deine Tat auch nur zu benennen! Sie ist verboten! Sie ist verboten! Schande über dich! Schande über dich! Schande über dich!«

Seus Familie mußte als Strafe zwei große Schweine, zwei große Dosen Zwieback und 100 Taroknollen entrichten, die Familie des Mädchens die Hälfte.

Eine Gerichts-*fono* wird so prompt einberufen, um einem Racheakt der durch einen tatsächlichen oder versuchten Ehebruch beleidigten Familie zuvorzukommen. Solche Racheakte auf eigene Faust sind nämlich keineswegs selten. F. H. Flaherty hat beispielsweise von einem jungen Mann berichtet, der aus einem anderen Dorf stammte und bei der Schwiegertochter des Pastors von Safune Annäherungsversuche machte. Später lauerten ihm zwei Männer aus Safune auf. Sie beschuldigten ihn »einer sehr schlimmen Tat gegen die *fa'aSamoa*«. Dann griffen sie ihn an und stachen ihn in den Nacken. An dieser Verletzung starb der junge Mann.

Manchmal führt ein Ehebruch sogar zu Unruhen größeren Ausmaßes. Fay Calkins hat einen Fall aufgezeichnet, bei dem ein Häuptling namens Ofu mit *saisai* bestraft wurde, nachdem er mit der Frau eines anderen Häuptlings aus dem Dorf Salani auf der Insel Upolu durchgebrannt war. Er wurde »dem beleidigten Häuptling an eine Stange gefesselt präsentiert, als sollte er gebraten werden«. Danach wurde er für alle Zeiten aus Salani verbannt. Dieser Vorfall spaltete das Dorf in zwei Lager. Es kam zu Schlägereien, die damit endeten, daß mehrere der Häuptlinge ins Krankenhaus bzw. ins Gefängnis mußten. Es vergingen mehr als 20 Jahre, bis sie sich wieder zu einer *fono* zusammensetzten.[31]

Ehebruch ist in Samoa folglich alles andere als ein unerheblicher Seitensprung, wie Margaret Mead anzunehmen schien. Auch stimmt es nicht, daß die Samoaner keine Eifersucht kennen, eine Meinung, die sich auch Leslie A. White bereitwillig zu eigen machte. Auf Margaret Meads Schriften fußend, behauptete er nämlich, Eifersucht sei keine natürliche Emotion.

In Wirklichkeit sind »Samoaner extrem anfällig für Ausbrüche von Eifersucht... Eine beträchtliche Anzahl von Fällen, die vor Gericht verhandelt werden und bei denen es um Gewaltanwendung geht, sind auf Eifersucht zurückzuführen.« Diese Aussage stammt von C. C. Marsack, der viele Jahre lang Oberster Richter von West-Samoa war.

Viele andere gelangten zur selben Schlußfolgerung. Brenchly zum Beispiel, der Samoa 1865 besuchte, schrieb über die samoanischen Männer, sie seien extrem eifersüchtig und hätten »stets ein wachsames Auge auf ihre Ehefrauen«.[32]

Eifersucht zwischen den Geschlechtern kommt im übrigen bei tatsächlichem oder vermutetem Ehebruch am häufigsten zum Ausdruck. 1956 geschah es beispielsweise, daß Martha, die Frau des Tavita, dessen älteren Bruder Tule beschuldigte, er habe in Tavitas Abwesenheit eindeutige Annäherungsversuche gemacht. Als Tavita bei seiner Rückkehr davon hörte, ging er auf seinen Bruder los und stach ihn fünfmal in den Rücken und in den Hals. Ein ähnlicher Vorfall ereignete sich 1964, als ein Mann namens Salau sah, daß der Lehrer einer Schule seiner Frau Avancen machte. Salau packte ein langes Buschmesser und brachte dem Nebenbuhler tiefe Schnittwunden an Armen und Schultern bei. Salau wurde zu sechs Monaten Gefängnis verurteilt. Seine Frau sagte vor Gericht aus, daß er zu starker Eifersucht neige.[33]

Auch Frauen haben in Samoa Anfälle von Eifersucht. Eleanor Gerber hat aufgeschrieben, was ihr eine ihrer Gesprächspartnerinnen auf Tutuila sagte, als sie das samoanische Wort für Eifersucht zwischen den Geschlechtern, *fua*, erläuterte: »Das ist, wenn eine Frau ärgerlich wird, weil ihr Mann zu einer anderen Frau geht. Dann sagt sie: Geh zu ihr und komm nicht zurück! Aber sie fängt dann auch mit der anderen Frau Streit an und kämpft mit ihr.«

Gerber berichtet von einer Frau, die ein Seil nahm und damit zur Geliebten ihres Mannes ging, um sie zu strangulieren. Man darf deshalb annehmen, daß manche Frauen aus Eifersucht ebenso gewalttätig werden können wie Männer. 1964 wurde eine 29jährige Frau namens Mele wegen einer anderen Frau von Teo, ihrem Mann verlassen, kurz nachdem Mele ihr zweites Kind zur Welt gebracht hatte. Eines Tages begab sich Mele zu den beiden und griff sie mit einem Buschmesser an, als sie gerade zusammen schliefen. Ein Gericht verurteilte Mele später wegen schwerer Körperverletzung zu 15 Monaten Gefängnis.

Es steht also fest, daß Eifersucht den Samoanern keineswegs unbekannt ist. Jedenfalls »lachen sie nicht ungläubig über Geschichten leidenschaftlicher Eifersucht«, wie Murdock in Anlehnung an Margaret Mead 1934 behauptete.[34]

Ein weiterer Aspekt des Bildes, das Margaret Mead von Samoa als einem Land entworfen hat, wo »die Liebe zwischen den Geschlechtern ein leichter und gefälliger Tanz« ist, besteht in ihrer Behauptung, bei den Samoanern sei »männliche Sexualität niemals als Aggressivität definiert, die gezügelt werden muß«. 1928 behauptete Mead kategorisch, daß »die Vorstellung erzwungenen Verkehrs oder irgendeines anderen

Geschlechtsaktes, dem sich beide Beteiligten nicht aus freien Stücken hingeben, dem Denken und Fühlen der Samoaner gänzlich fremd ist«.[35] Wieder einmal haben wir es mit Behauptungen zu tun, die irreführend sind, denn tatsächlich ist die Häufigkeit von gewaltsam erzwungenem wie auch von heimlich erschlichenem Geschlechtsverkehr in Samoa häufiger als in den meisten anderen Ländern der Welt.

Die heimliche Vergewaltigung, auf samoanisch *moetotolo* (wörtlich übersetzt Schlafkriechen), ist ein spezifisch samoanischer Brauch. Er läuft darauf hinaus, daß sich ein Mann im Schutz der Dunkelheit in ein Haus schleicht und sich an einer schlafenden Frau sexuell vergeht. Margaret Mead hat selbst davon berichtet, daß es im heidnischen Samoa die *manaia* und deren männliche Gefolgschaft stets darauf abgesehen hatten, die *taupou* eines rivalisierenden Dorfes zu entführen und zu deflorieren. Ein solches Bravourstück wurde von den Tätern weit und breit als Sieg über ihre Rivalen gefeiert. Ein derartiges Unterfangen war jedoch durchaus nicht ungefährlich, denn wurde eine Gruppe potentieller Entführer im näheren Umkreis eines Dorfes von dessen Bewohnern ertappt, so kam es fast immer zu heftigen Schlägereien. Manchmal war die Entführung und gewaltsame Deflorierung einer *taupou* auch Anlaß für einen Krieg zwischen zwei Dörfern, wie Margaret Mead korrekt berichtet hat.

Die jungen Männer sind in ganz Samoa stets darauf erpicht, geschlechtsreife Jungfrauen zu deflorieren, und jedesmal, wenn sie dabei erfolgreich sind, wird eine solche Tat als persönlicher Triumph und als Nachweis der eigenen Männlichkeit gewertet. So ist die Tatsache zu erklären, warum die heimlich erschlichene, aber auch die »gewaltsame« Vergewaltigung in Samoa fast alltägliche Vorkommnisse sind.

Margaret Mead hatte in Samoa so gut wie keinen Kontakt mit der männlichen Bevölkerung. Deswegen mag ihr dieser Sachverhalt entgangen sein. Zwar erwähnt sie den als *moetotolo* bezeichneten Brauch der Samoaner als »verstohlene Vergewaltigung« und bezeichnet sie als »durchaus abnormal«, doch deutet sie dann diesen Brauch irrtümlicherweise als ungebührliche Aneignung »der Gunstbezeigungen, die für einen anderen bestimmt waren«. Der sogenannte »Schlafkriecher« verlasse sich eben darauf, daß ein Mädchen »einen Liebhaber erwartet«, oder auf die »Chance, daß sie ohne Unterschied jeden akzeptiert, der zu ihr kommt«. In Margaret Meads Sicht der Dinge beinhaltet der Brauch das *moetotolo* also keine Gewaltanwendung, sondern nur Täuschung.[36]

Hier liegt eine schwerwiegende Fehldeutung vor. Jeder, der sich mit der Phänomenologie der Vergewaltigung befaßt hat, weiß, daß es einem Vergewaltiger nur äußerst selten gelingt, sich für eine andere Person auszugeben. In keinem der von mir untersuchten Fälle von heimlicher Vergewaltigung versuchte der Täter, in die Rolle eines anderen Mannes zu schlüpfen. Die Absicht des »Schlafkriechers« ist hingegen, unbemerkt in das Haus einzudringen, in dem ein jungfräuliches Mädchen schläft. Bevor das Opfer wach wird und sich wehren kann, vergeht er sich manuell an ihr, indem er einen oder zwei Finger in die Vagina einführt, eine Handlungsweise, die die zeremonielle Deflorierung einer *taupou* nachahmt. Nachdem er die junge Frau auf diese Weise entjungfert hat, beansprucht der Schlafkriecher sie augenblicklich, meist jedoch erst bei einer passenden Gelegenheit, als seine Braut. Unter vier Augen eröffnet er ihr, daß sie keine andere Wahl habe, als mit ihm durchzubrennen. Denn wenn sie sich weigere, würde er über sie und ihre Familie Schande bringen, indem er alle Welt wissen lasse, daß sie nicht mehr jungfräulich sei.

Diese Modalitäten des *moetotolo* sind eindringlich von einem samoanischen Autor namens Fa'afouina Pula beschrieben worden. In seinem Buch *The Samoan Dance of Life* schildert er, wie ein junger Samoaner abwartet, bis ein Mädchen eingeschlafen ist, damit er ihre Genitalien »berühren« kann – »berühren« ist hier ein Euphemismus für manuelle Deflorierung. Dieser Trick, meint Fa'afouina Pula, »ist bei allen jungen Samoanern bekannt«. Für den Fall, daß der Angriff auf ihre Jungfräulichkeit erfolgreich ist, wisse jedes Mädchen, daß der Vergewaltiger »fortgehen und sich vor dem gesamten Dorf damit brüsten kann...

Deshalb geht das Mädchen lieber aus dem Haus und läßt ihn machen, wonach es ihn gelüstet«.

Am 27. September 1922 sagte Matauaina, eine *taupou* aus Leasina (auf Tutuila) vor dem Bezirksgericht von Fagatogo aus: »Als der Mann zu mir kam, während ich schlief, hielt er mich nieder und steckte seinen Finger in mein Geschlecht... Da setzte ich mich auf und weinte, doch da es nun keinen Sinn mehr hatte, daß ich bei meiner eigenen Familie blieb, gingen wir zu seiner Familie.«[37]

Der Brauch des *moetotolo*, bei dem die zeremonielle Deflorierung einer *taupou* nachgeahmt wird, ist zweifellos ein untrennbarer Bestandteil der samoanischen Kultur. Er reicht weit bis in heidnische Zeiten zurück. Pratt erwähnte ihn schon 1836 in seinen Schriften.

Margaret Mead hat behauptet, durch diesen Brauch werde der daheim verstohlen betriebenen körperlichen Liebe ein zusätzlicher Reiz verliehen, doch die Wirklichkeit ist weit davon entfernt. Eine heimliche Vergewaltigung wird von samoanischen Mädchen sehr gefürchtet. Für die Familie eines Mädchens, das das Opfer eines solchen Angriffs geworden ist, ist *moetotolo* eine todernste Sache. Wenn ein Mann bei einem heimlichen Vergewaltigungsversuch ertappt wird, erhält er von den Brüdern seines Opfers eine ordentliche Tracht Prügel und wird dann vor eine speziell einberufene Gerichts-*fono* gebracht. Als beispielsweise im Jahre 1944 ein 19jähriger aus Sa'anapu von einem Häuptling dabei ertappt wurde, als er dessen Tochter zu vergewaltigen versuchte, verlor der junge Mann auf der Flucht sein Lendentuch. Er wurde überführt und aus dem Dorf verbannt. Seine Familie mußte zur Strafe zwei große Schweine, zwei große Zwiebackdosen und 200 Taroknollen entrichten. Außerdem wurde er verhöhnt, indem man ihm den Spitznamen Moetotolo Telefua, d. h. »der nackte Schlafkriecher«, gab.

Wenn in West-Samoa ein Fall von *moetotolo* bei der Polizei angezeigt wird, wird er als Verstoß gegen die Sittlichkeit und schwere Beleidigung geahndet. Gerichte verhängen dafür im allgemeinen eine Gefängnisstrafe. Als beispielsweise ein 34jähriger Mann, der eine 17jährige Jungfrau aus Apia im September 1967 manuell vergewaltigt hatte, von deren Brüdern dingfest gemacht wurde, mußte er zuerst eine fürchterliche Tracht Prügel einstecken und wurde dann der Polizei übergeben. Die Anklage lautete auf tätliche Beleidigung und Verstoß gegen die guten Sitten. Wegen seines »böswilligen Angriffes« wurde er von einem Gericht zu drei Jahren Gefängnis verurteilt.[38]

Eine detaillierte Untersuchung von 15 Fällen heimlicher Vergewaltigung, die ich hauptsächlich den Polizeiakten entnommen habe, zeigt, daß alle Mädchen zum Zeitpunkt des Angriffs auf ihre Jungfräulichkeit zu Hause schliefen. Rund 75 % der Vergewaltigungen ereigneten sich spät in der Nacht, der Rest am frühen Morgen. Keines der Mädchen war in irgendeiner Weise darauf vorbereitet, geschweige denn dazu geneigt. Bei allen 12 Fällen, über die entsprechende Angaben vorhanden waren, wurde das Einführen von Fingern versucht. Bei rund 60 % war dieser Versuch erfolgreich, wobei zu bedenken ist, daß ungefähr die Hälfte der Opfer Jungfrauen waren. Übrigens versuchen die »Schlafkriecher« im allgemeinen durch Täuschung und Überraschung zum Ziel zu gelangen, doch meine Untersuchungen haben ergeben, daß in ungefähr 25 % der Fälle auch Gewalt angewandt wurde. Das Schlafkriechen, welches zu

Recht als eine Form von heimlicher Vergewaltigung beschrieben wird, wird in Samoa klar von dem mit Gewalt erzwungenen Geschlechtsverkehr unterschieden, denn bei letzterem setzt ein Mann seine Körperkraft ein, um eine Frau zu mißbrauchen, die sich voll bewußt ist, was mit ihr geschieht. Diese Art der Vergewaltigung weist in Samoa jedoch die Besonderheit auf, daß der Vergewaltiger versucht, einen oder zwei Finger in die Vagina eines Mädchens einzuführen, nachdem er dessen Gegenwehr überwunden hat. Eine Untersuchung von 32 Fällen gewaltsam erzwungenen Geschlechtsverkehrs ergab, daß alle Vergewaltiger den Versuch machten, einen oder mehrere Finger einzuführen, was in 88% der Fälle gelang. Deshalb darf gesagt werden, daß die sogenannte heimliche und die »gewaltsame« Vergewaltigung in kultureller Hinsicht manche Gemeinsamkeiten aufweisen, denn bei beiden ist nicht nur der Einsatz von Körperkraft im Spiel, sondern der männliche Vergewaltiger versucht typischerweise, die Deflorierung einer *taupou* nachzuahmen und einen oder mehrere Finger in die Scheide seines Opfers einzuführen. Viele Samoaner sind der Ansicht, daß das Hauptziel eines Mannes, der einen Vergewaltigungsversuch der einen oder anderen Art macht, darin besteht, sich eine jungfräuliche Ehefrau zu sichern. Diese Sehweise wird durch Gerichtsprotokolle bestätigt, in denen das Verhalten von Vergewaltigern nach der Entjungferung eines Mädchens festgehalten wurde. Im Dezember 1960 überwältigte beispielsweise ein 18jähriger Junge ein 15jähriges jungfräuliches Mädchen, indem er ihr mit der geballten Faust einen Schlag auf den Solarplexus versetzte. Dann deflorierte er sie manuell und zeigte einem Freund seine blutbefleckten Finger, wobei er triumphierend ausrief: »Dieses Mädchen ist mir zugefallen!« Nach kurzer Pause fügte er hinzu: »Von nun an werden wir als Mann und Frau zusammenleben!« In einem anderen Fall rief ein junger Mann von 20 Jahren, der eine 15jährige manuell defloriert hatte, deren herbeieilender Mutter zu, sie solle weggehen, denn das Mädchen sei jetzt seine Frau.[39]

Eine Analyse von 32 Fällen vollzogener und versuchter Vergewaltigung (mit körperlicher Gewaltanwendung), die wiederum in ihrer Mehrzahl den Polizeiakten entnommen wurden, ergab, daß sechzig Prozent der Opfer jungfräulich waren. Bei erzwungenem Geschlechtsverkehr handelte es sich stets um Mädchen zwischen 15 und 19 Jahren, die sich zum Zeitpunkt des Überfalls in einiger Entfernung des Dorfes befanden. Die Täter sind meistens zwischen 19 und 23 Jahre alt. Oft ist der Vergewaltiger dem Mädchen bekannt. Er handelt fast immer im Glauben, es mit einer Jungfrau zu tun zu haben. Wenn das Mädchen zu fliehen versucht, wendet der Angreifer im allgemeinen eine in seinem Kulturbereich standardisierte Methode an: Mit einem heftigen Schlag auf den Solarplexus bewirkt er, daß das Mädchen ohnmächtig wird. Dann führt er einen oder zwei Finger in ihre Vagina ein. Bei rund 44 % der Fälle kommt es auch zum eigentlichen Geschlechtsverkehr.

Viele der »gewaltsamen« Vergewaltigungen, die in Samoa vorkommen, werden auf Dorfebene durch eine spezielle Gerichts-*fono* verhandelt. Die dabei verhängten Strafen und Bußen sind noch strenger als in Fällen von *moetotolo*, der »heimlichen« Vergewaltigung. Einige dieser Gewalttätigkeiten werden jedoch auch der Polizei gemeldet, so daß es möglich ist, eine ungefähre Schätzung der Häufigkeit von gewaltsam erzwungenem Geschlechtsverkehr in Samoa anzustellen. Im Jahre 1968 wurden in den Vereinigten Staaten pro 100 000 weibliche Personen 30 Vergewaltigungen oder versuchte Vergewaltigungen verzeichnet. In seiner Arbeit *Rape: Offenders and Their Victims* legt J. M. McDonald Zahlenmaterial aus mehreren Ländern vor: In Norwegen gibt es demnach weniger als einen Fall von Vergewaltigung pro 100 000 Frauen und Jahr, in England 3, in Polen 7, in Japan 12 und in der Türkei 14. McDonald meint deshalb, aus dem verfügbaren statistischen Material ergebe sich für die USA eine ungewöhnliche hohe Rate. Wie sieht nun aber der Vergleich zwischen Samoa und den Vereinigten Staaten aus? West-Samoa hatte 1966 rund 131 000 Einwohner. Bei der Polizei wurden 38 Fälle versuchter oder tatsächlicher Vergewaltigung angezeigt. Daraus ergibt sich eine jährliche Rate von ungefähr 60 Vergewaltigungen pro 100 000 Frauen. Damit übertrifft West-Samoa die USA um das Zweifache, England sogar um das Zwanzigfache. Wenn man außerdem die Fälle »heimlicher« Vergewaltigung oder unsittlicher Berührung dazurechnet, von denen die Polizei Kenntnis erlangt hat, dann beläuft sich die Häufigkeit von Vergewaltigungen in West-Samoa auf jährlich ungefähr 160 pro 100 000 Frauen.[40]

Diese Zahlen sind zwar nur Annäherungswerte, denn in West-Samoa wird ein Großteil der Vergewaltigungen beider Art nicht bei der Polizei gemeldet. Es geht jedoch daraus hervor, daß Vergewaltigung in Samoa ungewöhnlich häufig ist. Tatsächlich gibt es in der ganzen Welt wenige Länder, in denen ähnlich viele Vergewaltigungen registriert werden wie in Samoa.[41]

Es gibt jeden Grund zu der Annahme, daß die außerordentliche Häufigkeit von Vergewaltigungen schon seit langem ein Charakteristikum der samoanischen Gesellschaftsform ist. Schon die Missionare der ersten Stunde haben davon berichtet – beispielsweise Pratt im Jahr 1845. Auch aus Gerichtsakten und -archiven, die erstmals im Jahre 1900 angelegt wurden, sind zahlreiche Fälle von Vergewaltigung für die ersten drei Jahrzehnte dieses Jahrhunderts zu entnehmen. Dazu kommt das statistische Material der Haftanstalten und die Zeugenaussagen in schriftlicher Form, die 1930 vor dem Kongreßausschuß für Amerikanisch-Samoa verlesen wurden. Das Fazit all dieser Unterlagen ist, daß gegen Ende der zwanziger Jahre Vergewaltigung das dritthäufigste Vergehen war, nach tätlicher Beleidigung und Eigentumsdelikten. Jede männliche Person, die wegen Vergewaltigung verurteilt wurde, mußte mit einer Gefängnisstrafe zwischen zwei und zehn Jahren rechnen. Übrigens muß darauf hingewiesen werden, daß in der Zeit, als Margaret Mead ihre Forschungen anstellte, in der *Samoa Times* regelmäßig über Fälle von Vergewaltigung berichtet wurde.[42]

Sowohl bei dem erschlichenen als auch bei dem mit Gewalt erzwungenen Geschlechtsverkehr werden von den männlichen Tätern Methoden angewendet, die kulturell tradiert sind. Das muß hier noch einmal ausdrücklich betont werden. Bei der heimlichen Vergewaltigung besteht der »Trick«, um Fa'afouina Pulas Ausdruck zu verwenden, darin, das Opfer im Schlaf zu überraschen, so daß der Vergewaltiger seinen Zeige- und Mittelfinger mit einem Ruck in die Scheide des wehrlosen Mädchens einführen kann. Beim gewaltsam erzwungenen Geschlechtsverkehr wird das Opfer durch einen heftigen Schlag dicht über dem Solarplexus betäubt. Beide Praktiken sind Teil der samoanischen Kultur. Ich selbst habe gehört, wie in kleinen Gruppen männlicher Samoaner davon die Rede war. Margaret Mead befand sich also durchaus im Irrtum, als sie 1938 behauptete, daß »die Vorstellung von gewaltsam erzwungenem Verkehr oder einem anderen Geschlechtsakt, dem sich beide Beteiligten nicht aus freien Stücken hingeben, dem samoanischen Denken und Fühlen völlig fremd ist«. Tatsächlich gibt es eine Fülle von Gegenbeweisen, die darauf hinauslaufen, daß sowohl die heimliche Vergewaltigung als auch der gewaltsam erzwungene Geschlechtsverkehr seit langem feste Bestandteile der sexuellen Moral samoanischer Männer und bestimmende Elemente ihres sexuellen Verhaltens sind.[43]

Mittlerweise sollte jedem Leser klargeworden sein, daß Samoa, wo der

Jungfräulichkeitskult wahrscheinlich extremere Formen angenommen hat als in irgendeiner anderen Kultur, wohl kaum der ideale Ort und das Paradies für freie Liebe während der Jugendzeit war und ist. Wie kam Margaret Mead mit einer rätselhaften Gesellschaft zurecht, die, um sie selbst zu zitieren, von einem Mädchen verlangte, »sowohl empfänglich für die Avancen vieler Liebhaber als auch in der Lage zu sein, bei der Heirat die Attribute der Jungfräulichkeit vorzuweisen«? Die Lösung bestand ihrer Meinung nach darin, »die Bürde der Jungfräulichkeit nicht auf den gesamten Bevölkerungsanteil junger Frauen, sondern auf die *taupou* zu laden«. Doch damit ist das Rätsel nicht gelöst, denn was sucht nach funktionellen Begriffen eine so übermäßige Besorgtheit um zeremonielle Virginität in einer Kultur, in der, wie Margaret Mead meint, die Freiheit sexuellen Experimentierens von Heranwachsenden weiblichen Geschlechts »erwartet« wird? Die »Bürde der Jungfräulichkeit«, die eine Zeremonialjungfrau zu tragen hatte, war, wie wir erfahren haben, extrem schwer. Denn schließlich ließ sich Margaret Mead ja selbst von ihren samoanischen Informatoren berichten, daß, sollte eine *taupou*

»sich nicht als Jungfrau erweisen, ihre weiblichen Verwandten über sie herfielen und sie mit Steinen schlugen. Auf diese Weise wurde das Mädchen, das Schande über seine Familie gebracht hatte, bisweilen in fataler Weise verwundet und entstellt«.[44]

Die Bestrafung einer *taupou*, die sich als nicht mehr jungfräulich herausstellte, wurde Margaret Mead von ihren Gewährsleuten aus Manu'a richtig geschildert. Williams, D'Urville, Turner, Pritchard, Brenchley, Riemann, Brown und andere, die schon früh über Samoa geschrieben haben, können als Zeugen für die Richtigkeit dieser Schilderung zitiert werden. Doch trotz des Gewichtes all dieser Zeugenaussagen wurde die Bestrafung einer *taupou* von Margaret Mead als »zu streng für das samoanische Ethos« erachtet. 1930 veröffentlichte sie einen gänzlich neu überarbeiteten ethnographischen Beitrag über die zeremonielle Deflorierung einer samoanischen *taupou*. Unter anderem stellte sie die Behauptung auf, daß eine *taupou*, die sich bei der üblichen zeremoniellen Entjungferung als nicht mehr jungfräulich herausstellte, nur bestraft wurde, wenn sie diesen Sachverhalt vorher verschwiegen hatte. »Falls sie gestand, ihre Jungfräulichkeit verloren zu haben«, heißt es bei Margaret Mead, »griff eine alte Frau listig auf ein Schälchen mit Hühnerblut zurück, und die Zeremonie konnte weitergehen, ohne daß jemand von der Schande der Familie erfuhr«. Weiter erfahren wir, daß der Häuptlingssprecher des Ehemannes mit typisch samoanischer Höflichkeit und Kompromißbereitschaft bei dem Täuschungsmanöver mitspielte.[45]

Diese Darstellung, die Margaret Mead 1930 im Rahmen ihrer Arbeit *Social Organization of Manu'a* lieferte, verrät eine völlige Unkenntnis der Funktion einer feierlichen Deflorierung in Samoa. Ich habe schon darauf hingewiesen, daß der zeremonielle Akt der Entjungferung einen sozialen Mechanismus darstellt, der mit absoluter Sicherheit gewährleisten soll, daß ein Bräutigam von Rang ein Mädchen zur Frau nimmt, mit dem vor ihm kein Rivale Verkehr gehabt hat. Diese gesamte Prozedur entstammt einer äußerst rangbewußten Gesellschaftsform und zielt darauf ab, daß kein hochgestellter Bräutigam durch einen Konkurrenten beschämt werden kann, denn würde die Jungfräulichkeit der Braut nicht in aller Öffentlichkeit getestet, dann könnte irgendein Rivale des jungen Ehemannes nach der Hochzeit behaupten, er habe schon vor ihm mit der Jungvermählten Verkehr gehabt. Folglich kann auf keinen Fall von einem Häuptlingssprecher, der ja seinem Häuptling in jeder Hinsicht aktiv zur Seite steht, erwartet werden, daß er daran mitwirkt, seinen Herrn über die fehlende Jungfräulichkeit der Braut zu täuschen. Als ich 1967 den Häuptlingen von Manu'a Margaret Meads Thesen unterbreitete, reagierten sie darauf verächtlich und empört. Sie meinten, daß Leute aus dem Gefolge einer *taupou* heftigen Angriffen ausgesetzt wären, wenn sie sich der unziemlichen und im höchsten Grad kränkenden Machenschaft bedienten, Hühnerblut zu einer feierlichen Deflorierung mitzubringen. Die Häuptlinge bestritten auch die Möglichkeit, daß irgendein Mensch in Manu'a Margaret Mead von solchen Praktiken berichtet haben könnte. Darin täuschten sie sich nicht, denn die Schilderung einer feierlichen Entjungferung, die Margaret Mead 1930 in ihre Monographie aufnahm, stammte nicht von einem Eingeborenen aus Manu'a, sondern von einer gewissen Mrs. Phoebe Parkinson. Margaret Mead hatte sie 1929 in New Britain kennengelernt. Schon bald war sie davon überzeugt, daß Mrs. Parkinson die »Antwort« kannte, nach der sie suchte. Eine detaillierte Aufzählung all der Dinge, die Margaret Mead von Mrs. Parkinson, einer in ihren eigenen Worten »einzigartig begabten Erzählerin«, erfuhr, ist in dem 1960 geschriebenen Artikel *Weaver of the Border* enthalten. Dazu gehört auch folgende, von Margaret Mead schriftlich festgehaltene Aussage von Phoebe Parkinson:

»Wenn ein Mädchen keine Jungfrau mehr ist, erzählt sie dies den alten Frauen ihrer Familie. Sie bringen dann heimlich das Blut eines Huhnes oder Schweines und schmieren es auf die *i'e sina* (eine Art Matte).« Diese Geschichte ist völlig unglaubwürdig, denn in Samoa ist es die schlimmste aller Kränkungen, einen Menschen von Rang in irgendeine Beziehung zu einem Schwein zu bringen. Die Verwendung von Schweineblut als Ersatz für das Blut einer *taupou* von hohem Rang anläßlich deren feierlicher Entjungferung würde um jeden Preis vermieden werden, denn eine solche beleidigende Handlungsweise wäre eine schlimme Lästerung.[46]

Wer war nun Phoebe Parkinson, die in einem solchen, auf falschen Informationen beruhenden Geschwätz schwelgte? Als Margaret Mead sie 1929 in New Britain kennenlernte, war Phoebe Parkinson 66 Jahre alt und verwitwet. Ihr Vater, Jonas Coe, wurde 1822 in New York geboren und ließ sich 1845 in West-Samoa nieder. 1863 erblickte seine Tochter Phoebe in Apia auf der Insel Upolu das Licht der Welt. Der Vater hatte sich dort ein großes Haus gebaut, »in San Francisco ersonnen und geplant«. Phoebes Mutter war eine Samoanerin, die Jonas Coe verstoßen hatte. Schon bald nach der Geburt seiner Tochter verlangte er aber von ihr, diese streng europäisch erziehen zu lassen. Phoebe kam in die sogenannte »Convent School« in Apia. Dort wurde sie von französischen Nonnen unterrichtet und äußerte nach einiger Zeit den Wunsch, selbst Nonne zu werden. Doch schon mit 16 Jahren wurde sie einem deutschen Beamten namens Richard Parkinson zur Frau gegeben. Zwei Jahre später bestieg sie mit Mann und Kind in Samoa ein Schiff und fuhr nach New Britain. Sie kehrte nie zurück. Die Aussagen, die Mrs. Parkinson gegenüber Margaret Mead machte, verraten, daß ihre Kenntnis der überlieferten Kultur Samoas im wesentlichen anekdotischen Charakter hatte. Ich nehme an, daß sie sich vor allem auf all das stützte, was sie während ihrer Jugend in Apia von europäischen Siedlern gehört hatte. Eines Tages habe sie »einen Blick auf das wahre Leben in Samoa« werfen können, erzählte sie der Mead. Damals, als junges Mädchen, habe sie zwei Wochen in einem samoanischen Dorf verbracht. Phoebe Parkinson war sicher weder eine verläßliche Quelle für samoanische Kultur, noch im speziellen für die feierliche Entjungferung einer *taupou,* wie sie in Manu'a üblich war. Denn dort ist sie kein einziges Mal gewesen.[47]

Als Margaret Mead ihre scheinbar so kompetente Darstellung des geschilderten Täuschungsmanövers während einer feierlichen Deflorierung in Manu'a, dem Gemeinwesen mit dem höchsten Rang in ganz Samoa, niederschrieb, verließ sie sich nur auf die Ammenmärchen jener Phoebe Parkinson. Sie schrieb eine wissenschaftliche Abhandlung über die soziale Ordnung von Manu'a, ohne mit einem Wort zu erwähnen, daß manche ihrer Informationen nicht von Einheimischen aus Manu'a stammten. Diese hätte sie aber in einer Frage von so zentraler Bedeutung unbedingt konsultieren müssen. Statt dessen gab sie die Aussagen einer alten Lady wieder, die in New Britain wohnte und der sie selbst einzigartige erzählerische Talente bescheinigte. In späteren Jahren versah die Mead ihr 1930 geschriebenes Werk mit allerlei schmückendem Beiwerk. Dabei ging sie weit über die abwegige Geschichte hinaus, die Mrs. Parkinson ihr 1929 erzählt hatte. Sechs Jahre später, im Jahre 1935, lesen wir schon, in Samoa könne die rituelle Entjungferung »mit Anmut vorgetäuscht« werden. Als 1950 Margaret Meads folgenschweres Werk *Mann und Weib – Über die Rolle der Geschlechter in einer sich wandelnden Welt* erscheint, enthält es auch die jeder Grundlage entbehrende Behauptung, bei einer samoanischen Entjungferungszeremonie könne »das Blut der Jungfräulichkeit jederzeit durch falsches ersetzt werden«. Ohne über den geringsten stichhaltigen Beweis zu verfügen, erklärt die Mead darüber hinaus, daß eine *taupou*, die bei vorehelichem Geschlechtsverkehr ihre Jungfräulichkeit verloren hatte, Gefahr lief, »totgeschlagen« zu werden, jedoch nicht »aufgrund ihres Fehltritts, sondern wegen ihres Versäumnisses, in üblicher Weise mit Hühnerblut vorgesorgt zu haben«. Durch derartige Behauptungen liefert Margaret Mead eine verzerrte Darstellung der Grundhaltung, die die auf Würde und Etikette bedachten Samoaner gegenüber einer der heiligsten Institutionen ihres überlieferten Gemeinwesens einnehmen. Tatsächlich fällt es schwer, sich eine noch gröbere Verfälschung der *fa'aSamoa* vorzustellen.[48]

17. Adoleszenz

Das von Margaret Mead als ethnographisches Fundament zu ihrer in *Kindheit und Jugend in Samoa* vertretenen Hauptthese entworfene »Bild des sozialen Lebens von Samoa« basierte, wie wir gesehen haben, in vielerlei Hinsicht auf grundlegenden Irrtümern. Wie steht es nun mit ihren Ansichten über den Verlauf der Adoleszenz in Samoa? Sowohl Margaret Mead als auch Ruth Benedict sahen in der Adoleszenz einen biologischen Vorgang. Benedict bezeichnete sie beispielsweise als »definitionsgemäß mit einer grundlegenden biologischen Tatsache in der menschlichen Entwicklung verknüpft«, während die Zeit des Heranwachsens für Mead »das schlagendste Beispiel« eines »angeborenen Wachstumsmusters« war. Doch meinte sie auch, die »Wildheit« der Jugend sei in Samoa wegen des freundlichen und zwanglosen sozialen Umfeldes »erfolgreich gedämpft« worden. Die Adoleszenz bei den Samoanern, behauptete sie weiter, sei »auf eigentümliche Weise frei von all den Wesensmerkmalen, die sie in komplexeren – oft auch in primitiveren – Gesellschaftsformen für erwachsene Menschen zu einem Schrecken und für junge Leute zu einer Gefahr machen«. Deshalb sei sie »das Lebensalter der größten Unbeschwertheit«. Die menschliche Natur entbehre folglich innerhalb der »andersartigen Gesellschaftsform« Samoas der »Konflikte, die oftmals so bezeichnend für die Zeit des Heranwachsens sind«. Aufgrund dessen behauptete Mead, wie ich schon im 5. Kapitel referiert habe, den eindeutigen Vorrang der Kultur vor der Biologie.[1]

Ist es aber wirklich wahr, daß das Verhalten junger Menschen in Samoa ungetrübt von Streß und von Konflikten ist, die meist so typisch für diese menschliche Entwicklungsphase sind? Herant Katchadourian meint zwar: »Die wissenschaftliche Untersuchung normaler Jugendlicher hat die Behauptung von der Unvermeidbarkeit und allgemeinen Verbreitung besonderer Belastungen während der Adoleszenz in keiner Weise erhärten können.« Dennoch haben W. A. Lunden, M. R. Haskell und L.

Yablonsky mit ihren Arbeiten den klaren Nachweis erbracht, daß die Jahre des Heranwachsens für viele Jugendliche einen kritischen Lebensabschnitt darstellen. Nicht nur in den USA, sondern auch in anderen Ländern erreicht die Straffälligkeit von Jugendlichen ungefähr im 16. Lebensjahr ihren Höhepunkt. Bis zu welchem Ausmaß gibt es nun jugendliche Delinquenz auch in Samoa? Und was kann insbesondere aus den Informationen geschlossen werden, die Margaret Mead selbst über jugendliche Straftäter weiblichen Geschlechts geliefert hat?[2]

Margaret Mead erörtert das Problem der Delinquenz in ihrem Buch *Kindheit und Jugend in Samoa* unter dem allgemeinen Gesichtspunkt der Normabweichung. Für sie (und für Ruth Benedict) leitete sich der Begriff der Abweichung direkt aus ihrer Theorie des Kulturdeterminismus her, dem die Vorstellung zugrunde liegt, die menschliche Natur sei ein »undifferenziertes« Rohmaterial, das erst »von der Gesellschaft geformt wird«. Wenn nun der Prozeß der Formung einmal wirkungslos bleibt und ein Individuum »nicht die kulturelle Prägung erhält«, dann kommt dabei so etwas wie ein »kulturell Unangepaßter« oder Abweichler heraus.[3]

Menschen, die dergestalt vom kulturellen Grundmuster ihres Gemeinwesens abwichen, wurden von Ruth Benedict und Margaret Mead einer speziellen Kategorie zugeordnet, so auch im *Das Mädchen in der Konfliktsituation* betitelten Kapitel von *Kindheit und Jugend in Samoa*. In diesem Kapitel, das für Margaret Meads gesamte Argumentation von entscheidender Bedeutung ist, wird zwischen »Aufwärts«- und »Abwärts«-Abweichungen vom Grundmuster samoanischer Kultur unterschieden. Laut Margaret Mead weichen diejenigen Menschen nach oben ab, die es nach »einer andersartigen oder verbesserten Umwelt« verlangt und die »die traditionellen Alternativen« zurückweisen. Zu dieser Kategorie rechnete Margaret Mead insgesamt drei Mädchen, die nach ihren Angaben »keine heterosexuelle Erfahrung« hatten. Lita, die erst vor zwei Monaten ihre Menarche hatte, »wollte nach Tutuila gehen und dort Krankenschwester oder Lehrerin werden«. Sona, deren Menarche schon drei Jahre zurücklag, zeigte ein »ungebärdiges Verhalten, tyrannische Willkür gegenüber jüngeren und schamlose Respektlosigkeit gegenüber älteren Personen«. Sie habe rundheraus erklärt, daß sich »ihre Zielsetzungen von jenen unterscheiden, die ihre Altersgenossinnen gutheißen«. Die 19jährige Ana, ein tief religiöses Mädchen, »war davon überzeugt, daß sie zu zart gebaut war, um Kinder zu gebären«. Diese drei Mädchen würden nach Margaret Meads Meinung irgendwann tatsächlich mit ihrer Umwelt in Konflikt geraten, doch zum Zeitpunkt ihrer Befragung war dies noch nicht geschehen. Deshalb waren sie nach wie vor Normabweichungen nach oben, denn eine Abwärtsbewegung in Richtung Delinquenz hatte noch nicht stattgefunden.

Margaret Mead definierte einen Delinquenten als ein Individuum, das »schlecht an die Anforderungen seiner Zivilisation angepaßt ist und deshalb früher oder später mit seiner Gruppe in Konflikt gerät, jedoch nicht, weil es sich zu einer anderen Norm bekennt, sondern weil es die Normen der Gruppe, die auch seine eigenen sind, verletzt«.

Zwei der von ihr untersuchten 25 heranwachsenden Mädchen, Lola und Mala, waren nach Aussage von Margaret Mead im Sinne dieser Definition schon seit mehreren Jahren Delinquentinnen. Die 17jährige Lola stammte aus dem Dorf Si'ufaga und war ein streitsüchtiges, ungehorsames, gehässiges und trotziges Mädchen, das die für ihre Gruppe gültigen Normen »ständig verletzte«. Sie »begehrte gegen alles auf, widersetzte sich jeder Bitte, scheute die Arbeit, stritt mit ihren Schwestern und verhöhnte ihre Mutter«. Aus dem Haus eines Pastors, der sie bei sich aufgenommen hatte, wurde sie nach einer Schlägerei mit einer anderen jungen Delinquentin verstoßen. In einem Anfall von Eifersucht hatte sie eine Rivalin in aller Öffentlichkeit des Diebstahls beschuldigt und so »das ganze Dorf in Aufruhr versetzt«. Die 16jährige Mala stammte ebenfalls aus Si'ufaga. Sie war angeblich falsch und hinterhältig, außerdem eine Lügnerin und Diebin.[5]

Zusätzlich zu diesen Mädchen aus Si'ufaga erwähnt Mead, ebenfalls im Sinne ihrer »Auffassung von Delinquenz«, ein Mädchen aus Faleasao namens Sala. Diese Sala, die schon vor drei Jahren zum ersten Mal menstruiert hatte, sei ein »dummes, hinterlistiges und falsches« Mädchen gewesen, das ebenfalls aus dem Haus des Pastors verwiesen worden sei, und zwar wegen »sexueller Vergehen«. Eine solche Bestrafung ist in samoanischen Augen eine ernsthafte Sache. Sie zeigt, daß Sala ebenfalls die innerhalb ihrer Gruppe gültigen Normen verletzt hatte. Wenn man Margaret Meads Definition auf sie anwendet, war sie ebenfall eine Delinquentin. Schließlich wäre noch ein weiteres Mädchen zu nennen, über das sich Mead in ihrem Buch geäußert hat, die 16$\frac{1}{2}$jährige Moana. Nachdem sie schon mit 16 ihre »Amouren« begonnen hatte, erlaubte sie ihrem Onkel, der von ihren Eltern gebeten worden war, »sie zu adoptieren und an die Kandare zu nehmen«, sich an ihrer »Hingabebereitschaft« gütlich zu tun. Diese sexuelle Liaison war, wie Margaret Mead bemerkt, »eine direkte Verletzung des Bruder-und-Schwester-Tabus«. Denn Moanas Onkel war jung genug, um ihr Bruder zu sein. Folglich handelte es sich hier um einen Fall von Inzest, und das war ein schändliches Vergehen. Wer sich seiner schuldig machte, mußte nach der Aussage von Samoanern mit der Strafe Gottes rechnen. Bei Schultz lesen wir, daß ein gewisser Mata'utia, der mit seiner Cousine Levalasi geschlafen hatte, von einer gräßlichen Krankheit heimgesucht wurde. Levalasi brachte kein Kind, sondern einen blutigen Klumpen zur Welt. Doch zurück zu Moana: Wie Margaret Mead berichtet, führte die Inzest-Affäre mit ihrem Onkel zu einer Fehde zwischen den betroffenen Familien. Moanas Mißachtung eines der strengsten Verbote der samoanischen Gesellschaft war demnach zweifellos eine Straftat im Sinne von Margaret Meads Definition, wenngleich Moana von Mead aus unerklärlichen Gründen nicht einmal als Fall einer Normabweichung eingestuft wurde.[6]

Jedenfalls ergibt sich aus Margaret Meads eigenen Angaben, daß vier der von ihr untersuchten 25 halbwüchsigen Mädchen »Delinquentinnen« waren. Außerdem geht aus der Beschreibung der Handlungsweise dieser vier Mädchen hervor, daß das Fehlverhalten von Lola und Moana während Margaret Meads kurzem Aufenthalt in Manu'a von November 1925 bis Mai 1926 stattfand. Wenn wir nun mit aller gebotenen Vorsicht und auf der Grundlage von Margaret Meads Bericht davon ausgehen, daß es unter den von ihr beobachteten 25 heranwachsenden Mädchen jährlich nur eine einzige Delinquentin gab, dann würde dies einer Rate von 40 pro jeweils tausend Personen entsprechen.

Wie nimmt sich nun diese Delinquenzrate im Vergleich zu der anderer Gesellschaftsformen aus? Bekanntlich definiert Margaret Mead einen Delinquenten als jemanden, der die innerhalb seiner Gruppe gültigen Normen verletzt. Die von ihr angeführten Beispiele von Fehlverhalten führten zu beträchtlichen Störungen des sozialen Friedens. In Lolas Fall geriet ein ganzes Dorf in Aufruhr, während Moana eine Familienfehde auslöste. Anders ausgedrückt handelte es sich um Angelegenheiten, die eine Einberufung der Gerichts-*fono* gerechtfertigt hätten. Obwohl Margaret Mead keinen Versuch dazu unternahm, ist es folglich möglich, die Häufigkeit der Delinquenz in Samoa mit der westlicher Länder zu vergleichen. Denn, wie Sandhu bemerkt, wird Delinquenz im Westen definiert als »jegliche Handlungsweise ..., die vor Gericht gebracht und verurteilt werden könnte«. Margaret Meads 25 halbwüchsige Mädchen waren nach eigenem Bekunden zwischen 14 und 20 Jahre alt. Davon ausgehend, können wir Vergleiche ziehen zu dem Zahlenmaterial, welches D. J. West in seiner Arbeit *The Young Offender* über die von Frauen desselben Alters in England und Wales im Jahre 1965 begangenen Straftaten vorlegt. Pro 1000 Personen ergaben sich im Durchschnitt vier Fälle von Delinquenz. Mit anderen Worten war die Delinquenzrate, die allem Anschein nach für die von Margaret Mead im Jahr 1925 untersuchte Gruppe junger Mädchen zutraf, ungefähr zehnmal höher als jene, die sich 1965 für die Bevölkerungsgruppe heranwachsender Mädchen in England und Wales errechnen ließ.[7]

Dieser Vergleich ist sicherlich nur annähernd richtig. Immerhin zeigt er, daß die von Margaret Mead 1925/26 untersuchten Mädchen ziemlich häufig gegen irgendwelche Regeln und Gesetze verstießen. Im übrigen muß die Tatsache, daß Margaret Mead ihre Delinquentinnen einer gesonderten Gruppe von Menschen zuordnete, die von der Norm abwichen, also »kulturell unangepaßt« waren, und für die deshalb ihre Verallgemeinerungen über Adoleszenz in Samoa angeblich keine Gültigkeit hatten, als ein ausgesprochen unwissenschaftliches Manöver bezeichnet werden. Denn immerhin sind ihre vier Delinquentinnen und die drei »nach oben von der Norm abweichenden« Mädchen, die zusammen 28 % ihrer aus 25 jungen Frauen bestehenden Versuchsgruppe ausmachen, ebensosehr mit Leib und Seele das Produkt ihres sozialen Milieus gewesen wie die anderen 18 Mädchen, von denen uns Mead glauben machen will, daß sie keinen Kummer und Streß kannten.

Die Schlußfolgerungen, zu denen Margaret Mead 1929 gelangte, beruhten wie gesagt auf einer wenige Monate dauernden Untersuchung von 25 Mädchen. Dennoch zögerte sie nicht, ihre Gültigkeit in späteren Jahren auf heranwachsende Samoaner männlichen Geschlechts auszuweiten. So bezieht sich ihre aus dem Jahr 1937 stammende Behauptung, die Zeit des Heranwachsens sei in Samoa »das Lebensalter der größten Unbeschwertheit«, gleichermaßen auf junge Männer und Frauen. 1950 versicherte sie, daß »der Jüngling, der vor allzugroßem Druck auf seine junge Männlichkeit flieht, in Samoa schwerlich zu finden wäre«. Solche Behauptungen stellte Margaret Mead auf, ohne zuvor entsprechende Forschungen über den männlichen Bevölkerungsteil Samoas angestellt zu haben.

Es wurde schon darauf hingewiesen, daß heranwachsende Samoanerinnen vergleichsweise häufig straffällig werden. Nun ist es aber seit langem bekannt, daß die Delinquenz bei jungen Männern im allgemeinen vier- bis fünfmal häufiger ist als bei Frauen der gleichen Altersgruppe. In dieser Hinsicht unterscheidet sich Samoa nicht von anderen Ländern. Bei 932 jungen Ersttätern war das Verhältnis in West-Samoa zwischen Männern und Frauen 5 : 1. Folglich sind Margaret Meads Aussagen über heranwachsende Samoaner gänzlich unbegründet. Wie ich gleich nachweisen werde, liegt die Delinquenz samoanischer Jünglinge quantitativ im Vergleich nahe bei der anderer Länder.[8]

Zuerst möchte ich jedoch noch anmerken, daß ich noch nie einen Samoaner getroffen habe, der Margaret Meads Behauptung beigepflichtet hätte, die Adoleszenz in Samoa verlaufe sanft, problemlos und ohne Streß. Vaiao Ala'ilima, ein graduierter Sozialwissenschaftler, der in West-Samoa geboren wurde und vom zwölften Lebensjahr an in Amerikanisch-Samoa gelebt hat, hat laut Aussage seiner Frau Fay Calkins energisch bestritten, daß die Zeit des Heranwachsens in Samoa *keine* »Sturm-und-Drang-Periode« sei. Und Aiono Fanaafi Le Tagaloa, eine Akademikerin, die an der Universität London studiert hat, machte 1971 als Leiterin der Erziehungsbehörde von West-Samoa entgegen der Behauptung, junge Samoanerinnen stünden während der Pubertät nicht unter denselben Belastungen wie amerikanische Mädchen, die Beobachtung, daß ein samoanisches Mädchen nach außen hin zwar anders auf den seelischen Streß reagiert, jedoch keine »weniger stürmische Periode der Adoleszenz« zu durchlaufen habe. Schließlich sei noch To'oa Salamasina Malietoa erwähnt, der sich als Leiter der Papauta-Schule in West-Samoa weitreichende Kenntnisse über das Wesen junger Samoanerinnen erworben hat. 1967 machte er mir gegenüber die Bemerkung, das Leben vieler dieser Mädchen verlaufe alles andere als ungetrübt und ohne Streß.[9]

Solche Beurteilungen seitens hochgebildeter Samoaner, die über ein direktes und persönliches Verständnis dessen verfügen, was die Zeit des Heranwachsens in Samoa bedeutet, werden in jeder Hinsicht von Aussagen untermauert, die meiner Frau und mir gegenüber im Vertrauen von jungen Samoanern beiderlei Geschlechts gemacht wurden. Diese Heranwachsenden, die wir im Lauf der Zeit besonders gut kennengelernt hatten, berichteten uns von Spannungen zwischen ihnen und ihren Eltern und von ihren emotionalen Problemen bei Auseinandersetzungen mit ihren Familien oder angesichts der Unterdrückung durch Autoritätspersonen. Ein 17jähriges Mädchen beispielsweise, das für uns die Geschichte ihres Lebens aufschrieb, erzählte von ihren Empfindungen intensiver Abneigung gegen die Mutter, wenn sie von dieser geschlagen wurde, und wie sie unter den Forderungen gelitten habe, die immer wieder an sie gestellt wurden. Ihr Leben habe wie das ihrer Altersgenossinnen nur aus Dienen und Gehorchen bestanden.

Solche subjektiven Aussagen stimmen in jeder Hinsicht mit unseren Beobachtungen über das Verhalten heranwachsender Samoaner überein. Ich habe schon an anderer Stelle darauf hingewiesen, daß Kinder in Samoa bis in die Pubertät hinein körperlich gezüchtigt werden. Im Verlauf meiner Feldforschungen beobachtete ich, wie 56 Personen unter 19 Jahren von einem Elternteil, von älteren Geschwistern oder von einem anderen älteren Familienmitglied physische Gewaltanwendung erdulden mußten. 17 dieser jungen Leute, d. h. 30 %, waren zwischen 11 und 19 Jahre alt.

Aus den Akten der Polizei konnte ich entnehmen, daß in acht Fällen von Kindesmißhandlung die Hälfte der Opfer zwischen 12 und 15 Jahre alt war.

Das hier vorgelegte eigene und von anderen zusammengetragene Beweismaterial zeigt, daß nicht wenige Samoaner während der Adoleszenz psychischem Streß ausgesetzt sind. Wie ich schon in Kapitel 15 nachgewiesen habe, äußert sich dieser Streß in Gemütszuständen, die in Samoa *musu* genannt werden, in schweren Fällen sogar in hysterischen Erkrankungen und Selbstmord. Nachweislich liegt die Selbstmordrate bei samoanischen Jugendlichen wesentlich höher als in manch anderem Land.

Katchadourian schreibt, daß das Einsetzen der Pubertät durch eine schnelle und stetige Entwicklung der Körperkraft, der Geschicklichkeit und der Ausdauer gekennzeichnet ist. Diese Entwicklung ist auch daran abzulesen, daß sich Jugendliche in aggressiver Weise auf Auseinandersetzungen verschiedener Art einlassen. Aufs Geratewohl den Polizeiakten entnommene Daten über Gewalttätigkeiten, die in West-Samoa von jugendlichen Ersttätern begangen worden waren, ergaben für Personen männlichen und weiblichen Geschlechts im Alter von 12 bis 22 Jahren ein Verhältnis von 528 : 218. Aus Abbildung 2 (S. 286) ist unter anderem zu entnehmen, daß die Häufigkeit von Gewalttaten ab dem 14. Lebensjahr rapide zunimmt und im Alter von 16 Jahren ihren Höhepunkt erreicht. Auch die im 10. und 11. Kapitel erörterten Fälle legen nahe, daß

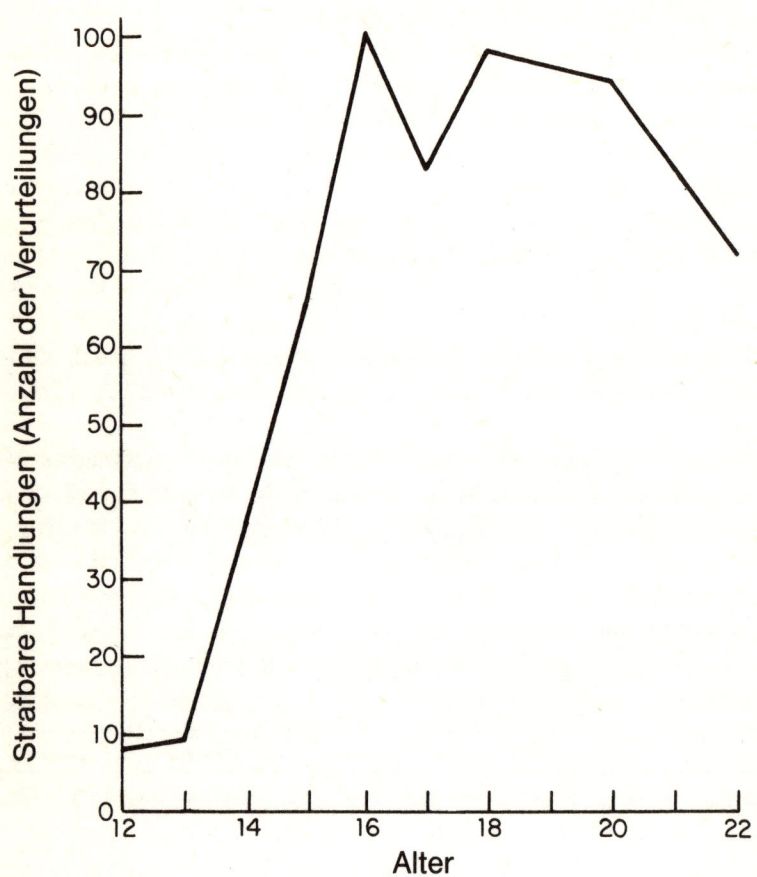

Abb. 2: Gewaltverbrechen; Alter der erstmalig Straffälligen (12–22 Jahre) in
West-Samoa zwischen 1963 und 1965 (n = 746)

junge Samoaner beiderlei Geschlechts mit dem Einsetzen der Pubertät immer mehr zu Handgreiflichkeiten neigen.[10]

Ungefähr um das 16. Lebensjahr erreicht auch die Rebellion gegen jede Art von Autorität ihren Höhepunkt, besonders bei männlichen Jugendlichen. Schon in den ersten Jahren der Adoleszenz kann man beobachten, wie junge Samoaner hinter dem Rücken Erwachsener Grimassen schneiden oder drohende Gebärden machen, besonders nach einer Bestrafung oder Schelte. Häuptlinge sind davon nicht ausgenommen. In der Pubertät verlieren Jugendliche bisweilen die Kontrolle über sich und attackieren ganz offen Personen, denen sie Gehorsam schuldig sind. Im April 1965 überraschte beispielsweise ein 31jähriger Häuptling aus einem Dorf auf Savai'i bei einem Patrouillengang eine Gruppe von fünf männlichen Halbwüchsigen, die trotz der ab 10 Uhr abends geltenden Nachtruhe Gitarre spielten und Lieder sangen. Der Häuptling ergriff eine Holzlatte, um die Missetäter zu bestrafen, doch statt wie Kinder in alle Windrichtungen davonzulaufen, ließen sich diese Jugendlichen von der Autorität des Häuptlings keineswegs einschüchtern. Einer schleuderte sogar einen schweren Stein gegen ihn, der ihn an der Stirn traf. Der Häuptling mußte mit einer schlimmen Platzwunde und einer Gehirnerschütterung für zwei Wochen ins Krankenhaus.[11]

Wie stark die Handlungsweise Jugendlicher von Aggressivität geprägt ist, geht auch aus 40 weiteren den Polizeiakten entnommenen Fällen hervor, bei denen der Tatbestand der Beleidigung und der unflätigen Beschimpfung erfüllt war. 16 der Täter, d. h. 40 %, waren zwischen 14 und 19 Jahre alt. 13 dieser 16 Übeltäter waren junge Mädchen, woraus zu ersehen ist, daß verbale Aggressionen bei jungen Samoanerinnen sehr häufig sind. Sie sind Anlaß zahlreicher Streitereien.

Ab dem 14. Lebensjahr sind samoanische Jugendliche in verstärktem Maß Streßsituationen unterworfen, denen sexuelle Probleme zugrunde liegen. Bei einer Auswahl von 2180 männlichen erstmalig Straffälligen gab es in der Altersgruppe unter 14 Jahren keinerlei sexuelle Delikte. In einem einzigen Fall war von einem 14jährigen Jungen eine unsittliche Handlung begangen worden. 19 der wegen unsittlichen Handlungen oder wegen versuchter bzw. vollzogener Vergewaltigung verurteilten Jugendlichen, d. h. 42 %, waren männliche Personen zwischen 14 und 19 Jahren. Diese Zahl läßt einen Vergleich mit der Häufigkeit solcher Straftaten in den USA zu. Menachem Amir hat beispielsweise herausgefunden, daß dort 40,3 % der männlichen Personen, die der Vergewal-

287

tigung für schuldig befunden wurden, im Durchschnitt zwischen 15 und 19 Jahre alt sind. Was die *Opfer* von Vergewaltigung anbelangt, so ist zwischen den Vereinigten Staaten und Samoa ein erheblicher Unterschied. Während laut Menachem Amir in den USA nur 24,9 % der Opfer einer Vergewaltigung zur Altersgruppe zwischen 15 und 19 Jahren gehören, waren bei einer Auswahl von 32 Fällen tatsächlicher oder versuchter Vergewaltigung in West-Samoa 62 % der Opfer junge Mädchen, die besagter Altersgruppe angehörten. Statistische Angaben aus Australien legen die Vermutung nahe, daß sich in Samoa unter den Opfern von Vergewaltigung erheblich mehr Jungfrauen befinden als in anderen Ländern: J. P. Bush hat nämlich festgestellt, daß in Victoria (Australien) 30,5 % der Opfer von Vergewaltigung vor der Tat noch jungfräulich waren. Bei der von mir untersuchten Gruppe vergewaltigter Mädchen ergab sich eine Zahl von 60 %.[12]

Alle genannten Zahlen weisen darauf hin, daß samoanische Mädchen nach Beginn der Pubertät wegen der in ihrer Gesellschaft gültigen Sexualmoral schwersten Belastungen ausgesetzt sind. Innerhalb ihrer Familien, aber auch als Mitglieder der *Ekalesia,* der sie in ihrer Mehrzahl angehören, werden sie argwöhnisch überwacht und zur Disziplin angehalten, damit sie bis zu einer respektierlichen Heirat ihre Jungfräulichkeit behalten. Gleichzeitig leben sie jedoch ständig in der Gefahr, heimlich im Schlaf oder mit brutaler Gewalt mißbraucht zu werden. Deshalb ist es in samoanischen Dörfern üblich, daß die Mädchen während der Pubertät in Gesellschaft anderer weiblicher Familienmitglieder schlafen. So wird die Wahrscheinlichkeit verringert, daß sie einem *moetotolo* zum Opfer fallen. Besonders warnt man sie davor, sich aus dem überschaubaren Bereich ihres Dorfes hinauszubegeben, weil sie dann ebenfalls befürchten müssen, vergewaltigt zu werden. Wenn ein Mädchen schließlich doch mit einem Liebhaber von zu Hause ausreißt, was meist erst nach dem 19. Lebensjahr geschieht, reagieren die direkt Betroffenen darauf gewöhnlich mit Unbehagen und Verstimmung. Die sexuelle Moral Samoas erzeugt manchmal bei pubertierenden Mädchen einen solchen psychischen Streß, daß sie es nicht länger ertragen und Hand an sich legen, wie im Falle von Tupe und Malu (s. Kapitel 15), aber auch des 22jährigen Mädchens (s. Kapitel 16), das sich das Leben nahm, nachdem es durch einen *moetotolo* seine Jungfräulichkeit verloren hatte.

Doch zurück zu unserer allgemeinen Erörterung der Delinquenz bei samoanischen Jugendlichen: Wie wir schon gesehen haben, stellt sich bei

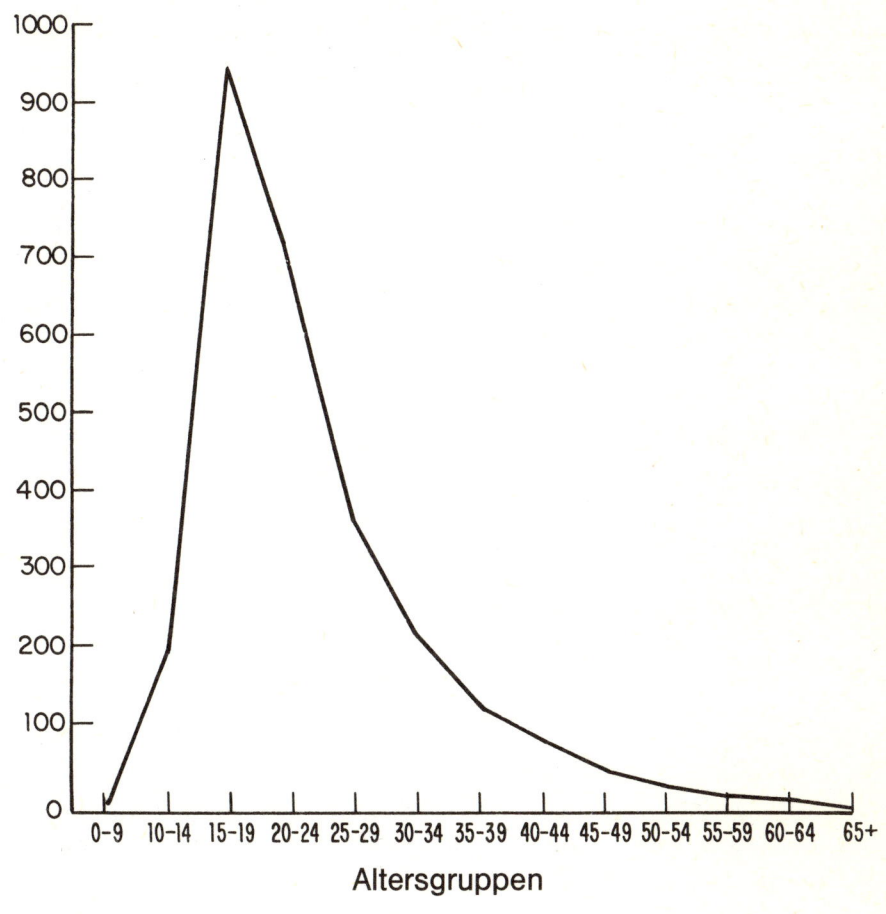

Abb. 3: Alter der erstmalig Straffälligen in West-Samoa zwischen 1963 und 1965
(n = 2717)

der Untersuchung der von Margaret Mead selbst Mitte der zwanziger Jahre in Manu'a über 14- bis 19jährige samoanische Mädchen gesammelten Informationen heraus, daß die Delinquenzrate vergleichsweise hoch war. Zur weiteren Überprüfung von Margaret Meads Behauptung, während der Adoleszenz blieben beide Geschlechter von den Belastungen und Konfliktsituationen verschont, die anderswo für die Zeit des Heranwachsens typisch sind, entschloß ich mich 1967, eine mehr ins einzelne gehende Untersuchung über die Häufigkeit der Delinquenz bei Heranwachsenden in West-Samoa anzustellen. Die einzigen statistischen Daten über strafbare Handlungen in West-Samoa waren in den Jahresberichten der Polizei- und Gefängnisverwaltung enthalten, leider jedoch ohne Altersangabe der Täter. Es bot sich mir jedoch eine andere Methode an, die darin bestand, daß ich aufgrund der Polizeiakten eine zufällige Auswahl von verurteilten Straffälligen zusammenstellte. In jedem einzelnen Fall verzeichnete ich das Alter, das Geschlecht, die Art der Straftat und das Datum der Verurteilung. Insgesamt sammelte ich Angaben über 2717 Gesetzesbrecher. Ihre Vergehen und Verbrechen umfaßten: Überfall und sonstige Gewalttaten; Anstiftung zum Friedensbruch; Diebstahl und andere Eigentumsdelikte; unerlaubtes Eindringen; Vergewaltigung und unzüchtige Handlungen; Entführung; Widerstand gegen die Staatsgewalt; Nötigung, Beleidigung, üble Nachrede; Trunksucht und Meineid. Die allermeisten Fälle stammten aus den frühen sechziger Jahren und betrafen Bewohner der Insel Upolu.

Als ich das Zahlenmaterial zu einer Tabelle ordnete, zeigte sich unter anderem, daß die Täter zum Zeitpunkt ihrer ersten Verurteilung zwischen 9 und 80 Jahre alt waren. Von den 2717 Straffälligen waren 2180 männlichen und 537 weiblichen Geschlechtes, so daß sich ein Zahlenverhältnis von ungefähr 4 : 1 ergab. Bei den 932 Individuen, die erstmalig im Alter zwischen 15 und 19 Jahren mit dem Gesetz in Konflikt kamen, waren 777 männlichen und 155 weiblichen Geschlechts. Bei dieser Gruppe war das Verhältnis also 5 : 1.

Abbildung 3 (S. 289) zeigt die relative Altersverteilung aller 2717 Straftäter zum Zeitpunkt ihrer erstmaligen Verurteilung. Unübersehbar ist in der graphischen Darstellung nach dem 14. Lebensjahr eine deutliche Zunahme der erstmalig Straffälligen festzustellen. Die höchsten Werte ergeben sich vom 15. bis zum 19. Lebensjahr. Eine detailliertere Analyse aller Angaben über jene von mir erfaßten Straffälligen, die erstmals im Alter zwischen 12 und 22 Jahren mit dem Gesetz in Konflikt gerieten, er-

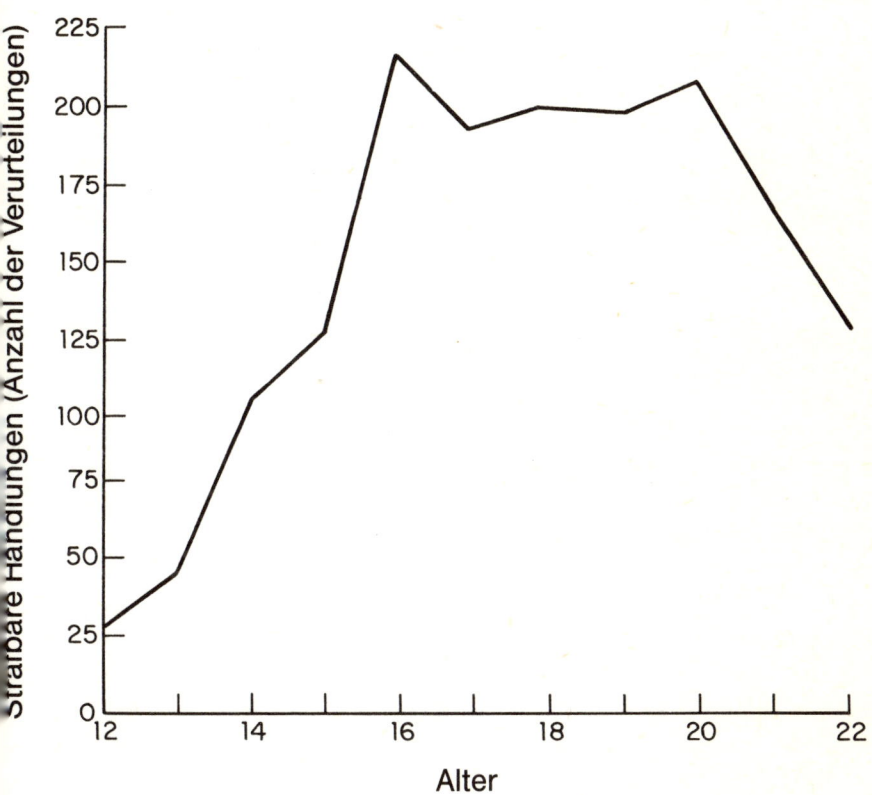

Abb. 4: Alter der erstmalig Straffälligen (12–22 Jahre) in West-Samoa, 1963–1965
(n = 1607)

gibt für die ersten Jahre der Adoleszenz einen steilen Anstieg der Straffälligkeit, eindeutige Spitzenwerte um das 16. Lebensjahr sowie ziemlich gleichbleibend hohe Werte während der restlichen Zeit der Adoleszenz (Abbildung 4 auf S. 291).

Diese Beziehung zwischen Alter und erstmaliger Verurteilung wegen
einer Straftat steht zwar grundsätzlich im Widerspruch zu Margaret
Meads Schilderung der samoanischen Jugend, deckt sich aber ziemlich
genau mit den in anderen Ländern gewonnenen Erkenntnissen. Healy
und Bronner erbrachten in ihrer Studie über das Jugendgericht von Chicago 1909 bis 1911 den Nachweis, daß der größte Prozentsatz jugendlicher Ersttäter beiderlei Geschlechts 16 Jahre alt war. Adler, Cahn und
Stuart fanden in ihrer Untersuchung jugendlicher Straftäter während
der Jahre 1928 bis 1932 in Berkeley/Kalifornien heraus, daß »der höchste Prozentsatz von der gesamten Anzahl auf die Altersgruppe der 16jäh-
rigen entfiel«. Bloch und Flynn gaben 1956 das Durchschnittsalter jugendlicher Ersttäter in den USA mit $15\frac{1}{2}$ Jahren an. Haskell und Yablonsky konstatierten in ihrer Erläuterung der amerikanischen Krimi-
nalstatistik für das Jahr 1972, daß »16–17jährige öfter festgenommen
werden als Personen irgendeiner anderen Altersgruppe«. Und als Challinger 1977 über jugendliche Ersttäter in Australien schrieb, meinte er
unter anderem, daß »die 16jährigen stets von allen Angeklagten die zahlenmäßig stärkste Altersgruppe bilden«.[13]

In Abbildung 5 (S. 293) wird ein direkter Vergleich zwischen den von mir
1967 in West-Samoa gesammelten Zahlen über Ersttäter unter Berücksichtigung ihres Alters und den von Cyril Burt in *The Young Delinquent*
gemachten Angaben über einen analogen Personenkreis in England angestellt. Er ergibt, daß in Samoa und in England Straftaten von Jugendlichen bestimmter Altersgruppen ähnlich häufig verübt werden. In seiner Studie über alle Personen, die 1963 in den USA festgenommen wurden, schreibt Lunden unter anderem, daß 38,4 % zum Zeitpunkt ihrer ersten Festnahme jünger als 20 Jahre waren. Bei meiner in West-Samoa
1967 angestellten Untersuchung ergab sich, daß 41,6 % der erstmals wegen einer Straftat verurteilten Personen noch nicht das 20. Lebensjahr
vollendet hatten.[14]

All diese statistischen Daten beweisen, daß die Zeit des Heranwachsens
in Samoa weit davon entfernt ist, »problemlos und ohne Streß«, also das
»Lebensalter der größten Unbeschwertheit«, zu sein, wie Margaret
Mead behauptet hat. Genau wie in den Vereinigten Staaten, England

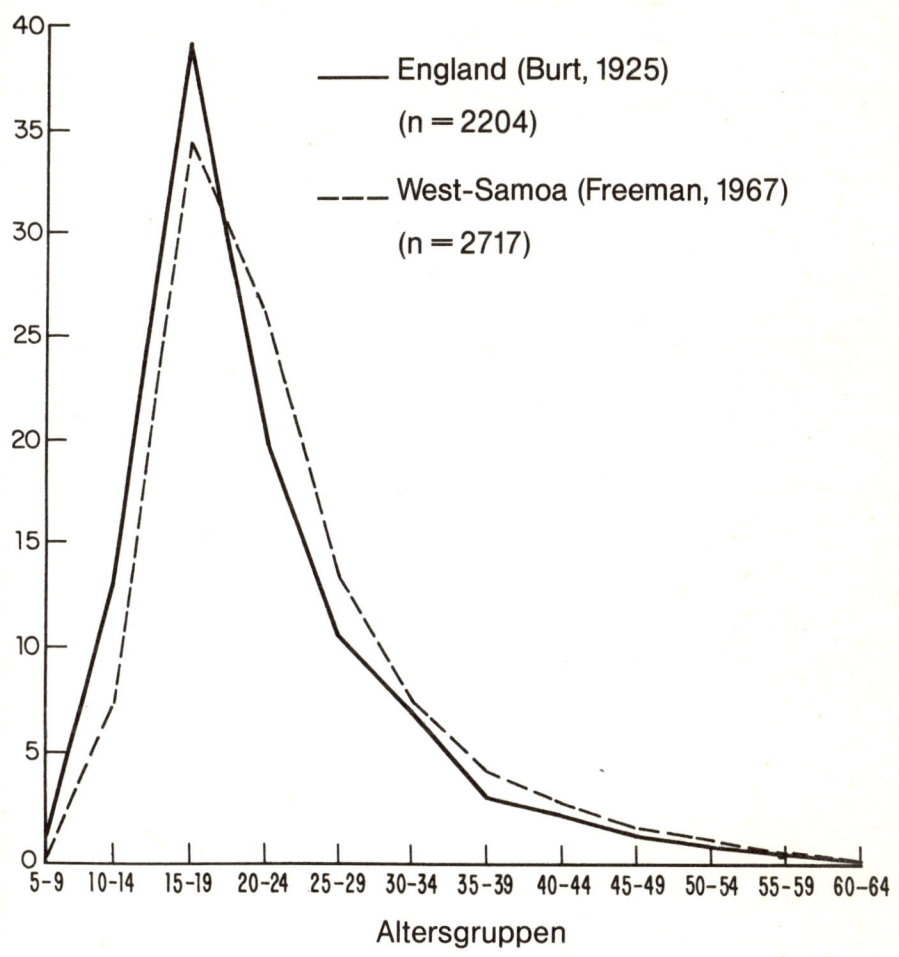

Abb. 5: Alter der erstmalig Straffälligen in England und West-Samoa

und Australien steigt auch in Samoa während dieser Zeit die Kurve der Straffälligkeit steiler an als in irgendeinem anderen Lebensabschnitt. Im übrigen habe ich schon am Anfang dieses Kapitels darauf hingewiesen, daß in Margaret Meads eigenen Schriften schwer zu widerlegende Hinweise darauf enthalten sind, daß auch während der zwanziger Jahre die Situation in Samoa nicht anders war. Folglich ist ihre Schilderung der Zeit des Heranwachsens in Samoa irrig, genauso irrig wie ihre Darstellung anderer wichtiger Aspekte der samoanischen Daseinsform. Der Beweis dafür ist in den Kapiteln 9 bis 18 erbracht worden. Angesichts dieses Sachverhaltes muß auch die in *Kindheit und Jugend in Samoa* vertretene, auf falschen Voraussetzungen beruhende These von dem absoluten Vorrang der Kultur vor der Biologie klipp und klar als ungültig erklärt werden. Das von Margaret Mead vielgepriesene »Negativbeispiel« hat sich durchaus nicht als ein solches herausgestellt. Anders ausgedrückt: Wenn sich aus Margaret Meads Darstellung Samoas ergibt, daß die Biologie keinerlei Bedeutung für die Ätiologie jugendlichen Verhaltens hat, so ist diese Darstellung falsch.

18. Das samoanische Ethos

Die traditionelle Bestrafung einer vom Pfad der Tugend abgekommenen *taupou* wurde – wir haben schon darauf hingewiesen – von Margaret Mead als »zu streng für das samoanische Ethos« angesehen, das sie in all ihren Schriften als »angenehm«, »entspannt« und »nicht streng« hinstellt. Mead weiter: »Das samoanische System reduziert in sehr angenehmer Weise die groben, unschönen Aspekte der menschlichen Natur zu gefälliger Harmlosigkeit«, denn es »fehlt ihm in jeder Hinsicht an Intensität«. »Starke Bindungen« seien »nicht erlaubt«, und so groß sei die »allgemein übliche Nachlässigkeit in der ganzen Gesellschaft«, behauptet Mead in *Kindheit und Jugend in Samoa,* daß »niemand wegen seiner Überzeugungen leidet oder auf Leben und Tod für irgendwelche besonderen Ziele kämpft«.[1]

Gerade gegen den letzten Punkt dieser Schilderung verwahren sich vor allem männliche Samoaner, denn ihnen ist natürlich am ehesten klar, daß hier eine folgenschwere Fehldeutung ihres Ethos und ihrer Geschichte vorliegt. Als ich 1967 diese aus *Kindheit und Jugend in Samoa* entnommenen Verallgemeinerungen mit John Soloi diskutierte, der damals Pastor des Dorfes Fitiuta in Manu'a war, bemerkte er dazu leicht verärgert, Margaret Mead beraube die Samoaner durch solche Behauptungen zutiefst menschlicher Eigenschaften und stelle sie ohne jegliche Rechtfertigung als Ansammlung »rückgratloser Nullen« dar.

Darüber, daß Meads Schilderung der Grundlage entbehrt, kann kein Zweifel bestehen, denn die Geschichte Samoas ist reich an Beweisen dafür, daß dieses Volk nicht nur außerordentlichen Wert auf Etikette und Haltung legt, sondern daß es, wie Albert Wendt schrieb, »von jedem männlichen Wesen – einschließlich Kindern – vorrangig die Tugend persönlichen Mutes, insbesondere bei körperlichen Kampfhandlungen jeder Art, fordert«.[2]

Wie ich schon im 8. Kapitel nachgewiesen habe, mußten die Bewohner sowohl Amerikanisch- als auch West-Samoas während der Zeit, auf die sich Margaret Mead ausdrücklich bezieht, in nicht zu übersehender Weise für ihre Überzeugungen leiden. Unter anderem war davon die Rede, daß kurze Zeit vor Margaret Meads Eintreffen in Manu'a die Häuptlinge von Ta'ū den amerikanischen Marinebehörden trotzten, indem sie einen der Ihren zum Tui Manu'a erkoren. Als daraufhin der Gouverneur mit aller Gewalt einschritt, erklärten sie, sie seien »unzufrieden bis zum Tod« wegen seiner Einmischung in ihre Angelegenheiten.[3]

Diese Aussage des Taua-nu'u und anderer Häuptlingssprecher, sie seien unzufrieden bis zum Tod, erwuchs aus einer der wichtigsten kulturell bedingten Wertvorstellungen der Samoaner. Immer wenn es beispielsweise zwischen zwei Dörfern zu einem ernsthaften Streit kommt, preisen die Häuptlingssprecher traditionsgemäß im Namen ihres Häuptlings den unbezähmbaren Mut derjenigen, die bereit sind, für ihr Dorf und dessen Häuptling zu sterben. Solcher Mut bringt einem Mann in den Augen der Samoaner Ehre, und Ehre wird so sehr geschätzt wie nichts sonst. Diese Haltung kam deutlich zum Ausdruck, als 1967 anläßlich einer »politischen« *fono* in Satunuma-fono ein älterer Häuptlingssprecher die Männer seines Bezirkes anspornte, nie wankend zu werden, sondern notfalls das Leben hinzugeben, denn darin bestehe die wahre Ehre. Einen ähnlichen Vorfall, der sich 1966 ereignete, habe ich schon an anderer Stelle detailliert beschrieben. Es ging um einen titellosen Mann, der sich im Verlauf eines Streites um ein Stück Land zu einem Streit mit einem Häuptlingssprecher provozieren ließ. Er mußte befürchten, daß die Männer aus dem Gefolge des Häuptlingssprechers über ihn herfallen würden, aber er blieb dennoch standhaft. Was er getan habe, meinte er, habe er mit gutem Grund getan. Deshalb sei er bereit, die Folgen zu tragen. »Wenn ich sterben muß«, sagte er zu mir, »dann werde ich sterben.« Ein Samoaner, dessen Blut in Wallung gerät, ist als Angehöriger einer Kultur, in der Gewalt verherrlicht wird, allzu bereit, zu kämpfen und nochmals zu kämpfen. N. A. Rowe entdeckte »an den Samoanern eine eigenartige Beharrlichkeit, die sie von anderen Völkern abhebt«.[4]

Diese Zähigkeit ist eng mit der Grundhaltung der Samoaner gegenüber dem Krieg verknüpft, für die es nur ein Kriegsziel gibt: die völlige Unterwerfung des Gegners. Die Sieger werden *mālō*, die Besiegten *to'ilalo* genannt. Nicht selten hört man einen Samoaner versichern: »Ich beuge mich vor nichts und niemandem!« Diese Gesinnung haben die Männer Samoas während der ganzen Geschichte ihres Landes an den Tag gelegt. Als beispielsweise der große Häuptling Mata'afa Josefa erfolglos gegen den politischen Status quo rebellierte und nach Jaluit auf den Marshall-Inseln deportiert wurde, erklärte er, wie Tripp berichtet hat, 1899, im Beisein der Regierungsbeauftragten Großbritanniens, Deutschlands und der USA, er und sein Volk wollten lieber »durch Zwang Sklaven werden, wenn es denn sein müsse, als durch feige Unterwerfung«. Im Jahre 1902 trotzten mehrere Häuptlinge aus Ta'ū dem Marinekommandanten Amerikanisch-Samoas, als jener die überlieferten Vorrechte des Tui Manu'a beschneiden wollte. Standhaft nahmen sie alle Strafen, ja sogar das Exil auf sich. Und als 1921 einem Häuptling namens Levaleva aus Tutuila, der gegen die Marinebehörden opponierte, mitgeteilt wurde, man wolle ihm seinen Titel aberkennen, rief er trotzig aus, er lasse sich ihn von »niemand in dieser Welt« nehmen. Aufgrund dieser unbeugsamen Haltung und obendrein wegen Mißachtung eines richterlichen Beschlusses wurde er zu drei Jahren Gefängnis verurteilt. Ähnlich trotzige Herausforderungen, die für den Betroffenen oft keine geringen persönlichen Opfer bedeuteten, waren in West-Samoa während der zwanziger Jahre sehr häufig; viele Samoaner opponierten damals gegen die Verwaltung ihrer Inseln durch Neuseeland. Im Juli 1927 wurde zum Beispiel Tuisila, ein Häuptling aus Mutiatele (Aleipata) aufgefordert, sich jeder weiteren politischen Aktivität in Apia zu enthalten und in sein Dorf zurückzukehren. Als er sich standhaft weigerte, wurde er zu einer Gefängnisstrafe von drei Monaten verurteilt.[5]

Mut und Beharrlichkeit des samoanischen Volkes waren besonders deutlich in der Handlungsweise und im Auftreten des großen Häuptlings. Tupua Tamasese Lealofi III. verkörpert. Zu einer Zeit, als Margaret Mead in New York von den Samoanern schrieb, daß bei ihnen »niemand für seine Überzeugungen leidet oder für bestimmte Ziele auf Leben und Tod kämpft«, war dieser Lealofi, als Tupua Tamasese ein Mitglied der *tama'āiga,* also der ranghöchsten westsamoanischen Häuptlinge, schon als junger Mann mit der neuseeländischen Administration in Konflikt geraten. 1924 hatte ihm nämlich der Sekretär für Eingeborenenfragen befohlen, eine Hibiskushecke von einem Stück Land zu entfernen, auf das er seiner Meinung nach Anspruch hatte. Überzeugt von der Rechtmäßigkeit seiner Forderungen, widersetzte sich Tamasese starrköpfig dem Befehl, und er gab auch dann nicht nach, als ihm der

Befehl ein zweites Mal, diesmal von Seiner Exzellenz, dem Generalmajor Richardson höchstpersönlich erteilt wurde, also vom obersten Vertreter der neuseeländischen Administration. In blinder Verkennung des hohen Ansehens, das die *tama'āiga* bei den Samoanern genoß, ordnete Richardson an, Tamasese seinen Titel abzuerkennen und ihn für unbestimmte Zeit auf die Insel Savai'i zu verbannen. J. W. Davidson erzählt, daß der große Häuptling »seinen erzwungenen Wohnort verließ, um die Dauer seiner Rechtlosigkeit in Erfahrung zu bringen«. Daraufhin wurde er zu einer Gefängnisstrafe verurteilt, seines Titels für verlustig erklärt und wiederum verbannt. Diese Behandlung eines »königlichen Sohnes« von Samoa war einer der Hauptanlässe für die Entstehung der sogenannten *Mau,* der organisierten Opposition gegen die neuseeländische Verwaltung. Tupua Tamasese Lealofi III. wurde bald zum tatkräftigen Anführer dieser Bewegung.[6]

Einige der ersten Anhänger dieser Bewegung machten ihren Standpunkt unter Berufung auf ein samoanisches Sprichwort klar: Samoaner lassen sich durch Liebe bewegen, jedoch nicht durch Einschüchterung treiben. Als die Unterdrückung kein Ende nahm, konnte die *Mau* schon bald mit der Unterstützung fast des gesamten samoanischen Volkes rechnen. So groß war die Verbitterung, daß es schließlich zu einer offenen Rebellion kam, freilich ohne Waffengewalt. Nachdem sich Tamasese 1928 zusammen mit vielen anderen Samoanern geweigert hatte, eine Kopfsteuer an die neuseeländische Administration zu entrichten, erschienen im Dorf Vaimoso, wohin er zurückgekehrt war, 35 Militärpolizisten mit aufgepflanztem Bajonett, um ihn zu verhaften. Dem ersten der in sein Haus eindringenden Polizisten soll er entgegengerufen haben: »Erschießt mich! Bringt mich um! Ich komme nicht mit!« Aus ihm sprach der unbeugsame Geist eines echten Samoaners. Wegen Widerstandes gegen die Staatsgewalt wurde er zu einer Gefängnisstrafe verurteilt, die er im Mount-Eden-Zuchthaus von Auckland/Neuseeland absitzen mußte. Schon wenige Monate nach seiner Rückkehr stellte er sich wieder an die Spitze der Mau-Bewegung. Am 28. Dezember 1929 ließen die Behörden eine Demonstration sprengen und versuchten, Mata'utia Karauna, den Sekretär der Mau, zu verhaften. Es entwickelte sich eine Straßenschlacht, bei der Tamasese vergeblich zur Wiederherstellung der Ordnung aufrief. Fatalerweise wurde er dabei von einem neuseeländischen Militärpolizisten erschossen. Er war noch keine 30 Jahre alt. Als er an jenem Abend im Sterben lag, richtete er an alle Samoaner die Abschiedsworte: »Mein Blut habe ich für Samoa vergossen. Darauf bin ich stolz. Denkt nicht daran, dieses Blut zu rächen, denn ich vergoß es bei dem Versuch, Frieden zu wahren. Wenn ich gestorben bin, muß der Friede um jeden Preis erhalten werden.«[7]

Solche großherzigen Worte drücken auf bemerkenswerte Weise das aus, was die Samoaner *'o le fa'atamāli'i* nennen. Das heißt soviel wie aristokratische Zurückhaltung, verbunden mit weiser Voraussicht – Tugenden, die für einen Häuptling hohen Ranges charakteristisch sind. Der Geist dieser Worte faßt zudem die besten Seiten des samoanischen Ethos zusammen, denn trotz all ihrer Zähigkeit beim Kämpfen und Streiten haben die Samoaner zugleich eine besondere Gabe, angesichts widriger Schicksalsläufe rasch die Ordnung und die Eintracht untereinander wiederherzustellen. Tupua Tamasese Lealofi III. steht in der Geschichte Samoas als großer Patriot da, der einerseits die Bevormundung durch ein neuseeländisches Regime zurückwies, weil es seinem Volk aufgezwungen worden war, andererseits jedoch in bewegender Weise seine Bereitwilligkeit zeigte, sich für die höchsten Ideale seines Landes einzusetzen und notfalls dafür zu sterben. 1929 sagte in Auckland ein Kaplan des Mount-Eden-Zuchthauses zu mir, die neuseeländische Regierung habe ihre eigenen Ziele zunichte gemacht, als sie den christlichen Rebellenhäuptling Tamasese ins Gefängnis warf. Durch die tragische Schießerei des 28. Dezember 1929, bei der zehn weitere Samoaner ihr Leben verloren, wurde dieser Fehler mehr als deutlich. Tupua Tamasese Lealofi III. war zu einem Volkshelden geworden. Von nun an trafen sich die Mitglieder der Mau-Bewegung jedes Jahr an seinem Grab, um seines Opfers zu gedenken. Seine endgültige Rechtfertigung fand dieses Opfer durch die Unabhängigkeitserklärung West-Samoas im Jahr 1962 als eines eigenständigen polynesischen Staates.[8]

Die Präambel der Verfassung West-Samoas beginnt mit den Worten: »Im geheiligten Namen Gottes, des Allmächtigen, dessen Liebe nie endet ... « Dann wird von dem unabhängigen Staat West-Samoa gesagt, er beruhe »auf christlichen Prinzipien und samoanischen Gebräuchen und Überlieferungen«. Diese Deklaration deutet darauf hin, daß das samoanische Ethos seine Entstehung einer Synthese verdankt: einer Verbindung von Institutionen, die den gesellschaftlichen Rang und die aktive Verteidigung angestammter Vorrechte betonen, mit dem Christentum und seiner Ethik der Liebe und des Verzeihens. Im Verlauf der Geschichte haben sich diese divergierenden Elemente zu einer ganz eigenen samoanischen Ideologie verbunden, die die Herrschaft Jehovas mit der schon bestehenden Rangordnung gleichsetzt. So ist das schon im 8. Kapitel beschriebene grundlegende Dogma der samoanischen Gesellschaft zu verstehen, welches besagt, daß deren hierarchische Gliederung von Gott sanktioniert ist. Die Werte dieser Rangordnung haben sich zwar seit heidnischen Zeiten nicht grundlegend gewandelt, ihre Strenge ist jedoch gemildert worden durch den Glauben an einen allmächtigen und allgegenwärtigen Gott, der zwar gnadenlos alle bestraft, die seine Gebote mißachten, aber zugleich doch auch ein Gott der Liebe ist.

Dennoch verbirgt sich hinter dem Christentum der Samoaner noch immer das uralte System abgestufter Rangunterschiede mit all seinen Antagonismen und Spannungen. In Fragen der Rangordnung sind die Samoaner so, wie Thukydides die alten Griechen beschrieben hat: Sie schämen sich ebenso, die Zweiten zu sein, wie sie stolz sind, die Ersten zu sein. Wo ständig die Gefahr eines Konfliktes zwischen Rivalen herrscht, »ist die Luft von zeremoniellen Ausdrücken erfüllt wie von Flüchen an Bord eines Schiffes«. Unverändert fordert die samoanische Ethik dieselbe Unterwerfung und denselben Gehorsam gegenüber denjenigen, die die Privilegien und die Autorität von Häuptlingen genießen, wie gegenüber Gott, der angeblich an der Spitze der hierarchischen Rangordnung steht. Samoanische Häuptlinge neigen dazu, Gehorsam als unerläßliche Grundlage von Tugend und Eintracht zu preisen, wohingegen sie die Freiheit des Handelns als Quell der Sünde und gesellschaftlichen Unfriedens verdammen. Dies wird in Wendts grandiosem Roman *Pouliuli* (1977) bestätigt. In eindringlicher Weise wird darin den Realitäten der samoanischen Daseinsform Rechnung getragen, wenn z. B. von einem 67 Jahre alten Häuptling die Rede ist, der, von einem »fast unerträglichen Widerwillen« erfüllt, den Versuch unternimmt, sich von der *fa'aSamoa* loszusagen. Einer seiner ältesten Freunde spricht daraufhin die ernste Warnung aus: »Die Freiheit des Einzelnen, die du entdeckt hast und nun nicht wieder aufgeben willst, zerstört die Grundlage unserer ganzen Lebensweise.«[9]

Das samoanische Ethos ist also absolut nicht durch lockere Entspanntheit geprägt, wie Margaret Mead behauptet hat. Im Gegenteil: Für die meisten Samoaner gibt es kein Entrinnen vor den unablässigen Anforderungen ihres Gemeinwesens. Wie im 13. Kapitel beschrieben, besteht ja eines der fundamentalen Prinzipien der samoanischen Gesellschaftsordnung darin, daß jeder Mensch, der die Anweisungen von Autoritätspersonen mißachtet, gebührend bestraft wird. Der Brauch, die soziale Ordnung durch Verhängung von Strafen aufrechtzuerhalten, ist demnach eines der grundlegenden Wesensmerkmale des samoanischen Ethos. Samoaner reden viel von der grenzenlosen Liebe Jehovas, doch zugleich ist er für sie ein Gott, der sich »voller Zorn gegen sündige Menschen« wenden kann und all diejenigen mit körperlichen Gebrechen oder Tod bestraft, die seine Gebote übertreten. Jehova ist also für die Samoaner ein strafender Gott. Die von ihm zugeteilte Bestrafung wird folglich zwar gefürchtet, aber auch als gerechte und weise Behandlung für die angesehen, die ihm mutwillig den Gehorsam versagen. Daraus ergibt sich, daß das der samoanischen Herrschaftsform schon seit alten Zeiten innewohnende Bestrafungsprinzip seit der Bekehrung der Samoaner zum Christentum durch die von Jehova, dem neuen Herrscher Samoas, verkörperten Prinzipien gerechtfertigt worden ist. So wurde Strafe zum Bestandteil der Kultur als die selbstherrliche Art des Umgangs mit allen – einschließlich Kindern –, die sich dem Diktat der Autorität nicht beugen wollen.

John Soloi, der Pastor von Fitiuta, erklärte 1967 Margaret Meads Schilderung der manuanischen Gesellschaftsform als von »Zwanglosigkeit charakterisiert« für völlig abwegig und bemerkte, die soziale Ordnung in Samoa sei ganz im Gegenteil durch »eiserne Herrschaft« bestimmt. Damit meinte er, wie er selbst sagte, die Art und Weise, in der die Häuptlingsversammlungen in den einzelnen Dörfern ihre Beschlüsse mittels harter Strafen und anderer Bußen durchzusetzen pflegen. In Samoa wird in der Tat sehr häufig auf Strafen zurückgegriffen. Ich möchte behaupten, daß gerade die allseits übliche körperliche Züchtigung von Kindern die Samoaner so bestürzend anfällig für zwischenmenschliche Aggressivität macht. Die Untersuchungen von M. M. Lefkowitz, L. O. Walden, L. D. Eron und anderer haben in aller Klarheit nachgewiesen, daß Bestrafung das Ausleben von Aggressionen eher fördert als verhindert. Diese Anschauung wurde durch D. D. Woodmans Befund untermauert, wonach körperliche Züchtigung in ursächlicher Beziehung zur Aggressivität eines Menschen außerhalb seines eigenen Zuhauses steht. Woodmans Forschungen deuten auch auf die Mitwirkung einer biochemischen Komponente bei zwischenmenschlicher Aggressivität hin, denn eine erhöhte Adrenalinzufuhr führt wohl auch zu gesteigerter Aggressivität. Wahrscheinlich erzeugt ein Regime körperlicher Bestrafungen besonders bei Kindern jene von Mackenzie so genannte »Atmosphäre der Gewalttätigkeit, wenn die Zügel zu straff gespannt sind«. Das würde auch erklären, warum den Samoanern schon bei der leisesten Provokation der Kamm schwillt und sie sich nicht scheuen, physische Gewalt anzuwenden, weil sie sie längst als gewohnheitsmäßigen Bestandteil ihres Lebens akzeptiert haben.[10]

Da die Bestrafung von Kindern zudem dem frommen Zweck dient, ihnen den rechten Weg zu weisen, spielt sie eine so übermächtige Rolle, daß die meisten Samoaner eine zutiefst ambivalente Haltung gegenüber Autoritätspersonen entwickeln. Respekt und Liebe wechseln sich mit Wut und Angst ab.

Wegen solcher Erziehungsmethoden, aber auch wegen der harten Anforderungen, die von Erziehungsberechtigten an junge Menschen im Entwicklungsstadium gestellt werden, hat der samoanische Charakter zwei deutlich erkennbare Seiten, auf die schon im 15. Kapitel eingegangen wurde: eine respektvolle Liebenswürdigkeit nach außen, die einen innerlichen Hang zu Jähzorn und Gewalttätigkeit kaschiert. Richter Marsack beschrieb die Samoaner beispielsweise als »seltsame Mischung von Höflichkeit und Streitsüchtigkeit«. Thomas Trood sprach 1909 nach mehr als fünfzigjähriger Erfahrung mit Samoanern von der bedeutsamen Tatsache, daß jene einerseits »von außergewöhnlicher Freundlichkeit und Aufgeschlossenheit«, andererseits jedoch auch ein »hochfahrendes, ungestümes Volk« seien. Und George Brown bezeichnete 1898 die Samoaner zwar als »freundlich, liebenswert und höflich«, fügte jedoch im gleichen Atemzug hinzu, sie seien auch »extrem empfindlich« gegen alles, was als Beleidigung gilt.[11]

Diese Empfindlichkeit wird besonders im politischen Bereich spürbar, wenn bestehende Rangunterschiede berührt werden. Als beispielsweise 1967 ein Mitglied der Gesetzgebenden Versammlung von West-Samoa ausrief: »Weh dir, Samoa!«, während der ranghohe Premierminister eine Rede hielt, nützte es ihm wenig, daß er sich in aller Form entschuldigte. Ein Nagel könne zwar aus einem Brett gezogen werden, aber ein Loch hinterlasse er trotzdem, wurde dem Zwischenrufer bedeutet.

Im Mai 1966 wurde bei einer *kava*-Zeremonie in Sa'anapu ein Häuptlingssprecher namens Leaula, der aus dem mit Sa'anapu rivalisierenden Nachbardorf Salumumu stammte, absichtlich beleidigt durch eine niedrigere Einstufung in der Rangordnung, weil sein Dorf keinen Beitrag zum Wiederaufbau des gemeinsamen Krankenhauses leisten wollte.

Er verschaffte seinem Ärger Luft, indem er einen Schluck aus der *kava*-Schale nahm und sie dann dem titellosen Mann entgegenschleuderte, der sie ihm serviert hatte, statt abzuwarten, bis ihm jener die Schale feierlich aus den Händen nahm, wie es der Brauch wollte. Die versammelten Häuptlinge von Sa'anapu waren wegen dieser schroffen Geste sichtlich schockiert. Sobald die *kava*-Zeremonie beendet war, wandte sich Vole Na'oia, der amtierende Häuptlingssprecher von Sa'anapu, an Leaula und fragte ihn ärgerlich, warum er sich in so unziemlicher Weise verhalten habe. Leaula erwiderte, er habe die Feier nur beschleunigen wollen. Diese Bemerkung erhöhte noch die Spannung. Eine Zeitlang herrschte verdächtiges Schweigen. Schließlich machte ein anderer Häuptlingssprecher aus Salamumu, über den Verlauf der Dinge verärgert, die trockene Bemerkung: »Vielleicht hatte er es eilig, zum Strand zu laufen und sich zu erleichtern.« Die ganze Versammlung brach in schallendes Gelächter aus. Damit war die Gefahr eines ernsthaften Zerwürfnisses überwunden, doch Leaula, den seine verletzte Würde schmerzte, holte schnell zum Gegenschlag aus. Es gebe, sagte er, in Sa'anapu einen Mann im Häuptlingsrang namens Vole Na'oia, der ein höchst sonderbares Verhalten an den Tag lege, denn er versuche ständig, sich heimlich an seiner eigenen Schwester zu vergehen.

Eine solche Bezichtigung ist für samoanische Ohren einfach unerhört. Der Schock von Leaulas verbalem Vergeltungsschlag war so groß, daß er sich in einem Ausbruch brüllenden Gelächters löste.

Diese Beispiele machen klar, daß es dem samoanischen Ethos durchaus nicht in jeder Hinsicht an Spannungen mangelt, wie Margaret Mead meinte. Ganz im Gegenteil werden bei den ständigen Rangstreitigkeiten die aufgestauten Aggressionen nur mit Mühe durch eine formalistische Etikette eingedämmt. Stets geht es bei den Samoanern darum, wer die Oberhand behält; ihre einzige Rettung ist, daß sie in kritischen Augenblicken, wenn ein Konflikt unvermeidlich erscheint, in der Lage sind, herzhaft über sich selbst und ihr obsessives Interesse an Fragen des Rangs zu lachen.

Doch trotz Etikette und Gelächter erzeugen die herrschende Rangordnung und die Institution der *fono* mit ihren Rivalitäten bzw. mit ihrer strafenden Rechtsprechung insgesamt ein gesellschaftliches Klima, das dem Einzelmenschen ein hohes Maß an psychischem Streß zumutet. Im 15. Kapitel habe ich mich schon mit einigen der Konsequenzen auseinandergesetzt, welche sich bei Kindern und Heranwachsenden aus der

Streßbelastung ergeben. Erwachsene sind vergleichbaren Belastungen ausgesetzt, vor allem Männer, deren Leben im Bannkreis der *fono* ihres Dorfes verläuft. In *Leaves of the Banyan Tree,* einer schonungslosen Schilderung der schlimmen Folgen übergroßen Ehrgeizes von Häuptlingen, läßt Albert Wendt eine seiner Gestalten sagen, Häuptling zu sein sei »eine Einladung zu Dickleibigkeit, Magengeschwüren, Schlaganfällen und Herzattacken«. Für die drei letztgenannten Gebrechen ist Streß sicher eine wichtige Ursache. Das haben auch die Forschungen von H. G. Wolff und anderen ergeben. Der Magen-Darm-Trakt ist, wie Hans Selye feststellte, »besonders empfindlich gegen allgemeinen Streß«. In der klinischen Medizin sind Magengeschwüre verschiedentlich als »eine Erkrankung infolge unterdrückter Aggressivität« beschrieben worden. Es hat also einiges zu bedeuten, wenn Dr. L. Winter, ehemals Direktor der medizinischen Einrichtungen von Amerikanisch-Samoa, 1961 schrieb, Magengeschwüre seien dort »extrem häufig«. Erst vor kurzem veröffentlichte B. P. Maclaurin eine unter seiner Leitung angefertigte Studie, in deren Rahmen 1976 ungefähr 500 Personen über 18 Jahre in den drei größten Verwaltungsbezirken West-Samoas untersucht worden waren. Im Vergleich zu Neuseeland ergab sich dabei ein »außergewöhnlich häufiges Vorkommen von Magengeschwüren«. 7,3 % der untersuchten Samoaner litten an dieser Erkrankung, wobei sich das Zahlenverhältnis zwischen Männern und Frauen auf 2 : 1 belief. Damit war die Häufigkeit erheblich höher als die im amtlichen Gesundheitsbericht der USA für die Jahre 1957 bis 1959 verzeichnete.[12]

Die Widerlegung von Margaret Meads Thesen aus den zwanziger Jahren brachte es notwendigerweise mit sich, daß ich mich auch näher mit den dunkleren Seiten des samoanischen Lebens befassen mußte. Denn diese wurden von Margaret Mead übergangen, als sie auf der Suche nach ihrem ›Negativbeispiel‹ aus den Samoanern, diesen ebenso schwierigen wie sympathischen Menschen, charakterlose Nullen machte. Ich glaube inzwischen nachgewiesen zu haben, daß das Leben der Samoaner in der Tat eine Schattenseite hat, doch möchte ich zugleich betonen, daß sie dies mit allen Menschen gemein haben, die in den unterschiedlichsten Gesellschaftsordnungen leben. Und wie alle anderen Menschen haben auch sie natürlich glänzende Tugenden. Für John Williams, einen der ersten Missionare, waren die Samoaner ein »sehr lebhaftes, fröhliches und freundliches Volk«. John Erskine, ein weitgereister Marineoffizier, erklärte nach einem Besuch Samoas im Jahr 1849, er habe nie ein »in

Erscheinung und Auftreten einnehmenderes Volk« kennengelernt. Zu Recht stünden die Samoaner im Ruf, »das höflichste der Südseevölker« zu sein (Ernest Sabatier). Abgesehen von diesen formellen Tugenden sind die Samoaner auch wundervoll aufgeschlossen und großzügig. In ihrer Hingabe an die christliche Ethik stellen die Samoaner in den kritischsten Situationen – wie Tupua Tamasese Lealofi III. – bisweilen erstaunlichen Großmut unter Beweis. Nächstenliebe wird überall in Samoa auf Häuptlingsversammlungen als Ideal gepriesen, und vielleicht gibt es kein denkwürdigeres Beispiel für die Freundlichkeit der Samoaner als die Straße, die von einer Gruppe von Häuptlingen hohen Ranges in Vailima für Robert Louis Stevenson kurze Zeit vor dessen Tod gebaut wurde. Tusitala, so nannten sie den großen Dichter, hatte sich für die Häuptlinge während deren Leidenszeit im Gefängnis eingesetzt. Die »Straße des liebenden Herzens« bauten diese als Ausdruck ihres Dankes eigenhändig für ihn. Diese Straße, sagten die Häuptlinge, werde »für alle Zeiten fortbestehen«. Ich bin sicher, daß dies auch für die besten Seiten der *fa'aSamoa* gilt.[13]

Teil IV
Margaret Mead
und das Boas-Paradigma

19. Margaret Meads Zerrbild von Samoa

Als sich Margaret Mead und Ruth Benedict 1927 daranmachten, gemeinsam ein Bild der samoanischen Kultur zu entwerfen, dachten sie lediglich eine Überzeugung zu Ende, die ihnen bereits in Fleisch und Blut übergegangen war: daß die überlieferten Verhaltensmuster innerhalb der menschlichen Gesellschaft gewissermaßen die Gußform sind, in die das »Rohmaterial« der menschlichen Natur fließt. Nachdem Margaret Mead mit Ruth Benedict jede Einzelheit »abgeklopft« hatte, schrieb sie in ihrer Abhandlung *Social Organization of Manu'a* im Hinblick auf bestimmte, innerhalb einer Kultur vorherrschende Grundhaltungen von der absolut determinierenden Kraft des gesellschaftlichen Drucks bei der Formung des Individuums innerhalb vorgegebener Grenzen. Diese Absolutheit des Kulturdeterminismus war für Mead »so offenkundig«, daß sie sich zu dieser Auffassung auch bei ihrer Darstellung menschlicher Verhaltensformen während der Zeit des Heranwachsens in *Kindheit und Jugend in Samoa* bekannte.[1]

Es ist durchaus verständlich, daß die Absolutheit des Kulturdeterminismus ihr »so offenkundig« schien. Denn als sie 1922 ihr Studium begann, erlebte die Anthropologie gerade »den unwiderstehlichen Siegeszug« von Franz Boas' »Idee der vollständigen Formung aller menschlichen Lebensäußerungen – inneres Denken und Fühlen sowie äußerliches Verhalten – durch gesellschaftliche Konditionierung«, wie Leslie Spier es ausdrückte.

Bei ihrer Abreise nach Samoa im Jahr 1925 war Margaret Mead schon längst eine glühende Anhängerin der Auffassung, daß menschliches Verhalten gänzlich durch kulturelle Einflüsse erklärt werden könne. Zu der Zeit, als sie in die Reihen der Kulturanthropologen trat, hatte deren Wissenschaft zwar schon ihre Unabhängigkeit erlangt, doch war dafür der Preis zu entrichten gewesen, daß sie zu einer Ideologie herabsank, die auf ausgesprochen unwissenschaftliche Art danach trachtete, die

Biologie von der Erklärung menschlichen Verhaltens auszuschließen. In diesem Geiste konnte Kroeber verkünden: »Die Anthropologie ist nicht wichtig als Wissenschaft, sondern als Geisteshaltung.« Und diese Geisteshaltung bestand eben darin, daß die Kultur in doktrinärer Weise als überorganische Entität angesehen wurde, die durch »Konditionierung aller Reaktionen« ununterbrochen das menschliche Verhalten prägt. Margaret Mead wurde zu einer führenden Vertreterin dieser Auffassung. Die ihr von Franz Boas übertragene anthropologische Mission bestand nach einer Bemerkung von Marvin Harris darin, die Vorstellung von einer »gemeinsam ererbten menschlichen Natur« zu überwinden. Dieses Ziel verfolgte sie, indem sie unermüdlich in einer Veröffentlichung nach der anderen »das Fehlen der Regelhaftigkeit von Reifungsprozessen« beim Menschen unterstrich.[2]

In ihrer eigenen Darstellung der ihr zugedachten wissenschaftlichen Mission schrieb Margaret Mead von einer Schlacht, die sie mit anderen Boas-Anhängern zu schlagen hatte – unter Einsatz des schwersten ihnen zur Verfügung stehenden Geschützes und unter Berufung auf die phantastischsten und verblüffendsten Beispiele, die sie auftreiben konnten. Demnach hatten ihre Schriften aus jener Zeit über Samoa und andere Südseekulturen eindeutig zum Ziel, biologische Erklärungen menschlichen Verhaltens zu widerlegen und die Lehrmeinungen von Franz Boas und dessen Schule durchzusetzen.

Nach Margaret Meads eigener Aussage war die Schlacht 1939 gewonnen. Im Rückblick muß jedoch gesagt werden, daß ihre eristische Einstellung zu anthropologischem Forschen, die sich aus der überhitzten Anlage-Umwelt-Kontroverse der zwanziger Jahre herleitete, in grundlegender Weise von wissenschaftlichen Methoden und Wertvorstellungen abwich. Es kann kein Zweifel daran bestehen, daß sich Mead durch ihren inständigen Wunsch, die Gültigkeit der mit Ruth Benedict und Franz Boas geteilten Lehrmeinungen zu beweisen, in Samoa dazu hinreißen ließ, ihren Überzeugungen zuwiderlaufendes Beweismaterial außer acht zu lassen und voreilig darauf zu vertrauen, daß Manu'a für die Anthropologie als »Negativbeispiel« herhalten könne.[3]

Für Meads Leser in Nordamerika und anderen Teilen der Welt gab es für die von ihr beschriebene idyllische Gesellschaftsordnung keine passendere Heimat als die Südsee, denn dieser Teil der Welt galt seit den Tagen Bougainvilles in den Phantasievorstellungen von Europäern und Amerikanern als Ort himmlischer Zufriedenheit und sinnlicher Wonnen. Als Mead 1925 verkündete, sie gehe nach Samoa, hielten alle Menschen in ihrer näheren Umgebung staunend die Luft an. Es war, als hätte sie ihre »Himmelfahrt« angekündigt. Sie hat selbst bezeugt, daß es in den zwanziger Jahren unseres Jahrhunderts viele Menschen gab, die sich nach den Südseeinseln sehnten. Gern hätten sie sich dort »in eine Art göttliches Nichts geflüchtet, wo das Leben auf seine einfachste Körperlichkeit zurückgeführt wurde – Sonnenschein und wandernde Schatten von Palmen, bronzehäutige Mädchen und Jünglinge, Nahrung für den Hungrigen, keine Arbeit und keine Pflichten«.

In ihrem sehnsüchtigen Verlangen verfallen westliche Menschen bereitwillig dem ungewohnten Zauber einer tropischen Insel. So ist auch Samoa immer wieder im Tonfall überschwenglicher Begeisterung geschildert worden. Rupert Brooke, der sowohl Amerikanisch- als auch West-Samoa im November 1913 besuchte, schrieb von seiner Erfahrung »schierer Schönheit, so rein, daß einem der Atem stockt, als lebte man in einer von Keats beschriebenen Welt, wenngleich... weniger sirupartig«. Die Samoaner waren angeblich »das liebenswerteste Volk der Welt. Sie bewegten sich, gingen und tanzten wie Götter und Göttinnen, ganz ruhig und geheimnisvoll – und äußerst zufrieden«, mit »vollendeten Manieren und unendlicher Freundlichkeit«.[4]

Auf ähnlich euphorische Weise war Tahiti europäischen Lesern nach Bougainvilles Besuch des Jahres 1768 geschildert worden. Es war die Rede von den »Inseln der Seligen«, deren Bild schon Horaz und Plutarch so reizvoll entworfen hatten. Nun schienen sie sich in der entlegenen Südsee materialisiert zu haben. Dieses »neue Kythera«, so hieß es, sei ein irdisches Paradies. Dort gebe es nur einen Gott: die Liebe. Zwischen den Bewohnern herrsche Friede, denn Haß, Streit, Zwietracht und Bürgerkrieg sei ihnen unbekannt, so daß sie »die vielleicht glücklichste Gemeinschaft von Menschen bilden, die die Welt kennt«.

Diese Darstellung ähnelt Margaret Meads Bild von Samoa in so verblüffender Weise, daß sie bei der Konstruktion ihres Negativbeispiels entscheidend von der romantischen Vision beeinflußt gewesen sein muß, die die Phantasie westlicher Menschen seit dem 19. Jahrhundert beherrscht hatte. Die Samoaner, erzählte Mead ihren Lesern, hätten die freie Liebe zu ihrem Zeitvertreib par excellence gemacht und würden nie genug hassen, um den Wunsch zu verspüren, einen anderen Menschen zu töten, denn sie seien »eines der liebenswertesten, am wenigsten streitsüchtigen und eines der friedfertigsten Völker der Welt«.[5]

Fürwahr eine verführerisch romantische Vision, der eines Bougainville und eines Brooke ebenbürtig! Doch wie ich schon in den Kapiteln 9 bis 18 nachgewiesen habe, sind diese und andere Bestandteile von Margaret Meads Darstellung Samoas als Negativbeispiel fundamentale Irrtümer. Wenn sie auf der Grundlage dieser irrigen Voraussetzungen Behauptungen über die Zeit des Heranwachsens in Samoa und über den absoluten Vorrang der Umwelt gegenüber ererbten Anlagen aufstellt, dann ist ihr Negativbeispiel nicht nur kein Negativbeispiel, sondern alle aus ihm abgeleiteten Schlußfolgerungen sind nachweisbar ungültig.

Wie ist es zu erklären, daß die junge Margaret Mead das Ethos und die Ethnographie Samoas derartig verzerren konnte? Gewiß, ihr Glaube an den Kulturdeterminismus und ihre innere Bereitschaft, die Inseln der Südsee als eine Art Paradies auf Erden anzusehen, haben ihren Teil dazu beigetragen, aber es war mit Sicherheit noch viel mehr im Spiel.

Franz Boas gab Margaret Mead für ihre Doktorarbeit ein Thema, bei dem es um eine vergleichende Studie des Kanu- und Hausbaus sowie der Tätowierkunst im polynesischen Kulturraum ging. Im Verlauf des Jahres 1924 sammelte Mead Informationen aus der einschlägigen Literatur über die Bewohner Hawaiis, Tahitis, der Marquesas-Inseln, über die Maori und die Samoaner. Diese Studien im Rahmen ihrer Promotion standen nicht direkt im Zusammenhang mit dem eigenständigen Problem der Adoleszenz in Samoa, vor das Franz Boas seine Schülerin im Jahre 1925 dann stellte. Mead las übrigens damals mehr über Ost- als über Westpolynesien. Dadurch blieb ihr weitgehend verborgen, wie sehr sich die traditionelle samoanische Kultur mit ihren Wertvorstellungen von derjenigen Tahitis unterscheidet. Auch hatte sie im Frühjahr 1925 wenig Zeit, sich systematisch auf ihre Forschungsarbeit in Samoa vorzubereiten. Das abschließende Gespräch mit Franz Boas über das Projekt unmittelbar vor ihrer Abreise nach Pago Pago dauerte, wie sie selbst berichtet hat, nur eine halbe Stunde. Während dieses kurzen Zusammentreffens wurde sie von Boas vor allem instruiert, sich ganz auf das Problem zu konzentrieren, mit dem er sie betraut hatte, und keine Zeit mit ethnographischer Arbeit zu vergeuden.

So kam es, daß Margaret Mead sich gleich nach ihrer Ankunft in Manu'a im November 1925 an ihre Untersuchung der Adoleszenz in Samoa machte, ohne zuvor durch eigene Beobachtungen oder durch Befragung Erwachsener ein gründliches Verständnis der traditionellen Wertvorstellungen und Gebräuche der Manuaner zu erwerben. Zweifellos war dies ein unkluges Vorgehen, denn es bedeutete, daß Mead nicht in der Lage war, die Aussagen der von ihr untersuchten Mädchen vor dem Hintergrund einer fundierten Kenntnis der *fa'aSamoa* zu überprüfen.[6] Es ist ebenfalls offenkundig, daß Margaret Mead die Komplexität der Kultur, der Gesellschaftsordnung, der Geschichte und der Psychologie des Volkes allzusehr unterschätzte, bei dem sie das Verhalten Heranwachsender zu studieren gedachte. Die samoanische Gesellschaftsordnung sei »sehr einfach«, meinte sie, und die Kultur Samoas »unkompliziert«. Schon in der Einleitung von *Kindheit und Jugend in Samoa* lesen wir, daß ein Beobachter zwar Jahre brauche, bevor er die innerhalb von »komplizierten Kulturen wie jenen Europas oder den höheren Formen von Zivilisation im Osten« wirkenden Kräfte zu verstehen beginne. Doch ein »primitives Volk« stelle ein weniger kompliziertes Problem dar, und ein Fachmann mit einiger Übung sei in der Lage, »die grundlegende Struktur einer primitiven Gesellschaftsordnung in ein paar Monaten zu bewältigen«.[7]

Jeder, der sich die Mühe macht, Augustin Krämers *Die Samoa-Inseln,* Robert Louis Stevensons *A Footnote to History* oder J. W. Davidsons *Samoa mo Samoa* zu lesen, entdeckt schnell, daß Gesellschaftsordnung und Kultur Samoas keineswegs simpel und unkompliziert sind. Sie sind ganz im Gegenteil geprägt von Besonderheiten, komplizierten Eigentümlichkeiten und Feinheiten, die einem Wissenschaftler genauso zu schaffen machen können wie das Wesen europäischer oder asiatischer Kulturen. Tatsächlich ist die *fa'aSamoa* so verschlungen und komplex, daß man, wie Isobel Strong, Stevensons Stieftochter, einmal bemerkte, »lange in Samoa leben kann, ohne das Warum und Wozu zu verstehen«. Margaret Mead hatte jedoch nicht einmal ein paar Monate für ein systematisches Studium der Bevölkerung von Manu'a übrig, sondern machte sich, wie schon gesagt, unmittelbar nach ihrer Ankunft daran, das Problem der Adoleszenz zu untersuchen, getreu Franz Boas' Instruktionen. Später hat sie gesagt, sie habe bei ihren Forschungsreisen der Folgezeit »die zufriedenstellendere Aufgabe gehabt, zuerst etwas über die Kultur zu lernen und danach an einem speziellen Problem zu arbeiten«, aber in Samoa sei dies »nicht notwendig« gewesen.[8]

Es stimmt zwar, daß Mead zehn Wochen vor ihrer Weiterreise nach Manu'a in Pago Pago verbrachte, um die Grundbegriffe der samoanischen Sprache zu erlernen. Auch wohnte sie zehn Tage lang bei einer samoanischen Familie im Dorf Vaitogi. Doch diese Erfahrung bedeutete für sie anfangs zwar eine nützliche Orientierungshilfe, aber eine systematische Beschäftigung mit der *fa'aSamoa*, die sie zu einer nüchternen Einschätzung der Auskünfte ihrer halbwüchsigen Gesprächspartnerinnen über das sexuelle und sonstige Verhalten der Manuaner befähigt hätte, war dadurch gewiß nicht gewährleistet.

Ein anderes Problem bestand in einer angemessenen Verständigungsmöglichkeit mit dem zu untersuchenden Personenkreis. Margaret Mead war in Pago Pago ohne jegliche Kenntnis der samoanischen Sprache eingetroffen. Zwar begann sie sofort, die Sprache der Eingeborenen zu erlernen, aber die zehn Wochen, die sie auf diese Aufgabe verwandte, waren ein viel zu kurzer Zeitraum, um die kniffelige samoanische Sprache mit ihren zahlreichen Vokabeln aus dem Bereich der fein abgestuften Rangordnung fließend zu beherrschen. Deshalb befand sich Margaret Mead bei der Durchführung ihres Forschungsauftrages in einer mißlichen Situation, zumal Samoaner im allgemeinen amüsiert auf den holperigen Gebrauch ihrer vertrackten Sprache durch Ausländer reagieren und dazu neigen, solche Fremdlinge nicht sonderlich ernst zu nehmen.

Margaret Mead war also weit davon entfernt, die Sprache ihrer jungen samoanischen Gesprächspartnerinnen perfekt zu beherrschen, als sie mit deren Befragung begann. Auch hatte sie sich zuvor nicht systematisch mit der sozialen Ordnung von Manu'a und den in ihr verkörperten Wertvorstellungen befaßt. Hinzuzufügen wäre noch, daß sie nicht etwa in einem samoanischen Haushalt unterzukommen versuchte, sondern sich für eine Handvoll fern ihrer Heimat lebender Amerikaner entschied. Letztere waren die örtlichen Vertreter der Marineverwaltung von Amerikanisch-Samoa. Im Jahr 1925 waren viele Samoaner sehr schlecht auf diese Fremdherrschaft zu sprechen.

Als Bronislaw Malinowski im September 1931 die Einleitung zu Reo Fortunes Buch *Sorcerers of Dobu* schrieb, äußerte er sich höchst befriedigt darüber, daß der Verfasser in seiner »Entschlossenheit, inmitten der Eingeborenen zu leben«, sowohl ausländische Missionen als auch Regierungsdienststellen »kompromißlos gemieden« habe. Darüber, daß ein direktes Zusammenleben mit den Menschen, deren Wertvorstellungen und Verhalten ein Ethnograph erforschen will, große Vorteile mit sich bringt, besteht nicht der geringste Zweifel. Ohne auch nur eine kurze Zeit in einem samoanischen Haushalt alten Stils verbracht zu haben, wußte Margaret Mead jedoch schon sechs Wochen nach ihrer Ankunft in Pago Pago, daß das Essen der Eingeborenen für sie zu stärkehaltig gewesen wäre. Auch die nervlichen Belastungen, die die besonderen Lebensumstände in einem samoanischen Haushalt mit sich gebracht hätten, traute sie sich nicht zu. An Boas schrieb sie, es sei ihr in Ta'ū gelungen, »in einem weißen Haushalt« unterzukommen, jedoch mitten in einem der Dörfer, in denen sie ihre halbwüchsigen »Forschungsobjekte« zu rekrutieren gedächte.

Gewiß hat die Tatsache, daß Margaret Mead nicht bei Samoanern, sondern bei der Familie Holt in deren im europäischen Stil gehaltenen Haus unterkam (welches auch die regierungseigene Funkstation und die amtliche medizinische Versorgungsstelle beherbergte), nachhaltig auf den Verlauf und die Methodik ihrer Forschungsarbeit eingewirkt.

Diese Unterkunft war für Margaret Mead nach eigenem Bekunden jedoch so etwas wie ein absolut notwendiger neutraler Stützpunkt. Von dort aus konnte sie angeblich jeden einzelnen Dorfbewohner genau beobachten und zugleich vermeiden, »in Zwistigkeiten der Eingeborenen hineingezogen zu werden oder Demarkationslinien zu überschreiten«. Die Vorteile solcher Vorsichtsmaßnahmen wurden jedoch dadurch aufgehoben, daß sie sich der engen Kontakte beraubte, die sich im allgemeinen rasch zwischen einem Ethnographen und den Mitgliedern einer samoanischen Großfamilie einstellen, sofern er sich dafür entscheidet, in deren Mitte zu leben. Solch enges Zusammenleben ist aber wesentlich, will man ein gründliches Verständnis der samoanischen Sprache erlangen. Doch am wichtigsten ist die sich daraus ergebende Möglichkeit, durch ständige Beobachtungen das tatsächliche Verhalten der Menschen und die Aussagen von Interviewpartnern unabhängig überprüfen zu können. Da sich Mead für die Holts entschied, lief sie in eine Falle, die sie sich selbst gestellt hatte. Jetzt konnte sie sich nämlich nicht mehr auf eigene Beobachtungen des Verhaltens von Samoanern verlassen, zumal nicht derer, die außerhalb des Bannkreises der Regierungsdienststelle von Ta'ū lebten, sondern sie mußte sich auf Dinge stützen, die ihre jugendlichen Gewährsleute nur vom Hörensagen wußten.[10]

Daß sie sich tatsächlich in einer solchen Lage befand, geht aus Margaret Meads eigenen Aufzeichnungen hervor. Ihr Quartier befand sich zur rückwärtigen Veranda des Hauses hin. Von dort aus konnte sie über einen kleinen Innenhof einen Teil des Dorfes Lumā überblicken. In dem von ihr bewohnten Teil des Hauses befand sich auch die »Apotheke« der Regierungsaußenstelle. Bald wurde Margaret Meads wissenschaftliches Hauptquartier von heranwachsenden, später auch von noch ganz kleinen Mädchen frequentiert, mit denen sie sich ebenfalls befassen zu müssen glaubte. »Tag für Tag und Nacht für Nacht« füllten sie ihr Arbeitszimmer.

Margaret Mead war 23 Jahre alt, als sie ihre Forschungsarbeit in diesem unzweckmäßigen Rahmen begann. Sie war von kleinerer Statur als manche der Mädchen, die sie studierte. Die jungen Samoanerinnen behandelten sie angeblich als »einen Menschen ihresgleichen«.[11]

Aus alledem ist zu entnehmen, daß Margaret Mead zwar, wie sie selbst schrieb, »ungehindert im Dorf herumspazieren, an Angelpartien teilnehmen oder sich zu einer Frau setzen konnte, die in ihrem Haus mit Webearbeit beschäftigt war«. Doch abgesehen von diesen Ausflügen bezog sie ihre wichtigsten Informationen über das Heranwachsen in Samoa von jungen Mädchen, die sie nicht in ihrer häuslichen Umgebung in den Dörfern Luma, Si'ufaga und Faleasao kennenlernte, sondern von denen sie zu einem Gespräch aufgesucht wurde. Das Leben in diesen Dörfern sah Mead, wie sie selbst zugab, »mit den Augen« einer Gruppe junger Mädchen, auf die sie sich bei ihrer wissenschaftlichen Arbeit konzentrierte.

Die geschilderte Situation ist von entscheidender Bedeutung für die richtige Einschätzung von Margaret Meads Tätigkeit in Manu'a. Wir kommen nicht um die Frage herum, ob Margaret Meads Sehweise der samoanischen Verhältnisse, die auf den Aussagen ihrer jugendlichen Gesprächspartnerinnen beruhte, adäquat war und der Wahrheit entsprach.[12]

In den Kapiteln 9 und 18 habe ich den Nachweis erbracht, daß viele der von Margaret Mead über Samoa gemachten Behauptungen auf fundamentalen Irrtümern beruhen. Manche sind sogar auf geradezu groteske Weise falsch. Womit sind nun Fehler solcher Größenordnung zu erklären?

Wie schon Shore berichtet hat, reagieren manche Samoaner, die Margaret Meads Buch *Kindheit und Jugend in Samoa* gelesen haben, mit Ärger und vertreten mit Nachdruck die Meinung, »daß die Mead gelogen hat«. Eine solche Unterstellung muß ich jedoch als rundweg unbegründet zurückweisen. Aus der Einleitung zu *Kindheit und Jugend in Samoa* der Ausgaben von 1949, 1953, 1961 und 1973 ist nach meiner Beurteilung klar zu ersehen, daß Mead unverändert von der Gültigkeit des Samoa-Bildes überzeugt war, mit dem sie 1926 nach New York zurückkehrte. Außerdem gab sie 1969 in der Ausgabe ihrer Arbeit *Social Orga-*

nization of Manu'a unumwunden zu, daß sich das Problem ergeben habe, die »Widersprüche« zwischen ihrer eigenen Schilderung Samoas und der sich aus »anderen Berichten über die »historische und zeitgenössische Lebensweise« der Samoaner ergebenden Darstellung miteinander in Einklang zu bringen.[13]

Nach Meads Meinung gab es nur zwei Möglichkeiten: Entweder befanden sich die Bewohner von Manu'a zum Zeitpunkt ihres Aufenthaltes »zeitweilig im Zustand glückhafter Entspannung«, so daß das von anderen Ethnographen geschilderte strenge Ethos Samoas weniger auf ihnen lastete, oder der Standpunkt eines jungen Mädchens, von dem aus sie das samoanische Gemeinwesen »sah«, war für die Unstimmigkeiten verantwortlich.

Im 8. Kapitel habe ich nachgewiesen, daß Mitte der zwanziger Jahre unseres Jahrhunderts in Manu'a von keiner Periode glückhafter Entspannung die Rede sein konnte. Eher waren damals ungewöhnlich starke Spannungen zu verzeichnen, die sich auch darin äußerten, daß die Mehrzahl der Manuaner als Anhänger der Mau-Bewegung gegen die Marineverwaltung von Amerikanisch-Samoa aufbegehrten. So bleibt uns nur die zweite von Margaret Mead genannte Möglichkeit. Es erhebt sich die Frage, wie sehr ihre Schilderung Samoas durch die beschränkte Perspektive der jungen Mädchen beeinträchtigt wurde, auf deren Aussagen sie sich verließ.[14]

Wenn nun Margaret Meads Portrait der samoanischen Kultur nachweislich auf schweren Irrtümern beruhte, so enthielt ihr Bericht über das sexuelle Verhalten der Samoaner einen geradezu haarsträubenden Widerspruch, behauptet sie doch, die Samoaner legten großen Wert auf Jungfräulichkeit, und deren feierliche Überprüfung werde »theoretisch bei Hochzeiten von Menschen aller Rangstufen« durchgeführt. Gleichzeitig erfahren wir, die Zeit des Heranwachsens sei für Samoanerinnen ein Lebensabschnitt, wie geschaffen für die körperliche Liebe. Promiskuität vor der Ehe sei nicht nur erlaubt, sondern werde sogar »erwartet«. Tatsächlich schreibt Mead, die Samoaner stellten geradezu die »Forderung«, daß eine junge Frau sowohl »empfänglich für die Avancen vieler Liebhaber, zugleich jedoch auch in der Lage sein sollte, bei der Heirat die Attribute der Jungfräulichkeit vorzuweisen«. An dieser Stelle dürfte jedem klargeworden sein, daß irgend etwas nicht stimmen kann, denn nirgendwo auf der Welt könnte bei einer Gemeinschaft von Menschen eine derartige geistige Verwirrung herrschen, daß eine solch schizophrene Daseinsform möglich wäre. Die Samoaner sind auch tatsächlich nicht im entferntesten so. Wie dem Kapitel 16 dieses Buches zu entnehmen ist, sind sie ein Volk, das traditionell großen Wert auf Jungfräulichkeit legt. Vorehelichen Geschlechtsverkehr lehnen sie nachdrücklich ab, und das Kommen und Gehen ihrer heranwachsenden Mädchen wird argwöhnisch überwacht.

Daß das Leben in Manua auch Mitte der zwanziger Jahre von diesen Wertvorstellungen und Regeln geprägt war, wird von den Bewohnern jener Inseln selbst bestätigt. Als ich mich mit Manuanern, die sich noch gut an alles erinnern konnten, über jene Zeit unterhielt, erfuhr ich, daß die *fa'aSamoa* damals ebenso Gültigkeit hatte wie vor und nach Margaret Meads kurzem Aufenthalt auf der Insel Ta'ū.

Aus welcher Quelle speisten sich also Margaret Meads irrige Behauptungen, es gebe in Samoa vor der Ehe große sexuelle Freizügigkeit, so daß heranwachsenden Mädchen Promiskuität nicht nur gestattet sei, sondern sie von ihnen geradezu erwartet werde?[15]

Die von den meisten Samoanern vorgebrachte Erklärung für das Ausmaß der Fehler, die Margaret Mead bei der Schilderung samoanischer Kultur und sexueller Moral unterliefen, besteht laut Eleanor Gerber darin, »daß die Gesprächspartnerinnen Meads geschwindelt haben müssen, um sie auf den Arm zu nehmen«.

Diese Deutung habe ich wiederholt in Manu'a und auf anderen Inseln aus dem Mund von Samoanern vernommen, die auf eine *tau fa'ase'e* genannte Verhaltensweise hinwiesen, zu der die Samoaner angeblich sehr neigen. Das samoanische Wort *fa'ase'e* heißt wörtlich übersetzt »ins Rutschen bringen«, bedeutet jedoch soviel wie »düpieren«. Milner hat ein Beispiel dafür geliefert: »*E fa'ase'e gofie le teine* – Das Mädchen ist leicht zu düpieren«. Der Satz *tau fa'ase'e* beinhaltet die Handlungsweise eines Menschen, der einen anderen absichtlich in die Irre führt. Dies wiederum ist ein Zeitvertreib, dem sich die Samoaner gern verschreiben, denn er verschafft ihnen ein wenig Erleichterung von der Strenge ihrer autoritären Gesellschaftsordnung.[16]

Wegen ihrer Sittenstrenge lassen sich Samoaner nur zögernd auf Diskussionen über sexuelle Angelegenheiten mit Fremden oder Autoritätspersonen ein. Diese Zurückhaltung ist besonders bei heranwachsenden Mädchen festzustellen. Als Holmes beispielsweise 1954 mit seiner Frau in Manu'a und auf Tutuila lebte, berichtete er, daß es »niemals möglich war, von unverheirateten Interviewpartnern Einzelheiten über ihre sexuellen Erfahrungen zu erhalten, obwohl mehrere dieser Menschen zu unserer ständigen Begleitung gehörten und fester Bestandteil des jeweiligen Haushaltes waren«. Lauifi Ili, Holmes' wichtigster Helfer, meinte, samoanische Mädchen seien »sehr wortkarg und verschämt«, wenn es darum ginge, Auskünfte über sexuelle Aktivitäten zu erteilen. Doch Informationen dieser Art wollte die Mead, eine erst vor kurzem aus New York eingetroffene emanzipierte Amerikanerin, wohnhaft in der Außenstelle der Regierung auf der Insel Ta'ū, den heranwachsenden Mädchen entlocken, die zu untersuchen sie ausgesandt worden war. Als sie unbeirrt auf diesem Vorsatz beharrte und in einer nie dagewesenen Weise an ein höchst peinliches Thema rührte, nahmen die von ihr befragten Mädchen, wie Eleanor Gerbers samoanische Gesprächspartner vermuten, zu *tau fa'ase'e* Zuflucht und deckten ihre neugierige Besucherin mit Ammenmärchen über ein lockeres Liebesleben unter Palmen ein.[17]

Dies ist also die Erklärung, die manche Samoaner für das Zustandekommen von Margaret Meads äußerst inadäquatem Bild von ihrer sexuellen Moral bereithalten. Diese Erklärung berücksichtigt auch Margaret Meads aufrichtigen Glauben an die Richtigkeit der eigenen, in *Kindheit und Jugend in Samoa* vertretenen Ansichten. Tatsächlich hatte sie ja all das aufgezeichnet, was ihr von ihren halbwüchsigen Gewährsleuten berichtet worden war. Wenn man Bewohner aus Manu'a dazu befragt, betonen sie, daß die Mädchen sich nur einen Spaß machten, als sie der Mead einen Bären aufbanden. Sie hätten keinen blassen Schimmer gehabt, daß ihre erfundenen Geschichten eines Tages in ein Buch aufgenommen würden.

Zwar können wir wegen des Fehlens detaillierter Beweise nicht mit Sicherheit davon ausgehen, daß Margaret Mead unseligerweise von einer Gruppe junger Mädchen an der Nase herumgeführt wurde, wie manche Samoaner meinen. Richtig ist jedoch, daß sie 1926 mit Geschichten nach New York zurückkehrte, die allen bisherigen ethnographischen Darstellungen Samoas völlig zuwiderliefen. Aus diesen Geschichten konstruierte sie ihr Bild von Manu'a als einem Paradies freier Liebe – und Samoas als eines ›Negativbeispiels‹, mittels dessen angeblich die Gültigkeit der Boasschen Lehre nachgewiesen werden konnte. Pflichtschuldigst präsentierte sie Franz Boas dieses Negativbeispiel als ein in ideologischer Hinsicht lohnendes Resultat ihrer Forschungsarbeit in Manu'a.

Für Mead war Franz Boas eine intellektuelle Führergestalt ohnegleichen. Er sehe »die Aufgabe des Wissenschaftlers darin, sprachliche Probleme auszuloten, sich mit den Typen des menschlichen Körperbaus zu befassen oder Fragen künstlerischen Stils zu untersuchen – jedesmal ein tiefgreifender, rascher und intensiver Griff in eine enorme, nicht erschlossene und unbekannte Menge von Informationen an einem strategisch wichtigen Punkt«, schrieb sie über ihn. Stets habe er seine Studenten vor vorschnellen Verallgemeinerungen gewarnt. Denn davor habe er sich »gefürchtet wie vor der Pest«. Nach J. R. Swantons Urteil war Boas »streng gewissenhaft beim Abwägen von Ergebnissen und äußerst vorsichtig in seinen Schlußfolgerungen«. Robert Lowie schätzte ihn als einen Gelehrten, dessen »einzige Sorge in der Ermittlung der Wahrheit bestand«. Die ethnographische Literatur aus aller Welt habe er im Griff gehabt »wie niemand sonst«.

Angesichts dieser Äußerungen scheint es angemessen, sich etwas genauer damit zu befassen, wie Franz Boas auf die absolute Verallgemeinerung reagierte, zu der Margaret Mead nach den wenigen Monaten ihrer Untersuchung halbwüchsiger Samoanerinnen gelangt war. Mit Gewißheit kann gesagt werden, daß Franz Boas, der Initiator und Lenker von Margaret Meads samoanischem Forschungsprojekt, nur die elementare Vorsichtsmaßnahme hätte ergreifen müssen, die jedermann zugängliche ethnographische Literatur über Samoa zu konsultieren, beispielsweise die Schriften von Turner, Williams, Pritchard, Stuebel und Krämer, um im Handumdrehen auf Berichte über das sexuelle und sonstige Verhalten der Samoaner zu stoßen, welche in erheblicher Weise von Margaret Meads Schilderungen abwichen. Wenn er gründlich vorgegangen wäre, wäre ihm unmißverständlich klargeworden, daß die Befunde Margaret Meads unbedingt durch eine Kontrolluntersuchung vor Ort überprüft werden mußten. Als Boas jedoch das Manuskript von *Kindheit und Jugend in Samoa* gelesen hatte, äußerte er keinerlei Zweifel an der absoluten Gültigkeit der darin enthaltenen allgemeinen Schlußfolgerung. Später schrieb er sogar in seinem enthusiastischen Vorwort von »peinlich genauer Forschungsarbeit«, auf der Margaret Meads extreme Schlußfolgerung angeblich beruhte. Mead hat selbst berichtet, Boas habe von Anfang an daran geglaubt, daß ihre Arbeit in Samoa zeigen würde, wie »ungemein wichtig Kultur ist«.

Genauso unkritisch reagierte Ruth Benedict, die geistige Ziehmutter Meads an der Columbia University. Wie Franz Boas im Jahr 1928 machte sie sich ein paar Jahre später ebenfalls Margaret Meads Schlußfolgerungen zu eigen und stellte sie als stichhaltigen Beweis für die Gültigkeit der kulturdeterministischen Doktrin hin, an die sie wie Boas und Mead inbrünstig glaubte.[18]

Margaret Meads samoanische Forschungen sind also ein lehrreiches Exempel dafür, daß Menschen gerade dann unversehens in die Irre geführt werden, wenn sie im festen Glauben an die Richtigkeit ihrer liebsten Überzeugungen auf die Suche nach Beweisen gehen. Anscheinend ist diese Gefahr schon im Entstehungsprozeß dessen enthalten, was wir »Glauben« nennen. P. D. MacLean hat die Vermutung ausgesprochen, daß das limbische System des menschlichen Gehirns »die Fähigkeit hat, starke affektive Gefühle der Gewißheit hervorzubringen, die wir mit unseren Überzeugungen verknüpfen, ob sie nun richtig sind oder falsch«. Albert Einstein hat einmal gesagt: »Überzeugung ist eine gute Triebfeder, aber ein schlechtes Steuerventil.«

Im Falle von Margaret Mead gibt es eindeutige Beweise dafür, daß ihr fester Glaube an die Doktrin eines extremen Kulturdeterminismus sie dazu verleitete, ein Bild von Samoa zu entwerfen, das eben diese Doktrin zu bestätigen schien. Schließlich hatte sie ja selbst einmal bekundet, sie wolle mit allen ihr zur Verfügung stehenden Mitteln dafür kämpfen. Leider gibt es jedoch schlüssige empirische Beweise dafür, daß Samoa in vielerlei Hinsicht durchaus nicht so ist (und war), wie Mead es geschildert hat.[19]

Für die Anthropologie als Wissenschaft, die bislang immer dazu neigte, die Berichte von Ethnographen als gänzlich empirische Feststellungen zu akzeptieren, geht es angesichts dieses historischen Falles einerseits um die Frage, wieweit auch die Darstellungen anderer Ethnographen durch doktrinäre Überzeugungen verzerrt worden sind, und andererseits um das methodologische Problem, wie eine solche Verzerrung am besten vermieden werden kann. Diese Problematik ist nicht zu unterschätzen.

Im Rückblick auf Margaret Meads samoanische Forschungen möchte ich lediglich anmerken, als wie weise sich Karl Poppers Mahnung wieder einmal herausstellt, daß sowohl in der Wissenschaft als auch in der Gelehrsamkeit die unermüdliche rationale Kritik unserer Hypothesen wichtiger als alles andere ist, denn »indem sie unsere Fehler bloßstellt..., läßt sie uns die Schwierigkeiten des Problemes begreifen, das wir zu lösen suchen«, und bewahrt uns auf diese Weise vor der trügerischen Verlockung der »offenkundigen Wahrheit« einer übernommenen Lehrmeinung.[20]

20. Wege zu einem wissenschaftlicheren anthropologischen Paradigma

Die Anlage-Umwelt-Kontroverse der zwanziger Jahre unseres Jahrhunderts ist inzwischen nur noch von historischem Interesse. Im Lichte neuerer wissenschaftlicher Erkenntnisse gilt es als unhaltbar, biologische oder kulturelle Variablen aus der Ätiologie des menschlichen Verhaltens während der Adoleszenz oder aus irgendeinem anderen wichtigen Daseinsbereich auszuklammern. Denn beides, Ererbtes und Erworbenes, ist stets an allem beteiligt. Conway Zirkle meinte einmal, jeder Versuch, eine der beiden Komponenten als wichtiger hinzustellen, sei »so töricht, wie feststellen zu wollen, wer für das Zustandekommen des Ergebnisses wichtiger sei: der Multiplikand oder der Multiplikator«.

Noch längst nicht alle Anthropologen haben erkannt, wie bedeutsam biologische Faktoren für das menschliche Verhalten sind. Wie wir schon gesehen haben, gaben Margaret Meads samoanische Forschungen offenbar den Vertretern jenes Lagers entscheidende Rückendeckung, die, wie George Stocking es ausdrückte, nach einer »Erklärung menschlichen Verhaltens in rein kulturellen Begriffen« suchten, also die antibiologistische Richtung des Boas-Paradigmas verfochten.[1]

Im 3. Kapitel wurde nachgewiesen, daß die Theorien des Kulturdeterminismus »in erster Linie als Alternativen bzw. Widerlegungen des biologischen Determinismus entwickelt wurden« (Melford Spiro). Boas und seine Anhänger hatten demnach offensichtlich eine Antipathie gegen die Biologie im allgemeinen und gegen die Genetik bzw. die biologische Evolutionstheorie im besonderen. So sprach sich Franz Boas beispielsweise gegen Forschungen im Bereich der Humangenetik aus. Noch im Jahre 1939 war er der Ansicht, daß in bezug auf den menschlichen Körper »die Suche nach Genen nicht ratsam wäre«. Es bestünde die Gefahr, daß die Anzahl der Gene »eher von der Anzahl der Forscher abhängen würde als von ihrer tatsächlichen Existenz«. Auch die Darwinsche Evolutionstheorie lehnte er heftig ab. Er war, wie Stocking berichtet, »sehr skeptisch gegenüber der natürlichen Auslese«. Alfred Kroeber, Boas' bedeutendster Schüler, verhielt sich gegenüber der evolutionistischen Biologie eher noch abweisender. Seiner Ansicht nach bestand zwischen Darwinismus und anthropologischem Denken »kein erkennbarer Zusammenhang«.

So sahen die Anschauungen aus, die sich die junge Margaret Mead zu eigen machte, so daß sie an ihre Forschungsarbeit in Samoa mit der grundsätzlichen Überzeugung heranging, die menschliche Natur sei nur »unbearbeitetes, undifferenziertes... Rohmaterial« und könne von der Kultur in jede Form gebracht werden.[2]

In den fünfzig Jahren, seit Margaret Mead sich zum absoluten Kulturdeterminismus und dessen Auffassung von der menschlichen Natur als einer *tabula rasa* bekannte, hat die Biologie unerhörte Fortschritte gemacht. Mittlerweile gilt als gesichert, daß das, was die Kulturen zu »formen« haben, eine (in Vernon Reynolds Worten) »außerordentlich komplexe Anordnung einer biochemischen Maschinerie darstellt, wobei jeder Bestandteil gewisse äußerst genaue Instruktionen für den Verlauf der eigenen Entwicklung enthält«.

Nachdem die Theorie von der Evolution durch natürliche Selektion Anfang der zwanziger Jahre fast überwunden schien, ist sie inzwischen längst wieder aus der Vergessenheit auferstanden als einigendes Paradigma aller biologischen Wissenschaften, von der Biochemie bis zur Ethologie. Tatsächlich wurde mit der Entdeckung, auf welche Weise genetische Informationen in Nukleinsäure gespeichert werden, die molekulare Basis des Evolutionsprozesses aufgedeckt. Seitdem ist offenkundig, daß der bis ins kleinste festgelegte Aufbau eines Enzyms ebenso das Ergebnis einer Evolution durch natürliche Auslese ist wie das Klammerverhalten eines neugeborenen Langur-Affen oder die Fähigkeit eines menschlichen Kleinkindes, einen für seine Gattung charakteristischen Modus der Verständigung durch Symbole zu erlernen. Im neunten Jahrzehnt des zwanzigsten Jahrhunderts häufen sich immer mehr die wissenschaftlichen Nachweise für die Richtigkeit von Mullers allgemeiner These, wonach »das Kriterium für belebte Materie darin besteht, ob sie zu einer Evolution durch natürliche Auslese im Darwinschen Sinn fähig ist«. Damit wird offenkundig, daß der *Homo sapiens* als Primat wie alle anderen Lebewesen ein Produkt der Evolution durch natürliche Auslese ist und daß außerdem die verschlüsselten, in den Genen jedes einzelnen Menschen gespeicherten Informationen wie deren Entschlüsselung im Lauf der ontogenetischen Entwicklung von grundlegender Bedeutung für das Verständnis menschlichen Verhaltens sind, ebenso wichtig wie die außergenetischen Informationen, die durch postnatale Erfahrungen und Enkulturation im Gedächtnis eines Individuums gespeichert werden.[3]

In diesem Sinn hat auch J. Z. Young konstatiert, daß das Dasein jedes einzelnen Säugetiers von ererbten Informationen bestimmt ist, die »geschrieben sind in den Triplets des DNA-Code«. Dieser produziert ein Programm, das in der jeweiligen Gehirnstruktur verkörpert ist, deren einzelne Bestandteile ihrerseits aus »Gruppen von Nervenzellen bestehen, die so organisiert sind, daß die... unterschiedlichen Handlungsabläufe jeweils zur richtigen Zeit erfolgen«. Beim Menschen kommt die Sprache und das kulturelle »Programm« hinzu, das von dem heranwachsenden Individuum erlernt wird. Bei einem Kind vollzieht sich dieser Lernvorgang schon vom ersten Tag an in einer Weise, wie er im Mutterleib nicht möglich wäre, doch ist das Kind, wie Young schreibt, dazu »nur dank der neuralen Ausstattung, die es durch Vererbung erhalten hat«, in der Lage. Diese neurale Ausstattung ist weit davon entfernt, »undifferenziert« zu sein. Bei ihren Forschungsarbeiten über den für das Sehen zuständigen Teil des Kortex von neugeborenen Makaken haben Hubel und Wiesal die Existenz einzelner Zellen mit sehr ausgeprägten Eigenschaften nachgewiesen. Sie reagieren auf Gegebenheiten der Umwelt wie z. B. auf die Richtung von Konturen. Solche spezialisierten Zellen gibt es sicherlich auch schon im visuellen Kortex eines neugeborenen Menschen. Diese und viele andere Forschungen haben den Nachweis erbracht, daß, wie Young das ausdrückte, das menschliche Gehirn »durchaus nicht nur ein Allzweckcomputer ist, dessen Speicher Informationen aller Art aufnimmt«, sondern »mehr wie einer, der schon ein System von Programmen in sich trägt«. Die Untersuchungen von Prechtl, Eibl-Eibesfeldt und anderen haben zudem gezeigt, daß ein Mensch gleich nach der Geburt über eine Reihe von Bewegungsmustern verfügt, die wesentlich für seine Überlebensfähigkeit sind. Dazu kommen andere Verhaltensweisen und Emotionen in ihrer phylogenetischen Grundstruktur, die sich dann im Verlauf der Ontogenese durch Interaktion mit der Umwelt entfalten.[4]

Als Kroeber 1955 auf die Geschichte der Kulturanthropologie zurückblickte, meinte er, die Epoche, in der die menschliche Natur als Konstante aus der Anthropologie verbannt gewesen sei, neige sich nun dem

Ende zu, denn es sei klargeworden, daß Kulturanthropologen nicht auf alle Zeiten den »grundlegenden genetischen Teil« der menschlichen Psyche ignorieren können. Diese Prognose hat sich als richtig erwiesen. Seit den fünfziger Jahren haben Forschungen besonders im Bereich der Ethologie gezeigt, daß das menschliche Verhalten in bedeutsamer Weise »durch stammesgeschichtliche Anpassungen vorprogrammiert« ist, wie sich Eibl-Eibesfeldt ausdrückte. In dieser Hinsicht hat sich seit den zwanziger Jahren ein ziemlicher Wandel vollzogen, denn damals predigte J. B. Watson, es gebe »kein solch Ding wie die Vererbung von Fähigkeiten, Talent, Temperament, der geistig-seelischen Konstitution«. Margaret Mead und andere Kulturanthropologen stützten ihre Theorien über menschliches Verhalten auf die Hypothese, die menschliche Natur sei »das roheste, höchst undifferenzierte... Rohmaterial«. Tatsächlich hat die Wissenschaft so entscheidende Fortschritte gemacht, daß es keine vernünftige Rechtfertigung mehr für den Glauben an den »Tabularasa-Mythos« gibt, wie Ashley Montagu 1979 sagte. Damit sind wir an einem Punkt angelangt, wo der Wissenschaftszweig der Anthropologie das von Kroeber und anderen Boas-Schülern aufgestellte Paradigma aufgeben muß, soll der Weg nicht in einer konzeptionellen Sackgasse enden. Bei der Erklärung menschlicher Verhaltensformen und Institutionen muß der Biologie ebenso Rechnung getragen werden wie der Kultur.[5]

Seit den zwanziger Jahren sind Biologen dank den Schriften der von Boas beeinflußten Wissenschaftler in steigendem Maß bereit gewesen, die Bedeutung der Kultur für die Entwicklung des Menschen anzuerkennen, ganz zu schweigen von der äußerst wohltuenden Wirkung dieser Schriften, die darin bestand, daß die Aufmerksamkeit weiter Kreise auf das Wesen kultureller Phänomene gelenkt wurde. C. H. Waddington betonte beispielsweise 1961, daß es bei Menschen »ein zweites Evolutionssystem gibt, das das biologische überlagert und mittels eines andersartigen Systems der Übermittlung von Informationen funktioniert«. P. B. Medawar nannte diese Methode der Übermittlung von Informationen »durch den gesamten Apparat der Kultur« *außergenetisch* (Boas benutzte diesen Begriff schon 1924). Er schrieb u. a.: »Die Evolution dieses Lernprozesses und des damit einhergehenden Vererbungssystems stellt einen grundlegend neuartigen Kunstgriff der Biologie dar – wichtiger als alles, was ihm vorausging und völlig verschieden von jeder anderen Wechselwirkung zwischen Organismus und Umwelt.«[6]

Eine andere wichtige Entwicklung seit der Blütezeit des Boas-Paradigmas besteht in der Widerlegung der These, es gebe auch bei »den höchstentwickelten Tieren nichts, was der primitivsten Kultur entspricht«. Auf dieser Voraussetzung fußte Kroebers Doktrin, daß Kultur etwas eigentümlich Menschliches sei. Damit setzte er einen fundamentalen Unterschied zwischen der Gattung Mensch und allen anderen Lebewesen voraus. Das Vorhandensein rudimentärer kultureller, d. h. außergenetischer Anpassungen bei nichtmenschlichen Gattungen ist jedoch von J. T. Bonner in *The Evolution of Culture in Animals* (1980) zwingend nachgewiesen worden. In diesem Werk werden die Ursprünge der Kulturfähigkeit des Menschen bis in ein frühes Stadium seiner biologischen Evolution zurückverfolgt. Kroebers Doktrin, Kultur habe keine Vorgänger bei nichtmenschlichen Gattungen, erweist sich eindeutig als falsch. Langsam nimmt also ein Paradigma Gestalt an, das eine Betrachtungsweise der Kultur im Rahmen der Evolution ermöglicht und sowohl genetische als auch außergenetische Faktoren in einer Weise berücksichtigt, die beiden fundamentalen Aspekten des Verhaltens und der Entwicklung des Menschen in ihrer zentralen Bedeutung gerecht wird.[7]

Kulturelle Anpassungsformen sind möglich durch die Epigenese dessen, was Ernst Mayr »offene Verhaltensprogramme« genannt hat. Diese kommen zustande, wenn sich ein genetisches Programm allmählich öffnet und »die Eingliederung persönlich erworbener Informationen in einem immer größeren Ausmaß« gestattet. Nach Mayrs Ansicht müssen gewisse Grundvoraussetzungen erfüllt sein, damit sich dieses allmähliche Öffnen eines genetischen Programmes vollziehen kann. Denn da persönlich erworbene Informationen »eine viel größere Speicherfähigkeit als jene erfordern, die für die sorgfältig ausgewählten Informationen eines geschlossenen genetischen Programms vonnöten sind«, bedürfe es eines großen zentralen Nervensystems. Ein offenes Verhaltensprogramm hänge von gehirnvermittelter Speicherung und Übermittlung außergenetischer Informationen ab. Zudem schreibe es nicht alle Schritte einer Verhaltenssequenz vor, sondern es »läßt gewisse Alternativen offen, gewisse Auswahlmöglichkeiten, obwohl es manchmal vielleicht auch die Wahrscheinlichkeit oder die Neigung für die Wahl des einen oder anderen Weges bestimmt«, wie Karl Popper schrieb. Entsprechend konstatiert Bonner in seiner Erörterung der »primitiven Flexibilität des Verhaltens« bei nichtmenschlichen Gattungen, der Unterschied zwischen »einer reflexartigen Handlung und einer gehirnvermittelten Entscheidung ist, daß die zuerst genannte nur eine Reaktion zuläßt, die letztere jedoch zwei oder mehr«. Demnach wird in einem offenen Verhaltensprogramm vom Gehirn oder von anderen Teilen des Nervensystems eine Auswahl zwischen zwei oder mehreren Reaktionen getroffen. Bonner nennt dies »multiples Auswahlverhalten«. Das Auftreten der Kultur müsse deshalb angesehen werden als »eine neue Spielart, die dadurch entstand, daß Tiere mit multiplem Auswahlverhalten experimentierten«. Das Aufkommen kultureller Anpassungen bei der Gattung Mensch sei auf diese Neuerung der Evolution zurückzuführen. Von diesem Ausgangspunkt habe sich das Gehirn der ersten Hominiden bis zu einem Punkt entwickelt, wo rudimentäre Traditionen möglich wurden, ähnlich wie sie bei Populationen von japanischen Makaken oder bei Schimpansen festgestellt worden seien. Die Wirkung des Selektionsdrucks habe sodann eine allmähliche Vergrößerung der Gehirnhälften bewirkt und beim Menschen die Entstehung eines zweispurigen Geleises der Vererbung, bestehend aus der genetischen und der kulturellen Komponente einschließlich deren Interaktion. Evolutionsgeschichtlich betrachtet gebe es außerdem eine seit langem existierende tiefgreifende Symbiose zwischen dem Genetischen und dem Kulturellen. Die Fähigkeit, das Außergenetische hervorzubringen, sei durch natürliche Auslese entstanden, wegen der damit für die jeweilige Gattung verbundenen Vorteile.[8]

Wir stehen hier vor einer Anschauung von der Entwicklung des Menschen, *die zwar zwischen genetischen und außergenetischen Komponenten unterscheidet, jedoch nur im Sinn von interagierenden Teilen eines einzigen Systems.* Will man die Wirkungsweise dieses Systems verstehen, ist es laut Bonner geboten, eine klare Trennungslinie zwischen »genetisch« und »kulturell« zu ziehen, denn nur so könne man »die Ursachen und Mechanismen der Veränderung irgendeines Organismus mit der *Befähigung* zu kultureller *und* genetischer Veränderung« verstehen.

Diese Forderung gilt im übrigen nicht nur für das Studium weit zurückliegender Entwicklungsstadien der menschlichen Spezies, sondern gleichermaßen für die Analyse und Deutung kulturbedingter Verhaltensweisen im historischen Rahmen der jüngeren Vergangenheit. Anders ausgedrückt: Spezifisch kulturell bedingte Verhaltensformen müssen, um richtig verstanden zu werden, in eine Beziehung zu den stammesgeschichtlich vorgegebenen Impulsen gesetzt werden, aus denen sie erwachsen sind und zu denen sie sich parallel entwickelt haben als gemeinsamer Modus gesellschaftlich ererbter und vererbbarer Anpassung.[9]

Ein Beispiel für eine solche Apposition liefert die Höflichkeitssprache der Samoaner. Sie wurde schon kurz im 8. Kapitel erwähnt. Von allen kulturellen Konventionen hat keine eine zentralere Bedeutung für das gesellschaftliche Gefüge Samoas mit seinen komplexen, auf Rangunterschieden beruhenden Hierarchien als dieser hochentwickelte Sprachgebrauch mit seinem weitläufigen Vokabular ehrerbietiger Bezeichnungen für Körperteile, Besitztümer, Attribute und Handlungen von Häuptlingen, Häuptlingssprechern und deren Familienmitgliedern. Außerdem werden diese Ausdrücke meist speziell bei Häuptlingsversammlungen verwendet, die ja ihrerseits auf Rangunterschieden und einer besonderen Herrschaftsform beruhen. Deshalb besteht immer die Gefahr, daß sich Spannungen entladen oder alte Rivalitäten ausbrechen.

Als ich in den Jahren 1966 und 1967 das samoanische Häuptlingssystem untersuchte, verbrachte ich Hunderte von Stunden mit gekreuzten Beinen in solchen Häuptlingsversammlungen und beobachtete mit den Augen des gleichermaßen an Kultur und Ethologie interessierten Wissenschaftlers genau jede Einzelheit im Verhalten der Anwesenden. Manchmal geschah es, daß sich die Häuptlinge bei irgendeiner Angelegenheit von brennender Wichtigkeit ärgerten und böse aufeinander wurden. Durch aufmerksame Beobachtung ihres körperlichen Zustands, insbesondere ihrer Umlenkungs- und Gefühlsverlagerungsaktivitäten, war es mir möglich, zunehmende Verärgerung vom Verhalten der jeweiligen Häuptlinge abzulesen und in eine Beziehung zu der Art zu setzen, wie sie von ihrer Höflichkeitssprache Gebrauch machten. Wiederholte Beobachtungen erwiesen, *daß die Häuptlinge um so höflicher wurden, je verärgerter sie waren*. Mit wachsendem Zorn nahm auch der Gebrauch ehrerbietiger Worte und Ausdrücke zu. Indem sie also zu einer kulturellen Konvention Zuflucht nahmen, konnten die Häuptlinge im allgemeinen einen Eklat vermeiden. Bisweilen versagten diese Konventionen ihrer Kultur jedoch völlig. Auf dem obersten Gipfel ihrer verfeinerten Höflichkeitsformen angelangt, stürzten die erzürnten Häuptlinge dann unvermittelt in die Niederungen gewalttätiger Aggression. Ich brauche nur an den Häuptling Taeao zu erinnern, von dem im 9. Kapitel die Rede war. In solchen Fällen fand eine extrem schnelle Regression von konventionellem zu impulsivem Verhalten statt.

In unserem gegenwärtigen Zusammenhang besteht die Bedeutsamkeit derartiger Vorfälle darin, daß beim Versagen der normalerweise bei Häuptlingsversammlungen gültigen Konventionen nicht plötzlich jegliche Aktivität zum Erliegen kommt, sondern daß das konventionelle Verhalten von einem Augenblick zum anderen durch ein hochgradig emotionales und impulsives Verhalten ersetzt wird, welches von tierhafter Wildheit ist. Wenn wir also die für die samoanische Kultur so wichtige Höflichkeitssprache verstehen wollen, müssen wir sie in eine Beziehung zu den Gefühlsausbrüchen setzen, die aus den Spannungen innerhalb der Rangordnung und der samoanischen Herrschaftsform entstehen. Die Samoaner haben schließlich ihre Höflichkeitssprache entwickelt, um mit eben diesen Gefühlen und Spannungen fertig zu werden. In diesem wie in allen anderen Bereichen ihrer Gesellschaft unterliegen die Emotionen und Impulse kulturellen Konventionen. Beides zusammen bildet das doppelte Erbe, das nicht nur bei den Samoanern, sondern bei allen Völkern anzutreffen ist. Kulturelle Faktoren können also nicht adäquat erfaßt werden, wenn sie nicht auf die viel älteren stammesgeschichtlich bedingten Strukturen bezogen werden. Denn was als kulturell bezeichnet wird, hat sich zwar mittels nichtgenetischer Prozesse, aber in ständigem Bezug zu diesen phylogenetischen Gegebenheiten ausgeformt. Der Versuch, menschliches Verhalten in rein kulturellen Begriffen zu erklären, ist folglich angesichts dieser anthropologischen Sachverhalte durchaus unzureichend.

Im Rückblick wird also klar, daß Margaret Meads samoanische Forschungen grundlegende Mängel begrifflicher und methodologischer Art hatten. Als sie nach Samoa reiste, war sie nach eigener Aussage von W. F. Ogburns Lehre überzeugt, daß man nie nach »psychologischen« (in Ogburns Sprache soviel wie »biologischen«) Erklärungen gesellschaftlicher Phänomene suchen sollte, solange noch nicht alle Erklärungsversuche mit Begriffen aus dem Bereich der Kultur ausgeschöpft sind. Diese Maxime befolgte Mead bei ihren Forschungen in Manu'a so übereifrig, daß sie sich ausschließlich auf den kulturellen Bereich konzentrierte und viel tiefer sitzende Motivationen samoanischen Verhaltens außer acht ließ. Indem sie sich, von Ruth Benedict lebhaft dazu ermutigt, den Methoden des Kulturdeterminismus derartig verschrieb, ließ sich Margaret Mead auch dazu verleiten, die Samoaner im apollinischen Sinn als Anhänger »all der verordneten Konventionen« und einer Gesellschaftsform zu schildern, die angeblich besonderen Wert auf »soziale Glückseligkeit« innerhalb einer »feingegliederten, unpersönlichen Struktur« legte. Diese Schilderung stammte direkt von Ruth Benedict, denn jene hatte das Wort von der Kultur als einer »Individualität in vergrößertem Maßstab« geprägt und von Nietzsche den Begriff des Apollinischen entlehnt, den sie auf all jene Menschen anwandte, die sich in ihrem Leben vom Gesetz des »Maßes« leiten lassen und allen »wilderen Regungen« abschwören.

Wir haben es hier mit einem Kulturideal zu tun, und die frühen Kulturdeterministen erlagen der Versuchung, das Verhalten eines ganzen Volkes mit Hilfe solcher Einheitsbegriffe zu klassifizieren. Leider beachteten Benedict und Mead nicht, daß Nietzsche in seinem Werk *Die Geburt der Tragödie* ausdrücklich sagt, daß das Dionysische als Sinnbild des Elementaren in der menschlichen Natur von ebenso grundlegender Bedeutung ist wie das Apollinische: »Und siehe! Apollo konnte nicht ohne Dionysus leben!«. So kam es, daß Dionysos und Apoll, diese archaischen Personifizierungen der beiden fundamentalsten Aspekte des menschlichen Wesens, gemeinsam den Tempel von Delphi bewohnten. Trotz ihres grundverschiedenen Wesens waren sie im Dasein unzertrennlich, genau wie Biologie und Kultur in der Lehre der evolutionistischen Anthropologie.[10]

In Kapitel 1 bis 3 wurde erläutert, daß die Lehre des Kulturdeterminismus im zweiten Jahrzehnt des 20. Jahrhunderts ausdrücklich als Reaktion auf die gleichermaßen unwissenschaftliche Doktrin eines extremen biologischen Determinismus formuliert wurde.[11] Der Kulturdeterminismus war also gewissermaßen die Antithese zur These des biologischen Determinismus. Damit ist nun sowohl in der Anthropologie als auch in der Biologie augenscheinlich die Zeit reif für eine Synthese, bei der in der Erforschung menschlichen Verhaltens die grundlegende Bedeutung des Genetischen wie des Außergenetischen und ihrer Wechselwirkung in der Geschichte der Gattung Mensch und in unserer problematischen Zukunft anerkannt wird.

Anmerkungen

(Die Seitenangaben der Literaturhinweise beziehen sich, wenn nicht anders angegeben, auf die Ausgaben, die dem Autor bei der Bearbeitung des Buches vorlagen. – Sämtliche in den Anmerkungen erwähnten Texte, die in deutscher Sprache existieren, werden im Anschluß an die Anmerkungen aufgeführt)

Vorwort

1. K. R. Popper, in: B. Magee (Hrsg.), *Modern British Philosophy*, London 1971, S. 73 u. 77. – K. R. Popper. *Conjectures and Refutations: The Growth of Scientific Knowledge*, London 1969, S. 112. – Ders., *The Logic of Scientific Discovery*, London 1977, S. 314 (dt.: *Logik der Forschung*, Wien 1935, Tübingen ²1966). – Ders., *Objective Knowledge: An Evolutionary Approach*, Oxford 1972, S. 263 (dt.: *Objektive Erkenntnis*, Hamburg ²1974).

1. Galton, Eugenik und biologischer Determinismus

1. »A Conversation with Margaret Mead and T. George Harris on the Anthropological Age«, in: *Psychology Today*, 4, 1970, S. 62.
2. N. Pastore, *The Nature-Nurture Controversy*, New York 1949. – S. A. Rice, »Biological Limits in the Development of Society«, in: *Journal of Heredity*, 15, 1925, S. 183. – H. M. Parshley, »Heredity and the Uplift«, in: *American Mercury*, 1, 1924, S. 222 – J. B. Watson, »What is Behaviorism?«, in: *Harper's Magazine*, 152, 1926, S. 792.
3. M. Mead, *From the South Seas*, N. Y., 1939, S. IX. – Dies., *Coming of Age in Samoa*, N. Y. 1973, S. 197 (dt.: *Kindheit und Jugend in Samoa*, München 1965).
4. M. Mead, *Coming of Age*, S. 197. – F. Boas, *Anthropology and Modern Life*, N. Y. 1928, S. 187. – M. Mead, *Social Organisation of Manu'a*, Honolulu 1930, S. 83. – F. Boas, »Eugenics«, in: *Scientific Monthly*, 3, 1916, S. 476.
5. F. Boas, »*Eugenics*«, S. 472. – P. Popenoe, »Nature or Nurture?«, in: *Journal of Heredity*, 6, 1915, S. 238. – E. M. Elderton und K. Pearson, *The Relative Strength of Nurture and Nature*, London 1915, S. 58. – H. F. Osborn, Vorwort vom 13. 7. 1916, in: M. Grant, *The Passing of the Great Race*, London 1921, 4. überarbeitete Ausgabe, S. VIII.
6. F. Boas, *Anthropology*, N. Y. 1908, S. 6 u. 27. – C. W. Saleeby, *Parenthood and Race Culture: An Outline of Eugenics*, London 1909, S. IX. – Ders., »Inventing a Great Race«, in: *New Republic*, 9, 1917, S. 305.
7. A. L. Kroeber, »The Superorganic«, in: *American Anthropologist*, 19, 1917, S. 163. – R. H. Lowie, *Culture and Ethnology*, N. Y. 1917
8. H. F. Osborn, Vorwort in: Grant, *The Passing of the Great Race*, S. VII. – A. Weismann, *Studies in the Theory of Descent*, London 1882, I, S. XV. –

C. Darwin, *On the Origin of Species by Means of Natural Selection*, Harmondsworth 1968 (Erstausg. 1859), S. 458 (dt.: *Die Entstehung der Arten durch natürliche Zuchtwahl*, Stuttgart 1963, München 1971). – D. W. Forrest, *Francis Galton: The Life and Work of a Victorian Genius*, London 1974, S. 84.

9. K. Pearson, *The Life, Letters and Labours of Francis Galton*, I, Cambridge 1914, Tafel II, Cambridge, 1924, S. 70. – C. P. Blacker, *Eugenics: Galton and After*, London 1952, S. 110. – F. Galton, »Hereditary Talent and Character«, in: *Macmillan's Magazine*, 12, 1965, S. 156–166 u. 318–327.

10. F. Galton, »Hereditary Talent and Character«, S. 322.

11. Ebd., S. 323. – K. Pearson, *Life, Letters and Labours*, I, S. 7 und II, S. 83 ff.

12. K. Pearson, *Life, Letters and Labours*, II, S. 86. – F. Galton, *Hereditary Genius*, London 1892 (Erstausg. 1869), S. 325. – Ders., »Hereditary Talent and Character«, S. 325.

13. F. Galton, »Hereditary Talent and Character«, S. 325. – Ders., *Hereditary Genius*, S. 328.

14. F. Galton, »Hereditary Improvement«, in: *Fraser's Magazine*, 7, 1873, S. 116. – Ders., *English Men of Science: Their Nature and Nurture*, London 1874, S. 12. In Shakespeare's *Der Sturm*, IV. Akt, 1. Szene, beschreibt Prospero Caliban so: »Ein Teufel, ein geborner Teufel ist's, an dessen Art die Pflege nimmer haftet.«

15. F. Galton, *Inquiries into Human Faculty and Its Development*, London 1907 (Erstausg. 1883), S. 217. – R. H. Lowie, »Applied Psychology«, in: *The Freeman*, 1, 1920, S. 92.

16. F. Galton, »Hereditary Talent and Character«, S. 165. – Ders., »Hereditary Improvement«, S. 120. – Ders., *Inquiries into Human Faculty*, S. 220. – Anfänglich nannte Galton diese Veredelungsmethoden des Erbgutes *Virikultur*. 1883 setzte er dafür das Wort *Eugenik* ein. Es ist vom griechischen *eugenes* hergeleitet, das soviel bedeutet wie ›von Geburt gut ausgestattet‹, ›mit vornehmen ererbten Eigenschaften versehen‹. Nach Galtons Meinung war dies ein »zutreffender« Begriff.

17. K. Pearson, *Life, Letters and Labours*, I, S. 6. – Ders., »Some Recent Misinterpretations of the Problem of Nurture and Nature«, in: E. M. Elderton und K. Pearson, *The Relative Strength of Nature and Nurture*, London 1915, S. 30. – C. Darwin, *The Descent of Man*, London 1901 (Erstausg. 1871), S. 945 (dt.: *Die Abstammung des Menschen und die geschlechtliche Zuchtwahl*, Stuttgart 1919, 1966).

18. Ausführlicher in: D. Freeman, »The Evolutionary Theories of Charles Darwin and Herbert Spencer«, in: *Current Anthropology*, 15, 1974, S. 216.

19. E. Romanes (Hrsg.), *The Life and Letters of George John Romanes*, London 1896, S. 238 ff. – G. J. Romanes, »Mr. Wallace on Darwinism«, in: *Contemporary Review*, 63, 1889, S. 248.

20. T. H. Huxley, *Evolution and Ethics and Other Essays*, London 1894, S. 37.

21. B. Kidd, *Social Evolution*, London 1898, 3. Auflage, S. 339. – A. R. Wallace, »Human Selection«, in: *Fortnightly Review*, 48, 1890, S. 325.

22. F. Galton, »The Possible Improvement of the Human Breed under the Existing Conditions of Law and Sentiment«, in: *Annual Report of Smithsonian Institution for 1901*, 1902, S. 538; vergl. *Nature*, 1, November 1901.

23. T. H. Huxley, *Evolution and Ethics*, S. 37 u. 83.

24. E. R. Lankester, »The Significance of the Increased Size of the Cerebrum in Recent as Compared with Extinct Mammalia«, in: *Nature*, 61, 1901, S. 624. – Ders., *Science from an Easy Chair*, London 1908, S. 101.

25. K. Pearson, *Life, Letters and Labours*, III A, 1930, S. 217, 412 u. 435. – F. Galton, »The Possible Improvement of the Human Breed«, S. 534 u. 538.
26. F. Galton, *Probability, The Foundation of Eugenics,* Oxford 1907, S. 7.
27. K. Pearson, *The Scope and Importance to the State of the Science of National Eugenics,* London 1909, S. 44 ff. – F. Galton, *Probability,* S. 30. – C. W. Saleeby, *Parenthood and Race Culture: An Outline of Eugenics,* London 1909, S. IX.
28. K. Pearson, *Life, Letters and Labours,* III A, S. 235. – »Francis Galton«, in: *American Breeders Magazine,* 2, 1911, S. 62. – M. H. Haller, *Hereditarian Attitudes in American Thought,* New Brunswick 1963, S. 62.
29. C. B. Travenport, »Report of Committee on Eugenics«, in: *American Breeders Magazine,* 1, 1910, S. 129. – Ders., *Heredity in Relation to Eugenics,* N. Y. 1911, S. 271.
30. E. Rádl, *The History of Biological Theories,* London 1930 (Erstausg. 1909), S. 388 (dt.: *Geschichte der biologischen Theorien in der Neuzeit,* Leipzig 1913). – R. Pearl, »Recent Discussions of Heredity«, in: *The Dial,* 52, 1912, S. 397. – J. A. Thomson, Rezension von: *The Methods and Scope of Genetics* von W. Bateson, in: *Eugenics Review,* 1, 1910, S. 60.
31. R. Pearl, »Controlling Man's Evolution«, in: *The Dial,* 53, 1912, S. 49. – M. H. Haller, *Hereditarian Attitudes in American Thought,* S. 94.
32. K. Pearson, *Francis Galton, 1822-1911: A Centenary Appreciation,* Cambridge 1922, S. 17. – Ders., *Nature and Nurture: The Problem of the Future,* London 1913, Erstausg. 1910, S. 27.
33. F. Boas, *The Mind of Primitive Man,* N. Y. 1938 (Erstausg. 1911), S. 41. – M. Crackenthorpe, »Sir Francis Galton, F. R. S.: A Memoir«, in: *Eugenics Review,* 3, 1911, S. 8.

2. Franz Boas und die Unterscheidung zwischen Kultur und Vererbung

1. A. L. Kroeber, »Franz Boas: The Man«, in: *Memoirs, American Anthropological Association,* 61, 1943, S. 21. – R. H. Lowie, »Science«, in: H. E. Stearns (Hrsg.), *Civilization in the United States,* N. Y. 1922, S. 154. – Ders., Rezension von: *Race, Language and Culture* von F. Boas, in: *Science,* 91, 1940, S. 599. – A. Goldenweiser, »Recent Trends in American Anthropology«, in: *American Anthropologist,* 43, 1941, S. 153.
2. F. Boas, »The Mind of Primitive Man«, in: *Journal of American Folk-Lore,* 24, 1901, S. 3. – L. Spier, »Some Central Elements in the Legacy«, in: W. Goldschmidt (Hrsg.), *The Anthropology of Franz Boas, Memoirs, American Anthropological Association,* 89, 1959, S. 147.
3. E. Haeckel, »Professor Haeckel on Darwin, Goethe and Lamarck«, in: *Nature,* 26, 1882, S. 534. – »Haeckel's History of Creation«, in: *Nature,* 13, 1875, S. 122. – A. Lane-Fox Pitt-Rivers, »On the Revolution of Culture«, in: J. L. Myers (Hrsg.), *The Evolution of Culture and Other Essays,* Oxford 1906, Erstausg. 1875, S. 24.
4. F. Boas, »The Methods of Ethnology«, 1920, in: F. Boas, *Race, Language and Culture,* N. Y. 1940, S. 281. – E. B. Tylor, *Primitive Culture,* London 1929 (Erstausg. 1871), I, S. 2 (dt.: *Die Anfänge der Kultur,* Leipzig 1873). – F. Boas, »The Aims of Ethnology«, 1889, in: *Race, Language and Culture,* S. 637.
5. F. Galton, »Hereditary Improvement«, in: *Fraser's Magazine,* 7, 1872, S. 128. – F. Boas, »An Anthropologist's Credo«, in: *The Nation,* 147, 1938,

S. 201. – C. Wittke, *Refugees of Revolution: The Germany Forty-Eighters in America*, Philadelphia 1952, S. 18.

6. F. Boas wird zitiert in G. W. Stocking, *Race, Culture and Evolution*, N. Y. 1968, S. 149 u. 143. C. Kluckhohn und O. Prufer, »Influences During the Formative Years«, in: W. Goldschmidt (Hrsg.), *The Anthropology of Franz Boas, Memoirs, American Anthropological Association*, 89, 1959, S. 6.

7. J. E. Smith, »The Question of Man«, in: C. Hendel (Hrsg.), *The Philosophy of Kant and Our Modern World*, N. Y. 1957, S. 20.

8. H. A. Hodges, *Wilhelm Dilthey*, London 1944, S. 82.

9. G. W. Stocking, *Race, Culture and Evolution*, S. 138. (Stocking vermutet, daß Boas damals in Berlin Dilthey las, vielleicht sogar hörte.) – F. Boas, »An Anthropologist's Credo«, S. 201.

10. F. Boas, »An Anthropologist's Credo«, S. 201, – Ders., »The Aims of Ethnology«, S. 638.

11. F. Boas, »An Anthropologist's Credo«, S. 202. – Ders., »A Journey in Cumberland Sound and on the West Side of Davis Strait in 1883 and 1884.«, in: *American Geographical Society Bulletin*, 16, 1884, S. 271. – G. W. Stocking, *Race, Culture and Evolution*, S. 148.

12. Die Verwendung des Begriffs »außergenetisch« in diesem Kontext als Synonym für »kulturell« ist insofern gerechtfertigt, als F. Boas später im Zusammenhang mit kulturellen Prozessen den Terminus »exogen« benutzte. Vgl. F. Boas, »The Question of Racial Purity«, in: *American Mercury*, 3, 1924, S. 164. – Näheres über den Begriff »außergenetisch« in D. Freeman, »Sociobiology: The ›Antidiscipline‹ of Anthropology«, in: A. Montagu (Hrsg.): *Sociobiology Examined*, N. Y. 1980, S. 216.

13. R. Virchow, »The Liberty of Science in the Modern State«, in: *Nature*, 17, 1877, S. 72. – E. Haeckel, *Freedom in Science and Teaching*, London 1879, S. 7.

14. F. Boas, »Rudolf Virchow's Anthropological Work«, in: *Science*, 16, 1902, S. 441. – A. L. Kroeber, »*Franz Boas: The Man*«, S. 10. – P. Radin, »The Mind of Primitive Man«, in: *New Republic*, 98, 1939, S. 303.

15. F. Boas, »Race«, in: *Encyclopaedia of the Social Sciences* 13, 1934, S. 34. – Ders., »Psychological Problems in the Anthropology«, in: *American Journal of Psychology*, 21, 1910, S. 373.

16. Th. Waitz, *Introduction to Anthropology*, London 1863, S. 3 (dt.: Vorwort in: *Anthropologie der Naturvölker*, 6 Teile, Leipzig 1859–1871).

17. Ebd., S. 74. – E. Becker, *The Lost Science of Man*, N. Y. 1971, S. 113.

18. G. W. Stocking, *Race, Culture and Evolution*, S. 184. – A. L. Kroeber, »Franz Boas: The Man«, S. 7. – C. Kluckhohn und J. Prüfer, »Influences During the Formative Years«, S. 22. – F. Boas, »The Aims of Anthropological Research«, 1932, in: *Race, Language and Culture*, S. 246. – Ders., *The Mind of Primitive Man*, N. Y. 1911, S. 64 u. 75. – Ders., »The Aims of Ethnology«, S. 633. – Ders., *Changes in the Bodily Form of Descendants of Immigrants*, Washington D. C. 1911, S. 39.

19. F. Boas, *The Mind of Primitive Man*, S. 3. – Ders., »Human Faculty as Determined by Race«, in: *Proceedings, American Association for the Advancement of Science*, 43, 1894, S. 318.

20. F. Boas, *The Mind of Primitive Man*, S. 43. – Ders., »The Question of Racial Purity«, S. 163.

21. F. Boas, »The Coast Tribes of British Columbia«, in: *Science*, 9, S. 289. – Ders., »The Aims of Ethnology«, S. 627. – Ders., »The Growth of Indian My-

thologies«, in: *Journal of American Folk-Lore,* 9, 1896, S. 11. – Ders., »On Alternating Sounds«, in: *American Anthropologist,* 2, 1889, S. 47. – G. W. Stocking, *Race, Culture and Evolution,* S. 159.

22. F. Boas, »The Limitations of the Comparative Method in Anthropology«, in: *Science,* 4, 1896, S. 908. – Ders., *The Mind of Primitive Man,* S. 5.

23. F. Boas, *The Mind of Primitive Man,* S. 3. – W. K. C. Guthrie, *The Sophists,* Cambridge 1971, S. 21. – C. Lévi-Strauss, »Rosseau, Father of the Anthropology«, in: *UNESCO Courier,* 3, 1963, S. 11.

24. R. H. Lowie, *The History of Ethnological Theory,* N. Y. 1937, S. 17. – F. Boas, *The Mind of Primitive Man,* S. 42.

25. F. Boas, *The Mind of Primitive Man,* S. 231. – G. W. Stocking, *Race, Culture and Evolution,* S. 264.

26. C. B. Davenport, *Heredity in Relation to Eugenics,* N. Y., S. IV. – Ders., »Euthenics and Eugenics«, in: *Popular Science Monthly,* 78, 1911, S. 20.

27. C. B. Davenport, »Euthenics and Eugenics«, S. 18.

3. Die Entstehung des Kulturdeterminismus

1. R. Pearl, »Genetics and Eugenics«, in: *Eugenics Review,* 3, 1911, S. 335. – Dies., »Controlling Man's Evolution«, in: *The Dial,* 53, 1912, S. 49. – K. Pearson, *The Groundwork of Eugenics,* London 1912, S. 49.

2. L. S. Hearnshaw, *Cyril Burt, Psychologist,* London 1979, S. 23. – C. Burt, »The Inheritance of Mental Character«, in: *Eugenics Review,* 4, 1912, S. 200. – M. Mead, »1925–1939«, in: M. Mead, *From the South Seas,* N. Y. 1939, S. 10 (dt.: Leben in der Südsee, München 1965).

3. R. Pearl, »Controlling Man's Evolution«, S. 49. – C. B. Davenport, »Euthenics and Eugenics«, in: *Popular Science Monthly,* 78, 1911, S. 20. – »The Eugenics Record Office«, in: *Science,* 39, 1913, S. 553. – C. E. Rosenberg, »Charles Benedict Davenport and the Beginning of Human Genetics«, in: *Bulletin of the History of Medicine,* 35, 1961, S. 270, 217. C. B. Davenport, »Heredity of Some Emotional Traits«, in: *Report Eighty-Forth Meeting, British Association for the Advancement of Science, Australia, 1914,* London 1915, S. 149. – Ders., »Heredity, Culpability, Praiseworthiness, Punishment and Reward«, in: *Popular Science Monthly,* 83, 1913, S. 36.

4. L. Darwin, Rezension von *Hereditary Genius* von Sir Francis Galton, in: *Eugenics Review,* 6, 1914, S. 251. – E. M. Elderton und K. Pearson, *The Relative Strength of Nature and Nurture,* London 1915, S. 30. – C. E. Rosenberg, »Charles Benedict Davenport«, S. 273.

5. H. F. Osborn, Vorwort in: M. Grant, *The Passing of the Great Race,* London 1921 (Erstausgabe 1916), S. VIII. – R. D. Kingham, Rezension von: *Race Improvement or Eugenics* von H. Baker, in: *Eugenics Review,* 5, 1913, S. 178. – J. A. Lindsay, Rezension von *Principles of Eugenics,* von B. Eames, in: *Eugenics Review,* 6, 1915, S. 318. – »Eugenics in the Colleges«, in: *Journal of Heredity,* 5, 1914, S. 186. – G. H. Parker, »The Eugenics Movement as a Public Service«, in: *Science,* 41, 1915, S. 345. – W. C. Rucker, »More ›Eugenic Laws‹«, in: *Journal of Heredity,* 6, 1915, S. 219. – M. H. Haller, *Eugenics: Hereditarian Attitudes in American Thought,* New Brunswick 1963, S. 150. – Rezension von *The Passing of the Great Race,* von M. Grant, in: *Journal of Heredity,* 8, 1917, S. 40. – M. Mead, *Coming of Age in Samoa,* Vorwort der Ausgabe aus dem Jahr 1973. –

Rezension von *The Progress of Eugenics* von C. M. Saleeby, in: *The Nation,* 100, 1915, S. 606. – P. Popenoe, »Nature or Nurture«, in: *Journal of Heredity,* 6, 1915, S. 227. – W. E. Castle u. a., *Heredity and Eugenics,* Chicago 1912, S. 309.

6. R. H. Lowie, »Alfred Russel Wallace«, in: *New Republic,* 9, 1916, S. 16. – A. R. Wallace, »The Origin of Human Races and the Antiquity of Man Deduced from the Theory of Natural Selection«, in: *Journal of the Anthropological Society of London,* 2, 1984, S. 187.

7. F. Boas, »Eugenics«, in: *Scientific Monthly,* 3, 1916, S. 417. – K. M. Ludmerer, *Genetics and American Society: An Historical Apraisal,* Baltimore 1972, S. 116.

8. A. L. Kroeber, »Inheritance by Magic«, in *American Anthropologist,* 18, 1916, S. 34. – »Anthropology«, in: *The New International Year Book,* N. Y. 1918, S. 32. – A. L. Kroeber, »The Superorganic«, in: *American Anthropologist,* 19, 1917, S. 176 u. 189.

9. A. L. Kroeber, *The Nature of Culture,* Chicago 1952. – Ders., »Decorative Symbolism of the Arapaho«, in: *American Anthropologist,* 3, 1901, S. 332.

10. A. L. Kroeber, »The Morals of Uncivilized People«, in: *American Anthropologist,* 12, 1910, S. 437.

11. G. de Beer, *Charles Darwin,* Melbourne 1963, S. 183. – K. M. Ludmerer, *Genetics and American Society,* S. 45. – A. R. Wallace, »The Present of Darwinism«, in: *Contemporary Review,* 94, 1908, S. 129. – H. De Vries, »The Principles of the Theory of Mutation«, in: *Science,* 40, 1914, S. 77. – W. Bateson, »Address of the President of the British Association for the Advancement of Science, Melbourne, 14. August, Sydney, 20. August«, in: *Science,* 40, 1914, S. 287 u. 319. – A. L. Kroeber, »Inheritance by Magic«, S. 27.

12. R. H. Lowie, »The Theoretical Ethnology«, in: *Psychological Bulletin,* 13, 1916, S. 398. – Ders., *The History of Ethnological Theory,* N. Y. 1937, S. 200. – 1910 setzte Kroeber in seiner Schrift *The Morals of Uncivilized People* die Begriffe »Kultur« und »Zivilisation« gleich. In seinen während des Ersten Weltkrieges veröffentlichten Arbeiten »wurde Kroeber durch seine Empfindlichkeit gegen die deutschen Assoziationen des Wortes ›Kultur‹ daran gehindert, es weiterhin zu verwenden« (Stocking). Er sprach statt dessen von ›Geschichte‹, ›Zivilisation‹ und dem ›Sozialen‹. – G. W. Stocking, *Race, Culture and Evolution,* N. Y. 1968, S. 267.

13. T. Kroeber, *Alfred Kroeber: A Personal Configuration,* Berkeley 1970, S. 90. – H. K. Haeberlin, »Anti-Professions«, in: *American Anthropologist,* 17, 1915, S. 768. – R. H. Lowie, »Psychology and Sociology«, in: *American Journal of Sociology,* 21, 1915, S. 218. – A. L. Kroeber, »Inheritance by Magic«, S. 29. – Ders., »Heredity without Magic«, in: *American Anthropologist,* 18, 1916, S. 294.

14. A. L. Kroeber, »Heredity without Magic«, S. 295. – Ders., *The Nature of Culture,* S. 9.

15. A. L. Kroeber, »Inheritance by Magic«, S. 26. – G. H. Parker, *What is Evolution?,* Cambridge, Mass., 1926 (Erstausg. 1925), S. 97.

16. A. G. Webster, »Annual Meeting of the National Academy of Sciences«, in: *The Nation,* 100, 1915, S. 475. – T. H. Morgan, A. H. Sturtevant, H. J. Muller und C. B. Bridges, *The Mechanism of Mendelian Heredity,* N. Y. 1915. – E. Huntington, »Heredity and Human Responsibility«, in: *Yale Review,* 6, 1917, S. 668. – K. M. Ludmerer, *Genetics and American Society,* Baltimore 1972, S. 34.

17. E. G. Conklin, *Heredity and Environment in the Development of Man,* Princeton 1930 (Erstausg. 1915), S. 125.
18. R. H. Lowie, »The Universalist Fallacy«, in: *New Republic,* 13, 1917. Ab 1870 hatte sich Ernst Haeckel vehement für eine »monistische Erklärung des Ganzen« eingesetzt. Für R. H. Lowie war Haeckel der »hitzköpfige Prophet des evolutionären Glaubens«. – A. L. Kroeber, »The Superorganic« in: *American Anthropologist,* 19, 1917, S. 163. – Ders., *The Nature of Culture,* S. 22.
19. A. L. Kroeber, »The Superorganic«, S. 177.
20. Ebd., S. 209 u. 213. – H. De Vries, »The Principles of the Theory of Mutation«, in: *Science,* 40, 1914, S. 77. – A. L. Kroeber, *The Nature of Culture,* S. 9.
21. R. H. Lowie, *Culture and Ethnology,* N. Y. 1919 (Erstausg. 1917), S. 66. – »Anthropology«, in: *The New International Year Book,* S. 32. – H. R. Lowie, »The Universalist Fallacy«, in: *New Republic,* 13, 1917, S. 4.
22. A. L. Kroeber, »On the Principle of Order in Civilization as Exemplified by Changes in Fashion«, in: *American Anthropologist,* 21, 1919, S. 263.
23. A. L. Kroeber, »The Superorganic«, S. 193. – R. H. Lowie, *The History of Ethnological Theory,* S. 200. – E. Leach, *Social Anthropology,* London 1982, S. 31. Insofern, als die Sozialanthropologie in Großbritannien und anderswo getreu der Durkheimschen Richtlinie alle biologischen Variablen ausschloß, hat sie sich trotz mannigfacher Akzentunterschiede im Rahmen desselben grundlegenden Paradigmas bewegt wie die amerikanische Kulturanthropologie. E. Sapir, »Do We need a ›Superorganic‹?«, in: *American Anthropologist,* 19, 1917, S. 441. – Ders., Brief an R. H. Lowie, Ottawa, 10. Juli 1917, in: *Letters from Edward Sapir to Robert H. Lowie* (neu aufgelegt 1965).
24. G. W. Stocking, *Race, Culture and Evolution,* S. 302 u. 303. – R. Darnell, »The Development of American Anthropology, 1879–1920«, Diss., University of Pennsylvania, 1969, S. 421. – A. L. Kroeber, »The Superorganic«, S. 183. – T. S. Kuhn, *The Essential Tension,* Chicago 1978, S. 297. – L. J. Halle, *The Ideological Imagination,* London 1972, S. 5.
25. F. Boas, *The Mind of Primitive Man,* in: *Journal of American Folk-Lore,* 1901, S. 11. – R. Bunzel, in: M. Mead und R. Bunzel (Hrsg.), *The Golden Age of American Anthropology,* N. Y. 1960, S. 400. – A. Lesser, »Franz Boas«, in: S. Silverman (Hrsg.), *Totems and Teachers: Perspectives on the History of Anthropology,* N. Y. 1981, S. 3.
26. W. K. Gregory, »The Galton Society for the Study of the Origin and Evolution of Man«, in: *Science,* 49, 1919, S. 267.

4. Boas wirft ein vertracktes Problem auf

1. E. Sapir, »Primitive Society«, in: *The Freeman,* 1, 1920, S. 377. – R. Darnell, »The Development of American Anthropology«, 1879–1920 (Diss., University of Pennsylvania, 1969), S. XLII.
2. E. Sapir, »Primitive Society«, S. 377. – Ders., »Primitive Humanity and Anthropology«, in: *The Dial,* 69, 1920, S. 532. – Vgl. M. Meads Bemerkung vom 2. 6. 1975, in ihrem Vorwort zu: T. F. Tuzin, *The Ilahita Arapesh,* Berkeley 1976, S. XVII, sie sei »mit Lowies *Primitive Society* gesäugt worden«. – F. Boas, »Eugenics«, in: *Scientific Monthly,* 3, 1916, S. 476.
3. H. L. Laughlin, »The Relation of Eugenics to Other Siences«, in: *Eugenics Review,* 11, 1919, S. 53. – R. H. Lowie, »The Father of Eugenics«, in: *The Free-*

man, 1, 1920, S. 471. – »The Second International Congress of Eugenics«, in: *Journal of Heredity*, 12, 1921, S. 219.

4. L. Stoddard, *The Rising Tide of Color*, N. Y. 1920. – F. Boas, »Inventing a Great Race«, in: *New Republic*, 9, 1917, S. 305. – Ders., »Peoples at War«, in: *American Journal of Physical Anthropology*, 1, 1918, S. 363. – M. Grant, »Discussion of Article on Democracy and Heredity«, in: *Journal of Heredity*, 10, 191, S. 165. – Ders., *The Passing of the Great Race*, 4. überarbeitete Auflage, London 1921, S. 17. – H. F. Osborn, »The Second International Congress of Eugenics: Address of Welcome«, in: *Science*, 54, 1921, S. 312. – C. B. Davenport, »Research in Eugenics«, in: *Science*, 54, 1921, S. 394.

5. H. F. Osborn, »The Second International Congress«, S. 313. – G. Adami, »The True Aristocracy«, in: *Eugenics Review*, 14, 1922, S. 185.

6. F. Boas, Rezension von: *The Rising Tide of Color*, von L. Stoddard, in: *The Nation*, 111, 1920, S. 656. – R. H. Lowie, »The Father of Eugenics«, S. 473. – M. Grant, *The Passing of the Great Race*, S. 16. – R. H. Lowie, »Mr. Grants Apologia«, in: *The Freeman*, 4, 1922, S. 476.

7. F. Boas, Rezension von: *The Rising Tide of Color*, S. 656. – R. H. Lowie, »The Father of Eugenics«, S. 472.

8. J. B. Watson, »Psychology as the Behaviorist Views It«, in: *Psychological Review*, 20, 1913, S. 158 (dt.: »Psychologie, wie sie der Behaviorist sieht«, in: *Behaviorismus*, Köln 1968). M. W. Haggerty, Rezension von J. B. Watson, *Behavior*, in: *Journal of Philosophy*, 13, 1916, S. 470. – W. R. Wells, »The Anti-Instinct Fallacy«, in: *Psychological Review*, 30, 1923, S. 229.

9 R. S. Woodworth, »John Broadus Watson, 1873–1958«, in: *American Journal of Psychology*, 72, 1959, S. 305. – J. R. Kantor, »A Functional Interpretation of Human Instincts«, in: *Psychological Review*, 27, 1920, S. 52. – Z. Y. Kuo, »Giving up Instincts in Psychology«, in: *Journal of Philosophy*, 18, 1921, S. 658. – J. R. Kantor, *Principles of Psychology*, N. Y. 1924, S. 172. – J. B. Watson, *Behaviorism*, N. Y. 1924, S. 74 (dt.: *Behaviorismus*, Köln 1968).

10. Z. Y. Kuo, »A Psychology without Heredity«, in: *Psychological Review*, 31, 1924, S. 438. – L. L. Bernard, *Instinct: A Study in Social Psychology*, London 1924, S. 524. – J. Dewey, *Human Nature and Conduct: An Introduction to Social Psychology*, N. Y. 1922, S. 95 (dt.: *Die menschliche Natur. Ihr Wesen und ihr Verhalten*, Stuttgart 1931).

11. H. M. Parshley, »Heredity and the Uplift«, in: *American Mercury*, 1, 1924, S. 222.

12. F. Boas, »The Question of Racial Purity«, in: *American Mercury*, 3, 1924, S. 163.

13. M. Mead, *Blackberry Winter*, N. Y. 1972, S. 111 (dt.: *Brombeerblüten im Winter. Ein befreites Leben*, Reinbek 1978). – A. L. Kroeber, »Franz Boas: The Man«, in: *Memoirs, American Anthropological Association*, 61, 1943, S. 15. – M. Mead, *Anthropologists and What They Do*, N. Y. 1965, S. 157. – Dies., *An Anthropologist at Work*, London 1959, S. 4. – Dies., *Ruth Benedict*, N. Y. 1974, S. 3. – Dies., »Ruth Benedict«, in: *International Encyclopaedia of the Social Sciences*, 2, 1968, S. 48 – Margaret Mead hat berichtet, daß sie Ruth Benedict ab Februar 1923 nicht nur immer besser als Lehrerin, sondern auch als Freundin kennenlernte. Sie nannte sie jedoch bis zum Abschluß ihrer Studien im selben Jahr weiterhin Mrs. Benedict. Danach wurde ihre Beziehung »fast unmerklich« die von Kolleginnen und guten Freundinnen (*Blackberry Winter*, S. 115).

14. A. A. Goldenweiser, »The Autonomy of the Social«, in: *American Anthropolo-*

gist, 19, 1917, S. 448. – E. Sapir, Brief an Ruth Benedict vom 25. Juni 1922, in
M. Mead: *An Anthropologist at Work*, S. 49.

15. R. Benedict, »Nature and Nurture«, in: *The Nation*, 118, 1924, S. 118. –
Dies., »Toward a Social Psychology«, in: *The Nation*, 119, 1924, S. 51. – A. L.
Kroeber, *Anthropology*, London 1923, S. 3.
16. M. Mead, *Blackberry Winter*, S. 113. – Dies., *An Anthropologist at Work*, S. 67.
Vergl. Ruth Benedicts Tagebucheintrag vom 7. 3. 1923 (nach einem Gespräch
mit M. Mead): »Sie beruhigt mich wie ein Polstersessel und ein Kaminfeuer.«
17. M. Mead, *Blackberry Winter*, S. 111. – W. F. Ogburn, *Social Change with Respect to Culture and Original Nature*, N. Y. 1950 (Erstausg. 1922), S. 11. –
M. Mead, »Retrospects and Prospects«, in: T. Gladwin und W. C. Sturtevant
(Hrsg.), *Anthropology and Human Behavior*, Washington 1962, S. 121.
18. M. Mead, *An Anthropologist at Work*, S. 68, 69, 121, 286. – Dies., *Blackberry
Winter*, S. 114. – »Rank in Polynesia«, in: *Report, Ninety-Second Meeting, British Association for the Advancement of Science*, London 1924, S. 421.
19. M. Mead, »Apprenticeship under Boas«, in: *Memoirs, American Anthropological Association*, 89, 1959, S. 42. – Dies., »Retrospects and Prospects«, S. 122. –
G. S. Hall, *Adolescence*, N. Y. 1904, 2 Bände. – F. P. Rice, *The Adolescent: Development, Relationships and Culture*, Boston 1975, S. 12. – H. L. Mencken,
»The Sex Uproar«, in: *The Nation*, 119, 1924, S. 91. – M. Mead, *Letters from the
Field, 1925-1975*, N. Y. 1977, S. 19: »Ich kann mir vorstellen, daß mein Alter
und meine äußere Erscheinung – mit 23 Jahren war ich knapp einen Meter
sechzig groß und wog etwas mehr als 44 Kilo – etwas mit seiner Entscheidung
zu tun hatten.« Es sieht so aus, daß F. Boas (wie M. Mead vermutet hat) die
Adoleszenz als Forschungsaufgabe wählte, weil er die Schriften von G. Stanley
Halls kannte (und mißbilligte). An der Clark University hatte Boas von
1889–1892 mit Hall zusammengearbeitet. – M. Herskovits, *Franz Boas*, N. Y.
1953, S. 13.
20. M. Mead, *Letters from the Field*, S. 19. – Dies., »Apprenticeship under Boas«,
S. 42. – »A Conversation with Margaret Mead and T. George Harris on the
Anthropological Age«, in: *Psychology Today*, 4, 1970, S. 62. – M. Mead,
Blackberry Winter, S. 129.
21. M. Mead, *Blackberry Winter*, S. 132.
22. M. Mead, *Letters from the Field*, S. 23. – W. Somerset Maugham, *The Trem-
bling of a Leaf*, London 1921, S. 250. (dt.: *Betörende Südsee*, Zürich 1972).

5. Margaret Mead liefert Franz Boas eine absolute Antwort auf seine Fragestellung

1. M. Mead, *Blackberry Winter*, N. Y. 1972, S. 137. – Dies., *Social Organization
of Manu'a*, Honolulu 1969, S. XVIII.
2. M. Mead, *Letters from the Field 1925-1975*, N. Y. 1977, S. 26.
3. Ebd., S. 29. – R. P. Rohner berichtet in seinem Buch »Franz Boas, Ethnogra-
pher on the Northwest Coast«, in: J. Helm (Hrsg.), *Pioneers of American Anthropology*, Seattle 1966, S. 210, daß Boas während seiner Feldforschungen an
der Nordwest-Küste von Amerika selten in einem indianischen Haushalt bzw.
in einer Wohngemeinschaft lebte. Er habe vielmehr »ein Hotel oder irgendeine
andere öffentliche Herberge vorgezogen, von wo aus der Ort, in dem er arbeiten wollte, zu Fuß zu erreichen war«.
4. M. Mead, *Letters from the Field*, S. 28.

5. Diese argwöhnische Beaufsichtigung war wohl eine Absicherung gegen *moetotolo*, d. h. »heimliche« Vergewaltigung, mit der in einem samoanischen Dorf stets zu rechnen ist. Margaret Mead scheint das völlig übersehen zu haben (siehe Kap. 16).
6. M. Mead, *Letters from the Field*, S. 30 ff. – Dies., *Blackberry Winter*, S. 148 ff. – Dies., »Fieldwork in the Pacific Islands, 1925–1967«, in: P. Golde (Hrsg.), *Women in the Field*, Chicago 1970, S. 318.
7. M. Mead, *Letters from the Field*, S. 30. – Dies., *Blackberry Winter*, S. 150.
8. H. F. Bryan, *American Samoa: A General Report by the Governor*, Washington D. C. 1927, S. 47 ff. – A. H. Leibowitz, »American Samoa: Decline of a Culture«, in: *California Western International Law Journal*, 10, 1980, S. 220.
9. H. F. Bryan, *American Samoa*, S. 4 ff. – J. A. C. Gray, *Amerika Samoa: A History of American Samoa and Its United States Naval Administration*, Annapolis 1960, S. 187. – M. Field, *Letters from the Field*, S. 55. – A. F. Judd, Erweiterte Notizen, Ethnologie, etc. über Amerikanisch-Samoa, 15. Februar bis 2. April 1926. – »Islands of Tutuila, Ofu and Ta'ū, Manuskripte der Bernice B. Bishop Museums-Bibliothek, S. 29. In *Coming of Age in Samoa*, N. Y. 1973, S. 226, stellt M. Mead fest, Manu'a sei 1926 »der primitivste Teil von Samoa« gewesen. Dies war jedoch nicht der Fall. Damals und bis zum Ausbruch des Krieges im Pazifik (1941–1946) gab es in West-Samoa zahlreiche Dörfer, die noch weniger mit westlichen Einrichtungen und Wertvorstellungen in Berührung kamen als Lumā, Si'ufaga und Faleasao, wo M. Mead tätig war.
10. Als M. Mead Ta'ū im November 1925 erreichte, hatte sie erst zehn Wochen Samoanisch gelernt. In der Folge lebte sie wie ein Familienmitglied im Englisch sprechenden Haushalt der Holts. Ihre Beherrschung der schwierigen samoanischen Sprache und deren komplexen, aus alten Überlieferungen und Rangunterschieden abgeleiteten Terminologien blieb auch weiterhin alles andere als vollkommen. Beispielsweise sind in den 15 Wörtern von M. Meads samoanischer Widmung in der Erstausgabe von 1928 (1973 bei Morrow als Paperback neu aufgelegt) nicht weniger als sieben Fehler, davon einige Kardinalfehler. Eine detaillierte Untersuchung von M. Meads Gebrauch der samoanischen Sprache in: D. Freeman, »*Social Organization of Manu'a* (1930 und 1969) von Margaret Mead: Some Errata«, in: *Journal of the Polynesian Society*, 81, 1972, S. 70–78.
11. In *Coming of Age in Samoa* benutzte M. Mead den Ausdruck »Pubertät«, wo man heute üblicherweise »Menarche« sagen würde.
12. M. Mead, *Coming of Age*, S. 282.
13. M. Mead, *Blackberry Winter*, S. 151. – Dies., »Return to Samoa«, in: *Redbook*, 139, 1972, S. 29. – A. M. Noble, *Regulations and Orders for the Government of American Samoa*, San Francisco 1921, S. 53. – M. Mead, *Letters from the Field*, S. 45 ff.
14. A. F. Judd, Erweiterte Notizen, etc. – M. Mead, *Letters from the Field*, S. 55.
15. Ende des 19. Jahrhunderts wurde in krasser Weise ein alter Brauch gebrochen, als Margaret Young, die teils britischer, teils samoanischer Herkunft war und deren Familie es zu einigem lokal begrenzten Einfluß gebracht hatte, zur Tui, d. h. zur Königin, von Manu'a erkoren wurde. Stevenson (*The Letters of Robert Louis Stevenson*, S. Colvin [Hrsg.], London 1899, II, S. 338), beschrieb sie nach einem Besuch in Manu'a im Jahr 1894 in einem Brief an Henry James als »kleines, ungefähr zwanzigjähriges Ding von einem Halbblut«. Sie habe »den ganzen Tag in einem rosa Gewand in einem kleinen weißen, europäisch

gebauten Haus herumgesessen, mit einem halben Morgen blühender Rosen davor. Von dort aus hatte sie einen Blick auf die palmengesäumte Dorfstraße und konnte dem Rauschen der Brandung lauschen.« Schon im darauffolgenden Jahr kam Margaret Young im Alter von 23 Jahren auf tragische Weise ums Leben. Eine umgestürzte Kerosin-Lampe setzte das Moskitonetz in Brand, unter dem sie schlief. Nach diesem betrüblichen Ereignis bestimmten die Häuptlinge von Manu'a, daß es Frauen künftig verwehrt sein solle, Häuptlingstitel zu tragen und an einer *fono* teilzunehmen. M. Mead wurde, wie Margaret Young, von den Samoanern *Makelita* genannt. Vielleicht identifizierten die Manuaner die beiden Frauen miteinander. Auf einem Foto, das auf Ta'ū aufgenommen wurde, trägt Mead ein von M. Young gewebtes zeremonielles Gewand in einem Bonito-Kanu. Vgl. M. Mead, »A Lapse of Animism among a Primitive People«, in *Psyche*, 9, 1929, S. 74. »Keine Frau darf ein Bonito-Kanu berühren.«.

16. M. Mead, *Blackberry Winter*, S. 151. – Dies., *Social Organization of Manu'a*, S. XVIII.

17. M. Mead, *Social Organization of Manu'a*, S. 224 ff. – Dies., *Blackberry Winter*, S. 156.

18. M. Mead, *An Anthropologist at Work: Writings of Ruth Benedict*, London 1959, S. 292.

19. R. Benedict, »Toward a Social Psychology«, in: *The Nation*, 119, 1924, S. 51. – M. Mead, *An Anthropologist at Work*, S. 202.

20. M. Mead, *An Anthropologist at Work*, S. 301. – Dies., *Ruth Benedict*, N. Y. 1974, S. 34.

21. M. Mead, *Anthropologists And What They Do*, N. Y. 1965, S. 121. – Dies., *An Anthropologist at Work*, S. 208.

22. M. Mead, *Anthropologists And What They Do*, S. 121 ff.

23. M. Mead, *An Anthropologist at Work*, S. 206 ff. – Dies., *Blackberry Winter*, S. 195. – R. Benedict, »Psychological Types in the Cultures of the Southwest«, 1928, in: M. Mead, *An Anthropologist at Work*, S. 248 ff.

24. R. Benedict, »The Science of Custom«, 1929, in: V. F. Calverton (Hrsg.), *The Making of Man*, N. Y. 1931, S. 815. – M. Mead, *An Anthropologist at Work*, S. 206 ff. – Dies., *Blackberry Winter*, S. 195.

25. R. Benedict, »Psychological Types in the Cultures of the Southwest«, S. 261. – M. Mead, *Social Organization of Manu'a*, S. 80 ff. – Dies., *Sex and Temperament in Three Primitive Societies*, 1935 (dt.: *Geschlecht und Temperament in drei primitiven Gesellschaften*, München 1965), in: *From the South Seas*, N. Y. 1939, S. 292.

26. M. Mead, *New Lives for Old*, N. Y. 1966, S. 107. – Dies., *An Anthropologist at Work*, S. 305. – Dies., *Social Organization of Manu'a*, S. 83.

27. M. Mead, »Preface to the 1949 Edition«, in: *Coming of Age in Samoa*, Mentor Books, N. Y. 1949, S. IX.

28. M. Mead, *An Anthropologist at Work*, S. 289. – Dies., »South Sea Hints on Bringing up Children«, in: *Parent's Magazine*, 4, 1929, S. 22.

29. »A Conversation with Margaret Mead and T. George Harris on the Anthropological Age«, in: *Psychology Today*, 4, 1970, S. 66.

30. M. Mead, Interview mit A. Kuper, B. B. C., 1976.

31. M. Mead, *Coming of Age*, S. 197.

32. »A Conversation with Margaret Mead«, in: *Psychology Today*, S. 66. – M. Mead, *Blackberry Winter*, S. 121.

33. J. Epstein, *Epstein: An Autobiography*, London 1963, S. 131.

34. M. Mead, *An Anthropologist at Work*, S. 309. – Dies., *Anthropologists and What They Do*, S. 125.
35. F. Boas, Vorwort in: M. Mead: *Coming of Age*, S. IX. – Ders., *Anthropology and Modern Life*, N. Y. 1928, S. 186.
36. M. Mead, *An Anthropologist at Work*, S. 310.
37. J. B. Watson, *The Ways of Behaviorism*, N. Y. 1928. Nach Watsons Meinung war Freuds Theorie des Unbewußten »Wuduismus« und eine »Verdrängung der Wissenschaft durch Dämonologie«. – Ders., »The Myth of the Unconscious«, in: *Harpers Magazine*, 155, 1927, S. 729. Ähnliche Anschauungen wurden in den 20er Jahren von den Boas-Anhängern vertreten. Im März 1926 schrieb R. Benedict an M. Mead (siehe *An Anthropologist at Work*, S. 305), Malinowski habe bei seinem Besuch in New York geäußert, die Psychoanalyse, der er ebenso skeptisch gegenüberstehe wie Boas, sei nur etwas für Extremisten. Die gleiche Haltung spiegelt sich in M. Meads Schriften über Samoa. In *Coming of Age in Samoa*, S. 212, schreibt sie, daß die größere Familiengemeinschaft offenbar dafür sorge, daß ein Kind »gegen die Entwicklung innerer Verkrüppelung mit Bezeichnungen wie Ödipuskomplex, Elektrakomplex usw.« abgesichert werde. Und in ihrem Buch *Male and Female*, Harmondsworth 1962, S. 124, (dt.: *Mann und Weib – Das Verhältnis der Geschlechter in einer sich wandelnden Welt*, Stuttgart 1955, Reinbek 1962), behauptet sie: »Die samoanische Kultur beweist vielleicht deutlicher als jede andere bekannte Kultur, wie sehr die tragische oder die leichte Lösung der Ödipus-Situation von der Beziehung zwischen Eltern und Kindern abhängt und daß sie nicht allein aus biologischen Impulsen des Kindes erwächst.« Meine eigene Arbeit von 1966 bis 1967 ergab, daß es die Ödipus-Situation in Samoa entschieden gibt.
38. V. F. Calverton, »The Analysis of Behavior«, in: *Modern Quarterly*, 4, 1927, S. 302.
39. R. L. Finney, »Culture and the Original Nature of Man«, in: *Journal of Applied Sociology*, 11, 1927, S. 343.
40. R. Benedict, »Nature and Nurture«, in: *The Nation*, 118, 1924, S. 118. – Dies., Rezension von: *Coming of Age in Samoa*, in: *Journal of Philosophy*, 26, 1929, S. 110.

6. Margaret Meads Darstellung der Samoaner

1. M. Mead, *Coming of Age in Samoa*, N. Y. 1973, S. 8, 11. – Dies., *Social Organization of Manu'a*, Honolulu 1930, S. 55.
2. M. Mead, *Coming of Age*, S. 198. – M. Meads Behauptung, das Leben der Samoaner werde von keinerlei größeren Katastrophen bedroht, entspricht kaum der Wahrheit, denn die samoanischen Inseln werden regelmäßig von starken Wirbelstürmen heimgesucht. Am 10. Januar 1915 wurden – wie H. F. Bryan in *American Samoa*, 1927, Washington, S. 4, berichtet – die Kirchen, Schulgebäude, Geschäfte und fast alle Häuser zerstört und ein Großteil der Ernte vernichtet. Danach herrschte ein solcher Mangel an Nahrungsmitteln, daß die halbe Bevölkerung von Manu'a für mehrere Monate nach Tutuila verschifft werden mußte. Auch am 1. Januar 1926, also während M. Meads Aufenthalt in Manu'a, kam es zu einem schlimmen Sturm, der, wie sie selbst berichtet hat, (*Blackberry Winter*, N. Y. 1972, S. 150), »jedes Haus im Dorf zerstörte und die Ernte vernichtete«.

3. M. Mead, *Male and Female*, Harmondsworth 1962, S. 100, 201. – Dies., *Coming of Age*, S. 122, 170. – Dies., »The Role of the Individual Culture«, in: *Journal of the Royal Anthropological Institute*, 58, 1928, S. 418. – Dies., »The Samoans«, in: M. Mead (Hrsg.), *Cooperation and Competition among Primitive Peoples*, N. Y. 1937, S. 308. – Dies., »1925–1939«, in: *From the South Seas*, N. Y. 1939, S. XXVI.
4. M. Mead, *An Anthropologist at Work*, London 1959, S. 547. – Dies., *Anthropologists and What They Do*, N. Y. 1965, S. 141.
5. M. Mead, *Growing Up in New Guinea*, 1930 (dt.: *Kindheit und Jugend in Neuguinea*, München 1965), in: *From the South Seas*, N. Y. 1939, S. 219, 234. – Dies., »The Samoans«, S. 309, 502. – Dies., »1925–1939«, S. XXVI. – Dies., »Two South Sea Educational Experiments and Their American Implications«, in: *University of Pennsylvania School of Education Bulletin*, 31, 1931, S. 495. – Dies., *Coming of Age*, S. 151, 157, 158, 200, 207. – Dies., »The Role of the Individual in Samoan Culture«, in: *Journal of the Royal Anthropological Institute*, 58, 1928, S. 494.
6. M. Mead, »Creativity in Cross-Cultural Perspective«, in: H. H. Anderson (Hrsg.), *Creativity and Its Cultivation*, N. Y. 1959, S. 225, 231. – Dies., *Male and Female*, S. 123. – Dies., »The Human Condition«, in: R. Metraux (Hrsg.), *Some Personal Views*, N. Y. 1979, S. 211.
7. M. Mead, *Male and Female*, S. 120, 201. – Dies., »The Sex Life of the Unmarried Adult in Primitive Society«, in: L. S. Wile (Hrsg.), *The Sex Life of the Unmarried Adult*, London 1935, S. 62. – Dies., »Back of Adolescence Lies Early Childhood«, in: *Childhood Education*, 18, 1941, S. 58. – Dies., »Broken Homes«, in: *The Nation*, 128, 1929, S. 254. – Dies., »Parents and Children in Samoa«. in: *Child Study*, 9, 1032, S. 232. – Dies., *Growing Up in New Guinea*, S. 239. – Dies., »South Sea Hints on Bringing Up Children«, in: *Parent's Magazine*, 4, 1929, S. 22. – Dies., *Coming of Age*, S. 213. – Dies., »Social Change and Cultural Surrogates«, in: *Journal of Education Sociology*, 14, 1940, S. 96.
8. M. Mead, »South Sea Hints on Bringing Up Children«, S. 50. – Dies., »Back of Adolescence Lies Early Childhood«, in: *Childhood Education*, 18, 1941, S. 59.
9. M. Mead, *Social Organization of Manu'a*, S. 91. – Dies., »Samoan Children at Work and Play«, in: *Natural History*, 28, 1928, S. 632. – Dies., »The Role of the Individual in Samoan Culture«, S. 487, 494. – Dies., *Coming of Age*, S. 161.
10. M. Mead, *Male and Female*, S. 99, 124, 202.
11. M. Mead, »Samoan Culture at Work and Play«, S. 633. – Dies., *Coming of Age*, S. 23, 25, 159. – Dies., »The Role of the Individual in Samoan Culture«, S. 487.
12. M. Mead, »The Samoans«, S. 302, 308. – Dies., *Male and Female*, S. 201. – Dies., *Coming of Age*, S. 35.
13. M. Mead, »Jealousy: Primitive and Civilized«, in: S. D. Schmalhausen und V. F. Calverton (Hrsg.), *Woman's Coming of Age: A Symposium*, N. Y. 1931, S. 43. – Dies., »The Samoans«, S. 304. – Dies., »Life as a Samoan Girl«, in: *All True! The Record of Actual Adventures that Have Happened to Ten Women of Today*, N. Y. 1931, S. 106. – Dies., »The Role of the Individual in Samoan Culture«, S. 492.
14. M. Mead, *Social Organization of Manu'a*, S. 7. – Dies., »The Role of the Individual in Samoan Culture«, S. 493, 495. – Dies., »The Samoan«, S. 287.
15. M. Mead, »The Samoans«, S. 302, 474. – Dies., *Male and Female*, S. 360. –

Dies., »The Role of the Individual in the Samoan Culture«, S. 484. – Dies., *Social Organization of Manu'a,* S. 168.

16. M. Mead, *Sex and Temperament in Three Primitive Societies,* 1935, in: *From the South Seas,* S. 285. – Dies., *Male and Female,* S. 361. – Dies., »The Role of the Individual in Samoan Culture«, S. 494. – Dies., »Life as a Samoan Girl«, S. 99. – Dies., Rezension von: *Samoa Under the Sailing Gods,* von N. A. Rowe, in: *The Nation,* 133, 1931, S. 138. – Dies., *Anthropologists and What They Do,* S. 141. – Dies., *Coming of Age,* S. 198.

17. M. Mead, »The Samoans«, S. 304, – Dies., »The Role of the Individual in Samoan Culture«, S. 495. – Dies., »A Lapse of Animism among a Primitive People«, in: *Psyche,* 9, 1928, S. 77. – Dies., »Social Change and Cultural Surrogates«, in: *Journal of Educational Sociology,* 14, 1940, S. 96.

18. M. Mead, *Coming of Age,* S. 126, 161, 164, 277. – Dies., »Americanization in Samoa«, in: *American Mercury,* 16, 1929, S. 269. – Dies., *Social Organization of Manu'a,* S. 80 und 86. – Dies., *Male and Female,* S. 100, 124.

19. M. Mead, »Americanization in Samoa«, S. 269. – Dies., »The Sex Life of Unmarried Adult in Primitive Society«, S. 62. – Dies., *Male and Female,* S. 119, 123, 201. – Dies., *Coming of Age,* S. 105, 108, 223. – Dies., »Jealousy: Primitive and Civilized«, S. 43, 46. – Dies., *Social Organization of Manu'a,* S. 84.

20. M. Mead, »The Samoans«, S. 310. – Dies., »The Sex Life of Unmarried Adult in Primitive Society«, S. 61 ff. – Dies., *Male and Female,* S. 192. – Dies., *Social Organization of Manu'a,* S. 84. – Dies., »Cultural Contexts of Puberty and Adolescence«, in: *Bulletin of the Philadelphia Association for Psychoanalysis,* 9, 1959, S. 62. – Dies., *Coming of Age,* S. 33, 153, 157.

21. M. Mead, *Male and Female,* S. 201, 220. – Dies., »The Role of the Individual in Samoan Culture«, S. 487.

22. M. Mead, »The Primitive Child«, in: C. Murchison (Hrsg.), *A Handbook of Child Psychology,* N. Y. 1967 (Erstausg. 1933), S. 914. – Dies., »Adolescence in Primitive and Modern Society«, in: V. F. Calverton und S. D. Schmalhausen (Hrsg.), *The New Generation,* London 1930, S. 179.

23. M. Mead, »Cultural Contexts of Puberty and Adolescence«, S. 62. – Dies., »The Samoans«, S. 308. – Dies., »Adolescence in Primitive and Modern Society«, S. 174 – Dies., »South Seas Hints on Bringing Up Children«, S. 22.

7. Ein Mythos nimmt Gestalt an

1. D. Hume, *An Inquiry Concerning Human Understanding,* London 1809 (Erstausg. 1748), II, S. 86 (dt.: *Eine Untersuchung über den menschlichen Verstand,* Leipzig 1947).

2. S. D. Schmalhausen, *Our Changing Human Nature,* N. Y. 1929, S. 481. – J. B. Watson und R. Watson, *Psychological Care of Infant and Child,* London 1928, S. 18.

3. *The Nation,* 6. Februar 1929. – S. Nearing, »The Child in Soviet Russia«, in: V. F. Calverton und S. D. Schmalhausen (Hrsg.), *The New Generation,* London 1930, S. 233. – E. C. Lindeman, »Is Human Nature changing in Russia?«, in: *Survey Graphic,* 12, 1933, S. 142. – V. F. Calverton, »Red Love in Soviet Russia«, in: *Modern Quaterly,* 4, 1927, S. 188.

4. V. F. Calverton, *The Bankruptcy of Marriage,* London 1928, S. 21. – Mrs. B. Russell, Einführung in: B. Lindsey, *The Companionate Marriage,* N. Y.

1929, S. XIX. – S. D. Schmalhausen, *Why We Misbehave*, N. Y. 1928, S. 14 ff. – Ders., »The Sexual Revolution«, in: V. F. Calverton und S. D. Schmalhausen (Hrsg.), *Sex in Civilization*, London 1929, S. 354 ff.

5. S. D. Schmalhausen, »The Sexual Revolution«, S. 391. – E. Sapir, »The Discipline of Sex«, in: *American Mercury*, 16, 1929, S. 413.

6. F. Kirchwey, »Sex in the South Seas«, in: *The Nation*, 127, 1928, S. 427. – S. D. Schmalhausen, *Our Changing Human Nature*, S. 8.

7. B. Russell, *Marriage and Morals*, London 1958 (Erstausg. 1929), S. 107 (dt.: *Ehe und Moral*, Stuttgart 1951, S. 99). – H. Ellis, Einführung in V. F. Calverton und S. D. Schmalhausen (Hrsg.), *Sex in Civilization*, S. 25. – Ders., »Perversion in Childhood and Adolescence«, in: Calverton und Schmalhausen (Hrsg.), *The New Generation*, S. 543.

8. V. F. Calverton, S. D. Schmalhausen (Hrsg.), *The New Generation*, S. 18, 13.

9. J. B. Watson, *Behaviorism*, N. Y. 1924, S. 74. – »Physiological Psychology – A New Variety«, in: *Journal of Heredity*, 17, 1926, S. 362.

10. M. Mead, »Adolescence in Primitive and Modern Society«, in: V. F. Calverton und S. D. Schmalhausen (Hrsg.), *The New Generation*, S. 174. – R. H. Lowie, Rezension von: *Coming of Age in Samoa*, in: *American Anthropologist*, 31, 1929, S. 532. – J. H. Driberg, Rezension von: *Coming of Age in Samoa*, in: *Man*, 29, 1929, S. 179. – B. Malinowski, in: *The Nation*, 127, 1928, S. 402.

11. G. W. Stocking, *Race, Culture and Evolution*, N. Y. 1968, S. 267.

12. E. Erikson, *Childhood and Society*, Harmondsworth 1965, S. 318 (dt.: *Kindheit und Gesellschaft*, Stuttgart 1965, S. 321). – G. Dorsey, in: *The Nation*, 127, 1928, S. II. – H. L. Mencken, »Adolescence«, in: *American Mercury*, 15, 1928, S. 379. – R. Benedict, »The Younger Generation with a Difference«, in: *New Republic*, 57, 1928, S. 50. – Dies., Rezension von: *Coming of Age in Samoa*, in: *Journal of Philosophy*, 26, 1929, S. 110.

13. R. Benedict, *Patterns of Culture*, London 1945 (Erstausg. 1934), S. 21 (dt.: *Urformen der Kultur*, Reinbek 1960). – F. Boas, »Race«, in: *Encyclopaedia of the Social Sciences*, 13, 1934, S. 34.

14. Ab 1920 war es bei Boas-Anhängern und anderen üblich, die Kultur »für eine Art mechanische Presse zu halten, in die die meisten Menschen hineingestopft und zu einer bestimmten Form gepreßt werden«, wie Ruth Bunzel es bildhaft ausgedrückt hat (M. Mead und R. Bunzel [Hrsg.], *The Golden Age of American Anthropology*, N. Y. 1960, S. 576). In *We, The Tikopia*, London 1936, S. 418, schrieb R. Firth, daß die Mitglieder einer Gesellschaftsordnung »wie das Rohmaterial in einer Fabrik aus einem Ofen kommen, von verschiedenen Teilen einer komplizierten Maschinerie gepackt und gehämmert, zerteilt, gewalzt, gebogen und erneut erhitzt werden, damit aus ihnen ein gesellschaftlich nützliches Element wird«.

15. M. Mead, *Growing Up in New Guinea*, in: *From the South Seas*, N. Y. 1939, S. 212. – Dies., »More Comprehensive Field Methods«, in: *American Anthropologist*, 35, 1933, S. 15. – Dies., »1925–1939«, in: *From the South Seas*, S. X. – O. Klineberg, *Social Psychology*, N. Y. 1940, S. 492. – Wie F. L. K. Hsu in »Margaret Mead and Psychological Anthropology«, in: *American Anthropologist*, 82, 1980, S. 349, angemerkt hat, war es Meads Trilogie *Coming of Age in Samoa, Growing Up in New Guinea* und *Sex and Temperament in Three Primitive Societies*, die zusammen mit Ruth Benedicts *Patterns of Culture* »den Anschauungen über den Nationalcharakter zum Durchbruch und zu einem festen Platz in der psychologischen Anthropologie verholfen hat«.

16. L. J. Russell, »Is Anthropology Relevant to Ethics?«, in: *Aristotelian Society,* Ergänzungsband, XX, 1946, S. 62. – L. A. White, *The Science of Culture,* N. Y. 1949, S. 154.

17. M. Mead, *Male and Female,* Harmondsworth 1962, S. 68. – Dies., »Vorwort« der Ausgabe 1961 von *Coming of Age in Samoa,* N. Y. 1961, S. 3.

18. »Margaret Mead«, in: *The Observer,* 29. Januar 1950. – E. E. Evans-Pritchard, in: *Social Anthropology,* London 1951, S. 96. – M. J. Herskovits, *Man and His Works: The Science of Cultural Anthropology,* N. Y. 1950, S. 44.

19. F. M. Keesing, *Modern Samoa: Its Government and Changing Life,* London 1934, S. 497. – W. E. H. Stanner, *The South Seas in Transition,* Sydney 1953, S. 313. – L. Trilling, *Beyond Culture,* London 1966, Erstausg. 1955, S. 116.

20. L. D. Holmes, »A Restudy of Manu'a Culture: A Problem in Methodology«, (Diss. der Northwestern University, 1957).

21. Ebd., S. 224, 226, 227, 228. – L. D. Holmes, *Ta'ū: Stability and Change in a Samoan Village,* Wellington 1958, S. 32, 41, 44, 54, 56.

22. L. D. Holmes, »A Restudy of Manu'an Culture«, S. 232.

23. D. T. Campbell, »The Mutual Methological Relevance of Anthropology and Psychology«, in: F. L. K. Hsu (Hrsg.) *Psychological Anthropology,* Homewood, Ill., 1961, S. 340.

24. M. Mead, »Vorwort« der Ausgabe 1949 von *Coming of Age in Samoa,* Mentor Books, N. Y. 1949, S. X. – Dies., Vorwort in: *Coming of Age in Samoa,* Modern Library, N. Y. 1953, S. 3. – Dies., »Vorwort« der Ausgabe 1961 von *Coming of Age in Samoa,* Apollo Edition, N. Y. 1961, S. 4.

25. J. J. Honigmann, *Understanding Culture,* N. Y. 1983, S. 273. – C. M. Carstairs, *This Island Now: The B. B. C. Reith Lectures 1962,* Harmondsworth 1963, S. 49. – G. Devereux, *From Anxiety to Method in the Behavioral Sciences,* The Hague 1967, S. 196 (dt.: *Angst und Methode in den Verhaltenswissenschaften,* München 1973). – D. Price Williams, »Cross-Cultural-Studies«, in: B. M. Foss (Hrsg.), *New Horizons in Psychology,* Harmondsworth 1966, S. 409. – E. L. Schusky und T. B. Culbert, *Introducing Culture,* Englewood Cliff, N. J. 1967, S. III, 68. – »Margaret Mead Today: Mother to the World«, in: *Time,* 21. März 1969, S. 60.

26. M. Mead, »Conclusion, 1969: Reflections on Later Theoretical Work on the Samoans«, in: *Social Organization of Manu'a,* Honolulu 1969, S. 227.

27. Auf dem Weg von Neuguinea nach New York machte M. Mead einen, wie es die *Pacific Island Monthly,* Dezember 1971, S. 27, nannte, »wehmütigen Fünf-Tage-Besuch« in Amerikanisch-Samoa. Während ihres Aufenthaltes auf Ta'ū weihte sie ein Elektrizitätswerk ein und begegnete vielen Manuanern, die sich an sie als junge Forscherin erinnerten. Trotz der zentralen Bedeutung Samoas für ihre gesamte Laufbahn als Anthropologin hat Margaret Mead niemals die Inseln West-Samoas besucht.

28. Dies geht eindeutig hervor aus N. A. Rowe, *Samoa Under the Sailing Gods,* London und N. Y. 1930. – J. Copp und Fa'afouina, I. Pula, *The Samoan Dance of Life,* Boston 1950. – L. H. Holmes, *Ta'ū: Stability and Change in a Samoan Village,* Wellington 1958. – und – J. A. C. Gray, *Amerika Samoa: A History of American Samoa and its United States Naval Administration,* Annapolis 1960. – All diese Werke waren Margaret Mead wohlbekannt, denn sie hatte Rezensionen für die Bücher von Rowe, Holmes und Gray geschrieben, desgleichen ein Vorwort zu einer Schilderung samoanischer Verhaltensformen von Fa'afouina Pula, dem von Vopp verlegerischer Beistand geleistet wurde. Als Margaret Mead 1964 die »Research School of Pacific Studies« der Australian National

University besuchte, teilte ich ihr während einer zweieinhalbstündigen Unterhaltung (am 10. November 1964, nicht 1965, wie sie irrtümlich auf S. 227 von *Social Organization of Manu'a*, Ausgabe 1969, behauptet) eine Vielzahl ethnographischer und historischer Fakten mit, die nicht mit ihrer Schilderung Samoas übereinstimmten.

29. Viele textliche Ungenauigkeiten der Erstauflage von 1928 sind auch in allen folgenden Ausgaben von *Coming of Age in Samoa* beibehalten worden, wie ich selbst festgestellt habe.
30. M. H. Fried, *The Study of Anthropology*, N. Y. 1972, S. 5. – *Anthropology Today*, Del Mar, Calif. 1971, S. 354. – E. A. Hoebel, *Anthropology: the Study of Man*, N. Y. 1972, S. 8, 44.
31. E. R. Gerber, »The Cultural Patterning of Emotions in Samoa« (Diss. University of California, San Diego 1975), S. 126. (Ich möchte betonen, daß ich großen Respekt vor der exzellenten ethnographischen Dissertation Gerbers habe.)
32. V. Rubin, »Margaret Mead: An Appreciation«, in: *Human Organization*, 38, 1979, S. 194. – Robert A. LeVine, Vorwort zu G. H. Herdt, *Guardians of the Flutes*, N. Y. 1981, S. IX.

8. Der historische Rahmen der Forschungsarbeit Margaret Meads

1. M. Mead, »Vorwort« der Ausgabe 1949 von *Coming of Age in Samoa*, Mentor Books, N. Y. 1949, S. X. – Dies., »Vorwort« der Ausgabe 1961 von *Coming of Age in Samoa*, N. Y. 1961, S. 4. – Dies., »Vorwort« der Ausgabe 1973 von *Coming of Age in Samoa*, N. Y. 1973.
2. In ihrem Vorwort zur Ausgabe von 1973 schrieb Mead, die Ausgabe des Jahres 1969 von *Social Organization of Manu'a* sei von ihr »im Lichte zeitgenössischer ethnographischer Theorie überarbeitet« worden. In Wirklichkeit wurde jedoch der Originaltext von 1930 ohne jegliche Überarbeitung nachgedruckt. Siehe D. Freeman: *Social Organization of Manu'a* (1930 und 1969) von Margaret Mead, Some Errata«, in: *Journal of the Polynesian Society*, 81, 1972, S. 70–78. Die Ausgabe von 1969 hatte jedoch eine neue, von Mead verfaßte Einleitung und ein Nachwort mit dem Titel »Überlegungen zu späteren theoretischen Arbeiten über die Samoaner«, worin sie sich mit der gegen ihre Schilderung Samoas vorgetragenen Kritik befaßt.
3. J. Williams, »Narrative of a Voyage Performed in the Missionary Schooner ›Olive Branch‹, 1932«, London Missionary Society (L. M. S.) Archives. (Die Urkunden der *London Missionary Society* sind heute in der Bibliothek der *School of Oriental and African Studies*, University of London, zu finden.)
4. E. Behrens, *Reise durch die Südländer und um die Welt*, Frankfurt 1973. – L. A. de Bougainville, *A Voyage round the World performed in the years 1766, 1767, 1768 and 1769*, London 1772, S. 278 ff. (dt.: *Reise um die Welt in den Jahren 1766, 1767, 1768 und 1769*, Stuttgart 1980) – J. F. G. La Pérouse, *A Voyage round the World in the Years 1785, 1786, 1787 and 1788*, London 1798, III, S. 61 ff. – E. Edwards und G. Hamilton, Voyage of H. M. S. Pandora Dispatched to Arrest the Mutineers of the Bounty in the South Seas, 1790–1791, London 1951, S. 48 ff. – O. von Kotzebue, *A New Voyage Arround the World in the Years 1823, 1824, 1825 and 1826*, London 1830, I, S. 256 ff. – J. Williams, *A Narrative of Missionary Enterprises in the South Seas Islands*, London 1837, S. 324 ff. – G. Turner, *Nineteen Years in Polynesia*, London 1861. – A. M. Mur-

ray, *Forty Years' Mission Work in Polynesia and New Guinea from 1835 to 1875*, London 1876. – G. Turner, *Samoa A Hundred Years Ago and Long Before*, London 1844. – T. Powell, »A Samoan Tradition of the Creation and the Deluge«, in: *Journal of the Victoria Institute*, 20, 1887, S. 145–175. – T. Powell und G. Pratt, »Some Folk-Songs and Myths from Samoa«, in: *Journal and Proceedings of the Royal Society of New South Wales*, 24–26, 1890–1892. – G. Pratt, »The Genealogy of the Kings and Prices of Samoa«, in: *Report, Australasian Association for the Advancement of Science*, 2, 1890, S. 655–663. – S. Ella, »The Ancient Government of Samoa«, in: *Report, Australasian Association for the Advancement of Science*, 6, 1895, S. 596–603. J. B. Stair, *Old Samoa*, London 1897. – G. Brown, *Melanesians and Polynesians*, London 1910, R. P. A. Monfat, *Les Premiers Missionaires des Samoa*, Lyon 1923. – C. Wolkes, *Narrative of the United States Exploring Expedition during the Years 1838–1942*, London 1845, 5 Bände. – H. Hale, *Ethnography and Philology*, Philadelphia 1846. – J. E. Erskine, *Journal of a Cruise among the Island of the Western Pacific*, London 1853. – W. T. Pritchard, *Polynesian Reminiscences, or Life in the South Pacific Islands*, London 1866. – T. Trood, *Island Reminiscences*, Sydney 1912. – A. P. Maudsley, *Life in the Pacific Fifty Years Ago*, London 1930. – W. B. Churchward, *My Consulate in Samoa*, London 1887. – R. L. Stevenson, *A Footnote to History: Eight Years of Trouble in Samoa*. London 1892. – O. Stuebel, *Samoanische Texte*, Berlin 1895. – E. Schultz, »The Most Important Principles of Samoan Family Law, and the Laws of Inheritance«, in: *Journal of the Polynesian Society*, 20, 1911, S. 43–53. – A. Krämer, *Die Samoa-Inseln*, Stuttgart 1902–1903, 2 Bände.

5. R. B. Dixon, Rezension von: *Melanesians and Polynesians von* G. Brown, *in: American Anthropologist*, 13, 1911, S. 140. – M. Mead, »Conclusions 1969: Reflections on Later Theoretical Work on the Samoans«, in: *Social Organization of Manu'a*, Honolulu 1969, S. 228.

6. M. Mead, »The Samoans«, in: M. Mead (Hrsg.), *Cooperation and Competition among Primitive Peoples*, N. Y. 1937, S. 282. – G. Turner, *Nineteen Years in Polynesia*, S. 279. – B. Shore, »A Samoan Theory of Action: Social Control and Social Order in a Polynesian Paradox« (Diss. der University of Chicago 1977), S. IX.

7. In etymologischer Hinsicht bedeutet *fa'aSamoa* »in der Art der Familie des Tui Manu'a«, denn Sā ist eine Vorsilbe, die als Hinweis auf eine Familie verwendet wird, während Moa der Familienname des Tui Manu'a ist.

8. *American Samoa: Hearings before the Commission Appointed by the President of the United States in Accordance with Public Resolution no. 89, 70th Congress*, Washington, D. C. 1931, S. 26.

9. H. F. Bryan, American Samoa: *A General Report by the Governor*, Washington, D. C. 1927, S. 58. Eine eingehende Schilderung der Mau-Bewegung in West-Samoa findet sich in J. W. Davidson, *Samoa mo Samoa: The Emergence of the Independent State of Western Samoa*, Melbourne 1967, S. 114 ff.

10. M. A. Ripley, »Samoa: Shall we Navalize or Civilize It?«, in: *The Nation*, 122, 1926, S. 393. – F. J. West, *Political Advancement in the South Pacific*, Melbourne 1961, S. 135.

11. J. A. C. Gray, *Amerika Samoa: A History of American Samoa and Its United States Naval Administration*, Annapolis 1960, S. 207 ff.

12. A. F. Judd, Erweiterte Notizen, Ethnologie, etc. »American Samoa, 15. Februar – 2. April 1926, Islands of Tutuila, Ofu und Ta'ū«, S. 9, Bernice P. Bishop

Library, Honolulu. Judd wurde später Rechtsberater des Kongreßausschusses, der 1930 nach Amerikanisch-Samoa reiste, um die Zeit des Aufruhrs nach 1920 zu untersuchen.

13. F. J. West, *Political Advancement*, S. 135. *American Samoa: Hearings before the Commission*, S. 26, – *Western Samoa (Report of the Royal Commission Concerning the Administration of)*, Wellington 1927. – M. Mead, *Coming of Age*, 198.

14. F. M. Keesing, *Modern Samoa*, London 1934, S. 476. – J. A. C. Gray, *Amerika Samoa*, S. 236. In einer Studie über die »samoanische Zivilisation«, wie sie sich 1926 darbot, vertrat Mead die Meinung: »Ohne einen zusätzlichen Anreiz von außen oder den Versuch, die Grundlagen der samoanischen Kultur zu verändern, könnte diese durchaus zweihundert Jahre lang dieselbe bleiben« (*Coming of Age*, S. 273).

15. A. Krämer, *Die Samoa-Inseln*. – R. P. Gilson, *Samoa 1830 to 1900: The Politics of a Multi-Cultural Community*, Melbourne 1970.

16. Als Buzacott und Barff Samoa 1834 besuchten (Tagebuch, L. M. S. Archives), fiel ihnen die »einzigartige Regierungsform« in Samoa auf, denn jede Siedlung oder Dorfgemeinschaft habe ihre eigenen Häuptlinge. D. Freeman, »The Social Structure of a Samoan Village Community« (Diss. der University of London, 1948). – Ders., »Some Observations on Kinship and Political Authority in Samoa«, in: *American Anthropologist*, 66, 1964, S. 554.

17. Wie in der *Samoa Times* vom 7. Dezember 1918 berichtet wurde, befand das Oberste Gericht von West-Samoa Tasea für schuldig, mit einem Knüppel auf einen anderen Mann eingeschlagen zu haben, weil dieser sich öffentlich über den Stammbaum von Taseas Familie ausgelassen hatte. Siehe auch einen Leserbrief von G. Fa'alava'au (Mitglied des Gesetzgebenden Rates von West-Samoa) in der *Western Samoan Mail* vom 10. Mai 1941: »Die öffentliche und den Tatsachen zuwiderlaufende Darstellung des Stammbaumes eines rivalisierenden Häuptlings, welche ein ganzes Dorf und dessen oberste Häuptlinge in Mitleidenschaft zieht, war und ist für Samoaner eine Kränkung, deren Bestrafung ihnen wichtiger ist als das eigene Leben« (S. Ella, »The Ancient Government of Samoa«, S. 598). Eine Anzahl von Stammbäumen (Genealogien), die von Krämer 1902 veröffentlicht wurden, umfaßten damals schon nicht weniger als 32 Generationen.

18. P. H. Buck, in einem Brief an Sir Apirana Ngata, zitiert in: J. B. Conliffe, *Te Rangi Hiroa: The Life of Sir Peter Buck*, Christchurch 1971, S. 156. – Fa'afouina Pula beschreibt in: *The Samoan Dance of Life*, Boston 1950, S. 112, die *fa'alupega* samoanischer Dörfer als »sehr, sehr wichtig«. Falsch vorgetragen, erzeugt sie viel Ärger. In heidnischen Zeiten war solcher Ärger häufig gleichbedeutend mit Krieg.

19. R. L. Stevenson, *A Footnote to History*, London 1892, S. 14. – G. Pratt, Brief vom 18. Juni 1847 aus Matautu, Savai'i, L. M. S. Archives. – J. Fraser, »Six Solos about the Kava (Plant and Drink)«, in: *Journal and Proceedings of the Royal Society of New South Wales*, 25, 1891, S. 96.

20. G. B. Milner, »The Samoan Vocabulary of Respect«, in: *Journal of the Royal Anthropological Institute*, 91, 1961, S. 304. – Cf. F. Stevenson, *Our Samoan Adventure*, London 1956, S. 182. Als R. L. Stevenson den großen Häuptling Mata'afa sprechen wollte, mußte er sich seines samoanischen Koches Talolo als Dolmetscher bedienen. Jener »verging fast vor Angst und Schrecken, denn er beherrschte nicht die Ausdrucksweise des hohen Häuptlings und fürchtete, je-

des seiner Worte könnte für Mata'afa eine Kränkung sein«. In seinen *Proverbial Expressions of the Samoans,* Wellington 1965, berichtet Schultz u. a., daß ein Häuptling aus Zorn seine Diener tötete, als sie immer wieder das unaussprechliche Wort *fepulafi* (= starren) statt des respektvollen Ausdrucks *sisila* benutzten.

21. G. Brown, *An Autobiography,* London 1898, S. 32 ff.
22. Cf. G. Turner, *Samoa A Hundred Years Ago and Long Before,* London 1884, S. 175. »Die Taube, die beste handgedrehte Zigarre und alles andere erster Wahl wird mit Sicherheit dem Häuptling angeboten.«
23. J. W. Davidson, *Samoa mo Samoa,* S. 19. – G. Pratt, Brief vom 1. Dezember 1842 aus Matautu, Savai'i, L. M. S. Archives. – J. Williams, *A Narrative of Missionary Enterprises in the South Seas,* London 1837, S. 334. »Im September 1966 wohnte ich einer *fono* der Va'a-Nofoa-Tolu bei, zu der die obersten Häuptlinge der *'äiga* Taulagi, Taua'ana und Satunumafono und deren Häuptlingssprecher gehörten. Letzteren wurde ihre Mahlzeit zwar unmittelbar nach den Häuptlingen serviert, sie mußten jedoch mit dem Essen warten, bis die Häuptlinge ihre Speisen verzehrt hatten.«
24. G. Pratt, »Silia-i-Vao-a-Tala«, in: *Journal of the Polynesian Society,* 1897, S. 76.
25. C. C. Marsack, *Notes,* S. 19.
26. J. W. Davidson, *Samoa mo Samoa,* S. 19. – E. Schultz, »Principles of Samoan Family Law«, S. 46.
27. Ebd., S. 46. – B. Shore, »A Samoan Theory of Action«, S. 180.
28. Cf. Brother Herman, Übersetzung von: *Institutions and Customs of the Samoans,* Tutuila 1954, S. 4.: »Der Sitzplatz des großen Häuptlings ist allseits bekannt und darf von niemandem eingenommen werden.«
29. Cf. J. Fraser und G. Pratt, »Six Solos about the Kava«, S. 105.
30. Cf. J. Fraser, »Ia le Malaga«, in: *Journal and Proceedings of the Royal Society of New South Wales,* 26, 1892, S. 293: »In Samoa ist es eine schwere Beleidigung, den Namen eines Häuptlings auf einer Liste auszulassen« (wenn die *kava* ausgeteilt wird).
31. L. D. Holmes, »A Restudy of Manu'an Culture« (Diss. der Northwestern University, 1957), S. 227.
32. Cf. F. A. Young, »Stability and Change in Samoa« (Diss. der University of Oregon, 1976) S. 38: »Von den ersten Lebensjahren an wird samoanischen Kindern das Prinzip des Gehorsams gegenüber den Eltern beigebracht.« – E. R. Gerber, »The Cultural Patterning of Emotions in Samoa« (Diss. der University of California, San Diego 1975), S. 37: »Die Samoaner glauben, daß sie allen Menschen Achtung und Gehorsam schulden, die älter sind als sie selbst.« – B. Shore, »A Samoan Theory of Action«, S. 176: »Gehorsam ist ... eine ausgeprägte samoanische Wertvorstellung von zentraler Bedeutung, besonders in bezug auf Kinder.«

9. Die Rangordnung

1. M. Mead, *Blackberry Winter,* N. Y. 1972, S. 151. Daß Mead der Zutritt zu Häuptlingsversammlungen (*fono*) verwehrt war (im Unterschied zu allgemeinen Feierlichkeiten in Verbindung mit der Ausrüstung einer »Reisegesellschaft«), wurde mir während meiner Nachforschungen auf Ta'ü im Jahr 1976

bestätigt. M. Mead, *Letters from the Field, 1925–1975,* N. Y. 1977, S. 51. – Dies., »The Role of the Individual in Samoan Culture«, in: *Journal of the Royal Anthropological Institute,* 58, 1928, S. 492. Im Kapitel über die Samoaner in *Cooperation and Competition among Primitive People,* N. Y. 1937, S. 305, ging Mead sogar noch weiter, denn sie behauptete, ein Häuptling von hohem Rang, der in einer *fono* selbst eine Rede hielte, begehe die »große samoanische Sünde« des *tauta-laitiiti,* denn reden sei unter seiner Würde.

2. J. Williams, »Narrative of a Voyage Performed in the Missionary Schooner ›Olive Branch‹, 1832«, L. M. S. Archives. In einigen Dorfgemeinschaften, z. B. in Salai'ilua auf Savai'i, gibt es laut Shore eine Umkehrung in der Beziehung zwischen den *ali'i* und den *tulafale,* denn die Häuptlingssprecher hätten in der Gerichts-*fono* das Sagen.

3. R. L. Stevenson, *A Footnote to History,* Leipzig 1892, S. 130.

4. M. Mead, *Cooperation and Competition,* S. 304. – T. Powell, »A Samoan Tradition of the Creation and Deluge«, in: *Journal of the Transactions of the Victoria Institute or Philosophical Society of Great Britain,* 20, 1887, S. 147. J. Fraser, »Some Folk-Songs and Myths from Samoa«, in: *Journal and Proceedings of the Royal Society of New South Wales,* 24, 1890, S. 196.

5. J. Fraser, »Some Folk-Songs and Myths«, S. 213. – T. Powell, »A Samoan Tradition of the Creation and Deluge«, S. 157. – Vergl. T. S. Powell, Bericht aus Manu'a, datiert vom 24. 7. 1871, L. M. S. Archives: »Tui Manu'a ist der allseits anerkannte Ursprung aller ihn umgebenden Tui.«.

6. M. Mead, *Social Organization of Manu'a,* Honolulu, 1930, S. 180. – T. Nightingale, *Oceanic Sketches,* London 1835, S. 86. – T. H. Hood, *Notes of a Cruise in H. M. S. ›Fawn‹ in the Western Pacific in the Year 1862,* Edinburgh 1863, S. 107.

7. M. Mead, »Jealousy: Primitive and Civilized«, in: S. D. Schmalhausen und V. F. Calverton (Hrsg.), *Woman's Coming of Age: A Symposium,* London 1–31, S. 43. – J. Fraser, »The History of Tagaloa-a-Ui, Ali'a-Matua and Ali'a-Tama, Kings of Manu'a«, in: *Journal and Proceedings of the Royal Society of New South Wales,* 26, 1891, S. 299.

8. W. T. Pritchard, *Polynesian Reminiscences,* London 1866, S. 55. – J. A. C. Gray, *Amerika Samoa: A History of American Samoa and Its United States Naval Administration,* Annapolis 1960, S. 71.

9. A. Krämer, *Die Samoa-Inseln,* Stuttgart 1902, I., S. 15. – S. Ella, »'O le Tala ia Taema ma Nafanua«, in: *Journal of the Polynesian Society,* 6, 1897, S. 154. – T. Heath, »The War in A'ana – A Samoan Tale«, 1838, in: L. M. S. Archives. – J. Williams, *A Narrative of Missionary Enterprises in the South of the Sea Islands,* London 1837, S. 533.

10. M. Mead, »The Role of the Individual in Samoan Culture«, in: *Journal of the Royal Anthropological Institute,* 58, 1928, S. 493. – W. T. Pritchard, *Polynesian Reminiscences,* S. 126. – W. B. Churchward, *My Consulate in Samoa,* London 1887, S. 55.

11. J. A. C. Gray, *Amerika Samoa,* S. 140 ff.

12. Ebd., S. 147.

13. Ebd., S. 146.

14. M. Mead, »The Role of the Individual«, S. 495. – A. Krämer, *Die Samoa-Inseln,* I., S. 1 ff.

10. Gemeinsinn und Wettstreit

1. M. Mead (Hrsg.), *Cooperation and Competition among Primitive Peoples*, N. Y. 1937.
2. M. Mead, *Coming of Age in Samoa*, N. Y. 1973, S. 35. – Dies., *Cooperation and Competition*, S. 8, 301 ff. – Ein Fall sexuell bedingter Eifersucht wird im 16. Kapitel geschildert.
3. J. Williams, »Narrative of a Voyage in the Missionary Schooner ›Olive Branch‹ 1832«, L. M. S. Archives.
4. T. Nightingale, *Oceanic Sketches*, London 1835, S. 75. – Weitere Schilderungen von Knüppelkämpfen, siehe C. Wilkes, *Narrative of the United States Exploring Expedition, during the Years 1838-1842*, London 1845, II., S. 147. – A. Krämer, *Die Samoa-Inseln*, Stuttgart 1903, II. S. 335. – G. Brown, Melanesians and Polynesians, London 1910, S. 340.
5. Ch. Hardie, Brief aus Manono vom 1. Dezember 1837, in: L. M. S. Archives.
6. J. B. Stair, »Jottings on the Mythology and Spirit-Lore of Old Samoa«, in: *Journal of the Polynesian Society*, 5, 1896, S. 55.
7. W. T. Pritchard, *Polynesian Reminiscences*, London 1866, S. 162. – A. Krämer, die *Samoa-Inseln*, II, S. 334. – E. Schultz, *Proverbial Expressions of the Samoans*, Wellington 1965, S. 139.
8. G. Turner, *Nineteen Years in Polynesia*, London 1861, S. 132 ff.
9. L. B. Wright und M. I. Fry, *Puritans in the South Seas*, N. Y. 1936, S. 227. – W. B. Churchward, *My Consulate in Samoa*, London 1887, S. 142. – Aletta Lewis, die 1929 in Amerikanisch-Samoa war, berichtete von einer »leidenschaftlichen Begeisterung für Kricket auf den Dorf-*malae*«. – A. Lewis, *They Call them Savages*, London 1938, S. 106. Im April 1967 machten die Spieler und die Anhänger eines geschlagenen Rugby-Teams auf den Schiedsrichter mit Steinen, Stöcken und Fäusten einen »bösartigen Angriff« und verletzten ihn erheblich im Gesicht und am Kopf (*Samoa Bulletin* vom 26. April 1967).
10. *Polizeiberichte über Western-Samoa*, P. C. 66/2095, 1966.
11. Brother Herman, *Tales of the Ancient Samoa*, Apia 1966, S. 85. – P. H. Buck, *Field-Notebook III*, S. 53, 11. Oktober 1927, Bernice P. Bishop Museum Library, Honolulu. – J. D. Freeman, »The Tradition of Sanalala«, in: *Journal of the Polynesian Society*, 56, 1947, S. 297. – A. Krämer, *Die Samoa-Inseln*, I, 153. – S. Osborn, *Samoanische Zeitung*, Apia, 28. September 1901. – B. Shore, »A Samoan Theory of Action: Social Control and Social Order in a Polynesian Paradox«, Diss. der University of Chicago, 1977, S. 144.
12. L. D. Holmes, »A Restudy of Manu'an Culture«, Diss. der Northwestern University, 1957, S. 226. – G. B. Milner, *Samoan Dictionary*, London 1966, S. 247. – Brother Herman, Übersetzung von: *Institutions and Customs of the Samoans*, Tutuila 1954, S. 4. – J. B. Stair, *Old Samoa*, S. 85.
13. G. Platt, *Journal 1835*, in: L. M. S. Archives. – R. L. Stevenson, *A Footnote to History*, Leipzig 1892, S. 16. – T. H. Hood, *Notes on a Cruise of the H. M. S. ›Fawn‹ in the Western Pacific in the Year 1862*, Edinburgh 1863, S. 77. – Г. A. Young, »Stability and Change in Samoa«, Diss. der University of Oregon, 1976, S. 10. – M. MacKenzie, »More North American than the North Americans: Medical Consequences of Migrant Enthusiasm, Willing and Unwilled«, (Abteilung für Anthropologie, University of California, Berkeley, o. J.), S. 4.
14. *Polizeiberichte über West-Samoa*, P. C. 2811, 1961.
15. *American Samoa: Hearings before the Commission Appointed by the President*

of the United States, Washington, D.C. 1931, S. 24. – M. Mead, *Cooperation and Competition,* S. 299. – F. H. Flaherty, »Behind the Scenes with Our Samoan Stars«, in *Asia,* 25, 1925, S. 747 (Flahertys Film *Moana* wurde am 7. Februar 1926 in New York uraufgeführt. Zu dieser Zeit war Mead in Manu'a). – M. Mead, Brief aus Ta'ū vom 16. Januar 1926, in: *Letters from the Field, 1925-1975,* N. Y. 1977, S. 47. – G. Drummond, Brief aus Falealupo, Savai'i, vom 26. Oktober 1842, in: L. M. S. Archives.

16. A. Murray, Brief aus Tutuila vom 10. Juni 1839, in: L. M. S. Archives. – W. B. Churchward, *My Consulate in Samoa,* S. 348. – S. Osborn, *Samoanische Zeitung,* 9.

17. *Western Samoa (Report of the Royal Commission Concerning the Administration of),* Wellington 1927, S. 267. – *O le Savali,* 1. September 1916, Apia, West-Samoa.

18. J. Williams, »Narrative of a Voyage«, – A. Macdonald, Brief aus Palauli, Savai'i vom 13. September 1943, in L. M. S. Archives.

19. G. Pratt, Brief aus Matautu, Savai'i vom 19. September 1868, L. M. S. Archives.

20. A. Lewis, *They Call them Savages,* London 1938, S. 48.

21. M. Mead, »Two South Seas Educational Experiments and Their American Implications«, in: *University of Pennsylvania School of Education Bulletin,* 31, S. 494. – Dies., *Cooperation and Competition,* S. 308.

22. M. Keesing, *Modern Samoa,* London 1934, S. 414 ff. – G. B. Milner, *Samoan Dictionary,* S. 112.

23. J. Williams, *A Narrative of Missionary Enterprises in the South Seas Islands,* London 1837, S. 355. Aufzeichnungen über eine Zusammenkunft in Saliomoa, West-Samoa, 17. Mai 1842, in: L. M. S. Archives. – C. Pickering, *The Races of Man,* London 1849, S. 76.

24. L. D. Holmes, »A Restudy of Samoan Culture«, S. 225. – Vergl. L. D. Holmes, *Ta'ū,* Wellington 1958, S. 25: »Eltern sind sehr stolz auf die Leistungen ihrer Kinder in der kirchlichen Schule, und von Zeit zu Zeit werden herausragenden Schülern besondere Auszeichnungen zuteil.«

25. D. Pitt und C. Macpherson, *Emerging Pluralism: The Samoan Community in New Zealand,* Auckland 1974, S. 91.

11. Aggressives Verhalten und Krieg

1. M. Mead, *Sex and Temperament in Three Primitive Societies,* in: *From the South Seas,* N. Y. 1939, S. 285. – Dies., Rezension von: *Samoa under the Sailing Gods* von N. A. Rowe, in: *The Nation,* 133, 1931, S. 138. – Dies., *Male and Female,* Harmondsworth 1962, Erstausg. 1950, S. 360.

2. J. F. G. de La Pérouse, *A Voyage Round the World in the Years 1785, 1786, 1787 and 1788,* London 1789, III, S. 100, 103, 407. – O. von Kotzebue, *A New Voyage Round the World in the Years 1823, 1824, 1825 and 1826,* London 1830, S. 258.

3. J. Williams, *A Narrative of Missionary Enterprises in the South Seas Islands,* London 1837, S. 333, 533. – C. Barff, *Journal,* 1830, Mitchell Library, Sydney. – J. Williams, »Narrative of a Voyage in the Missionary Schooner ›Olive Branch‹ 1832«, in: L. M. S. Archives. – J. Heath, »The War in A'ana: A Samoan Tale«, 1838, in: L. M. S. Archives.

4. J. Williams, *Narrative of Missionary Enterprises,* S. 533. – Ders., »Narrative of Voyage«, in: J. B. Stair, *Old Samoa,* London 1897, S. 243.
5. J. Williams, »Narrative of a Voyage«. – Ders., Brief an Rev. W. Ellis aus Rarotonga vom 6. Januar 1833. 1846 hatte die Ortschaft Ta'ū einschließlich Faleasao 595 Einwohner (M. Hunkin, Brief aus Manu'a vom 9. Oktober 1946). Wenn man für das Jahr 1832 rund 700 Einwohner ansetzt, würde sich eine Zahl von ungefähr 210 erwachsenen Männern ergeben, denn ca. 40% der männlichen Bevölkerung waren Knaben. Der Tod von 35 Erwachsenen entspräche annähernd 16% der Gesamtzahl.
6. L. D. Holmes, »A Restudy of Manu'an Culture«, Diss. der Northwestern University, 1957, S. 225. – *Annual Report* 1965 der Polizei- und Gefängnisverwaltung der Regierung von West-Samoa.
7. G. Platt, *Journal,* 1836, L. M. S. Archives.
8. *Polizeiberichte,* West-Samoa, P. C. 493, 1961.
9. *Polizeiberichte,* West-Samoa, P. C. 203–204, 1963.
10. *Polizeiberichte,* West-Samoa, P. C. 3322–3331, 1962.
11. *Samoa-Times,* 3. November 1967.
12. M. Mead, *Male and Female,* S. 361. – Dies., »Life as a Samoan Girl«, in: *All True! The Record of Actual Adventures that Have Happened to The Woman of Today,* N. Y. 1931, S. 99.
13. *Polizeiberichte,* West-Samoa, P. C. 3402, 1963.
14. *Polizeiberichte,* West-Samoa, P. C. 5092, 1964.
15. Ein Maßstab für den streitbaren Geist der Samoaner besteht darin, daß laut Archiv des Gerichtes für Land und Titel in Mulinu'u, West-Samoa, von 1966–1967, als West-Samoa ungefähr 130 000 Bewohner hatte, jährlich 1400 Anträge auf Eröffnung eines Gerichtsverfahrens gestellt wurden. Das entspricht einer Häufigkeitsrate von 1077 pro 100 000 Einwohner und Jahr.
16. Sir Angus Sharp, Interview in: *New Zealand Herald* vom 22. Juli 1978: American Samoa's Annual Report, Fiscal Year 1980, S. 111, 129. – L. S. W. Duncan wies in »Crime by Polynesians in Auckland« (Magisterarbeit der University of Auckland, 1970, S. 122 ff.) nach, daß 1966 mehr Samoaner eines Gewaltverbrechens angeklagt wurden als irgendwelche anderen Einwanderer aus dem pazifischen Raum.
17. M. E. Wolfgang (Hrsg.), *Studies in Homicide,* N. Y. 1967, S. 285.
18. *Annual Reports,* 1965 und 1966, Polizei- und Gefängnisabteilung der Regierung von West-Samoa. – *Crime in New Zealand,* Wellington 1968, S. 211. – D. Biles (Hrsg.), *Crime and Justice in Australia,* Melbourne 1977, S. 18. – Federal Bureau of Investigation, U. S. Departement of Justice, *Uniform Crime Reports for the United States,* Washington, D. C. 1965, S. 108.
19. M. Mead, *Social Organization of Manu'a,* Honolulu 1930, S. 157, 168. – Dies., »The Role of the Individual in Samoan Culture«, in: *Journal of the Royal Anthropological Institute,* 58, 1928, S. 484. – Dies., »The Samoans«, in: M. Mead (Hrsg.): *Cooperation and Competition among Primitive Peoples,* N. Y. 1937, S. 481 ff.
20. *American Samoa. Hearings Before the Commission Appointed by the President of the United States,* Washington, D. C. 1931, S. 98, 307. – *Western Samoa (Report of the Royal Commission Concerning the Administration of)* Wellington 1927, S. 361.
21. A. W. Murray, *Forty Year's Mission Work in Polynesia and New Guinea from 1835 to 1875,* London 1876, S. 40. – J. B. Stair, *Old Samoa,* London 1897, S. 242.

- C. Wilkes, *Narrative of the United States Exploring Expedition during the Years 1838-1842,* London 1845, II, S. 65, 150. – J. King, Brief aus Falealupo, Savai'i, vom 30. September 1864, in: L. M. S. Archives. – S. J. Whitmee, »Mr. Wallace on the Ethnology of Polynesia«, in: *Contemporary Review,* 21, 1873, S. 397. – A. Krämer, *Die Samoa-Inseln,* Stuttgart 1903, II., S. 341.

22. A. Krämer, *Die Samoa-Inseln,* II, S. 340. – T. Powell, Brief aus Pago Pago, Tutuila, vom 1. Juli 1859, in: L. M. S. Archives. – G. Hardie, Brief aus Sapapali'i, Savai'i, vom 11. März 1844, L. M. S. Archives.

23. J. Frazer, *The Belief in Immortality,* London 1922, II, S. 162. – W. T. Pritchard, *Polynesian Reminiscences,* London 1866, S. 57. – In seinem Brief an den Herausgeber der *Pall Mall Gazette* vom 4. September 1893 (Gesammelte Werke, XVII, S. 385) schildert R. L. Stevenson, daß bei einer Parade in Mulinu'u dem Malietoa 15 Köpfe präsentiert worden seien. Der König habe sie entgegengenommen und jedem erfolgreichen Krieger seine Anerkennung ausgesprochen.

24. Josia, »The Autobiography of Josia: A Samoan Native Pastor«, übersetzt aus dem Samoanischen, in: *L. M. S. Chronicle,* Mai 1866, S. 200. – J. Williams, »Narrative of a Voyage«. – M. Hunkin, Bericht aus Manu'a im Februar 1845, in: L. M. S. Archives. – T. Heath, »The War in A'ana«.

25. T. Heath, »The War in A'ana«. – G. Hardie, Brief aus Malua, Upolu, vom 5. August 1848, in: L. M. S. Archives.

26. A. Murray, Brief aus Pago Pago, Tutuila, 2. November 1842, in: L. M. S. Archives. – F. A. Young, »Stability and Change in Samoa« (Diss. der University of Oregon 1972), S. 14. – T. Powell, Bericht aus Ta'ū vom 24. Juli 1871, in: L. M. S. Archives.

27. Bei seinem Besuch in Manu'a im Oktober 1927 wurde Dr. Peter Buck von der schweren Niederlage berichtet, die Ta'ū im Jahr 1867 Olosega zugefügt hatte. Man führte ihn auch zur Stätte der Entscheidungsschlacht; vgl. *Field Notebook,* IV, S. 20, 24. Oktober 1927, Bernice P. Bishop Museum, Honolulu. – Vgl. T. Powell, Bericht aus Ta'ū vom 24. Juli 1871. 1871 bestand die männliche Bevölkerung von Manu'a zu 43,7 % aus Knaben.

28. S. Ella, »'O le Tala ia Taema ma Nafanua«, in: *Journal of the Polynesian Society,* 6, 1897, S. 154. – J. E. Erskine, *Journal of a Cruise among the Islands of the Western Pacific,* London 1853, S. 63. – G. Turner, Brief aus Malua, Upolu, vom 30. September 1853, L. M. S. Archives. – J. Williams, »Narrative of a Voyage«.

29. A. Wendt, *Pouliuli,* Auckland 1977, S. 80. – A. Krämer, *Die Samoa-Inseln,* II, S. 342.

30. J. Williams, »Narrative of a Voyage«. – A. Krämer, *Die Samoa-Inseln,* I, S. 259.

31. R. S. Moore und J. R. Farrington, *The American Samoan Commission's Visit to Samoa, September–Oktober 1930,* Washington, D. C. 1931, S. 58. – J. B. Stair, *Old Samoa,* S. 21. – J. Fraser, »Some Folk-Songs and Myths from Samoa«, in: *Journal and Proceedings of the Royal Society of New South Wales,* 25, 1891, S. 141. – W. T. Pritchard, *Polynesian Reminiscences,* S. 151. – G. Turner, *Samoa a Hundred Years Ago and Long Before,* London 1884, S. 190.

32. G. Turner, *Samoa a Hundred Years Ago,* Kap. 4.

33. M. Mead, *Social Organization of Manu'a,* S. 167, 168, 177, 208. In »Le 'Ava: A Solo«, einem von Thomas Powell um 1870 nach Angaben von Tauanu'u, dem »Legendenbewahrer von Manu'a«, zusammengestellten Text, wird Le Fanoga ausdrücklich als Kriegsgott erwähnt. Obwohl Mead diese Quelle (ent-

halten in J. Fraser »Folk-Songs and Myths from Samoa«, in: *Journal of the Polynesian Society*, 6, 1897, S. 119) in der Bibliographie ihrer Arbeit *Social Organization of Manu'a* aufführte, scheint sie keine Kenntnis von ihrem Inhalt genommen zu haben.

34. G. Hardie, *Tagebuch*, Mitchell Library, Sydney.
35. J. Williams, »Narrative of a Voyage«. Williams rechnet auch Foilagi und Toatoa zu den Kriegsgöttern von Manu'a. M. Mead erwähnt keinen von beiden.

12. Religion: Heidentum und Christentum

1. M. Mead, *An Inquiry into the Question of Cultural Stability in Polynesia*, N. Y. 1928. – Dies., »The Role of the Individual in Samoan Culture«, in: *Journal of the Royal Anthropological Institute*, 53, 1928, S. 491 u. 494. – Dies., »The Samoans«, in M. Mead (Hrsg.): *Cooperation and Competition among Primitive Peoples*, N. Y. 1937, S. 304. – Dies., »A Lapse of Animism among a Primitive People«, in: *Psyche*, 9, 1928, S. 77. – Dies., *Social Organization of Manu'a*, Honolulu 1930, S. 84, 86.
2. R. Firth, *The Work of the Gods in Tikopia*, London 1940, 2 Bände. – Ders., *Rank and Religion in Tikopia*, London 1970, S. 313.
3. J. Williams, »Narrative of a Voyage in the Missionary Schooner ›Olive Branch‹, 1832«, in: L. M. S. Archives. – Ders., *A Narrative of Missionary Enterprises in the South Sea Islands*, London 1837, S. 540. – A. Buzacott, *Journal*, 1836, in: L. M. S. Archives.
4. H. Hale, *Notes*, Mitchell Library, Sydney. – G. Turner, »Fiftyfive Years Mission Work in Samoa« (1891), in: L. M. S. Archives. – Ders., *Samoa A Hundred Years Ago and Long Before*, London 1884, S. 23–77, 156. – W. T. Pritchard, *Polynesian Reminiscences*, London 1866, S. 108, 122. Die persönlichen Götter der *ali'i* wurden insbesondere mit heiligen Steinen in Beziehung gebracht. Der Stein des obersten Häuptlings von Sa'anapu, den man mir 1942 zeigte, hatte die Form eines Schildkrötenpanzers und lag in einer ›Tui Atua‹ genannten Süßwasserquelle. Einige der wichtigeren Gottheiten und Geister aus heidnischen Zeiten waren Anfang der 40er Jahre noch gut in Erinnerung. 1942 wurde ich mehrmals auf ein Licht hingewiesen, das sich draußen in der Bucht von Lotofagā auf Safata bewegte. Angeblich war es Putepute, ein Ahnengeist der 'Āiga Satunumafono, einer in West-Samoa recht bedeutenden Familie.
5. J. Williams, »A Narrative of a Voyage«. – Ein Bericht über von Geistern Besessene bei J. D. Freeman, »The Joe Gimlet or Siovili Cult: An Episode in the Religious History of Early Samoa«, in J. D. Freeman und W. R. Geddes (Hrsg.): *Anthropology in the South Seas*, New Plymouth, New Zealand, 1959, S. 191. Vergl. Firths Schilderung der Besessenheit eines Mannes aus Tikopia in *The Work of the Gods*, II, S. 224: »Sein Zittern wurde heftiger, und seine verkrampften Hände erzeugten auf der Kokosmatte ein klapperndes Geräusch. Plötzlich stieß er einen Schrei aus, dann begann er mit rasch von einer Seite auf die andere schwingendem Kopf und einer lauten, metallisch klingenden Stimme seltsame Laute von sich zu geben. Die Eingeborenen sahen dies als die Stimme der Gottheit an.«
6. G. Brown, *Melanesians and Polynesians*, London 1910, S. 224. – Ein von einem Geist besessenes Medium wurde auch *va'a atua*, d. h. Gefäß der Götter,

genannt, in Manu'a *va'a Tagaloa,* Gefäß des Tagaloa; vgl. M. Mead, *Social Organization of Manu'a,* S. 160.

7. J. B. Stair, »Jottings on the Mythology and Spirit-Lore of Old-Samoa«, in: *Journal of the Polynesian Society,* 5, 1896, S. 42. – W. T. Pritchard, *Polynesian Reminiscences,* S. 110.

8. T. Powell, »Some Folk-Songs and Myths from Samoa«, in: *Journal and Proceedings of the Royal Society of New South Wales,* 25, 1891, S. 133. – J. Williams, »Narrative of a Voyage«.

9. S. Ella, »Samoa, &c«, in: *Report, Australasian Association for the Advancement of Science,* 4, 1892, S. 638. – G. Brown, *Melanesians and Polynesians,* S. 228. – S. Ella, »The Ancient Samoan Government«, in: *Report of the Sixth Meeting of the Australasian Association for the Advancement of Science,* 6, 1895, S. 602.

10. M. Mead, »A Lapse of Animism«, S. 77.

11. G. Pratt, *Grammar and Dictionary of the Samoan Language,* 4. Ausgabe, Malua 1911, S. 203. – Ders., »Some Folk-Songs and Myths from Samoa«, S. 146. – G. Turner, *Samoa a Hundred Years Ago,* S. 204 ff.

12. R. Firth, *Rank and Religion,* S. 313. Zwischen Samoa und Tikopia besteht in sprachlicher Hinsicht eine enge Beziehung. In seiner Arbeit *History and Traditions of Tikopia,* Wellington 1961, S. 166, hat Firth die Vermutung ausgesprochen, daß »in früheren Zeiten eine Besiedlung von Samoa aus viele der Grundlagen der sozialen Ordnung von Tikopia gelegt haben könnte, in die kontinuierlich die Beiträge von Zuwanderern eingebaut wurden, bis sie nach einiger Zeit ein eigenständiges Gemeinwesen darstellte«. – M. Mead, *Social Organization of Manu'a,* S. 157. Meads Studium der Geschichte des heidnischen Samoa war flüchtig. In Manu'a antwortete sie A. F. Judd auf eine entsprechende Frage, sie könne keine Spur einer früheren Religion finden, den »Glauben an Teufel« ausgenommen (Gesammelte Notizen, Ethnologie, etc., Amerikanisch-Samoa, 15. Februar bis 2. April 1926, Islands of Tutuila, Ofu und Ta'ū, Bernice P. Bishop Museum Library, S. 77). J. Williams *Narrative of Missionary Enterprises in the South Sea Islands,* 1837, fehlt in der Bibliographie von *Social Organization of Manu'a.* Zu keinem Zeitpunkt konsultierte Mead die Archive der Londoner Missionary Society, obwohl dies für jede wissenschaftliche Studie über das frühe Samoa unerläßlich ist.

13. J. Williams, »Narrative of a Voyage«. – Ders., *Narrative of Missionary Enterprises,* S. 546. – Ders., Brief: »An Bord des Missionarschiffes ›Camden‹ in Sichtweite von Rotuma«, 12. November 1839, in: L. M. S. Archives. – T. Powell übersetzt in seinem Beitrag »A Samoan Tradition of the Creation and the Deluge«, in: *Journal of the Transactions of the Victoria Institute, or Philosophical Society of Great Britain,* 20, 1887, S. 148, das Wort *Tagaloa* mit »der Uneingeschränkte oder nicht Begrenzbare«, hergeleitet von *taga, tabu* = uneingeschränkt und *loa* = dauernd.

14. T. Powell, »A Samoan Tradition of the Creation and the Deluge«, S. 148, 155. – J. Fraser, »Some Folk-Songs and Myths from Samoa«, S. 102. – J. Dowson, *A Classical Dictionary of Hindu Mythology and Religion,* 7. Auflage, London 1950, S. 56. – J. Fraser, »The Samoan Story of Creation«, in: *Journal of the Polynesian Society,* 1, 1892, S. 164.

15. J. Fraser, »The Samoan Story of Creation«. – Ders., »Folk-Songs and Myths from Samoa«, in: *Journal of the Polynesian Society,* 6, 1897, S. 67. – Ders., »Some Folk-Songs and Myths from Samoa«, S. 96, 138.

16. J. Fraser, »Some Folk-Songs and Myths from Samoa«, S. 102. – Ders., »Folk-Songs and Myths from Samoa«, S. 67. – T. Powell, »A Samoan Tradition of the Creation and the Deluge«, S. 152.
17. G. Turner, *Samoa a Hundred Years Ago,* S. 53. – J. Fraser, »Folk-Songs and Myths from Samoa«, S. 31.
18. J. Fraser, »Folk-Songs and Myths from Samoa«, S. 27, 34. – G. Turner, *Samoa a Hundred Years Ago,* S. 43. – J. Fraser, »Some Folk-Songs and Myths from Samoa«, S. 74, 99, 116. – O. Stuebel, »Selections from Samoan Texts«, übersetzt von Brother Herman (Tutuila, o. J.), S. 5. – E. Schultz, *Proverbial Expressions of the Samoans,* Wellington 1965, S. 100.
19. J. Williams, »Narrative of a Voyage«. – T. Heath, Brief aus Apia vom 30. März 1940, in: L. M. S. Archives. – M. Hunkin, Brief aus Manu'a vom 9. Oktober 1846, in: L. M. S. Archives. – C. Wilkes, *Narrative of the United States Exploring Expedition during the Years 1838-1842,* London 1845, II., S. 75, 79.
20. L. D. Holmes, *Ta'ū,* Wellington 1958, S. 32. – H. F. Bryan, *American Samoa: A General Report by the Governor,* Washington D. C. 1927, S. 6. – A. F. Judd, Gesammelte Notizen, Ethnologie, etc. S. 95. – B. Cartwright, Field Notebook I, S. 37, 11. September 1927, Bernice P. Bishop Museum, Honolulu. – P. H. Buck, »Samoan Education«, in: *The Friend,* 151, 1932, S. 404. – *American Samoa: Hearings before the Commission Appointed by the President of the United States,* Washington D. C. 1931, S. 286. – Tufele Iosefas Feststellung gilt auch für die Samoaner der westlichen Inseln. 1954 erwies es sich in der Verfassunggebenden Versammlung, daß Samoaner mehr als alles andere gottesfürchtig sind. Als West-Samoa ein unabhängiger Staat wurde, erhielt das Land den Wappenspruch »Samoa ist auf Gott gegründet«; vgl. die Äußerung eines Bürgers von West-Samoa, die M. Shadbolt in »Western Samoa«, in: *National Geographic Magazine,* 122, 1962, S. 576 wiedergegeben hat: »Um Samoa zu verstehen, müssen Sie unsere Leidenschaft für Religion begreifen.«
21. M. Mead, *Male and Female,* Harmondsworth 1962 (Erstausg. 1950), S. 100, 125. – Dies., *Coming of Age in Samoa,* N. Y. 1973, S. 161. – Dies., »Americanization in Samoa«, in: *American Mercury,* 16, 1929, S. 269. – Dies., »Stevenson's Samoa Today«, in: *The World Today,* 58, 1931, S. 349. – Meads Unverständnis der Bedeutung der christlichen Religion für die Samoaner des 20. Jahrhunderts zeigt sich auch in einer Bemerkung zu Aletta Lewis im Oktober 1928: »Sie sind Christen, aber sie sind schon so lange Christen, daß sie fast darüber hinweg sind.«
22. M. Mead, *Coming of Age,* S. 165, 285.
23. *A Few Lessons in English and Tahitian,* Tahiti, Mission Press, 1832. – J. Fraser, »Some Folk-Songs and myths from Samoa«, in: *Journal and Proceeding of the Royal Society of New South Wales,* 25, 1891, S. 102. – *'O le Fesili,* Samoa 1842, S. 6.
24. G. Turner, *Nineteen Years in Polynesia,* London 1861, S. 293. – *'O Pese ma Vi'iga i le Atua,* Malua, o. J., S. 5.
25. M. Mead, *Coming of Age,* S. 126, 193, 277.
26. G. Pratt, *Grammar and Dictionary of the Samoan Language,* 4. Auflage, Malua 1911, S. 22. – *'O le Fesili,* S. 6. – *'O Pese ma Vi'iga i le Atua,* S. 94.
27. *'O Pese ma Vi'iga i le Atua,* S. 119. – *'O le Tusi Paia,* London 1938, S. 1029.
28. In »Samoan Family and Community in Crisis: The All Hallows Fire«, in: *Program Information Series,* 2, 1972, S. 33, schreibt J. Ablen, das Feuer an Al-

lerheiligen in San Francisco, bei dem 17 Samoaner umkamen und 42 ernsthafte Brandverletzungen davontrugen, sei von einigen samoanischen Interviewpartnern als Strafe Gottes für die Sünden der Menschen bezeichnet worden.

29. M. Mead, »Social Change and Cultural Surrogates«, in: C. Kluckhohn und H. A. Murray (Hrsg.), *Personality in Nature, Society and Culture,* N. Y. 1950, S. 515, – D. Freeman, »A Happening Frightening to both Ghosts and Men: A Case Study from Western Samoa«, in: N. Gunson (Hrsg.), *The Changing Pacific,* Melbourne 1978, S. 163–173. – G. Brown, *Melanesians and Polynesians,* S. 230.
30. G. Brown, *Melanesians and Polynesians,* S. 382.

13. Bestrafung

1. M. Mead, *Social Organization of Manu'a,* Honolulu 1930, S. 70, 82. – Dies., »The Role of the Individual in Samoan Culture«, in: *Journal of the Royal Anthropological Institute,* 58, 1928, S. 494. – J. Fraser, »Some Folk-Songs and Myths from Samoa«, in: *Journal and Proceedings of the Royal Society of New South Wales,* 25, 1891, S. 74.
2. *Western Samoan Mail,* 3, Mai 1941.
3. Ebd., A. Krämer, *Die Samoa-Inseln,* Stuttgart 1902, I., S. 200. – O. Stuebel, *Selections from Samoan Texts,* übersetzt von Brother Herman, Tutuila o. J., S. 50 (dt.: *Samoanische Texte,* Berlin 1895).
4. *Western Samoan Mail,* 3. Mai 1941.
5. G. Turner, *Nineteen Years in Polynesia,* London 1861, S. 286. – G. Brown, *Melanesians and Polynesians,* London 1910, S. 289. – M. Mead, *Social Organization of Manu'a,* S. 43. – F. H. Flaherty, »Fa'aSamoa«, in: *Asia,* 25, 1925, S. 1090. – *Canberra Times,* 14. Januar 1981. Brown schreibt, die *saisai* genannte Bestrafung deute ebenso wie der *ifoga* (siehe 12. Kapitel) genannte Brauch darauf hin, daß einst in Samoa Kannibalismus üblich war. Dies erkläre auch, warum die *saisai*-Strafe als schreckliches Unglück gelte.
6. *Report of the Commission to Inquire into and Report upon the Organization of District and Village Government in Western Samoa,* Wellington 1950, S. 33. – Brother Hermans, Übersetzung von: *Institutions and Customs of the Samoans,* Tutuila 1954 (Erstausg. 1944), S. 3. – R. G. Crocombe und M. Crocombe, *The Works of Ta'unga,* Canberra 1968, S. 129.
7. J. B. Stair, *Old Samoa,* London 1897, S. 91. Eine Beschreibung einer Gerichts-*fono* bei D. Freeman, »A Happening Frightening to Both Ghosts and Men: A Case Study from Western Samoa«, in: N. Gunson (Hrsg.), *The Changing Pacific,* Melbourne 1978, S. 163–173. – *Western Samoa (Report of Royal Commission Concerning the Administration of),* Wellington 1927, S. 269. – Shore berichtet davon, daß Anfang der 70er Jahre unseres Jahrhunderts ein Häuptlingssprecher in Sala'iula verbannt und zu einer Buße von 15 großen Schweinen verurteilt worden sei. Das Verbannungsurteil sei später jedoch, wie es bisweilen geschehe, aufgehoben und die Buße auf fünf Schweine verringert worden; vgl.: B. Shore, »A Samoan Theory of Action: Social Control and Social Order in a Polynesian Paradox« (Diss. University of Chicago, 1977), S. 144.
8. A. Krämer, *Die Samoa-Inseln,* II, S. 101, 384. – C. Wilkes, *Narrative of the United States Exploring Expedition during the Years 1838-1842,* London 1845,

II, S. 150. – J. B. Stair, *Old Samoa*, S. 95. – G. Turner, *Nineteen Years in Polynesia*, S. 286. – G. Brown, *Melanesians and Polynesians*, S. 291. – *Institutions and Customs of the Samoans*, S. 4.

9. G. Turner, *Nineteen Years in Polynesia*, S. 285. – G. Brown, *Melanesians and Polynesians*, S. 289.

10. J. B. Stair, »Jottings on the Mythology and the Spirit-Lore of Old Samoa«, in: *Journal of the Polynesian Society*, 5, 1896, S. 38. – R. S. Moore und J. R. Farrington, *The American Samoan Commission's Visit to Samoa: September–October 1930*, Washington, D. C. 1931, S. 30.

14. Kindererziehung

1. M. Mead, *Male and Female*, Harmondsworth 1962, S. 201. – Dies., »South Sea Hints on Bringing Up Children«, in: *Parent's Magazine*, 4, 1929, S. 22, 50. – Dies., »Back of Adolescence Lies Early Childhood«, in: *Childhood Education*, 18, 1941, S. 58. – Dies., »Broken Homes«, in: *The Nation*, 128, 1929, S. 254. – Dies., *Growing up in New Guinea*, in: *From the South Seas*, N. Y. 1939, S. 239. – Dies., »Parents and Children in Samoa«, in: *Child Study*, 9, 1932, S. 232.

2. M. Mead, *Continuities in Cultural Evolution*, New Haven 1964, S. 9. – J. B. Watson, *Psychological Care of Infant and Child*, London 1928, S. 14, 28. – Ders., »Should a Child Have More than One Mother? A Psychologist's Notion of a Better Way to Grow Up«, in: *Liberty*, 29. Juni 1929, S. 33.

3. K. Lorenz, »Der Kumpan in der Umwelt des Vogels«, in: *Journal für Ornithologie*, 83, 1935, S. 137. – J. P. Scott und J. L. Fuller, *The Genetics and Social Behaviour of the Dog*, Chicago 1965. – H. F. Harlow, »The Nature of Love«, in: *American Psychologist*, 13, 1958, S. 673. – J. Bowlby, *Attachment and Loss*, Band I, *Attachment*, London 1969, S. 179 (dt.: *Bindung. Eine Analyse der Mutter-Kind-Beziehung*, München 1975); Band II, *Separation, Anxiety and Anger*, London 1973 (dt.: *Trennung*, München 1976). – R. A. Spitz und K. M. Wolf, »The Smiling Response: a Contribution to the Ontogenesis of Social Relations«, in: *Genetic Psychology Monographs*, 34, 1946, S. 57. – Unsere Beobachtungen eines samoanischen Kleinkindes (geboren am 20. Januar 1966) ergaben, daß sein nicht selektives Lächeln im vierten Monat am ausgeprägtesten war. Es lächelte auch fremde Personen an, selbst wenn sie sich mit einem drohenden Gesichtsausdruck näherten. Nach dem dritten Vierteljahr reagierte es nicht mehr auf das Lächeln eines fremden Menschen. Vor einer drohenden Miene wendete es sich ängstlich ab und klammerte sich eng an die Mutter, zu der es inzwischen eine habituelle Bindung entwickelt hatte.

4. D. Freeman, »Kinship, Attachment Behaviour and the Primary Bond«, in: J. Goody (Hrsg.), *The Character of Kinship*, Cambridge 1973, S. 109 ff.

5. M. Mead, *Coming of Age in Samoa*, N. Y. 1973, S. 22.

6. M. Mead, »Broken Homes«, S. 254. – Dies., *Social Organization of Manu'a*, Honolulu 1930, S. 91. – Dies., »Samoan Children at Work and Play«, in: *Natural History*, 28, 1928, S. 632. – Dies., *Coming of Age*, S. 42. – Dies., »The Role of the Individual in Samoan Culture«, in: *Journal of the Royal Anthropological Institute*, 58, 1928, S. 487.

7. E. R. Gerber, »The Cultural Patterning of Emotions in Samoa«, Diss. der University of California, San Diego, 1975, S. 76.

8. M. Mead, »Psychologic Weaning: Childhood and Adolescence«, in: M. Mead, *Anthropology: A Human Science: Selected Papers, 1939-1960*, N. Y. 1964, S. 43. – Dies., »Samoan Children at Work and Play«, S. 633. – Dies., *Coming of Age*, S. 159. – Dies., *Male and Female*, S. 99, 124. – Dies., *Anthropologists and What They Do.*, S. 124.

9. C. Wilkes, *Narrative of the United States Exploring Expedition during the Years 1838-1842*, London 1845, II, S. 73. – J. B. Stair, *Old Samoa*, London 1897, S. 178. – L. D. Holmes, *Samoan Village*, N. Y. 1974, S. 78. – S. Hirsh, »The Social Organization of an Urban Village in Samoa«, on: *Journal of the Polynesian Society*, 67, 1958, S. 281. – M. Mead, *Social Organization of Manu'a*, S. 226 ff. – E. R. Gerber, »The Cultural Patterning of Emotions in Samoa«, S. 57 ff.

10. E. R. Gerber, »The Cultural Patterning of Emotions in Samoa«, S. 55. – Sprüche Salomos 13, 24; 22,6

11 E. R. Gerber, »The Cultural Patterning of Emotions in Samoa«, S. 72.

12. L. D. Holmes, *Ta'ū: Stability and Change in a Samoan Village*, Wellington 1958, S. 44.

13. *Polizeiberichte*, West-Samoa, P. C. 3487, 1958 und P. C. 3611, 1963.

14. Eine Zeichnung eines sechsjährigen samoanischen Mädchens ist abgebildet in D. Freeman, »Functional Aspects of Aggression, Fear and Attachment in Anthropological Perspective«, in: M. von Cranach u. a. (Hrsg.), *Human Ethology: Claims and Limits of a New Discipline*, Cambridge 1979, S. 292.

15. *Samoa Times*, 29. Juni 1918. – R. A. Goodman, »Some Aitu Beliefs of Modern Samoa«, in: *Journal of the Polynesian Society*, 80, 1971, S. 471.

15. Der samoanische Charakter

1. M. Mead, *Growing Up in New Guinea*, in: M. Mead, *From the South Seas*, N. Y 1939, S. 234. – Dies., »Jealousy: Primitive and Civilized«, in: S. D. Schmalhausen und V. F. Calverton (Hrsg.), *Woman's Coming of Age: A Symposium*, N. Y. 1931, S. 46. – Dies., *Coming of Age in Samoa*, N. Y. 1973, S. 199. – Dies., *Social Organization of Manu'a*, Honolulu 1930, S. 84.

2. M. Mead, *Male and Female*, Harmondsworth 192, S. 100. – Dies., *Social Organization of Manu'a*, S. 43, 100. – Dies., *Coming of Age*, S. 155 ff.

3. W. Harbutt, in einem Brief aus Lepā, Upolu, vom 28. Januar 1841, in: L. M. S. Archives. – G. A. Lundie, *Missionary Life in Samoa*, Edinburgh 1846, S. 105, 117. – A. W. Murray, Tagebuch, 6. Juni 1840, in: L. M. S. Archives.

4. M. Mead, *Coming of Age*, S. 160. – T. Powell, Brief aus Pago Pago vom 23. Oktober 1869, in: L. M. S. Archives. – *'O le Savali*, Apia, West-Samoa, 21. März 1967.

5. G. Pratt, *Grammar and Dictionary of the Samoan Language*, Malua 1911, S. 224, 327, – J. Williams, *A Narrative of Missionary Enterprises in the South Seas*, London 1837, S. 442. – G. Turner, *Nineteen Years in Polynesia*, London 1866, W. T. Pritchard, *Polynesian Reminiscences*, London 1866, S. 148.

6. G. Brown, *Pioneer Missionary and Explorer: An Autobiography*, London 1908, S. 34. – G. Turner, *Nineteen Years in Polynesia*, S. 343. – G. Pratt, *Grammar and Dictionary*, S. 157, 188.

7. M. Mead, *Coming of Age*, S. 206 ff.

8. R. L. Stevenson, *A Footnote to History,* Leipzig 1892, S. 48. – A. Wendt, *Pouliuli,* Wellington 1977, S. 116.
9. C. Wilkes, *Narrative of the United States Exploring Expedition during the Years 1838-1842,* London 1845, V, S. 23. – B. Cartwright, Field Notebook, II, S. 66, Bernice Bishop Museum, Honolulu.
10. J. Williams, »Narrative of a Voyage Performed in the Missionary Schooner ›Olive Branch‹ 1832«, L. M. S. Archives. – G. Pratt, *Grammar and Dictionary,* S. 229. – R. L. Stevenson, *Vailima Letters,* London 1912. S. 115. – C. C. Marsack, *Samoan Medley,* London 1964, S. 29.
11. M. Mead, *Male and Female,* S. 100. – Dies., *Coming of Age,* S. 123.
12. O. Fenichel, *The Psychoanalytic Theory of Neurosis,* London 1946, S. 279 (dt.: *Psychoanalytische Neurosenlehre,* Freiburg i. Br. 1974). – M. Mackenzie, »More North American than the North Americans: Medical Consequences of Migrant Enthusiasm, Willing and Unwilled« (Abteilung für Anthropologie, University of California, Berkeley, o. J.) S. 3. – R. Rose, *South Seas Magic,* London 1959, S. 102.
13. G. Turner, *Nineteen Years in Polynesia,* S. 340.
14. M. Mead »The Role of the Individual in Samoan Culture«, in: *Journal of the Royal Anthropological Institute,* 58, 1928, S. 494.
15. Von den 22 Selbstmorden geschahen acht durch Erhängen, sechs durch Erschießen, vier durch Gift, drei durch Sprung aus der Höhe und einer durch Kehledurchschneiden.
16. G. Pratt, Aufzeichnungen und Unterlagen von G. Brown, Mitchell Library, Sydney.
17. L. D. Holmes berichtet in »The Restudy of Manu'an Culture: A Problem of Methodology« (Diss. der Northwestern University 1957, S. 222) von einem vergleichbaren Fall einer jungen Frau aus Ta'ū, die giftigen Seetang aß, weil sie nicht den begehrten Mann heiraten konnte.
18. Die Information stammt vom Amt für Statistik des Commonwealth Departement of Health, Canberra, A. C. T., *Crime in New Zealand,* Wellington 1968, S. 84 ff. J. King (*New Pacific Magazine,* 6, 1981, S. 28) schätzte die Selbstmordrate in West-Samoa auf 20 Fälle pro 100 000 Einwohner und in Amerikanisch-Samoa auf 7,6 pro 100 000 (seit 1968). Nach M. B. Clinard (*Sociology of Deviant Behaviour,* N. Y. 1974, S. 635) »steigt bei Menschen in den USA und in fast allen westeuropäischen Ländern mit fortschreitendem Alter die Wahrscheinlichkeit, daß sie sich das Leben nehmen.« In den USA war 1970 die Selbstmordrate bei Menschen zwischen 45 und 54 Jahren dreimal höher als in der Altersgruppe von 15 bis 24 Jahre. Dagegen neigt in Samoa die Jugend mehr zum Selbstmord. Von den 22 von mir untersuchten Fällen war nur ein Selbstmörder über 45 Jahre alt. 15, d. h. 68 %, waren zwischen 15 und 24 Jahren, und ein Mädchen war 14 Jahre alt.
19. M. Mead, *Social Organization of Manu'a,* S. 98, 161.
20. T. K. Oesterreich, *Possession, Demonical and Other Among Primitive Races in Antiquity, the Middle Ages and Modern Times,* N. Y. 1966, S. 39 (dt.: *Die Besessenheit,* Langensalza 1921). – W. Sargant *The Mind Possessed,* London 1973, S. 12. – I. P. Pavlov, *Lectures on Conditional Reflexes,* II: *Conditioned Reflexes and Psychiatry,* London 1941. – B. Shore, »A Samoan Theory of Action Social Controll and Social Order in a Polynesian Paradox« (Diss. der University of Chicago, 1977), S. 147.
21. A. Buzacott, Tagebuch, 1836, in: L. M. S. Archives. – L. D. Holmes, *Ta'ū: Sta-*

bility and Change in a Samoan Village, Wellington 1958, S. 33. – R. A. Goodman, »Some Aitu Beliefs of Modern Samoans«, in: *Journal of the Polynesian Society,* 80, 1971, S. 468.

22. A. Buzacott, Tagebuch, 1836.
23. Als ich 1981 nach West-Samoa zurückkehrte, erfuhr ich, daß sich Mu im Alter von 27 Jahren – nach einer Auseinandersetzung mit seiner leiblichen Mutter – mit einer Schrotflinte erschossen hatte.
24. Laut Auskunft des Krankenhausarchivs von Apia wurden von 1955 bis 1967 insgesamt 63 Kranke in die Psychiatrische Abteilung eingewiesen. 1956 hatte West-Samoa 91 833, 1966 131 522 Einwohner.

16. Sexualverhalten und -moral

1. M. Mead, *Blackberry Winter,* N. Y. 1972, S. 167. – *American Mercury,* 15, 1928, XXII. – F. O'Brian wird auf der Umschlag-Rückseite der Mentor-Ausgabe von *Coming of Age in Samoa,* N. Y. 1962, zitiert. – M. Mead, »The Samoans«, in: M. Mead (Hrsg.), *Cooperation and Competition among Primitive Peoples,* N. Y. 1937, S. 123, 310. – Dies., »Americanization on Samoa«, in: *American Mercury,* 16, 1929, S. 269. – Dies., *Coming of Age in Samoa,* N. Y. 1973, S. 195, – J. J. Honigmann, *Understanding Culture,* N. Y. 1963, S. 273. – R. H. Lowie, Rezension von: *Coming of Age in Samoa,* in: *American Anthropologist,* 31, 1929, S. 532.
2. R. H. Lowie, *Robert H. Lowie, Ethnologist: A Personal Record,* Berkeley 1959, S. 110. – E. G. Burrows, »Western Polynesia, A Study on Cultural Differentiation«, in: *Ethnologiska Studier,* 7, 1938, S. 5. – C. Wilkes, *Narrative of the United States Exploring Expedition during the Years 1838-1842,* London 1845, II, S. 73. – R. G. Crocombe und M. Crocombe, *The Works of Ta'unga: Records of Polynesian Traveller in the South Seas 1833-1896,* Canberra 1968, S. 132. – W. T. Pritchard, *Polynesian Reminiscences,* London 1866, S. 138. – A. Krämer, *Die Samoa-Inseln,* Stuttgart 1902, I, S. 39. – Verfassunggebende Versammlung von West-Samoa 1954, Unterlagen und Protokolle der Nelson Memorial Library, Apia, West-Samoa.
3. M. Mead, *Coming of Age,* S. 98. – Dies., »The Sex Life of the Unmarried Adult in Primitive Society«, in: I. S. Wile (Hrsg.), *The Sex Life of the Unmarried Adult,* London 1953, S. 61. – Dies., *Male and Female,* Harmondsworth 1962, S. 119. In allen von mir herangezogenen Ausgaben von *Coming of Age in Samoa* schreibt M. Mead das samoanische Wort für Zeremonialjungfrau irrigerweise *taupo* statt *taupou* wie in Pratts und Milners Wörterbüchern. Dies ist eine grobe Fahrlässigkeit, genau wie A. Krämers in *Die Samoa-Inseln,* I, S. 32, gemachte Behauptung, *taupo* bedeute wörtlich »sich nächtlichen Liebesaffären hingeben«. Diese Auslegung zielt völlig an der kulturell definierten Rolle einer Zeremonialjungfrau vorbei.
4. 'Aiono Ma'ia'i, *Tama Samoa, Ala Mai,* Apia 1964, S. 10. – R. L. Stevenson, *Vailima Papers,* London 1924, S. 278. – S. Ella, »Samoa etc.«, in: *Report, Australasian Association for the Advancement of Science,* 4, 1892, S. 623, J. Lefarge, *Reminiscences of the South Seas,* London 1914, S. 120.
5. J. Bugge, *Virginitas: An Essay in the History of a Medieval Ideal,* The Hague 1975, S. 17.
6. G. Brown, *Melanesians and Polynesians,* London 1910, S. 56. Ein Foto der früher bei samoanischen Mädchen üblichen Haartracht wurde in den 30er Jahren

363

von Laura Thompson gemacht. Darauf ist ein Mädchen von den Lau-Inseln (westlich von Samoa) zu sehen; vgl. Laura Thompson, *Fijan Frontier*, N. Y. 1940, S. 58. – J. Williams, »Narrative of a Voyage Performed in the Missionary Schooner ›Olive Branch‹, 1832«, in: L. M. S. Archives.

7. G. Turner, *Nineteen Years in Polynesia*, London 1861, S. 321, 'Aiono Ma'ia'i, *Tama Samoa Ala Mai*, S. 11.

8. G. Turner, *Samoa a Hundred Years Ago and Long Before*, London 1884, S. 94. – J. Williams, »Narrative of a Voyage«. – R. W. Williamson, *Essays in Polynesian Ethnology*, Cambridge 1939, S. 321.

9. J. Williams, »Narrative of a Voyage«. – Sowohl G. Turner (in *Samoa a Hundred Years Ago*, S. 94) als auch Pritchard (in *Polynesian Reminiscences*, S. 138) berichten von der wilden Begeisterung des engeren Verwandten- und Bekanntenkreises einer *taupou*, wenn sie sich bei der zeremoniellen Deflorierung als jungfräulich erwies. Die Leute hätten sich dann mit Steinen am Kopf Schnittwunden zugefügt, bis reichlich Blut geflossen sei.

10. J. Williams, »Narrative of a Voyage«, W. T. Pritchard, *Polynesian Reminiscences*, S. 139.

11. J. E. Erskine, *Journal of a Cruise among the Islands of the Western Pacific*, London 1853, S. 411.

12. Ebd., S. 414.

13. A. Krämer, *Salamasina*, übersetzt von Brother Herman, Pago Pago 1958 (deutsche Erstausg. 1923), S. 24. – W. Harbutt, Brief aus Upolu vom 21. April 1856, in: L. M. S. Archives. – W. T. Pritchard, *Polynesian Reminiscences*, S. 53.

14. R. M. Moyle, »Sexuality in Samoan Art Forms«, in: *Archives of Sexual Behaviour*, 2, 1975, S. 2231. Die Übersetzung aus dem Samoanischen wurde von mir besorgt.

15. E. Tregear, *The Maori-Polynesian Comparative Dictionary*, London 1966, S. 6.

16. *Polizeiberichte*, West-Samoa, P. C. 208, 1963. P. H. Buck, *Field Notebook*, V. S. 54, 17. Dezember 1927, Bernice P. Bishop Museum, Honolulu.

17. E. W. Gifford, *Tongan Society*, Honolulu 1929, S. 186.L. L. Thompson, *Fijan Frontier*, N. Y. 1940, S. 48. – R. Firth, *We, the Tikopia*, London 1936, S. 514 und 559.

18. G. Turner, *Nineteen Years in Polynesia*, S. 188. – O. Stuebel, *Selections from Samoan Texts*, übersetzt von Brother Herman, Pago Pago, o. J., S. 40 ff. – B. Shore, »A Samoan Theory of Action: Social Control and Social Order in a Polynesian Paradox« Diss. der University of Chicago 1977, S. 422.

19. E. R. Gerber, »The Cultural Patterning of Emotions in Samoa« Diss. der University of California, San Diego 1975, S. 97. – F. A. Young, *Stability and Change in Samoa*, Ann Arbor, 1976, S. 39. – *Polizeiberichte*, West-Samoa, P. C. 1804, 1959, P. C. 694, 1964.

20. L. D. Holmes berichtet in *Ta'ū: Stability and Change in a Samoan Village*, Wellington 1958, S. 47, daß »es während des Aufenthaltes von M. Mead im Dorf Ta'ū dort eine von einem Pastor geleitete Internatsschule für Mädchen zwischen 12 und 18 Jahren« gab. Vgl. F. G. Calkins, *My Samoan Chief*, Honolulu 1975, S. 18, die eine Äußerung ihres samoanischen Ehemannes Vaiao J. Ala'ilima aufgezeichnet hat, derzufolge »anständige junge Damen in Samoa im kritischen Alter aus Sicherheitsgründen gewöhnlich beim Dorfpastor wohnten«. Nach samoanischem Brauch mußte ein Mädchen jungfräulich sein, um im Haushalt eines Pastors aufgenommen zu werden. Deshalb ist es unwahrscheinlich (wie in Tabelle I in *Coming of Age in Samoa* behauptet), daß zwei

der Mädchen auch nach einer homosexuellen Erfahrung weiterhin beim Pastor wohnten. Falls die beiden Mädchen jedoch die besagte heterosexuelle Erfahrung nicht gemacht hatten, waren 60 % der von Mead befragten Mädchen Jungfrauen.

21. B. Shore, »A Samoan Theory of Action«, S. 422. – M. Mead, Coming of Age, S. 98. – Archiv des Obersten Gerichtshofes von Amerikanisch-Samoa, Fagatogo, Tutuila, Amerikanisch-Samoa.

22. Von den 22 Mädchen zwischen 16 und 18 Jahren waren 18, also 82 %, Mitglieder der *Ekalesia*. Die Mitgliedschaft einer unverheirateten jungen Frau wurde von der Zustimmung der anderen Mitglieder abhängig gemacht. Jene achten streng auf die Jungfräulichkeit einer Bewerberin. Dabei wurden alle möglichen Indizien und Nachweise in Rechnung gezogen. Im Gegensatz zu den Mädchen war nur einer von 25 jungen Männern der Altersgruppe von 16 bis 18 Jahren aktives Mitglied der *Ekalesia*.

23. B. Shore, »A Samoan Theory of Action«, S. 422. – Obwohl das Jungfräulichkeitsideal in Samoa noch immer von großer Bedeutung ist, haben sich inzwischen die sexuellen Moralvorstellungen gewandelt. Dieser Prozeß dauert an als Folge einer Auswanderung großen Stils von Bewohnern Amerikanisch-Samoas in die USA und von West-Samoanern nach Neuseeland. Dadurch kommen die Samoaner mit dem Sexualverhalten westlicher Länder in Berührung. Manche Auswanderer sind nach Samoa zurückgekehrt. Die Konsequenz ist, daß sich seit den 60er Jahren das traditionelle Sexualverhalten geändert hat.

24. M. Mead, »Cultural Contexts of Puberty and Adolescence«, in: *Bulletin of the Philadelphia Association for Psychoanalysis*, 9, 1959, S. 62. – J. J. Honigmann, *Understanding Culture*, N. Y. 1963, S. 273.

25. W. T. Pritchard, *Polynesian Reminiscences*, S. 134. – M. Mead irrt, wenn sie in *Coming of Age in Samoa*, S. 152, behauptet, uneheliche Kinder wurden in Samoa »begeistert aufgenommen«. Laut L. D. Holmes (*Samoan Village*, N. Y. 1974, S. 82) erlegt der Dorfrat von Fitiuta in Manu'a der Familie einer unehelichen Mutter schwere Bußen auf.

26. N. A. Rowe, *Samoa under the Sailing Gods*, N. Y. und London 1930, S. 271. In einer Fußnote zu seiner Schilderung des »Moralkodex eines samoanischen Mädchens« schreibt Rowe, sie seien »außerordentlich keusch im Vergleich zu den meisten Polynesierinnen«.

27. A. Wendt, *Pouliuli*, Auckland 1977, S. 121.

28. M. Mead, »The Sex Life of Unmarried Adult in Primitive Society«, S. 62. – Dies., *Coming of Age*, S. 90. – Dies., *Social Organization of Manu'a*, Honolulu 1930, S. 84. – Dies., »Jealousy: Primitive and Civilized«, in: S. D. Schmalhausen und V. F. Calverton (Hrsg.), *Woman's Coming of Age: A Symposium*, N. Y. 1931, S. 44, 46.

29. W. T. Pritchard, *Polynesian Reminiscences*, S. 393. – C. Wilkes, *Narrative of the United States Exploring Expedition*, II, S. 138. – G. Turner, *Nineteen Years in Polynesia*, S. 285, 336. – O. Stuebel, *Selections from Samoan Texts*, S. 47 ff. – G. Brown, *Melanesians and Polynesians*, S. 266.

30. A. M. Noble and W. Evans, *Codification of the Regulations and Orders for the Government of American Samoa*, San Francisco 1921, S. 25. – Beispielsweise wurde 1927 ein Mann namens Peresetene angeklagt, »mit Ta'e, der Frau des Patolo, unter Verletzung des Artikels 23 geschlafen« zu haben; er wurde zu einer Strafe von $ 25, Ta'e zu $ 15 verurteilt.

31. A. Calder-Marshall, *The Innocent-Eye: The Life of Robert J. Flaherty*, London

1963, S. 114. – F. H. Flaherty, »Fa'aSamoa«, in: *Asia,* 25, 1925, S. 1098. – F. G. Calkins, *My Samoan Chief,* Honolulu 1975, S. 82.
32. L. A. White, *The Science of Culture,* N. Y. 1949, S. 154. – C. C. Marsack, Brief an D. Freeman vom 1. April 1969. – J. L. Brenchley, *Jottings during the Cruise of H. M. S. ›Curacoa‹ among the South Seas Islands in 1865,* London 1873, S. 58. – M. Meads Darstellung der samoanischen Haltung gegenüber Ehebruch hat eine Anzahl von Autoren in die Irre geführt. Es wurde schon darauf hingewiesen, daß Bertrand Russell in seinem noch immer viel gelesenen Werk *Marriage and Morals,* London 1958 (Erstausg. 1929), S. 107, M. Mead zitiert und fälschlich behauptet, daß Samoaner, wenn sie auf Reisen gehen müssen, von ihren Frauen erwarten, daß sie sich zu trösten wissen. L. Malson, ein französischer Professor der Sozialpsychiatrie, versteigt sich in: L. Malson und J. Itard, *Wolf Children: The Wild Boys of Aveyron,* London 1972, S. 25, sogar zu der abwegigen Behauptung, die Samoaner praktizierten »eheliche Gastfreundschaft«.
33. *Polizeiberichte,* West-Samoa, P. S. 947, 1956 und P. C. 674, 1964.
34. E. R. Gerber, »The Cultural Patterning of Emotions in Samoa«, S. 150. – *Polizeiberichte,* West-Samoa, P. S. 3863, 1964. – G. P. Murdock, *Our Primitive Contemporaries,* N. Y. 1934, S. 72.
35. M. Mead, *Male and Female,* S. 202. – Dies., »The Role of the Individual in Samoan Culture«, in: *Journal of the Royal Anthropological Institute,* 58, 1928, S. 487.
36. M. Mead, *Social Organization of Manu'a,* S. 227. – Dies., »The Samoans«, in: M. Mead (Hrsg.), *Cooperation and Competition among Primitive Peoples,* N. Y. 1937, S. 302. – Dies., *Coming of Age,* S. 93.
37. Fa'afouina Pula, *The Samoan Dance of Life,* S. 125. – Archive des Obersten Gerichtshofes von Amerikanisch-Samoa, Fagatogo, Tutuila, Amerikanisch-Samoa.
38. G. Pratt, *Tagebuch,* 15. Mai 1836, L. M. S. Archives. – M. Mead, Coming of Age, S. 95. – *Samoa Times,* 29. Dezember 1967.
39. Polizeiberichte, West-Samoa, P. C. 2197, 1960.
40. J. M. Macdonald, *Rape: Offenders and Their Victims,* Springfield/Illinois, 1975, S. 25 ff. – Jahresbericht der Polizei- und Gefängnisverwaltung der Regierung von West-Samoa, 1966, Anhang A. Laut Jahresbericht für Amerikanisch-Samoa, Steuerjahr 1980, S. 129, belief sich 1975 bis 1980 die jährliche Durchschnittsrate gewalttätiger Notzucht auf 14. Das entspricht ungefähr 45 Vergewaltigungen pro 100 000 Einwohnern.
41. In *Coming of Age in Samoa,* S. 151, stellt M. Mead kategorisch fest, es gebe in Samoa keine Frigidität. Tatsächlich ist sie jedoch wegen der Angst vor Vergewaltigung und den daraus resultierenden Phobien bei Samoanerinnen feststellbar. Wie Holmes in *Tä'u,* Wellington 1958, S. 55, berichtet, führt sie »oft zu Spannungen innerhalb der Familie«.
42. G. Pratt, in einem Brief aus Matautu, Savai'i, vom 11. Juni 1845, in: L. M. S. Archives. – Archiv des Obersten Gerichtshofes von Amerikanisch-Samoa, Fagatogo, Amerikanisch-Samoa. – *American Samoa. Hearings Before the Commission Appointed by the President of the United States,* Washington, D. C. 1931, S. 391. – A. M. Noble und E. Evans, *Codifications of the Regulations and Orders for the Government of American Samoa,* San Francisco 1921, S. 31.
43. In *Male and Female,* S. 193, behauptet M. Mead, daß »wir keinen Beweis dafür haben, daß Vergewaltigung im eigentlichen Sinn – also als Notzucht gegen den Willen der Frau – jemals zu einer anerkannten sozialen Gepflogenheit ge-

worden ist«. Ironischerweise war sowohl die offene als auch die heimliche Vergewaltigung lange Zeit durchaus in einer sozialen Ordnung üblich, mit der sich Mead selbst befaßt hat – nämlich in Samoa.

44. M. Mead, *Male and Female*, S. 119. – Dies., »Cultural Contexts of Puberty and Adolescence«, S. 62. – Dies., *Coming of Age*, S. 98.
45. J. Williams, »Narrative of a Voyage«, – J. S. C. Dumont D'Urville, *Voyage au Pole Sud et dans l'Oceanic sur les Corvettes l'Astrolabe et la Zélée pendant les Années 1837–1840*, Paris 1840, IV, S. 338. – G. Turner, *Nineteen Years in Polynesia*, S. 188. – W. T. Pritchard, *Polynesian Reminiscences*, S. 139. – J. L. Brenchley, *Jottings During the Cruise of H. M. S. ›Curacoa‹*, S. 58 ff. – G. B. Rieman, *Papalangee, or Uncle Sam in Samoa*, Oakland 1874. – G. Brown, *Melanesians and Polynesians*, S. 122. – M. Mead, *Social Organization in Manu'a*, S. 96.
46. M. Mead »Weaver of the Border«, in: J. Casagrande (Hrsg.), *In the Company of Man*, N. Y. 1960, S. 189.
47. R. W. Robson, *Queen Emma*, Sydney 1965, S. 220 ff. – M. Mead, »Weaver of the Border«, S. 188.
48. M. Mead, »The Sex Life of the Unmarried Adult in Primitive Society«, S. 63. – Dies., *Male and Female*, S. 120. – In seiner Arbeit *Ta'u*, S. 53, betet Holmes M. Mead nach, daß »so manchem Mädchen Kummer erspart geblieben [sei], indem die normalerweise bei der Entjungferung auftretende Blutung durch die mit Blut gefüllte Blase eines Huhnes vorgetäuscht wurde«. Für Menschen, die wenig von Ornithologie verstehen, mag dies überzeugend klingen. Doch wie O. C. Bradley in *The Structure of the Fowl*, Edinburgh 1960, S. 56, schreibt, bestehen »die Harnwege des Geflügels aus zwei Nieren, jede mit einem Harnleiter, durch die der halbflüssige Urin dem Kot zugeführt wird«. Ein Huhn hat also keine »Blase«, die nach Bedarf dazu dienen könnte, ein nicht existentes Rätsel zu lösen, das sich Mead selbst zurechtgelegt hat.

17. Adoleszenz

1. R. Benedict, Rezension von: »Coming of Age in Samoa«, in: *Journal of Philosophy*, 26, 1929, S. 110. – M. Mead, »On the Implications for Anthropology of the Gesell-Ilg Approach to Maturation«, in: *American Anthropologist*, 49, 1947, S. 74. – Dies., »Cultural Contexts of Puberty and Adolescence«, in: *Bulletin of the Philadelphia Association for Psychoanalysis*, 9, 1959, S. 62. – Dies., »The Samoans«, in: M. Mead (Hrsg.), *Cooperation and Competition among Primitive Peoples*, N. Y. 1937, S. 308. – Dies., »Adolescence in Primitive and Modern Society«, in: V. F. Calverton und S. D. Schmalhausen (Hrsg.), *The New Generation*, London 1930, S. 174. – Dies., »South Sea Hints on Bringing Up Children«, in: *Parent's Magazine*, 4, 1929, S. 20.
2. H. Katchadourian, *The Biology of Adolescence*, San Francisco 1977, S. 11. – W. A. Lunden, *Statistics on Delinquents and Delinquency*, Springfield 1964, S. 60. – M. R. Haskell u. L. Yablonsky, *Juvenile Delinquency*, Chicago 1974, S. 63.
3. M. Mead, *Blackberry Winter*, N. Y. 1972, S. 196. – Dies., *Growing Up in New Guinea*, in: M. Mead, *From the South Seas*, N. Y. 1939, S. 212. – Dies., *Sex and Temperament in Three Primitive Societies*, in: M. Mead, *From the South Seas*, S. 282.

4. M. Mead, *Coming of Age in Samoa*, N. Y. 1973, S. 169 ff.
5. Ebd., S. 171 ff.
6. Ebd., S. 151 ff. – E. Schultz, *Proverbial Expressions of the Samoans*, Wellington 1965, S. 101.
7. H. S. Sandhu, *Juvenile Delinquency*, N. Y. 1977, S. 2. – W. Tappan, *Juvenile Delinquency*, N. Y. 1949. – D. J. West, *The Young Offender*, Harmondsworth 1967, S. 15.
8. M. Mead, »The Samoans«, S. 308. – Dies., *Male and Female*, Harmondsworth 1962, S. 99. – H. A. Bloch und F. T. Flynn, *Delinquency*, N. Y. 1956, S. 37.
9. F. G. Calkins, *My Samoan Chief*, Honolulu 1975, S. 18. – F. Larkin, *The Australian*, 7. September 1971.
10. H. Katchaudourian, *The Biology of Adolescence*, S. 43.
11. *Polizeiberichte*, West-Samoa, P. S. 1935, 1965.
12. M. Amir, »Forciple Rape«, in: L. G. Schultz (Hrsg.), *Rape Victimology*, Springfield 1975, S. 52. – J. P. Bush, *Rape in Australia*, Melbourne 1977, S. 145.
13. W. Healy und A. F. Bronner, *Delinquents and Criminals*, N. Y. 1926, S. 256. – A. Adler, F. Cahn und J. Stuart, *The Incidence of Delinquency in Berkeley, 1928-1932*, Berkeley 1934. – H. A. Bloch und F. T. Flynn, *Delinquency*, N. Y. 1956. – M. R. Haskell und L. Yablonsky, *Juvenile Delinquency*, Chicago 1974, S. 63. – D. Challinger, *Young Offenders*, Melbourne 1977, S. 45.
14. C. Burt, *The Young Delinquent*, London 1969, Erstausg. 1925, S. 218. – W. A. Lunden, *Crimes and Criminals*, Ames, Ia., 1967, S. 117.

18. Das samoanische Ethos

1. M. Mead, »Weaver of the Border«, in: J. Casagrande (Hrsg.), *In the Company of Man*, N. Y. 1960, S. 189. – Dies., *Growing Up in New Guinea*, in: *From the South Seas*, N. Y. 1939, S. 219, 234. – Dies., *Coming of Age in Samoa*, N. Y. 1973. – M. Meads Behauptung, in Samoa seien »starke Gefolgschaften unerlaubt«, ist unwahr; vgl. L. D. Holmes' Schilderung der sektiererischen Intoleranz in Manu'a, in *Tā'u*, Wellington 1958, S. 36.
2. Solois Worte lauteten *le 'o ni tagata ola*. – A. Wendt, *Leaves of the Banyan Tree*, London 1980, S. 94.
3. J. A. C. Gray, *Amerika Samoa*, Annapolis 1960, S. 208. – Obwohl sich M. Mead nicht direkt auf diese historisch belegten Vorkommnise bezieht, hatte sie gewiß Kenntnis von ihnen. In *Social Organization of Manu'a*, Honolulu 1930, S. 167, erwähnt sie z. B. einen Traum des »großen Häuptlings von Lumā« Sotoa (sie buchstabiert ihn *Soatoa*), den jener »vor den politischen Wirren nach der versuchten Wiedereinsetzung des Tui Manu'a« gehabt habe. Ihre Bedeutung für das samoanische Ethos erörtert sie nirgendwo.
4. D. Freeman, »A Happening Frightening to Both Ghosts and Men: A Case Study from Western Samoa«, in N. Gunson (Hrsg.), *The Changing Pacific*, Melbourne 1978, S. 163–173. – A. Rowe, *Samoa under the Sailing Gods*, N. Y. und London 1930, S. 267.
5. B. Tripp, *My Trip to Samoa*, Cedar Rapids, Ia., 1911, S. 73. – J. A. C. Gray, *Amerika Samoa*, S. 149. – *American Samoa, Hearings Before the Commission Appointed by the President of the United States*, Washington, D. C. 1931, S. 76. – *Western Samoa (Report of the Royal Commission Concerning the Administration of)*, Wellington 1927.

6. *Western Samoa*, S. 354, 427. – J. W. Davidson, *Samoa mo Samoa: the Emergence of the Independent State of Western Samoa*, Melbourne 1967, S. 125.
7. *Western Samoa*, S. XLIV. – N. A. Rowe, *Samoa under the Sailing Gods*, S. 252, 278. – *Samoa Times* vom 18. 1. 1929. – J. W. Davidson, *Samoa mo Samoa*, S. 138.
8. N. A. Rowe, *Samoa under the Sailing Gods*, S. 274. – Eine Schilderung von West-Samoas Weg zu einem unabhängigen Staat findet sich in: J. W. Davidson, *Samoa mo Samoa;* die der Aussöhnung in: D. Freeman, »A Happening Frightening to Both Ghosts and Men«, S. 172.
9. Thukydides, *Der Peloponnesische Krieg*, Buch III, 62, zitiert in: E. Sagan, *The Lust to Annihilate: A Psychoanalytic Study of Violence in Ancient Creek Culture*, N. Y. 1979, S. 173. – R. L. Stevenson, *Vailima Papers*, London 1924, S. 71. – A. Wendt, *Pouliuli*, Auckland 1977, S. 17.
10. M. M. Lefkowitz, L. O. Walden und L. D. Eron, »Punishment, Identification and Aggression«, in: R. H. Walters und anderen (Hrsg.), *Punishment: Selected Readings*, Harmondsworth 1972, S. 378. – D. D. Woodman, »What Makes a Psychopath«, in: *New Society*, 53, 1980, S. 447. – M. Mackenzie, »More North American that the North Americans: Medical Consequences of Migrant Enthusiasm, Willing and Unwilled«, Abteilung für Anthropologie, University of California, Berkeley, S. 3.
11. C. C. Marsack, *Samoan Medley*, London 1964, S. 25. – T. Trood, Brief an W. Solf vom 6. Februar 1909, in: C. G. R. McKay, *A Chronology of Western Samoa*, Apia 1937, S. 33. – G. Brown, *An Autobiography*, London 1898, S. 34.
12. A. Wendt, *Leaves of the Banyan Tree*, S. 331. – H. G. Wolff, *Stress and Disease*, 2. Auflage, Springfield 1968, S. 218. – H. Seyle, *The Stress of Life*, N. Y. 1978, S. 259 (dt.: *Stress beherrscht unser Leben*, Düsseldorf 1957).– S. S. Miller (Hrsg.), *Symptoms*, London 1979, S. 322. – L. Winter, in: *The Milwaukee Journal* vom 13. März 1981, S. 11. – B. P. MacLaurin, T. E. M. Wardill, S. T. Fa'aiuaso und M. McKinnon, »Geographic Distribution of Peptic Ulcer Disease in Western Samoa«, in: *New Zealand Medical Journal*, 89, 1979, S. 341. – Wie Wolff ausführt, ergab sich aus dem »U. S. National Health Servey« der Jahre 1957–1969, daß von 230 000 in 73 000 Haushalten lebende Personen durchschnittlich 5 % derjenigen über 25 Jahren an Magengeschwüren litten.
13. J. Williams, »Narrative of Voyage Performed in the Missionary Schooner ›Olive Branch‹, 1832, L. M. S. Archives. – J. E. Erskine, *Journal of a Cruise among the Islands of the Western Pacific*, London 1853, S. 36. – E. Sabatier, *Astride de Equator: An Account of the Gilbert Islands*, Melbourne 1977, S. 92. – R. L. Stevenson, in S. Colvin (Hrsg.), *The Letters of Robert Louis Stevenson*, London 1899, II, S. 360.

19. Margaret Meads Zerrbild von Samoa

1. R. Benedict, »The Science of Custom«, 1929, in: V. F. Calverton (Hrsg.), *The Making of Man*, N. Y. 1931, S. 815. – M. Mead, *Social Organization of Manu'a*, Honolulu 1930, S. 83. – Dies., *An Anthropologist at Work*, N. Y. 1959, S. 212. – Dies., *Coming of Age in Samoa*, N. Y. 1973, S. 197.
2. L. Spier, »Some Central Elements in the Legacy«, in: W. Goldschmidt (Hrsg.), *The Anthropology of Franz Boas, Memoirs*, American Anthropological Association, 89, 1959, S. 146. – G. W. Stocking, *Race, Culture and Evolution*,

N. Y. 1968, S. 303. – A. L. Kroeber, »The Anthropological Attitude«, in: *American Mercury*, 13, 1928, S. 490. – M. Harris, *The Rise of Anthropological Theory*, London 1969, S. 427.

3. M. Mead, *From the South Seas*, N. Y. 1939, X.
4. M. Mead, »The Arts in Bali«, in: *Yale Review*, 30, 1940, S. 336. – G. Keynes (Hrsg.), *The Letters of Rupert Brooke*, London 1968, S. 525, 542.
5. J. Ferguson, *Utopias of the Classical World*, London 1975, S. 14, 16. – G. Daws, *A Dream of Islands*, Milton, Queensland 1980, S. 4. – L. D. Hammond (Hrsg.) *News from the New Cythera: A Report of Bougainville's Voyage, 1766–1769*, Minneapolis 1970, S. 27, 44. – M. Mead, »Americanization in Samoa«, in: *American Mercury*, 16, 1929, S. 269. – Dies., »Life as a Samoan Girl«, in: *All True! The Record of Actual Adventures that Have Happened to Ten Women of Today*, N. Y. 1931, S. 99. – Dies., Rezension von: *Samoa under the Sailing Gods* von N. Rowe, in: *The Nation*, 133, 1931, S. 138.
6. M. Mead, *An Inquiry into the Question of Cultural Stability in Polynesia*, N. Y. 1928, S. 7. – Dies., *Blackberry Winter*, N. Y. 1972, S. 132, 138.
7. M. Mead, *Social Organization of Manu'a*, S. 55. – Dies., *Coming of Age*, S. 8, 11.
8. A. Krämer, *Die Samoa-Inseln*, Stuttgart 1902–1903. – R. L. Stevenson, *A Footnote to History*, in: *Vailima Papers*, London 1924. – J. W. Davidson, *Samoa mo Samoa*, Melbourne 1967. – I. Strong und L. Osbourne, *Memories of Vailima*, N. Y. 1902, S. 169. – M. Mead, *Blackberry Winter*, N. Y. 1972, S. 154.
9. B. Malinowski, in: R. F. Fortune, *Sorcerers of Dobu*, London 1932, XIX.
10. M. Mead, *Social Organization of Manu'a*, S. 4. – Dies., *Coming of Age*, VI. – P. J. Pelto und G. H. Pelto, *Anthropological Research: The Structure of Inquiry*, 2. Auflage, Cambridge 1978, S. 75: »Beobachtungen vor Ort sind für die Prüfung und Auswertung von Schlüsselinformationen unentbehrlich.«
11. M. Mead, *Blackberry Winter*, S. 150 ff. – Dies., *Letters from the Field, 1925–1975*, N. Y. 1–77, S. 55.
12. M. Mead, *Blackberry Winter*, S. 151. – Dies., *Social Organization of Manu'a*, Honolulu 1969, XVII, S. 224.
13. B. Shore, »Sexuality and Gender in Samoa: Conceptions and Missed Conceptions«, in: S. Ortner und H. Whitehead (Hrsg.), *Sexual Meanings*, Cambridge 1982, S. 213, 2. – M. Mead, *Social Organization of Manu'a*, 1969, S. 227.
14. M. Mead, *Social Organization of Manu'a*, 1969, S. 228.
15. M. Mead, Coming of Age, S. 98, 160. – Dies., »Cultural Contexts of Puberty and Adolescence«, in: *Bulletin of the Philadelphia Association for Psychoanalysis*, 9, 1959, S. 62. – Dies., »The Sex Life of Unmarried Adult in Primitive Society«, in: I. S. Wile (Hrsg.), *The Sex Life of the Unmarried Adult*, London 1935, S. 61. – Dies., *Male and Female*, Harmondsworth 1962, S. 119. – Dies., »Anthropology«, in: V. Robinson (Hrsg.), *Encyclopedia Sexualis*, N. Y. 1936, S. 23.
16. E. R. Gerber, »The Cultural Patterning of Emotions in Samoa«, Diss. der University of California, San Diego 1975, S. 126. – G. B. Milner, *Samoan Dictionary*, London 1966, S. 205.
17. L. D. Holmes, »A Restudy of Manu'an Culture«, Diss. der Northwestern University 1957, VII. – Die von Gerbers Gewährsleuten vorgebrachten Anschauungen sind in Samoa Gemeinplätze, wie Nicholas von Hoffman in seiner temperamentvollen Schilderung von Amerikanisch-Samoa, *Tales from the Margaret Mead Taproom*, Kansas City 1976, S. 97 ff., berichtet. Nachdem er einen Absatz aus M. Meads *Coming of Age in Samoa* zitiert hat (der mit den Worten

»das Geflüster von Liebenden, bis das Dorf einem neuen Morgen entgegen-
schlummert« endet), bemerkt von Hoffman: »Solche Passagen haben der
Südsee ihren schlüpfrigen Ruf eingebracht, aber es gibt eine Menge Samoaner,
die behaupten, Maggy [Mead] sei eine Spinnerin. Angeblich gibt es auch ein
paar alte Damen, die von sich sagen, sie seien die kleinen Mädchen aus M.
Meads Buch und sie hätten all die Sex-Geschichten für die komische *palagi* er-
funden, weil diese unbedingt im Schmutz wühlen wollte.«

18. M. Mead, »Apprenticeship Under Boas«, in: W. Goldschmidt (Hrsg.), *The
Anthropology of Franz Boas, Memoirs, American Anthropological Association,*
89, 1959, S. 29. – J. R. Swanton, »The President Elect«, in: *Science,* 73, 1931,
S. 148. – R. H. Lowie, Rezension von: *Race, Language and Culture* von Franz
Boas, in: *Science,* 91, 1940, S. 599. – Ders., *The History of Ethnological Theory,*
N. Y. 1937, S. 151. – R. Benedict, *Patterns of Culture,* London 1945 (Erstausg.
1934), S. 21.
19. P. D. MacLean, »The Evolution of Three Mentalities«, in: S. L. Washburn
und E. R. McCown (Hrsg.), *Human Evolution: Biosocial Perspectives,* Menlo
Park, California 1978, S. 47. – A. Einstein, zitiert in: A. P. French (Hrg.), *Einstein: A Centenary Volume,* London 1979, S. 209.
20. K. R. Popper, *Conjectures and Refutations: The Growth of Scientific Knowledge,* London 1969, VII, S. 16. – E. Gellner, *Legitimation of Belief,* Cambridge
1974, S. 171. – »Poppers Theorie ist nicht eine deskriptive Darstellung der gegenwärtigen kognitiven Praxis der Menschheit, sondern eher eine Anleitung,
eine Ethik, die zugleich die *Wissenschaft* aus den restlichen Arten des Fürwahr-
haltens aussondert und das Geheimnis ihres Erfolges erklärt.«

20. Wege zu einem wissenschaftlicheren anthropologischen Paradigma

1. C. Zirkle, *Evolution, Marxian Biology and the Social Scene,* Philadelphia
1959, S. 447. – G. W. Stocking, *Race, Culture and Evolution,* N. Y. 1968, S. 303.
– Indem ich Paradigma als geeigneten Terminus zur Bezeichnung einer disziplinären Matrix für eine Wissenschaft verwende, weise ich Kuhns These zurück, Paradigmen seien inkommensurabel. Ich meine vielmehr, daß ein Paradigma nachdrücklich durch das verbessert werden kann, was Popper »die kritische Methode der Ausschaltung von Irrtümern« genannt hat. – Vergl. P. B.
Medawars Kommentar zu dieser Ausgabe in: *Advice to a Young Scientist,*
London 1981, S. 92: »Was nun Revolutionen anbelangt, so sind sie in ständigem Fortschreiten begriffen; einem Wissenschaftler erscheinen seine Forschungen von Tag zu Tag in einem neuen Licht, denn Lektüre, Nachdenken
und Diskussionen mit Kollegen führen zu einer Verschiebung der Akzente und
möglicherweise sogar zu einer radikalen Überprüfung seiner Denkweise.«
2. M. E. Spiro, »Culture and Human Nature«, in: G. D. Spindler (Hrsg.), *The
Making of Psychological Anthropology,* Berkeley 1978, S. 350. – F. Boas, »Genetic and Environmental Factors in Anthropology«, in: *The Teaching Biolo-
gist,* 9, 1939, S. 17. – Ders., »The Tempo of Growth in Fraternities«, 1935, in:
Race, Language and Culture, N. Y. 1940, S. 88. – G. W. Stocking, *Race, Culture
and Evolution,* S. 184. – F. Boas, *Anthropology and Modern Life,* N. Y. 1928,
S. 201. – A. L. Kroeber, »The Anthropological Attitude«, in: *American Mercury,* 13, 1928, S. 495. – M. Mead, *Growing Up in New Guinea,* in: *From the South
Seas,* N. Y. 1939, S. 212.

3. V. Reynolds, *The Biology of Human Action,* San Francisco 1980, S. 89. 1922 vertrat J. T. Cunningham bei einem Symposium der British Association über Darwinismus u. a. die Meinung, natürliche Selektion sei »so ausgestorben wie der Vogel Dodo«. Er stieß damit in dasselbe Horn wie J. C. Willis und andere Kritiker. *Nature,* 110, 1922, S. 752. – E. Mayr, *Animal Species and Evolution,* Cambridge, Mass. 1963, S. 1. – F. Crick, *Of Molecules and Men,* Seattle und London 1966, S. 52. – P. Jay, »Mother-Infant Relations in Langurs«, in: H. Rheingold (Hrsg.), *Maternal Behavior in Mammals,* N. Y. 1963, S. 286. – E. H. Lenneberg, *Biological Foundations of Language,* N. Y. 1967, S. 28, 128 ff (dt.: *Biologische Grundlagen der Sprache,* Frankfurt/Main 1972). – H. J. Muller, »The Gene Material as the Initiator and Organizing Basis of Life«, in: R. A. Brink (Hrsg.), *Heritage from Mendel,* Madison, Wis., 1967, S. 443.
4. J. Z. Young, *Programs of the Brain,* London 1978, S. 10 ff. – D. H. Hubel und T. N. Wiesel, »Functional Architecture of Macaque Monkey Visual Cortex«, in: *Proceedings of the Royal Society of London,* B 198, 1977, S. 1. – Eine Zusammenfassung von H. F. R. Prechtls Forschungsergebnissen findet sich in: I. Eibl-Eibesfeldt, *Ethology: The Biology of Behavior,* N. Y. 1975, S. 445 ff (dt.: *Ethologie, die Biologie des Verhaltens,* Frankfurt 1966). – Ders., »Human Ethology: Concepts and Implications for the Sciences of Man«, in: *The Behavioral and Brain Sciences,* 2, 1979, S. 1.
5. A. L. Kroeber, »On Human Nature«, 1955, in: *An Anthropologist Looks at History,* Berkeley und Los Angeles 1963, S. 204. – M. von Cranach u. a. (Hrsg.), *Human Ethology:* Claims and Limits of a New Discipline, Cambridge 1979. – I. Eibl-Eibesfeldt, *The Biology of Peace and War,* London 1979, S. 15 (dt.: *Krieg und Frieden aus der Sicht der Verhaltensforschung,* München/Zürich 1975, S. 26. Wie Eibl-Eibesfeldt anmerkt, bedeutet die Würdigung des stammesgeschichtlich programmierten Verhaltens für den Ethologen nicht, daß er den Einfluß der Erfahrung auf dieses Verhalten leugnet, denn »zunächst kann sie sowohl fördernde wie hemmende Einflüsse ausüben«). – A. Montagu, in: *The Behavioral and Brain Sciences,* 2, 1979, S. 43.
6. C. H. Waddington, »The Human Evolutionary System«, in: M. Banton (Hrsg.), *Darwinism and the Study of Society,* London 1961, S. 70. – P. B. Medawar, »Unnatural Science«, in: *The New York Review of Books,* 24, 1977, S. 14. – Ders., »Technology and Evolution«, in: *Frontiers of Knowledge,* N. Y. 1975, S. 109.
7. J. T. Bonner, *The Evolution of Culture in Animals,* Princeton 1980.
8. E. Mayr, »Behavior Programs and Evolutionary Strategies«, 1974, in: *Evolution and the Diversity of Life: Selected Essays,* Cambridge, Mass., 1976, S. 694 ff. (dt.: *Evolution und die Vielfalt des Lebens,* Berlin 1979). – K. R. Popper, »Natural Selection and the Emergence of Mind« (Erste Darwin-Vorlesung, gehalten am 8. November 1977 im Darwin-College Cambridge). – J. T. Bonner, *The Evolution of Culture in Animals,* S. 144 ff. – K. Lorenz, *Behind the Mirror,* London 1977, S. 175 (dt.: *Die Rückseite des Spiegels,* München 1981). – Eine eingehendere Erörterung der anthropologischen Bedeutsamkeit von »Multiple choice behavior« (Verhalten bei einer Vielzahl von Auswahlmöglichkeiten) vgl. D. Freeman, »The Anthropology of Choice«, in: *Canberra Anthropology,* 4, 1981, S. 82.
9. J. T. Bonner, *The Evolution of Culture in Animals,* S. 19.
10. M. Mead, »Retrospects and Prospects«, in: T. Gladwin und W. C. Sturtevant (Hrsg.), *Anthropology and Human Behavior,* Washington, D. C. 1962, S. 121. –

R. Benedict, *Patterns of Culture*, London 1945, S. 57. – F. Nietzsche, *The Birth of Tragedy* (dt.: *Die Geburt der Tragödie aus dem Geiste der Musik*, Leipzig 1872), N. Y. 1956, S. 34. – J. E. Harrison, *Themis*, London 1963, S. 443.

11. Der extreme biologische Determinismus, auch »Genetizismus« genannt, hat sich bis in die 80er Jahre unseres Jahrhunderts gehalten. Vgl. die Charakterisierung des Genetizismus als »die begeisterte Falschanwendung nicht gänzlich verstandener genetischer Prinzipien auf Situationen, auf die sie nicht mehr anwendbar sind«, in: P. B. und J. S. Medawar, *The Life Science: Current Ideas of Biology*, London 1977, S. 38.

Deutsche und ins Deutsche übertragene Titel, die in diesem Buch erwähnt werden:

Behrens, E., *Reise durch die Südländer und in die Welt*, Frankfurt 1973

Benedict, Ruth, *Urformen der Kultur*, Reinbek 1960

Bougainville, Louis-Antoine de, *Reise um die Welt (welche mit der Fregatte ›La Boudeuse‹ und dem Fleutschiff ›L'Etoile‹ in den Jahren 1766, 1767 und 1769 gemacht wurden)*, Stuttgart 1980

Bowlby, John, *Bindung. Eine Analyse der Mutter-Kind-Beziehung*, München 1975

Bowlby, John, *Trennung*, München 1976

Darwin, Charles Robert, *Die Entstehung der Arten durch natürliche Zuchtwahl*, Stuttgart 1963, München 1971 (erstmals 1859)

Darwin, Charles Robert, *Die Abstammung des Menschen und die geschlechtliche Zuchtwahl*, Stuttgart 1919 und 1966 (erstmals 1871)

Devereux, George, *Angst und Methode in den Verhaltenswissenschaften*, München 1973

Dewey, John, *Die menschliche Natur. Ihr Wesen und ihr Verhalten*, Stuttgart 1931

Eibl-Eibesfeldt, Irenäus, »Ethologie, die Biologie des Verhaltens«, in: Gessner, F. und L. v. Bertalanffy (Hrsg.), *Handbuch der Biologie*, 2, Frankfurt/Main 1966

Eibl-Eibesfeldt, Irenäus, *Krieg und Frieden aus der Sicht der Verhaltensforschung*, München/Zürich 1975

Erikson, Erik, *Kindheit und Gesellschaft*, Stuttgart 1965

Durkheim, Emile, *Die Regeln der soziologischen Methode*, Neuwied 1961

Fenichel, Otto, *Psychoanalytische Neurosenlehre*, Freiburg/Breisgau 1974

Galton, Francis, *Genie und Vererbung*, Leipzig 1910

Gobineau, Joseph Arthur Graf von, *Über die Ungleichheit der Menschenrassen*, Berlin 1935

Hume, David, *Eine Untersuchung über den menschlichen Verstand*, Leipzig 1947

Krämer, Augustin, *Die Samoa-Inseln*, Stuttgart 1902–1903

Kuhn, Thomas Samuel, *Die Entstehung des Neuen. Studien zur Struktur der Wissenschaftsgeschichte*, Frankfurt/Main 1977

Lenneberg, Eric Heinz, *Biologische Grundlagen der Sprache*, Frankfurt/Main 1972

Lindsey, Ben Barr und Evans Wrainright, *Die Kameradschaftsehe*, Berlin 1929

Lorenz, Konrad, »Der Kumpan in der Umwelt des Vogels«, in: *Journal für Ornithologie* 83, Berlin 1935

Lorenz, Konrad, *Die Rückseite des Spiegels*, München 1981

Maugham, Somerset W., *Betörende Südsee*, Zürich 1972

Mayr, Ernst, *Evolution und die Vielfalt des Lebens*, Berlin 1979

Mead, Margaret, *Leben in der Südsee* (Bd. 1: *Kindheit und Jugend in Samoa*; Bd. 2:

Kindheit und Jugend in Neuguinea; Bd. 3: *Geschlecht und Temperament in drei primitiven Gesellschaften),* München 1965 (= *Jugend und Sexualität in primitiven Gesellschaften,* München 1970)

Mead, Margaret, *Mann und Weib,* Stuttgart 1955, Reinbek 1962

Mead, Margaret, *Brombeerblüten im Winter. Ein befreites Leben,* Reinbek 1978

Nietzsche, Friedrich, *Die Geburt der Tragödie aus dem Geiste der Musik,* Leipzig 1872

Oesterreich, T. K., *Die Besessenheit,* Langensalza 1921

Popper, Karl R., *Logik der Forschung,* Wien 1935, Tübingen 1966

Popper, Karl R., *Objektive Erkenntnis,* Hamburg [2]1974

Rádl, Emanuel, *Geschichte der biologischen Theorien in der Neuzeit,* Leipzig 1913

Rousseau, Jean-Jacques, *Abhandlung über den Ursprung und die Grundlagen der Ungleichheit unter den Menschen,* 1755

Russell, Bertrand, *Ehe und Moral,* München 1930, Stuttgart 1951

Selye, Hans, *Stress beherrscht unser Leben,* Düsseldorf 1957

Stuebel, Otto, *Samoanische Texte,* Berlin 1895

Waitz, Theodor, *Anthropologie der Naturvölker,* 6 Teile, Leipzig 1859–1871

Watson, John Broadus, *Behaviorismus,* Köln 1968

Watson, John Broadus, »Psychologie, wie sie der Behaviorist sieht«, in *Behaviorismus,* Köln 1968

374

Zur Orthographie und Aussprache
des Samoanischen

Nur vierzehn Buchstaben kennt die klassische Schriftweise der samoanischen Sprache (abgesehen von den erst kürzlich übernommenen Lehnwörtern): a, e, f, g, i, l, m, n, o, p, s, t, u, v. Die Buchstaben h, k und r werden zum Schreiben einiger Worte ausländischen Ursprungs verwendet.

Im heutigen Samoa existieren zwei unterschiedliche Arten der Aussprache – eine formelle und eine umgangssprachliche. Wie G. B. Milner in seinem 1966 in London erschienenen *Samoan Dictionary* auf Seite XIV anmerkt, wird die formelle Aussprache »Kindern, Studenten und ausländischen Besuchern als nachahmenswertes Beispiel vorgehalten. Die überwältigende Mehrheit der Samoaner betrachtet sie als Abbild der einstigen, im Vergleich zu heute reineren Verfassung ihrer Sprache ...« Die im Alltag übliche Aussprache (bei der das t des klassischen Sprachgebrauchs zu einem k wird) werde hingegen »von der großen Mehrheit der Samoaner sowohl im Rahmen ihrer privaten als auch ihrer öffentlichen Beziehungen verwendet«.

Milner übernimmt in seinem Wörterbuch die formelle Aussprache für seine Standardschreibweise, wie es vor ihm schon Pratt getan hatte. Auch ich bin ihm darin gefolgt.

Es sei an dieser Stelle noch darauf hingewiesen, daß die fünf Vokale, von denen jeder deutlich ausgesprochen wird, in phonetischer Hinsicht kurz oder lang sein können. Lange Vokale werden üblicherweise durch einen Längsstrich gekennzeichnet. In meinem Buch habe ich Längsstriche jedoch nur dort verwendet, wo sie für eine korrekte Aussprache unerläßlich sind. Übrigens ist der Buchstabe g ein Nasallaut, ähnlich wie in »singen«. Deshalb wird er auch in anderen polynesischen Sprachen ng geschrieben.

Um den Kehlkopfverschlußlaut zu markieren, der für viele samoanische Wörter bezeichnend ist, habe ich jeweils einen Apostroph gesetzt. Es handelt sich um einen sogenannten Knacklaut, vergleichbar mit dem Abbruch und erneutem harten Einsetzen der Stimme bei der Cockney-Mundart in England, etwa beim Wort *letter*, das dann wie *le'er* klingt.

Wer weitere Auskünfte über Phonetik und Aussprache des Samoanischen wünscht, sollte das erste Kapitel von G. Pratts *Grammar and Dictionary of the Samoan Language* (Malua, 1960) konsultieren oder das Vorwort des schon erwähnten *Samoan Dictionary* von G. B. Milner.

Glossar

aganu'u	Brauch, Sitte
agasala	Sünde, strafbares Verhalten
'āiga	Familie, Verwandte(r)
aitu	Geist, Phantom
ali'i	Häuptling
ali'i pa'ia	heiliger Häuptling
Atua	Gott
aualuma	Gruppe von Frauen (einschließlich Witwen), die seit ihrer Geburt oder durch Adoption in einer Dorfgemeinschaft leben
'aumaga	Gruppe titelloser Männer in einer Dorfgemeinschaft
'ava	kava, ein zeremonieller Trank, der aus der Wurzel des Strauches *Piper methysticum* hergestellt wird
avaga	Flucht, »Durchbrennen«
Ekalesia	die praktizierende Gemeinde der Kirche
fa'ali'i	einen Wutanfall haben, einen Koller kriegen
fa'alupega	eine Reihe traditioneller Redensarten, die die Rangunterschiede und die Familienverhältnisse innerhalb einer Dorfgemeinschaft, eines Bezirkes usw. wiedergeben
fa'aSamoa	die Gebräuche und Überlieferungen des samoanischen Volkes
fa'avae	Gründung, Grundlage, auch Verfassung
fale tele	Rundbau, der traditionell für den Empfang von Gästen und für Versammlungen dient
fono	Häuptlingsversammlung, jede andere Art einer formellen Versammlung
fono manu	Gerichtsversammlung
gafa	Genealogie, Stammbaum
ifoga	feierliche Abbitte oder Rechtfertigung
ma'i aitu	Krankheit, die nach Meinung der Samoaner dadurch verursacht wird, daß ein Mensch von einem Geist besessen ist
malae	offener Platz, meist im Zentrum einer *nu'u*, der für Feiern, Zeremonien etc. dient
malaga	Reise, Reisegesellschaft
mālō	siegreiche Partei in einem Krieg; heutzutage die Regierung

mamalu	Ehre, Würde
manaia	Sohn eines Häuptlings, der aufgrund seines Titels bei Zeremonien gewisse Pflichten hat bzw. Vorrechte genießt
matai	Familienoberhaupt einer 'äiga, entweder ein ali'i oder ein tulafale
moetotolo	heimliche Vergewaltigung, »Schlafkriechen«
musu	äußerst ungesellig, verdrossen und abweisend
nu'u	Dorfgemeinschaft, Dorf
papalagi, auch palagi	Europäer
pa'umutu	Frau, die sexuelle Promiskuität betreibt
pule	Macht, Autorität, Kontrolle
saisai	demütigende Form der Bestrafung, bei der ein Mensch wie ein zu bratendes Schwein zusammengeschnürt wird
ta'alolo	feierliche Beschenkung eines Besuchers mit Speisen und dergleichen
tafa'ifa	in West-Samoa Sammelbegriff für die vier Titel Tui A'ana, Tui Atua, Gatoaitele und Tamasoāli'i. Sie bezeichnen die höchste Rangstufe und verleihen »Königswürde«
tama'äiga	»Königssohn«, ein Titel, der in West-Samoa den hohen Häuptlingen Malietoa, Mata'afa, Tamasese und Tuimaleali'ifano vorbehalten ist
taula aitu	Medium, das von einem Geist bewohnt wird
taule'ale'a (Mehrz. taulele'a)	Mann ohne Titel
taupou	Zeremonialjungfrau
tautalaitiiti	schamlos, frech; wörtl.: einer der daherredet, obwohl er noch zu jung dafür ist
teine muli	Jungfrau
toa	Krieger
to'ilalo	Partei oder Gruppe der Verlierer in einem Krieg oder einer anderen Auseinandersetzung
tosogafafine	gewalttätige Notzucht
tuiga	Kopfschmuck aus goldfarbenem Menschenhaar, der nur von bestimmten Häuptlingen und deren Familien getragen werden darf
tulafale	Häuptlingssprecher, Redner
tulafono	Gesetz, Erlaß einer fono
tupu	früher übliche Bezeichnung für den ranghöchsten Häuptling von West-Samoa

Danksagung

Die Forschungen, auf denen dieses Buch beruht, erstrecken sich über mehrere Jahrzehnte, und ich möchte deshalb all jenen Menschen meinen tiefempfundenen Dank aussprechen, die mir im Laufe der Jahre bei meiner Arbeit behilflich gewesen sind. In das Studium der Anthropologie haben mich besonders H. D. Skinner und Ernest Beaglehole eingeführt. Auch lenkten sie mich zu Beginn meiner Forschungsarbeit in Samoa. Doch ich muß ebenso Sir Raymond Firth und S. F. Nadel nennen, bei denen ich an der University of London studierte, sowie Meyer Fortes, der meine Studien am King's College in Cambridge beaufsichtigte. Weiterhin zog ich großen Nutzen aus dem Interesse und Zuspruch von Sir Karl Popper, dem ich für seine Unterstützung des wissenschaftlichen Langzeitprojektes danke, welches in diesem Buch seinen Niederschlag gefunden hat.

Bei meiner Arbeit in Samoa während der sechziger Jahre leistete mir Sir John Crawford unentbehrliche Hilfe. Er war damals Leiter der Research School of Pacific Studies an der Australian National University. Ebenso tatkräftig half mir Paul Gabites, zu jener Zeit Hoher Kommissar von Neuseeland in West-Samoa.

Sowohl auf Upolu als auch auf Savai'i lernte ich als Forscher viel durch die Zusammenarbeit mit Irenäus Eibl-Eibesfeldt. Darüber hinaus hatte ich während vieler Jahre das Glück, in Samoa mit J. W. Davidson, dem Gründer und ersten Professor des Institutes für Pazifische Studien an der Australian National University, unser gemeinsames Interessengebiet zu diskutieren. Seit unserer Studienzeit am Victoria College in Wellington/Neuseeland bin ich ihm freundschaftlich verbunden. In ähnlicher Weise habe ich aus meiner Korrespondenz mit Sir Charles Marsack über samoanische Angelegenheiten profitiert. Er war viele Jahre Vorsitzender des Gerichtes für Land und Titel von West-Samoa.

Am meisten Dank schulde ich jedoch dem samoanischen Volk. Während meiner Aufenthalte auf den samoanischen Inseln wurde ich stets mit größter Zuvorkommenheit und Freundlichkeit behandelt. Meine jahrelange Beschäftigung mit den Samoanern, ganz besonders mit den Bewohnern des Dorfes Sa'anapu, haben mich mit der größten Hochachtung für die Menschen dieses Landes erfüllt. Kurze Zeit bevor Robert Louis Stevenson 1894 in Vailima starb, sagte er zu seinen Freunden, den Häuptlingen, er habe »Samoa und seine Menschen lieben« gelernt und sei gekommen, um mit ihnen »zu leben und zu sterben«. Jeder, der die Samoaner kennengelernt hat und von der *fa'aSamoa* berührt worden ist, wird den Geist und den Gehalt dieser tiefempfundenen Worte verstehen.

Meine Forschungsarbeit in West-Samoa von 1966 bis 1967 wurde vom damaligen Premierminister Mata'afa Fiame Faumuina Mulinu'u II. und vom Masiofo Fetaui Mata'afa gefördert. Der Vater des Zuletztgenannten unterwies mich als erster in der *fa'a-Samoa*. Ich danke ihnen beiden herzlich für ihre Gastfreundschaft und für das Interesse an meiner Arbeit. Dank bin ich auch meinem Freund und überaus wichtigen Lehrer der samoanischen Sprache Lefau So'onalole Masina schuldig, desgleichen allen Mitgliedern seiner Familie. Als ich mich mit den Wertvorstellungen innerhalb der samoanischen Gesellschaft befaßte, hatte ich mehrmals das Privileg, von To'oa Salamasina Malietoa beraten zu werden, der Ersten Dame ihres Landes. Im Jahre 1981 hatte ich zudem das Glück, einen Vorabdruck dieses Buches Herrn Le Tagaloa Leota Pita von der Universität von Samoa zur kritischen Überprüfung vorlegen zu können und die Ergebnisse meiner Forschungsarbeit mit seiner Ehefrau Aiono Fanaafi, der Vizekanzlerin der Universität, erörtern zu dürfen. Ich bin diesen vortrefflichen Menschen aus Samoa in besonderer Dankbarkeit verbunden.

Den ali'i und tulafale, aber auch allen anderen Bewohnern von Sa'anapu bin ich für das freundliche Einvernehmen dankbar, das sich unter dem Häuptling 'Anapu Solofa und dessen Sohn 'Anapu 'Aiali'i über insgesamt vier Jahrzehnte bewährt hat. Im Jahr 1942 nahm mich Lauvi Vainu'u in seine 'äiga auf und versetzte mich dadurch in die Lage, die reale Bedeutung der fa'aSamoa aus nächster Nähe kennenzulernen. Seitdem ist mir von den Leuten aus Sa'anapu unzählige Male geholfen worden. Ihnen allen sage ich nun: Fa'afetai, tele tele lava. Besondere Anerkennung möchte ich Lea'ana Fa'alolo und den Mitgliedern seiner 'äiga für den während der Jahre 1966 bis 1967 geleisteten Beistand aussprechen, aber auch den Häuptlingssprechern Tuigale'ava Tiuga Le Sa Vai, die mich 1967 auf einer denkwürdigen Reise (malaga) nach Tutuila und Manu'a begleiteten.

1967 erwies sich in Manu'a Reverend John Soloi als besonders hilfreich. Er war damals Pastor in Fitiuta auf Ta'ū. Dasselbe gilt für Pese Olioli und seine Familie aus Si'ufaga. Wertvolle Hilfe leisteten mir anläßlich meines Aufenthaltes auf Tutuila im Jahr 1981 auch Robert L. Gornick, Gerichtsarchivar am Obersten Gericht von Amerikanisch-Samoa, und Tuiteleleapaga Napoleone, der als junger Mann schon in Manu'a lebte, als sich Margaret Mead dort für einige Zeit aufhielt.

Zahlreiche Bibliothekare waren mir bei meinem Vorhaben behilflich. Besonders zu Dank verpflichtet bin ich Mataina Te'o und anderen Mitarbeitern der Nelson Memorial Library in Apia, West-Samoa; Miss I. Fletcher, ehemals Bibliothekarin im Livingstone House, London; Cynthia Timberlake und Marguerite Ashford von der Bibliothek des Bernice P. Bishop Museum, Honolulu, Hawaii; dem Personal der Alexander Turnbull Library, Wellington, Neuseeland; der Mitchell Library, Sydney, Australien; und der Menzies Library der Australian National University, Canberra, Australien. Für ihre Assistenz bei meiner wissenschaftlichen Arbeit schulde ich Henny Fokker-Bakker und Judith Wilson Dank; für die Landkarte Herrn Theo Baumann. G. N. Appell, John Bowles, James Fox, Robert Hunt, Michael Jackson, H. E. Maude, Michael Moerman, H. Neumann, Uili F. Nokise, Vernon Reynolds, Bradd Shore, O. H. K. Spate, D. F. Tuzin, Gerard Ward und Albert Wendt danke ich für ihre zugleich verständnisvollen und kritischen Kommentare über die ersten Entwürfe zu diesem Buch. AnnBuller, Ita Pead und Ria van de Zandt haben sich verdient gemacht, indem sie die verschiedenen Manuskriptteile geduldig und gewissenhaft abgeschrieben haben. Besondere Anerkennung gebührt auch den verlegerischen Fähigkeiten von Camille Smith (Harvard University Press).

Zum Schluß möchte ich noch meinen Töchtern Jennifer und Hilary danken, denn durch ihre Freundschaft mit gleichaltrigen samoanischen Mädchen lieferten sie mir besonders wichtige Einsichten und Informationen. Und natürlich will ich auch Monica, meine Frau, nicht vergessen. Sie war mit mir 1966–1967 und noch einmal 1981 in Samoa. Ihr verdanke ich einen Beitrag zu diesem Buch, den nur sie erbringen konnte.

Register

Ablen, J. 358 (Anm. 28)
Adami, G. 72
Adler, H. 292
Aiono Fanaafi Le Tagaloa 284
Aiono Ma'ia'i 255
Amir, M. 288
Anesone (Pastor) 185
Atua (Gott) 150

Bacon, Francis 117
Baker, Helen 56
Barff, C. 134, 180, 349 (Anm. 16)
Bastian, A. 45
Bateson, W. 60, 63
Beaglehole, Ernest 16
Becker, E. 48
Benedict, Ruth 76 ff., 88, 91 ff., 98,
  100 ff., 104, 120 ff., 162, 279 f., 309 f.,
  320, 329, 338 (Anm. 13), 339
  (Anm. 16)
Bernard, L. L. 74
Bloch, H. A. 292
Boas, Franz 14, 16, 18 f., 23 ff., 29, 34,
  37, 39 ff., 57 ff., 66 f., 69, 70 ff., 85 f.,
  88 f., 98 ff., 106, 115, 120 ff., 249,
  309 ff., 312, 315, 319 ff., 322, 325 f.,
  334 (Anm. 9), 334 (Anm. 12), 339
  (Anm. 4/19 und 5/3), 345 (Anm. 14)
Bonner, J. T. 326 f.
Bougainville, Louis A. de 134, 249,
  310 f., 312
Bowlby, John 223
Bradley, O. C. 367 (Anm. 48)
Brenchley, J. L. 267, 275
Bronner, A. F. 292
Brooke, Rupert 311 f.

Brown, George 135, 144, 191, 199,
  210, 215, 217 f., 237, 252, 265, 275,
  302, 359 (Anm. 5)
Bryan, H. F. 137, 206, 239, 342
  (Anm. 2)
Buck, Peter H. 142, 168, 206, 208, 257,
  355 (Anm. 27)
Bunzel, Ruth 68, 345 (Anm. 14)
Burrows, E. G. 249
Burt, Cyril 54, 292
Bush, J. P. 288
Buzacott, A. 197, 246, 349 (Anm. 16)

Cahn, F. 292
Calkins, Fay 267, 284, 364 (Anm. 20)
Calverton, V. F. 100, 116 f., 119 f.
Campbell, Donald T. 126
Carstairs, G. M. 128
Cartwright, B. 206, 239
Castle, W. 63
Challinger, D. 292
Chisholm, A. 174
Churchward, W. B. 134, 156, 173
Coe, Jonas 277
Conklin, E. G. 63
Cooper, G. 228
Cressman, Luther 78
Culbert, T. P. 128

Darnell, Regna 70
Darwin, Charles 26 ff., 40, 45 f., 50,
  60, 63, 322 f., 372 (Anm. 3)
Davenport, Charles B. 35 ff., 53, 55 f.,
  63, 66, 69, 71, 73, 75, 98
Davidson, J. W. 144, 146, 298, 313
Devereux, George 128